2024 | 한국산업인력공단 | NCS

고시넷
공기업

한국산업인력공단 6급
NCS + 한국사 + 영어
기출예상모의고사

5회

gosinet
(주)고시넷

정오표 확인 방법

고시넷은 오류 없는 책을 만들기 위해 최선을 다합니다. 그러나 편집 과정에서 미처 잡지 못한 실수가 뒤늦게 나오는 경우가 있습니다. 고시넷은 이런 잘못을 바로잡기 위해 정오표를 실시간으로 제공합니다. 감사하는 마음으로 끝까지 책임을 다하겠습니다.

고시넷 홈페이지 접속 〉 고시넷 출판-커뮤니티 〉 정오표

www.gosinet.co.kr

모바일폰에서 QR코드로 실시간 정오표를 확인할 수 있습니다.

학습 질의 안내

학습과 교재선택 관련 문의를 받습니다. 적절한 교재선택에 관한 조언이나 고시넷 교재 학습 중 의문 사항은 아래 주소로 메일을 주시면 성실히 답변드리겠습니다.

이메일주소 **qna@gosinet.co.kr**

파트 2 인성검사

파트 3 면접가이드

책 속의 책 정답과 해설

파트 1 한국산업인력공단 기출예상모의고사 정답과 해설

1

한국산업인력공단 소개 & 채용 절차

한국산업인력공단의 CI, 인재상, 실천가치 등을 수록하였으며, 최근 채용 절차 및 지원자격 등을 쉽고 빠르게 확인할 수 있도록 구성하였습니다.

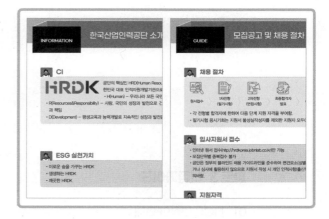

2

한국산업인력공단 기출 유형 분석

최근 기출문제 유형을 분석하여 최신 출제 경향을 한눈에 파악할 수 있도록 하였습니다.

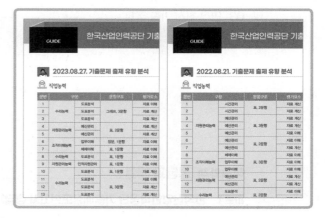

3

실제와 같은 기출예상문제로 실전 연습 & 실력 UP!!

필기시험 총 5회의 기출예상문제로 자신의 실력을 점검하고 완벽한 실전 준비가 가능하도록 구성하였습니다.

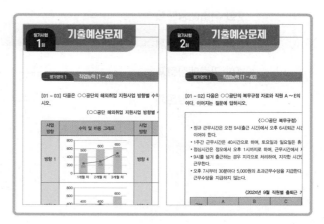

4

인성검사 & 면접으로 마무리까지 OK!!!

최근 채용 시험에서 점점 중시되고 있는 인성검사와 면접 질문들을 수록하여 마무리까지 완벽하게 대비할 수 있도록 하였습니다.

5

상세한 해설과 오답풀이가 수록된 정답과 해설

상세한 해설을 수록하였고 오답풀이 및 보충 사항들을 수록하여 문제풀이 과정에서의 학습 효과가 극대화될 수 있도록 구성하였습니다.

CI

HRDK 공단의 핵심인 HRD(Human Resources Development)에 Korea의 K를 합쳐 대한민국 대표 인적자원개발기관으로서의 정체성을 나타내었습니다.

- H(Human) – 우리나라 모든 국민, 건강하고 행복한 삶을 추구하는 사람
- R(Resources&Responsibility) – 사람, 국민의 성장과 발전으로 건강하고 행복한 사회를 만드는 공단의 역할과 책임
- D(Development) – 평생교육과 능력개발로 지속적인 성장과 발전을 추구하는 사람

ESG 실천가치

- 이로운 숲을 가꾸는 HRDK
- 생생하는 HRDK
- 깨끗한 HRDK

ESG 경영

환경 (Environment)	사회 (Social)	지배구조 (Governance)
• 기후변화(탄소배출) • 환경오염 • 생물다양성 • 자원관리 • 폐기물 • 에너지	• 고객만족 • 개인보호 • 인권보호 지역사회관계 • 공급망 관리	• 조직구조 • 이사회 • 감사위원회 • 부패관리(청렴) • 기업윤리

인재상

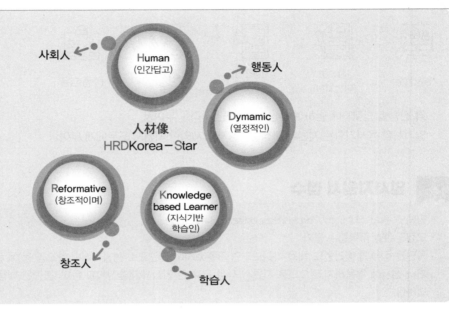

社會人 ← Human (인간답고)
人材像
HRDKorea—Star
→ 행동人 Dymamic (열정적인)
Reformative (창조적이며)
Knowledge based Learner (지식기반 학습인)
창조人 ←
학습人 ←

주요업무

능력개발	일학습병행 지원/ 지역 · 산업 맞춤형 인력양성체계구축/중소기업 HRD역량 강화 지원/근로자 직무능력 향상 지원/청년 및 취약층 일자리 지원/전국민 능력개발 향상 지원
능력평가	국가자격시험 문제출제 및 관리/국가기술자격시험 시행/국가전문자격시험 시행/국가자격제도 개선/자격종목 신설 · 폐지 및 정비/국가자격정보 포털 Q-net 홈페이지 운영/국가기술자격증 발급 및 관리/국가자격취득자 계속교육 등 사후관리/NCS기반 및 출제기준 제 · 개정/과정평가형자격제도/국가역량체계(NQF)구축
외국인고용지원	고용허가제 한국어능력시험(EPS-TOPIK)시행/송출국가 현지주재원 운영/외국인구직자 명부 인증 · 관리/근로계약체결 및 사증발급인정서 발급 지원/외국인근로자 입국지원/외국인근로자 취업교육 및 대행업무 접수/외국인근로자 고용 · 체류지원/외국인고용허가제 관련 보험 업무/송출국가 공공기관과의 협력체제 구축/외국인근로자 관련 민간지원단체와의 협력/고용특례(외국국적동포) 외국인 취업교육 실시
해외취업지원/ 국제교류협력	국가간 · 국제기구와의 교류협력/자격의 국가간 상호인정 사업/개발도상국 직업훈련 사업 지원/개성공단 직업훈련센터 운영/해외취업 알선과 연수 과정 운영/K-Move
숙련기술진흥 · 기능경기대회	대한민국명장, 숙련기술전수자, 우수숙련기술인 선정 · 지원/이달의 기능한국인 선정 · 홍보/숙련기술장려캠페인 등 숙련기술인 우대 풍토조성/대한민국산업현장 교수단 구축 · 운영/숙련기술인 국민스타화 사업/국내기능경기 개최, 국제기능올림픽대회 개최 및 참가/민간기능경기 개최 지원
국가직무능력표준 (NCS)	국가직무능력표준(NCS) 개발 및 활용 · 확산/NCS 및 활용패키지 개발 · 보급 및 매뉴얼 관리/NCS 워킹그룹(WG) 심의위원회 운영 · 관리/NCS 활용 관련 SC, RC 협력 및 지원/NCS 기반 훈련기준 정비 · 고시/NCS 기업 활용 컨설팅 지원/공공기관 NCS 활용 지원/NCS 통합포털사이트 관리/NCS 기반 근로자 경력개발지원, 직업기초능력 관리/NCS Q&A센터, NCS 위키피디아 운영

모집공고 및 채용 절차

채용 절차

 원서접수 〉 1차전형 (필기시험) 〉 2차전형 (면접시험) 〉 최종합격자 발표 〉 (수습)임용

- 각 전형별 합격자에 한하여 다음 단계 지원 자격을 부여함.
- 필기시험 응시기회는 지원서 불성실작성자를 제외한 지원자 모두에게 부여함.

입사지원서 접수

- 인터넷 원서 접수(http://hrdkorea.jobnlab.co.kr)만 가능
- 모집단위별 중복접수 불가
- 공단은 정부의 블라인드 채용 가이드라인을 준수하여 편견요소(성별, 나이, 학교명 등)에 해당하는 정보를 요구하거나 심사에 활용하지 않으므로 지원서 작성 시 개인 인적사항(출신학교 등)과 관련된 내용을 기재하지 않도록 유의바람.

지원자격

구분	지원 자격
모든 지원자 공통조건	• 최종합격자 발표 후 임용 즉시 근무가능한 자 • 국가공무원법 제33조 및 우리 공단 인사규정 제24조의 결격사유에 해당하지 않는 자로서 남자는 병역을 필하였거나 면제된 자(단, 고졸인재 지원자는 병역과 무관하게 지원 가능) • 성별 및 연령 제한 없음. 다만 공단 인사규정 제48조(정년)에 따라 만 60세 이상자는 지원할 수 없음.
일반	제한 없음.
기록물관리 전문요원	기록관리학 석사 이상 학위취득자 또는 역사학 또는 문헌정보학 학사학위 이상을 취득한 자로서 행정안전부령으로 정하는 기록관리학 교육과정을 이수하고, 행정안전부장관이 시행하는 기록물관리 전문요원 시험에 합격한 자
울산·경남 지역인재 (데이터분석, 정보기술)	대학원을 제외한 최종학력 기준, 울산광역시 또는 경상남도(부산 제외)에 소재한 대학교나 고등학교를 졸업하였거나 졸업 예정인 자
고졸인재	접수 마감일 기준, 최종학력이 고졸이거나 고등학교 졸업 예정인 자
장애	접수 마감일 현재 「장애인복지법」 제32조에 따른 등록 장애인
보훈	접수 마감일 기준, 「국가유공자 등 예우 및 지원에 관한 법률」에 따른 취업지원대상자

※ 2023년 기준

필기전형

모집단위		평가영역(문항 수)	총 문항 수	시험시간	비고
일반직 6급	일반행정 기록물관리	직업능력(40), 한국사(20), 영어(20)	80문항	80분	객관식 5지 택일형
	정보기술	직업능력(20), 한국사(20), 전산학(40)			
	데이터분석	직업능력(20), 한국사(20), 데이터분석(40)			
	인쇄	직업능력(20), 한국사(20), 인쇄(20)			
	산업안전	직업능력(20), 한국사(20), 산업안전(20)			

- 직업능력 : 조직이해능력, 의사소통능력, 수리능력, 문제해결능력, 직업윤리, 자원관리능력 및 직무수행능력(직무 상황에 관한 처리, 대응능력 등)을 평가
- 한국사 : 전 범위
- 영어 : 문법, 어휘, 독해, 비즈니스 영어 등
- 데이터분석 : 조사방법론, 통계학개론
- 전산학 : 전산학개론(데이터베이스, 전자계산기구조, 운영체제, 소프트웨어공학, 데이터통신)
※ 모집단위별 필기시험 총점의 60% 이상 득점자 중 가산점을 가산한 총점 고득점 순으로 채용예정인원의 2 ~ 5배수 선발(동점자 발생 시 필기시험 직업능력 영역 고득점자 순으로 합격자 결정)

 면접전형

- 필기시험 합격자 대상
- 평가내용
  - 직무수행능력, 직업기초능력, 조직적합성 등
  - 대(多)대 대(多) 질의응답 방식 및 집단토론 방식 병행
- 합격자 결정기준 : 모집단위별 면접전형 총점의 60% 이상 득점자 중 가산점을 가산한 총점의 고득점 순으로 채용 예정인원 1배수 선발[동점자 발생 시 필기시험 고득점자 순으로 합격자를 결정하되 이 역시도 동점일 경우 세부과 목별 고득점(직업능력 → 한국사 → 선택과목) 순으로 합격자 결정]

2023.08.27. 기출문제 출제 유형 분석

 ### 직업능력

문번	구분		문항구조	평가요소	소재
1	수리능력	도표분석	그래프, 3문항	자료 이해	공단의 해외취업 지원사업
2		도표분석		자료 계산	
3		도표분석		자료 계산	
4	자원관리능력	예산관리	표, 2문항	자료 계산	공단의 성과급 기준 및 공지
5		예산관리		자료 계산	
6	조직이해능력	업무이해	장문, 1문항	자료 이해	부정청탁 및 금품 등 수수 관련 법률 및 시행령
7		체제이해	표, 1문항	자료 이해	공단의 직제규정 및 조직도
8	수리능력	도표분석	표, 1문항	자료 이해	지원자 평가 점수
9	자원관리능력	인적자원관리	표, 1문항	자료 이해	공단의 인사규정
10	수리능력	도표분석	표, 1문항	자료 계산	입사 필기시험 결과 자료
11		도표분석	표, 3문항	자료 이해	공단의 수입 및 지출 현황
12		도표분석		자료 계산	
13		도표분석		자료 계산	
14	문제해결능력	문제처리	표, 1문항	자료 이해	안건 심의결과 자료
15	수리능력	도표분석	표, 2문항	자료 계산	지사 및 지역본부별 에너지, 용수, 폐기물 사용량
16		도표분석		자료 계산	
17		도표분석	표, 2문항	자료 이해	특정 지역의 여름 기온 정보
18		도표분석		자료 계산	
19		도표분석	표, 2문항	자료 계산	한국의 에너지 수출입 통계
20		도표작성		자료 이해	
21	자원관리능력	예산관리	표, 3문항	자료 이해	공단의 여비 규칙
22		예산관리		자료 이해	
23		예산관리		자료 이해	
24	조직이해능력	업무이해	표, 3문항	자료 이해	공단의 교육이수학점제 규정
25		업무이해		자료 이해	
26		업무이해		자료 이해	

문번	구분		문항구조	평가요소	소재
27	의사소통능력	문서이해	표, 2문항	자료 이해	우수인구개발 혁신제품 지정제도
28		문서이해		내용 추론	
29		문서이해	표, 2문항	자료 이해	정보통신기술 지능형 기기 전국 공모전 공고문
30		문서이해		내용 추론	
31	자원관리능력	예산관리	표, 3문항	자료 이해	필기시험장 대여를 위한 평가표
32		예산관리		자료 계산	
33		예산관리		자료 계산	
34		시간관리	표, 3문항	자료 이해	업무 처리 순서 매뉴얼
35		시간관리		자료 이해	
36		시간관리		자료 이해	
37		물적자원관리	표, 2문항	자료 이해	비품 관리 지침
38		물적자원관리		자료 이해	
39	수리능력	기초통계	표, 1문항	자료 계산	임직원 평균 연봉 현황
40		도표분석	표, 1문항	자료 계산	국가기술자격 분야별 응시인원 및 합격인원

 한국사

기출 분석	신석기 시대와 청동기 시대의 특징, 동예의 제천행사, 백제 근초고왕의 업적, 삼국사기의 특징, 도병마사의 변천, 신라촌락문서의 의의, 각 국가별 교육기관, 전시과의 변천, 양천제의 특징, 조선 영조의 업적, 노비안검법의 의의, 독립공채조례의 의의, 독립협회의 특징 등을 묻는 문제가 출제되었다.

영어

기출 분석	유사관계의 단어 고르기, 어법에 맞는 표현 고르기, 빈칸에 들어갈 문장 고르기, 어색한 대화 고르기, 세부 내용 이해하기, 내용 추론하기 등의 문제가 출제되었다.

2022.08.21. 기출문제 출제 유형 분석

 ### 직업능력

문번	구분		문항구조	평가요소	소재
1	자원관리능력	시간관리	표, 2문항	자료 계산	공단 복무규정에 따른 근무시간 및 수당
2		시간관리		자료 계산	
3		예산관리	표, 3문항	자료 계산	국가기술자격시험 비용
4		예산관리		자료 계산	
5		예산관리		자료 이해	
6		예산관리	표, 2문항	자료 이해	공단의 연차관련 기준 및 현황
7		예산관리		자료 계산	
8	조직이해능력	체제이해	표, 3문항	자료 이해	공단 조직도 및 직제규정
9		업무이해		자료 이해	
10		업무이해		자료 이해	
11	자원관리능력	예산관리	표, 2문항	자료 계산	소송위임보수 지급기준
12		예산관리		자료 계산	
13	수리능력	도표분석	표, 2문항	자료 이해	지역별 훈련수급 조사비용
14		도표분석		자료 계산	
15	자원관리능력	인적자원관리	표, 1문항	자료 이해	역량평가 분포기준표
16		예산관리	표, 2문항	자료 이해	PIAAC 컨소시엄 선정
17		예산관리		자료 계산	
18	수리능력	도표분석	표, 2문항	자료 이해	자격시험 응시자 현황
19		도표분석		자료 이해	
20	문제해결능력	문제처리	표, 1문항	자료 이해	시간외·휴일근로 운영지침
21		문제처리	표, 2문항	자료 이해	국가기술자격 등급별 검정 방법 및 합격기준
22		문제처리		자료 이해	
23		문제처리	표, 3문항	자료 이해	모의공정거래위원회 경영대회
24		문제처리		자료 이해	
25		문제처리		자료 이해	
26		문제처리	표, 2문항	자료 이해	교육훈련비 및 위촉수당 지급기준
27		문제처리		자료 계산	
28		문제처리	표, 2문항	자료 이해	데이터 분석가 국가기술자격 취득구조
29		문제처리		자료 계산	

문번	구분		문항구조	평가요소	소재
30	의사소통능력	문서이해	장문, 1문항	내용 추론	직장 내 괴롭힘 예방지침
31	자원관리능력	예산관리	표, 2문항	자료 이해	워크숍 장소 선정
32		예산관리		자료 계산	
33		인적자원관리	표, 3문항	자료 이해	대학생 해외 인턴 파견사업
34		인적자원관리		자료 이해	
35		인적자원관리		자료 계산	
36		시간관리	표, 2문항	자료 계산	출장 교통편 정보
37		시간관리		자료 계산	
38		물적자원관리	표, 3문항	자료 이해	자격시험장 필요 물품 수요조사
39		물적자원관리		자료 이해	
40		물적자원관리		자료 계산	

 한국사

기출 분석	구석기 시대의 특징, 통일신라의 토지제도, 발해의 통치 체제, 고려의 지방 행정 및 관리등용제도, 주화론과 주전론, 조선의 중앙통치체제, 조선시대 미술의 특징, 임오군란, 홍커우 공원 의거, 당백전, 우리나라의 근대학교 및 원산학사, 6.29 선언 등을 묻는 문제가 출제되었다.

 영어

기출 분석	어법에 맞는 단어 고르기, 유사관계의 단어 고르기, 문맥 상 어색한 대화 고르기, 빈칸에 들어갈 문장 고르기, 글의 세부 내용 파악하기, 내용 추론하기 등의 문제가 출제되었다.

2021.08.27. 기출문제 출제 유형 분석

직업능력

문번	구분		문항구조	평가요소	소재
1	자원관리능력	인적자원관리	표, 2문항	자료 이해	부서 배치 평가
2		인적자원관리		자료 이해	
3		시간관리	표, 2문항	자료 이해	민원처리 단계
4		시간관리		자료 이해	민원처리 종료 순서
5		물적자원관리	표, 2문항	자료 이해	구매할 노트북 모델
6		물적자원관리		자료 이해	
7		시간관리	그림, 1문항	자료 계산	최단 소요 시간
8	문제해결능력	문제처리	표, 1문항	자료 이해	유급휴가 훈련비용
9	조직이해능력	업무이해	표, 2문항	자료 이해	수행 업무
10		조직이해			업무수행기관
11	문제해결능력	문제처리	그림, 1문항	자료 이해	원서접수 취소
12	의사소통능력	문서이해	중문, 1문항	내용 추론	긴급고용대책
13	문제해결능력	문제처리	표, 2문항	자료 이해	자체훈련 신청가능일자
14		문제처리		자료 이해	사업주훈련 업무 프로세스
15		문제처리	표, 2문항	자료 이해	해외취업정착지원금
16		문제처리			
17	문제해결능력	문제처리	표, 1문항	자료 이해	환불 대상자
18	의사소통능력	문서이해	중문, 1문항	자료 이해	NCS 활용사례
19	문제해결능력	문제처리	표, 1문항	자료 이해	디지털 기초역량훈련
20		문제처리	표, 1문항	자료 이해	3D프린터개발산업기사 교육·훈련과정
21	조직이해능력	업무이해	표, 3문항	자료 계산	여비규정
22		업무이해		자료 이해	
23		업무이해		자료 이해	
24	수리능력	도표분석	표, 1문항	자료 이해	에너지 사용량

문번	구분		문항구조	평가요소	소재
25	문제해결능력	문제처리	중문, 2문항	자료 이해	외국인근로자 고용지원 업무처리 규칙
26		업무이해		자료 이해	
27	조직이해능력	업무이해	단문, 1문항	자료 이해	일학습병행 운영규칙
28		업무이해	장문, 1문항	자료 이해	임직원행동강령
29	수리능력	기초연산	단문, 1문항	자료 계산	연차휴일 산정
30	문제해결능력	문제처리	표, 1문항	자료 이해	국가기술자격 취득자 현황
31	수리능력	도표분석	표, 2문항	자료 이해	고용보험기금증식 및 운용현황
32		도표분석		자료 계산	
33	조직이해능력	업무이해	중문, 2문항	자료 이해	계약사무처리규정 시행규칙
34		업무이해		자료 이해	
35		업무이해	표, 1문항	자료 계산	절감되는 예산액 구하기
36		업무이해	조직도, 1문항	자료 이해	부서별 분장업무
37	수리능력	도표분석	표, 2문항	자료 이해	구매실적 현황
38		도표분석		자료 이해	
39	자원관리능력	예산관리능력	표, 2문항	자료 계산	일학습병행 운영규칙
40		예산관리능력		자료 계산	

 한국사

기출 분석	석장리 유적, 신라 신문왕~성덕왕에 있었던 사건, 신라의 상대등, 발해에 대한 역사적 사실, 승려 지눌, 시무 28조, 최우, 현량과, 이이, 사간원, 백정, 대동법, 무고의 옥, 대한국 국제, 독립신문, 김옥균, 대한 광복군 정부, 청산리 전투, 국가총동원법, 1966~1972년 사이 있었던 사건 등을 묻는 문제가 출제되었다.

 영어

기출 분석	빈칸에 들어갈 올바른 단어 고르기, 문법상 틀린 문제 찾기, 글의 주제 찾기, 글의 세부내용 파악하기, 제시된 단어와 비슷한 단어 찾기, 알맞은 곳에 문장 넣기 등의 문제가 출제되었다.

고시넷 한국산업인력공단 NCS

영역별 출제비중

- 의사소통 10%
- 수리 10%
- 문제해결 10%
- 영어 25%
- 한국사 25%
- 자원관리 10%
- 조직이해 10%

▶ 결재 순서를 파악하는 문제
▶ 소송위임보수를 구하는 문제
▶ 자료의 수치를 계산하는 문제
▶ 일정을 확인해 적용하는 문제
▶ 역량평가표를 분석하는 문제
▶ 시간관리 매트릭스를 적용하는 문제

한국산업인력공단 필기시험은 크게 직업능력, 한국사, 영어 3개의 평가영역이 있으며, 그중 직업능력은 의사소통능력, 수리능력, 문제해결능력, 자원관리능력, 조직이해능력이 순서없이 출제된다. 의사소통능력에서는 세부 내용을 이해하는 문제와 자료를 바탕으로 추론하는 문제가 출제되었다. 수리능력에서는 평균값을 활용하는 문제와 표를 그래프로 변환하는 문제가 출제되었다. 문제해결능력에서는 자료를 분석하는 문제와 조건에 따라 추론하는 문제가 출제되었다. 자원관리능력에서는 여비규칙을 이해하는 문제와 성과급을 계산하는 문제가 출제되었다. 조직이해능력에서는 조직도를 파악하는 문제와 사내 규정을 적용하는 문제가 출제되었다.

파트 1 기출예상모의고사

문항 수		시험시간
직업능력	40문항	
한국사	20문항	80분
영어	20문항	

▶ 정답과 해설 2쪽

평가영역 1   직업능력 [1 ~ 40]   40문항

[01 ~ 03] 다음은 ○○공단의 해외취업 지원사업 방향별 수익 분석표이다. 이어지는 질문에 답하시오.

〈○○공단 해외취업 지원사업 방향별 수익 분석표〉

(단위 : 만 원)

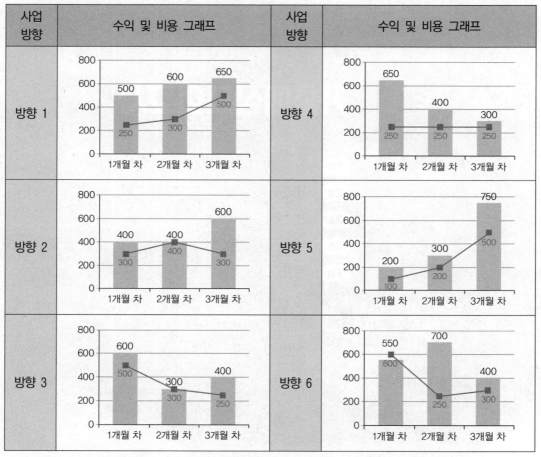

※ 모든 그래프의 범례는 다음과 같다. ▬ 수익 ━■━ 비용

※ 사업 시작 3개월 차 이후의 매달 월 수익 및 비용은 3개월 차의 월 수익 및 비용과 항상 동일하다.

※ 월 순수익＝월 수익－월 비용

01. 다음 중 제시한 자료를 이해한 내용으로 옳지 않은 것은?

① 방향 1과 방향 2는 비용이 매달 500만 원을 초과하지 못한다.

② 방향 4는 사업 진행 기간과 관계없이 비용이 항상 동일하다.

③ 6개의 사업 방향 중 가장 높은 월 수익이 포함된 것은 방향 6이다.

④ 방향 3은 사업 시작 이후 첫 세 달 동안 수익이 감소했다가 증가하는 추세를 보인다.

⑤ 사업 시작 이후 첫 세 달 동안의 월 수익이 항상 일정한 사업 방향은 존재하지 않는다.

02. 다음 중 제시된 자료에서 사업 시작 후 첫 세 달 동안의 순수익의 합이 가장 높은 사업 방향은?
(단, 모든 사업은 1월 1일에 시작한다)

① 방향 1   ② 방향 2   ③ 방향 3
④ 방향 4   ⑤ 방향 5

03. 다음 중 사업 시작 첫 해 2/4분기 동안의 순수익이 가장 높은 사업 방향은? (단, 모든 사업은
1월 1일에 시작한다)

① 방향 1   ② 방향 2   ③ 방향 3
④ 방향 5   ⑤ 방향 6

[04 ~ 05] 다음은 ○○공단 평생직업능력개발사업 성과급 공지이다. 이어지는 질문에 답하시오.

〈평가항목별 성과등급 기준〉

평가항목 \ 등급	S 등급	A 등급	B 등급	C 등급
사업주훈련 프로그램 참여 횟수	10회 이상	5회 이상 10회 미만	3회 이상 5회 미만	3회 미만
제작참여 직업방송 국민 시청률	30% 이상	20% 이상 30% 미만	7% 이상 20% 미만	7% 미만
기회참여 HRD 컨퍼런스 참가인원	200명 이상	150명 이상 200명 미만	80명 이상 150명 미만	80명 미만

※ 항목별 등급을 매긴 뒤 가장 많이 나타난 등급이 전체 성과등급이 됨.
※ 만일 3개 모두 등급이 다른 경우, 중간 등급을 전체 성과등급으로 평가함.

〈전체 성과등급에 따른 직급별 성과급 제공 비율(기준 : 월급)〉

구분	S 등급	A 등급	B 등급	C 등급
제공 비율	200%	150%	100%	80%

〈직급별 월급〉

구분	부장	과장	대리	주임
월급	500만 원	430만 원	320만 원	250만 원

〈현재 직원 가 ~ 마의 실적〉

구분	가	나	다	라	마
사업주훈련 프로그램 참여 횟수(회)	2	3	5	4	3
제작참여 직업방송 국민 시청률(%)	15	11	8	7	25
기회참여 HRD 컨퍼런스 참가인원(명)	160	150	160	280	137
직급	대리	주임	과장	대리	부장

04. 다음 중 월급보다 성과급을 많이 받을 직원은?

① 가 대리   ② 나 주임   ③ 다 과장

④ 라 대리   ⑤ 마 부장

05. 다음 중 ○○공단이 직원 가 ~ 마에게 지급해야 할 성과급의 총액은?

① 1,734만 원   ② 1,820만 원   ③ 2,035만 원

④ 2,320만 원   ⑤ 3,025만 원

06. 제시된 부정청탁 및 금품 등 수수의 금지에 관한 법률 및 시행령을 참고할 때, 공직자에 관한 규정이 적용되는 ○○공단의 임직원 A ~ H에 관한 다음의 사례 중 해당 법률을 위반한 것은? (단, 제시된 자료 이외의 사항은 고려하지 않는다)

〈부정청탁 및 금품 등 수수의 금지에 관한 법률〉

제8조(금품 등의 수수 금지) ③ 제10조의 외부강의 등에 관한 사례금 또는 다음 각 호의 어느 하나에 해당하는 금품 등의 경우에는 제1항 또는 제2항에서 수수를 금지하는 금품 등에 해당하지 아니한다.

1. 공공기관이 소속 공직자 등이나 파견 공직자 등에게 지급하거나 상급 공직자 등이 위로 · 격려 · 포상 등의 목적으로 하급 공직자 등에게 제공하는 금품 등
2. 원활한 직무수행 또는 사교 · 의례 또는 부조의 목적으로 제공되는 음식물 · 경조사비 · 선물 등으로서 대통령령으로 정하는 가액 범위 안의 금품 등
3. 사적 거래(증여는 제외한다)로 인한 채무의 이행 등 정당한 권원(權原)에 의하여 제공되는 금품 등
4. 공직자 등의 친족(「민법」 제777조에 따른 친족을 말한다)이 제공하는 금품 등
5. 공직자 등과 관련된 직원상조회 · 동호인회 · 동창회 · 향우회 · 친목회 · 종교단체 · 사회단체 등이 정하는 기준에 따라 구성원에게 제공하는 금품 등 및 그 소속 구성원, 공직자 등과 특별히 장기적 · 지속적인 친분관계를 맺고 있는 자가 질병 · 재난 등으로 어려운 처지에 있는 공직자 등에게 제공하는 금품 등

〈부정청탁 및 금품 등 수수의 금지에 관한 법률 시행령〉

제17조(사교 · 의례 등 목적으로 제공되는 음식물 · 경조사비 등의 가액 범위 등) ① 법 제8조 제3항 제2호 본문에서 "대통령령으로 정하는 가액 범위"란 [별표 1]에 따른 금액을 말한다.

[별표 1]

음식물 · 경조사비 · 선물 등의 가액 범위

1. 음식물(제공자와 공직자 등이 함께 하는 식사, 다과, 주류, 음료, 그 밖에 이에 준하는 것을 말한다) : 3만 원
2. 경조사비 : 축의금 · 조의금은 5만 원. 다만, 축의금 · 조의금을 대신하는 화환 등 조화는 10만 원으로 한다.

비고

가. 제1호, 제2호 본문 · 단서의 각각의 가액 범위는 각각에 해당하는 것을 모두 합산한 금액으로 한다.
나. 제2호 본문의 축의금 · 조의금과 같은 호 단서의 화환 · 조화를 함께 받은 경우에는 그 가액을 합산한다. 이 경우 가액의 범위를 10만 원으로 하되, 제2호 본문 또는 그 단서의 가액 범위를 각각 초과해서는 안 된다.

① A 부장에게 빌린 300만 원을 갚은 B 차장

② 고생하는 C 차장에게 4만 원 상당의 선물을 사준 D 국장

③ 난치병으로 어려운 처지에 있는 동호회원에게 10만 원을 전달한 E 주임

④ 직무 관련자로부터 조의금 5만 원과 5만 원 상당의 조화를 받은 F 과장

⑤ G 부장 아들 결혼식에 축의금 7만 원과 3만 원 상당의 화환을 보낸 H 대리

07. 다음은 ○○공단 임직원 평균 연봉 현황이다. 이에 대한 설명으로 옳은 것을 〈보기〉에서 모두 고르면?

구분	평균
전체 임직원	6,000만 원
과장 이하 직급	4,875만 원
대리 이하 직급	3,750만 원
주임 이하 직급	3,000만 원
인턴	2,000만 원

1) '평균 연봉'은 해당 임직원 연봉의 합을 해당 임직원 수로 나눈 값임.

2) 직급을 높은 것부터 순서대로 나열하면 이사장, 과장, 대리, 주임, 인턴이고, 전체 임직원은 이사장 1명, 과장 2명, 대리 3명, 주임 5명, 인턴 10명으로 구성됨.

보기

ㄱ. 이사장의 연봉은 3억 원 이상이다.

ㄴ. 대리 3명의 평균 연봉은 7천만 원 이상이다.

ㄷ. 주임 5명의 연봉의 합은 과장 2명의 연봉의 합보다 작다.

① ㄱ
② ㄴ
③ ㄱ, ㄴ
④ ㄱ, ㄷ
⑤ ㄴ, ㄷ

1회 기출예상
2회 기출예상
3회 기출예상
4회 기출예상
5회 기출예상
인성검사
면접가이드

08. 다음은 ○○공단의 직제규정이다. 이를 이해한 내용으로 옳지 않은 것은?

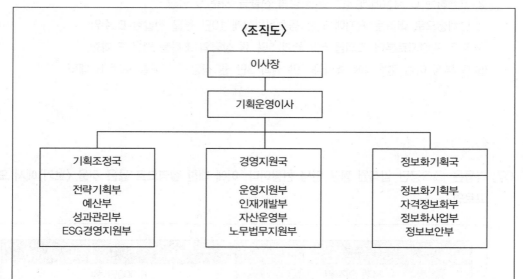

〈조직도〉

이사장

기획운영이사

기획조정국	경영지원국	정보화기획국
전략기획부 예산부 성과관리부 ESG경영지원부	운영지원부 인재개발부 자산운영부 노무법무지원부	정보화기획부 자격정보화부 정보화사업부 정보보안부

〈기관별 주요 업무〉

기관	주요 업무
기획조정국	전사 경영계획, 직재, 예산, 경영평가, ESG 경영
경영지원국	복무, 급여, 인사, 교육, 자산, 노무 관리
정보화지원국	정보화 계획 수립, 정보시스템 운영·관리, 정보보안

〈결재규정〉

• 모든 결재는 하위 직급에서 상위 지급으로 이루어짐.
• 직급 순서는 담당 직원, 부장, 국장, 기획운영이사, 이사장 순으로 구성되어 있음.
• 통상적인 결재의 경우 국장이 최종 결재를 담당함.
• 상위 결재자가 자리를 비운 경우 그 위의 결재자가 결재권을 가짐.

① 기획운영이사 소관은 3개의 국과 12개의 부서로 구성되어 있다.
② 자산관리와 관련된 부서가 속한 곳은 경영지원국이다.
③ ESG 경영은 기획조정국에서 담당하고 있다.
④ 예산부 직원이 결재를 올릴 때 기획조정국장이 부재하면 예산부장이 결재권을 가진다.
⑤ 인사관리와 관련한 결재는 경영지원국장의 결재를 받아야 한다.

09. 다음 ○○공단의 A ~ E 직원 평가에 대한 설명으로 옳은 것을 〈보기〉에서 모두 고르면?

〈A ~ E 직원에 대한 가 ~ 마 평가자의 성과평가 점수〉

(단위 : 점)

직원 \ 평가자	가	나	다	라	마	종합점수
A	91	87	( )	89	95	89.0
B	89	86	90	88	( )	89.0
C	64	76	72	74	78	( )
D	71	72	85	74	( )	77.0
E	71	72	79	85	( )	78.0

※ 종합점수는 해당 직원이 평가자 가 ~ 마로부터 부여받은 점수의 평균이다.

보기

ㄱ. 다 평가자의 A 직원에 대한 성과평가 점수는 A 직원의 종합점수보다 높다.
ㄴ. B 직원이 받은 성과평가 점수 중 다 평가자가 부여한 점수가 가장 높다.
ㄷ. C 직원의 성과평가 종합점수는 A ~ E 직원 중 가장 낮다.
ㄹ. 마 평가자는 D 직원과 E 직원에게 동일한 성과평가 점수를 부여하였다.

① ㄱ, ㄴ
② ㄱ, ㄷ
③ ㄴ, ㄷ
④ ㄴ, ㄹ
⑤ ㄷ, ㄹ

10. 다음 ○○공단 인사규정을 이해한 내용으로 옳지 않은 것은?

제29조(승진소요 최저년수) ① 직원이 승진함에 있어서는 다음 각 호의 기간 동안 당해 직급에 재직하여야 한다.

1. 일반직 · 연구직 2급 ·· 4년 이상
2. 일반직 · 연구직 · 상시검정직 3급 ························ 3년 이상
3. 일반직 · 연구직 · 상시검정직 4급 ························ 2년 이상

② 제1항에 따라 승진소요기간을 계산함에 있어서 징계처분기간 및 제30조의 승진임용 제한기간은 산입하지 아니한다. 다만, 다음 각 호에 해당하는 휴직기간은 산입한다.

1. 병역법, 기타 법률의 규정에 의한 업무를 수행하기 위하여 휴직한 기간
2. 직무상 질병으로 휴직한 기간
3. 만 8세 이하 또는 초등학교 2학년 이하의 자녀(입양한 자녀를 포함한다)를 가진 직원이 그 자녀의 양육을 위하여 휴직한 기간. 다만, 자녀 1명에 대한 총 휴직기간이 1년을 넘는 경우에는 최초의 1년으로 하되, 셋째 자녀부터는 총 휴직기간이 1년을 넘는 경우에도 그 휴직기간 전부로 한다.

---

① 일반직 · 연구직 · 상시검정직 3급은 승진소요 최저년수가 동일하다.

② 직무상 질병으로 인한 휴직기간은 승진 소요기간 산정 시 포함되는 기간이다.

③ 병역법에 따라 휴직한 기간은 승진 소요기간 산정 시 포함이 가능하다.

④ 일반직 2급의 경우 최소 4년 이상 해당 직급에 재직해야 승진할 수 있다.

⑤ 자녀 수에 상관없이 총 휴직기간 중 1년만 승진소요 최저년수 계산에 포함된다.

11. 다음은 20X1년 ～ 20X7년 ○○공단의 입사 필기시험 결과 자료이다. 〈조건〉에 따라 (가) ～ (라)에 해당하는 권역을 바르게 짝지은 것은?

〈20X1 ～ 20X7년 권역별 신규채용 필기시험 응시 및 합격인원〉

(단위 : 명)

구분		20X1년	20X2년	20X3년	20X4년	20X5년	20X6년	20X7년
(가)	응시인원	60	62	64	76	84	89	92
	합격인원	60	61	56	61	69	56	49
(나)	응시인원	68	81	104	108	104	99	107
	합격인원	57	49	75	83	76	63	68
(다)	응시인원	99	102	108	112	125	145	148
	합격인원	89	84	93	90	85	89	83
(라)	응시인원	85	114	142	152	159	200	214
	합격인원	76	72	75	99	70	77	97

조건

- 부산권역과 서울권역은 해당 권역의 응시인원이 가장 많은 해에 합격률이 가장 낮았다.
- 20X7년 부산권역의 합격률은 55% 미만이다.
- 광주권역과 대전권역은 해당 권역의 합격자 수가 가장 많은 해와 가장 적은 해의 합격자 수 차이가 각각 28명 이상이다.
- 대전권역의 20X1년 대비 20X7년 합격률 감소폭은 40%p 이하이다.

※ 합격률(%) = $\dfrac{합격인원}{응시인원} \times 100$

	(가)	(나)	(다)	(라)
①	부산권역	대전권역	서울권역	광주권역
②	부산권역	광주권역	서울권역	대전권역
③	서울권역	대전권역	부산권역	광주권역
④	서울권역	광주권역	부산권역	대전권역
⑤	광주권역	서울권역	대전권역	부산권역

[12 ~ 14] 다음은 ○○공단의 수입 및 지출 현황표이다. 이어지는 질문에 답하시오.

〈20X1 ~ 20X5년 수입 및 지출 현황〉

(단위 : 십억 원)

구분				20X1년	20X2년	20X3년	20X4년	20X5년
수입	정부직접지원	직접지원	출연금	367	352	345	349	362
			보조금	871	670	594	620	670
		간접지원	사업수입	0	0	0	0	0
			위탁수입	106	114	96	111	120
			독점수입	0	0	0	0	0
			부대수입	9	( )	8	8	10
	차입금			0	0	5	0	0
	기타			0	0	0	0	0
지출	인건비			87	98	108	118	121
	경상운영비			6	6	6	8	7
	사업비			1,239	1,013	906	942	1,011
	차입상환금			0	0	2	2	0
	기타			21	25	27	18	23

• 용어설명
- 출연금 : 기관 고유목적 사업 수행 등을 위해 정부로부터 직접 출연 받은 금액
- 보조금 : 보조금관리에 관한 법률에 따라 지원받은 금액
- 사업수입 : 법령 또는 정관에 규정된 당해 기관의 업무로 인한 수입액
- 위탁수입 : 법령 또는 정관에 규정된 위탁근거에 따라 위탁 받은 업무로 인한 수입액
- 독점수입 : 법령 또는 정관에 규정된 근거에 의하여 부여된 독점적 사업으로 인한 수입
- 부대수입 : 정부의 간접지원액의 이자 등 운용 수익

12. 다음 중 제시된 자료에 대한 설명으로 옳지 않은 것은?

① 해가 갈수록 직접지원이 증가하고 있다.

② 기타 항목에서 지출과 달리 수입은 십억 원 미만을 기록하고 있다.

③ ○○공단의 수입은 크게 3가지 종류로 나눌 수 있다.

④ 부대수입을 제외한 간접지원에 해당하는 수입의 발생은 법령 또는 정관을 근거로 한다.

⑤ 제시된 자료를 통해서 지출과 관련된 용어에 대한 추가 설명을 얻을 수 없다.

13. 다음 중 20X1 ~ 20X5년 각 해의 인건비 대 경상운영비의 비를 계산한 값으로 옳지 않은 것은? (단, 소수점 이하 자릿수는 버린다)

① 20X1년 − 14 : 1　　　② 20X2년 − 14 : 1　　　③ 20X3년 − 18 : 1

④ 20X4년 − 14 : 1　　　⑤ 20X5년 − 17 : 1

14. 다음은 20X1 ~ 20X5년 동안 간접지원 수입의 전년대비 증감률과 소계를 나타낸 것이다. 제시된 자료의 ㉠ ~ ㉢에 들어갈 수치로 옳은 것은? (단, 모든 값은 소수점 이하 자릿수를 버린다)

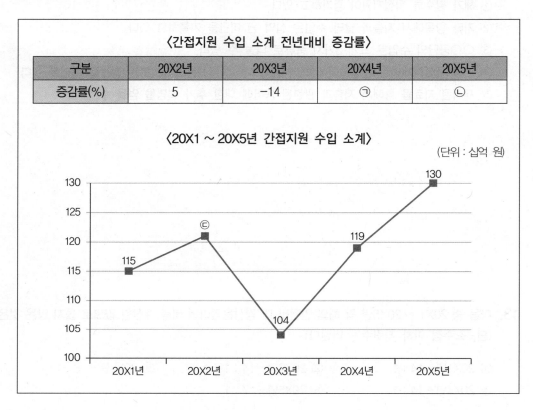

〈간접지원 수입 소계 전년대비 증감률〉

구분	20X2년	20X3년	20X4년	20X5년
증감률(%)	5	−14	㉠	㉡

〈20X1 ~ 20X5년 간접지원 수입 소계〉

(단위 : 십억 원)

① ㉠ : 9
② ㉠ : 14
③ ㉡ : 8
④ ㉡ : 10
⑤ ㉢ : 125

15. 다음은 ○○공단의 전체 기관들이 참여하는 중앙인사위원회의 제18호 ~ 제20호 안건의 심의결과이다. 이에 대한 〈보기〉의 설명에서 옳은 것을 모두 고르면?

소속기관 \ 안건번호	제18호		제19호		제20호	
	동의	부동의	동의	부동의	동의	부동의
서울지역본부	○		○		○	
서울남부지사	○			○	○	
서울강남지사	○		○			○
강원지사	○			○	○	
부산지역본부	○			○	○	
부산남부지사		○	○		○	
경남지사		○		○		○
울산지사	○		○		○	
대구지역본부		○	○			○
경북지사		○		○	○	
경북동부지사	○		○		○	
광주지역본부	○		○		○	
전북지사	○		○		○	
제주지사		○	○			○
대전지역본부	○		○		○	
충북지사	○			○	○	

보기

ㄱ. 제18호 ~ 제20호 심의안건에 모두 동의한 소속기관은 총 6개이다.

ㄴ. 부동의한 소속기관 수가 가장 많은 심의안건은 제18호이다.

ㄷ. 전체 기관의 $\frac{2}{3}$ 이상이 동의해야 심의안건이 의결된다면, 제18호 ~ 제20호 심의안건은 모두 의결된다.

① ㄱ　　　　　　② ㄴ　　　　　　③ ㄱ, ㄷ

④ ㄴ, ㄷ　　　　　⑤ ㄱ, ㄴ, ㄷ

[16 ~ 17] 다음은 ○○공단의 모든 지사 및 지역본부별 에너지, 용수, 폐기물 사용량에 관한 자료이다. 이어지는 질문에 답하시오.

〈2021 ~ 2022년 지표별 수치 현황〉

구분		에너지 사용량(TJ)		용수 사용량(ton)		폐기물 발생량(ton)	
		2021년	2022년	2021년	2022년	2021년	2022년
지사	강원동부	1.05	1.39	302	447	8.40	9.07
	경기동부	1.36	1.40	642	684	7.35	6.25
	경기북부	1.08	0.91	375	408	1.10	1.05
	인천	3.20	3.31	2,307	3,465	215.88	224.20
	경남	1.44	1.46	2,920	3,000	8.01	7.50
	경북동부	0.96	1.17	608	411	4	4.50
	경북	1.60	1.82	627	538	2.1	2.5
	전남	1.47	1.38	318	407	10.36	17.67
	전북	2.43	2.42	1,782	1,354	4.54	5.36
지역본부	경인	39.37	41.07	11,944	12,879	41.84	29.40
	광주	1.64	1.88	1,219	1,424	20.89	23.86
	대구	1.71	1.90	2,464	2,686	31	21.49
	대전	2.57	2.83	2,426	2,283	5.30	5
	부산	14.82	14.87	1,710	2,284	8.23	10
	서울	9.45	10.21	1,673	3,055	18.90	307.51

16. 다음 중 제시된 자료를 이해한 내용으로 옳은 것은?

① 제시된 자료에서 ○○공단은 지역본부보다 지사의 수가 더 적다.

② 전년 대비 부산지역본부의 2022년 용수 사용량 증감률은 폐기물 발생량의 증감률보다 낮다.

③ 2021 ~ 2022년 동안의 용수 사용량은 경기북부지사보다 경기동부지사가 2배 이상 더 많다.

④ 제시된 기간 동안 모든 지역본부의 용수 사용량은 증가하였다.

⑤ 2021 ~ 2022년 동안의 전남지사의 모든 사용량 및 발생량은 광주지역본부보다 적다.

17. 다음은 제시된 자료를 토대로 2021 ~ 2022년 ○○공단 지사별 용수 사용량의 누적비율을 그래프로 작성한 것이다. 작성된 내용이 옳지 않은 지사는?

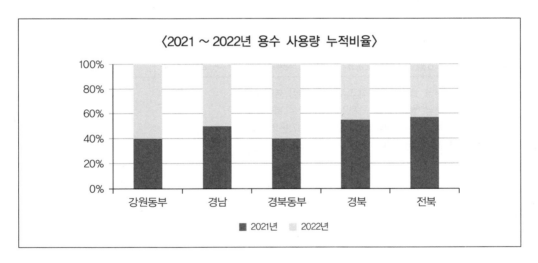

① 강원동부 ② 경남 ③ 경북동부

④ 경북 ⑤ 전북

[18 ~ 19] 다음은 A 지역의 여름 기온 정보이다. 이어지는 질문에 답하시오.

〈20X1 ~ 20X4년 A 지역 여름(6 ~ 8월) 기온 정보〉

(단위 : ℃)

연도	월	월 평균기온	월 최고기온	월 최저기온	월별 일 평균 최고기온	월별 일 평균 최저기온
20X1년	6월	23.3	34.1	14.5	28.8	18.7
	7월	26.9	35.4	21.9	30.4	24.3
	8월	25.9	35.3	16.1	29.7	22.9
20X2년	6월	23.1	32.9	16.3	28.4	18.9
	7월	27.8	38.3	17.7	32.1	24.2
	8월	28.8	39.6	20.2	33.3	25.2
20X3년	6월	22.5	32.8	14.1	27.7	18.1
	7월	25.9	36.1	19.3	30.1	22.7
	8월	27.2	36.8	18.5	31.6	23.6
20X4년	6월	23.9	35.4	14.8	29.0	19.9
	7월	24.1	32.9	17.2	28.0	21.1
	8월	26.5	34.5	21.5	29.3	24.4

※ 월 최고기온 : 해당 월의 일별 최고기온 중 가장 높은 기온
  월 최저기온 : 해당 월의 일별 최저기온 중 가장 낮은 기온
  월별 일 평균 최고기온 : 해당 월의 일별 최고기온의 평균값
  월별 일 평균 최저기온 : 해당 월의 일별 최저기온의 평균값

18. 다음 중 제시된 자료를 이해한 내용으로 옳은 것은? (단, 제시된 자료 이외의 시기는 고려하지 않는다)

① 제시된 기간 중 매년 6월의 월 평균기온은 계속해서 낮아지고 있다.

② 제시된 기간 중 매년 6월의 평균기온보다 7월의 평균기온이 높고, 7월의 평균기온보다 8월의 평균기온이 높다.

③ 제시된 기간 중 월 최고기온과 월 최저기온의 차이가 가장 작았던 시기는 20X4년 8월이다.

④ 제시된 기간 중 월 최고기온이 가장 높았던 시기는 20X2년 7월이다.

⑤ 제시된 각 연도의 월별 일 평균 최고기온이 가장 높은 달은 매년 8월이다.

19. 다음은 제시된 자료를 바탕으로 A 지역의 연도별 여름(6 ～ 8월) 기온의 항목별 평균을 정리한 표이다. ㉠에 들어갈 값으로 옳은 것은? (단, 모든 값은 소수점 둘째 자리부터 버림하여 계산한다)

〈A 지역 연도별 여름 기온의 항목별 평균〉

(단위 : ℃)

구분	여름 평균기온	최고기온	최저기온	일 평균 최고기온	일 평균 최저기온
20X1년	25.3	34.9	17.5	29.6	21.9
20X2년	26.5	36.9	18.0	31.2	22.7
20X3년	25.2	35.2	㉠	29.8	21.4
20X4년	24.8	34.2	17.8	28.7	21.8

※ 연도별 여름 기온의 항목별 평균 : 당해 6월, 7월, 8월의 각 기록을 합한 값의 평균

① 16.2
② 16.7
③ 17.0
④ 17.3
⑤ 18.0

[20 ~ 21] 다음은 한국의 에너지 수출입에 관한 통계표이다. 이어지는 질문에 답하시오.

〈한국 석탄, 천연가스, 원자력 원료 수입표〉

구분	석탄(천 ton)				천연가스 (천 ton)	원자력 원료 (ton U)
	소계	무연탄	유연탄	기타	소계	소계
20X1년	135,680	18,938	104,392	12,350	33,366	801
20X2년	134,930	19,424	103,468	12,038	33,453	752
20X3년	148,677	17,003	116,464	15,210	37,537	1,012
20X4년	149,171	18,201	116,520	14,450	44,015	723
20X5년	141,791	16,858	117,667	7,266	40,748	747
20X6년	123,999	16,286	100,486	7,227	39,982	690
20X7년	117,038	16,475	93,044	7,519	45,938	512

〈한국 석유 및 석유제품 수출입표〉

(단위 : 천 배럴)

구분	수입			수출
	석유			석유제품
	소계	원유	석유제품	소계
20X1년	1,333,982	1,026,107	307,875	477,425
20X2년	1,412,727	1,078,119	334,608	487,716
20X3년	1,432,654	1,118,167	314,487	509,113
20X4년	1,457,909	1,116,281	341,628	531,563
20X5년	1,424,070	1,071,923	352,147	522,099
20X6년	1,327,635	980,259	347,376	468,529
20X7년	1,352,464	960,147	392,317	446,559

1회 기출예상

2회 기출예상

3회 기출예상

4회 기출예상

5회 기출예상

인성검사

면접가이드

www.gosinet.co.kr **gosi**net

20. 다음 중 제시된 자료를 이해한 내용으로 옳지 않은 것은?

① 20X7년 석탄 수입에서 유연탄이 차지하는 비율은 석유 수입에서 원유가 차지하는 비율보다 크다.

② 20X2 ～ 20X7년 중 천연가스 수입량의 전년 대비 증가량은 20X7년에 가장 크다.

③ 한국의 석유제품 수출량은 20X1년부터 20X4년까지 증가하다가 이후 감소하는 추세이다.

④ 20X2 ～ 20X7년 중 석유제품 수입량의 전년 대비 증감률의 절댓값이 가장 작은 연도는 20X6년이다.

⑤ 제시된 기간 중 원자력 원료 수입량의 증감추이와 석탄 수입량의 증감추이는 서로 동일하지 않다.

21. 제시된 자료를 바탕으로 다음과 같이 그래프를 작성할 때 ㉠과 ㉡에 들어갈 값으로 옳은 것은?

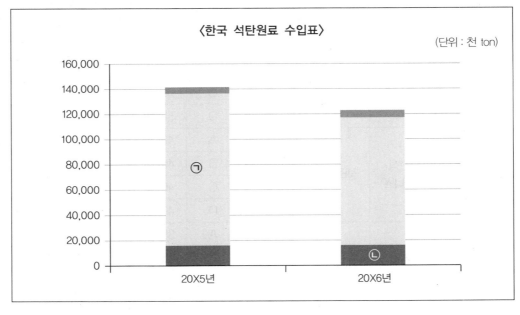

〈한국 석탄원료 수입표〉
(단위 : 천 ton)

	㉠	㉡
①	117,667	16,858
②	117,667	16,286
③	116,520	16,286
④	100,486	16,858
⑤	100,486	16,286

[22 ~ 24] 다음은 ○○공단의 여비 규칙이다. 이어지는 질문에 답하시오.

1. 여비지급등급표

등급	해당 임직원
1호	이사장
2호	감사
3호	이사, 별정직
4호	실·국장, 소속기관장, 부장, EPS센터장 등 이에 준하는 직원
5호	위 1호 내지 4호에 해당하지 아니하는 직원

2. 국외여비지급표

등급	항공운임	철도운임	선박운임	자동차운임	출장지역	체재비(달러, 1일 기준)		
						일비	식비	숙박비
1호	중간석 (비즈니스)	실비*	실비	실비	A	50	160	실비(상한액 : 389)
					B	50	117	실비(상한액 : 289)
					C	50	87	실비(상한액 : 215)
					D	50	73	실비(상한액 : 164)
2호	중간석 (비즈니스)	실비	실비	실비	A	40	133	실비(상한액 : 282)
					B	40	99	실비(상한액 : 207)
					C	40	72	실비(상한액 : 162)
					D	40	61	실비(상한액 : 108)
3호	중간석 (비즈니스)	실비	실비	실비	A	35	107	실비(상한액 : 223)
					B	35	78	실비(상한액 : 160)
					C	35	58	실비(상한액 : 130)
					D	35	49	실비(상한액 : 85)
4호 ~ 5호	일반석 (이코노미)	실비	실비	실비	A	30	61	실비(상한액 : 176)
					B	30	59	실비(상한액 : 137)
					C	30	44	실비(상한액 : 106)
					D	30	37	실비(상한액 : 84)

* 실비 : 실제 필요한 비용
※ 숙박비는 숙박 횟수와 관계없이 출장기간을 기준으로 지급한다.

1회 기출예상

2회 기출예상

3회 기출예상

4회 기출예상

5회 기출예상

인성검사

면접가이드

22. 다음 중 제시된 자료를 이해한 내용으로 옳지 않은 것은?

① 여비지급등급은 5개로 구성되어있다.

② 식비는 출장지역에 따라 지급되는 정도가 달라진다.

③ 철도, 선박, 자동차 운임은 상한액이 정해져 있지 않다.

④ 탈 수 있는 항공 좌석의 등급은 임직원 등급에 따라 달라진다.

⑤ 소속기관장은 부장보다 높은 등급의 여비지급등급을 부여받는다.

23. A 지역으로 출장을 간 임직원의 하루 일비가 35만 원일 때, 다음 중 해당 직원에게 적용되는 여비지급의 등급은?

① 1호   ② 2호   ③ 3호

④ 4호   ⑤ 5호

24. 다음 임직원이 국외여비로 지급받을 금액의 총합으로 옳은 것은?

구분	내용	
직위	감사	
출장지역	C 지역(3일)	
항공운임(편도)	이코노미	10달러
	비즈니스	20달러
사용금액	자동차 운임비 20달러, 항공편 왕복 사용, 체재비 최대치 사용	

① 634달러   ② 716달러   ③ 882달러

④ 904달러   ⑤ 1,156달러

[25 ~ 27] 다음은 ○○공단의 교육이수학점제에 관한 규정의 일부이다. 이어지는 질문에 답하시오.

제27조(교육이수학점제) 직원의 경력개발지원과 인재육성의 전략적 추진을 통한 조직의 경쟁력 강화를 위하여 2급 상당 이하 직원을 대상으로 직렬/직급(직위)별 연간 교육이수학점제를 시행할 수 있다.

제28조(학점제 운영 심의) ① 학점제 운영의 적정성 확보와 효율적 운영을 위하여 학점제 운영 관련 심의는 제9조에 의거하여 설치된 교육훈련심의위원회에서 한다.

제29조(학점인정) ① 이수 과정에 대한 학점은 교육과정별로 부여하며, 그 기준은 별표 9와 같다. 단, 제1항 제4호의 업무와 관련된 자격취득자에 대한 학점 인정 기준은 별표 10에 따른다.
② 학점의 부여 시기는 교육종료일로 한다.
③ 연간 교육이수 적용기간은 매년 1월 1일부터 12월 31일까지로 하며, 직급체류기간*이 6개월 이상인 경우 1년으로 한다.
* 직급체류기간 : 직급 변동 없이 한 직급에 체류하고 있는 기간

제30조(의무 이수학점) ① 직원은 평생학습을 통한 직무능력 향상을 위하여 직급별 직급체류기간 및 연간 소정의 학점을 의무적으로 이수하여야 하며, 의무 이수 학점은 [별표 11]과 같다.
② 직급체류기간 및 연간 의무 이수학점 미취득자는 승진 자격에서 제외하고 해외연수 등 교육 기회를 미부여할 수 있다.

[별표 9] 교육과정별 학점부여 기준

(단위 : 시간)

교육 시행주체	교육내용	1학점	2학점	3학점	4학점	5학점	6학점
기관	자체교육, 위탁교육	4 ~ 7	8 ~ 14	15 ~ 21	22 ~ 28	29 이상	–
	사내 자격 및 사내 경진대회 입상 · 취득	–	취득자 및 입상자	–	–	–	–
기관 · 개인	해외연수	3일 미만	3 ~ 5일	6 ~ 10일	11 ~ 30일	31일 이상	–
	학위 취득 (석/박사)	–	–	–	–	석사	박사
	1년 이상 장기교육과정 수료	–	–	–	–	수료자	–
	어학교육	20 ~ 30	31 ~ 40	41 ~ 50	51 ~ 60	61 이상	–
	정보화교육	7 ~ 20	21 ~ 30	31 ~ 50	51 이상	–	–

	1～2개월 미만	2～3개월 미만	3～5개월 미만	5개월 이상	－	－
사이버교육	1～2개월 미만	2～3개월 미만	3～5개월 미만	5개월 이상	－	－
연구논문 작성 및 학술지 게재	－	공동(3인 이내)	－	－	단독	－
사회복지단체 봉사활동	16 이상 (연간)	－	－	－	－	－

25. 다음 중 제시된 자료를 이해한 내용으로 옳지 않은 것은?

① 교육이수학점제를 이수하지 않는 경우 필요시 패널티를 부여할 수 있다.

② 교육이수학점제를 시행하는 대상은 한정되어 있다.

③ 교육이수학점제의 운영과 관련 심의를 위한 위원회가 존재한다.

④ 학점은 1월 1일에 일괄 부여된다.

⑤ 연간 의무적으로 이수해야 하는 학점을 알기 위해서는 추가자료가 필요하다.

26. 다음 중 부여학점이 가장 높은 경우는? (단, 교육을 수료했다고 가정한다)

① 사이버교육 4개월　　　　② 해외연수 12일　　　　③ 어학교육 30시간

④ 위탁교육 10시간　　　　⑤ 석사학위 취득

27. 다음은 직급별 직급체류기간에 따른 연간 의무 이수학점 기준을 나타낸 것이다. 직원 A의 직급 및 교육 이수 사항과 관련된 내용을 나타낸 〈보기〉를 참고할 때, 직원 A의 연간 이수학점 충족을 위한 교육내용의 조합으로 옳은 것은?

〈직급별 체류기간에 따른 연간 의무 이수학점 기준〉

구분	2급 상당	3급 상당	4급 상당	5급 상당 이하
직급체류기간(년)	8	12	12	8
연간 이수학점(학점)	8	10	12	8

※ 숫자가 작을수록 높은 직급을 의미하며, 6급 상당부터는 '5급 상당 이하'에 포함된다.

보기

구분	직급	직급체류기간	현재 이수완료 교육	학술지 게재 논문
내용	6급 상당	10년	정보화교육 40시간	공동논문 1개

① 자체교육 2시간, 해외연수 2일
② 사회복지단체 봉사활동 32시간
③ 학술지 게재 단독 논문 1개
④ 사내 경진대회 우수상 입상, 어학교육 10시간
⑤ 단기교육과정 수료

[28 ~ 29] 다음은 ○○공단의 우수인구개발 혁신제품 지정제도에 관한 공고문이다. 이어지는 질문에 답하시오.

〈우수연구개발 혁신제품 지정제도 시행계획〉

1. 제도개요
- 목적 : ◇◇부 소관 R&D 사업을 통해 개발된 혁신제품의 판로지원 및 공공조달 연계 활성화
- 주요내용 : ◇◇부 소관 R&D 사업을 통해 개발된 제품 중 기술의 혁신성 및 공공성이 인정되는 제품을 '우수연구개발 혁신제품'으로 지정하고, 해당 제품들에 대해 수의계약 연계 지원

2. 신청자격
- 아래의 자격요건을 모두 충족하는 기업
  ① 「중소기업기본법」에서 정한 중소기업
  ② 접수마감일 기준 5년 이내 ◇◇부 소관 R&D 사업 완료(성공) 후, 그 기술을 사업화한 제품
  ※ ◇◇부 소관 R&D사업 최종평가 결과 60점 이상을 획득해 완료(성공) 통보를 받은 기술로 한정
  ※ 타 부처 우수연구개발 혁신제품, 조달청 혁신 시제품 등 '혁신제품'으로 기지정된 제품은 지원 불가

3. 신청방법
- 신청기간 : 20X8. 7. 1(화) ~ 20X8. 7. 31(목) 18 : 00까지
- 신청방법 : 국민장터 홈페이지에서 조달업체로 등록하고 물품식별번호를 발급받은 후, 중소기업역량개발시스템에 구비서류들을 온라인 접수하면 신청 완료
- 구비서류

연번	서식명	제출구분
(1)	기술성 평가 신청서	필수
(2)	정보 수집 · 조회 및 활용 동의서	필수
(3)	제품 소개서	필수
(4)	생산설비 소개서	해당 시
(5)	제품 규격서	필수
(6)	기타 혁신성 평가를 위한 증빙자료 – 지식재산권, 시험성적서 등 제품 성능을 입증하는 자료 – 구매 계약서, 공공부문 판매 실적 등	해당 시

4. 선정방법
- 1단계 : 선정자격 충족 여부와 구비서류 제출 여부로 5배수 선발
- 2단계 : 1단계 통과 제품 대상으로 대면평가를 실시해 평점 합계가 75점 이상인 제품을 2배수 선발

대면평가항목(평점)	대면평가지표
혁신성(30)	제품의 신규성, 제품의 탁월성
시장성(30)	시장규모 및 점유율 확보 가능성, 공공·민간시장 파급효과
사회적 필요성(40)	공공현안 해결 및 사회적 가치 창출 가능 여부, 현안의 시급성 정도, 공공구매 필요성(민간 구매가 힘든 제품 등)

- 3단계 : 2단계 통과 제품 대상으로 지원 타당성을 심의하여 우수연구개발 혁신제품 최종 확정

28. 다음 중 제시된 자료를 이해한 내용으로 옳지 않은 것은?

① 타 부처의 우수연구개발 혁신제품으로 이미 지정된 제품은 지원이 불가능하다.

② 국민장터 홈페이지에 구비서류들을 온라인으로 접수하면 신청이 완료된다.

③ 우수연구개발 혁신제품 지정 제도 신청은 7월 한 달 간 가능하며, 신청은 마감일의 18시 안에 완료해야 한다.

④ 구비서류로 제출해야 하는 최소한의 서류는 4종이다.

⑤ 우수연구개발 혁신제품 지정대상은 총 3단계를 거쳐 최종 확정된다.

29. 다음 중 우수연구개발 혁신제품 지정을 위한 각 단계를 통과할 수 있는 신청 내용으로 옳은 것은? (단, 기재된 조건 이외의 항목은 모두 충족한 것으로 가정한다)

①

단계	1단계
R&D 사업 참여 시기 및 결과	• 20X4년 ◇◇부 소관 R&D 사업 참여하여 완료 • 최종평가에서 65점 획득
구비서류	• 생산설비 소개서 • 제품 규격서 • 기술성 평가 신청서 • 정보 수집 · 조회 및 활용 동의서 • 제품 소개서

②

단계	1단계
R&D 사업 참여 시기 및 결과	• 20X1년 ◇◇부 소관 R&D 사업 참여 • 최종평가에서 60점 획득
구비서류	• 정보 수집 · 조회 및 활용 동의서 • 제품 소개서 • 기술성 평가 신청서 • 제품 규격서 • 공공부문 판매 실적

③

단계	2단계
대면평가 평점	• 혁신성 : 29 • 시장성 : 15 • 사회적 필요성 : 30

④

단계	2단계
대면평가 평점	• 혁신성 : 18 • 시장성 : 17 • 사회적 필요성 : 22

⑤

단계	2단계
대면평가 평점	• 혁신성 : 20 • 시장성 : 23 • 사회적 필요성 : 29

[30 ~ 31] 다음은 ○○공단에서 실시한 정보통신기술 지능형 기기 전국 공모전의 공고문이다. 이어지는 질문에 답하시오.

정보통신기술 지능형 기기(스마트 디바이스) 전국 공모전
- 비대면 서비스 및 기기(디바이스) 발굴 -

- **지능형 기기(스마트 디바이스)란?**
  기존 컴퓨터, 스마트폰 등 단말기를 넘어 인공지능, 지능형 감지기(센서), 가상·증강현실(AR/VR), 5세대(5G) 등 정보통신기술 신기술(Data, Network, AI)과 융합되어 인간에게 편의를 제공하는 지능화된 기기

- **목적** : 5세대(5G)·비대면 시대의 혁신 기술을 선도하기 위해 데이터·네트워크·인공지능과 관련된 우수 아이디어 발굴 및 혁신제품 상용화 지원

- **선정 절차**
  - 지역예선 : 디지털 오픈랩과 정보통신기술 디바이스랩이 운영되는 전국 6개 지역(판교, 대구, 인천, 용인, 전주, 충북)에서 지원한 신청자를 대상으로 7월 9일부터 13일까지 통합 비대면 심사로 진행
  - 본선심사 : 지역예선을 통과한 30개 팀을 대상으로 8월 중에 실시하며, 최종 결선에 진출한 상위 6개 팀을 포함한 입상대상 후보군 14개 팀 선정

- **진행 절차**

공모		지역예선		제품 제작		본선심사		결선/시상
3.23 ~ 7.4	⇨	7.9 ~ 7.13	⇨	7.16 ~ 8.17	⇨	8월 말	⇨	9월 초
신청 (기업, 일반부문)		30개 팀 선정		지역랩별 기기제작장비 이용 또는 제작지원금 지원		입상대상 14개 팀 선정, 상위 6개팀 결선 진출		대상, 최우수상 수상

- **지원 내용**
  - 최종 선정된 기업 및 일반인 14개 팀에는 상장과 총 1억 원의 상금이 지원됨.
  - 대상 2개 팀에는 □□부 장관상과 상금(기업 1,500만 원, 일반 1,000만 원)을, 최우수상 4개 팀에는 △△평가원장상과 상금(기업 500만 원, 일반 250만 원), 장려상 8개 팀에는 상장과 상금(기업 150만 원, 일반 100만 원)이 수여됨.

30. 다음 중 제시된 자료를 이해한 내용으로 옳지 않은 것은?

① 5세대 · 비대면 시대의 데이터 · 네트워크 · 인공지능과 관련된 우수 아이디어를 발굴하는 것이 공모의 목적이다.

② 지역예선은 비대면 심사로 진행된다.

③ 지역예선 통과 후 제품 제작 시 제작지원금이 지원된다.

④ 결선에서는 제작된 제품으로 심사를 받는다.

⑤ 결선을 통해서 대상, 최우수상, 장려상 수상자가 결정된다.

31. 다음은 ○○공단 직원 A가 제시된 공모전에서 수상한 기기의 정보를 정리한 문서이다. ㉠ ~ ㉣ 중 잘못 기입한 부분을 모두 고르면?

팀 유형	기업	지원지역	㉠충북
제품명	㉡셀프 무인주문 5G 스마트 펜		
제품설명	• 메뉴판에서 원하는 메뉴를 펜으로 찍기만 하면 주문이 완료되는 스마트 펜 기반 주문시스템 • ㉢ 펜의 IR센서로 메뉴판의 Dot-code를 인식하고, 주문정보로 변환시켜 5G 네트워크를 통해 태블릿으로 전송 • 직관적이고 절차가 간편해 키오스크 사용 확대로 인한 고연령층의 디지털 소외감 문제 해결에 기여		
상격	최우수상		
지원 내용	㉣상장과 상금(250만 원)		

① ㉠ ② ㉡ ③ ㉣

④ ㉠, ㉣ ⑤ ㉡, ㉢

[32 ~ 34] ○○공단에서 A ~ E 학교 중 한 곳을 필기시험장으로 대여하기 위해 다음과 같이 평가표를 작성하였다. 이어지는 질문에 답하시오.

〈학교별 조건〉

학교명	교실 수	접근성	대여료	사전답사 여부	정수기 여부
A 학교	30개	★★★	500만 원	X	O
B 학교	25개	★★★	300만 원	O	X
C 학교	18개	★★★★	400만 원	O	X
D 학교	30개	★★	500만 원	X	O
E 학교	35개	★★★	400만 원	X	X

〈순위-점수 환산표〉

순위	1	2	3	4	5
점수	5	4	3	2	1

(1) 3개의 조건(교실 수, 접근성, 대여료)에 따라 5개의 학교를 비교하여 순위를 매긴 후 〈순위-점수 환산표〉에 따라 점수를 부여한다.

(2) 교실 수가 많을수록, 접근성의 ★이 많을수록, 대여료가 저렴할수록 더 높은 순위를 부여한다.

(3) 직원 A는 환산된 점수의 합이 가장 높은 학교를 선정한다. 단, 점수의 합이 동일할 경우 교실 수가 더 많은 학교를 선정한다.

(4) 동일 순위가 여럿으로 중복될 경우, 중복된 수만큼 다음 순위가 밀려난다.
　　⑩ A, B, C 학교 모두가 동점으로 1순위일 경우, 그 다음으로 높은 순위인 D 학교는 4순위

1회 기출예상

2회 기출예상

3회 기출예상

4회 기출예상

5회 기출예상

인성검사

면접가이드

32. 다음 중 필기시험장으로 선정할 학교로 옳은 것은?

① A 학교　　　　　　② B 학교　　　　　　③ C 학교
④ D 학교　　　　　　⑤ E 학교

33. 제시된 평가표에서 사전답사 여부에 가산점 2점을, 정수기 여부에 가산점 1점을 추가로 부여하는 조건을 추가할 경우, 선정할 학교로 옳은 것은?

① A 학교　　　　　　② B 학교　　　　　　③ C 학교
④ D 학교　　　　　　⑤ E 학교

34. 32에서 대여료 조건을 삭제하고 〈보기〉의 조건을 추가할 경우, 필기시험장으로 선정할 학교로 옳은 것은?

보기

조건	A 학교	B 학교	C 학교	D 학교	E 학교
한 시험실 당 감독관 수	3명	2명	2명	1명	1명

※ 감독관의 수가 많을수록 더 높은 순위를 부여한다.

① A 학교　　　　　　② B 학교　　　　　　③ C 학교
④ D 학교　　　　　　⑤ E 학교

[35 ~ 37] 다음은 ○○공단의 업무 처리 순서 매뉴얼의 일부이다. 이어지는 질문에 답하시오.

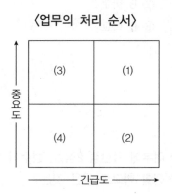

〈업무의 처리 순서〉

- 일은 중요한 것보다 긴급한 것을 먼저, 한 번에 하나의 일만을 처리할 수 있다.
- 번호가 빠른 것(우선순위가 높은 것)부터 처리한다.
- 먼저 주어진 업무부터 시작하지만, 업무를 하던 중 우선순위가 더 높은 업무가 추가로 주어질 경우, 하던 업무를 잠시 멈추어 두고 더 먼저 해야 하는 업무에 집중한다.
- 잠시 멈추어 둔 업무는 우선순위가 더 높은 임무를 끝낸 뒤 다시 진행하며, 이 경우 해당 업무를 가장 우선적으로 처리한다.
- 시작하지 않은 업무와 업무처리 중 수신된 업무는 대기 중인 업무로 취급하며, 대기 중인 업무는 일괄적으로 우선순위가 높은 순으로 처리한다.

35. 다음 중 제시된 매뉴얼에 따라 〈보기〉의 일을 완료시키는 순서로 옳은 것은?

보기

업무명	처리유형	업무 수신 시각	업무 처리 시간
A	(3)	11시	3시간
B	(1)	13시	1시간
C	(2)	11시	2시간
D	(2)	10시	1시간

① A－B－C－D
② A－C－B－D
③ B－D－C－A
④ D－C－A－B
⑤ D－C－B－A

36. 제시된 매뉴얼에 〈보기〉의 조건이 추가될 경우, 업무 G를 끝낼 당시의 시각은?

보기

- 12시부터 13시까지는 점심시간이므로 업무를 진행하지 않는다.

업무명	처리유형	업무 수신 시각	업무 처리 시간
E	(3)	10시	3시간
F	(1)	12시	3시간
G	(2)	13시	2시간
H	(4)	12시	1시간

① 16시　　　　　　② 17시　　　　　　③ 18시
④ 19시　　　　　　⑤ 20시

37. (35와 이어지지 않음) 업무의 처리 순서에서 〈보기〉의 조건이 추가될 경우, 업무 I ~ M 중에서 가장 마지막에 끝낼 업무는?

보기

- 우선순위가 동일한 업무가 중간에 들어오는 경우, 더 먼저 끝낼 수 있는 업무를 우선적으로 진행한다.
- 만일 걸리는 시간이 동일하다면 하던 업무를 마저 진행한다.
- 시작되지 않은 상태로 대기 중인 업무는 우선순위가 높거나 업무 처리 시간이 짧은 업무를 우선적으로 처리한다.

업무명	처리유형	업무 수신 시각	업무 처리 시간
I	(1)	10시	5시간
J	(1)	12시	3시간
K	(2)	09시	1시간
L	(2)	11시	2시간
M	(2)	13시	4시간

① I　　　　　　② J　　　　　　③ K
④ L　　　　　　⑤ M

[38 ~ 39] 다음은 ○○공단의 비품 관리 지침이다. 이어지는 질문에 답하시오.

〈비품 관리 지침〉

• 공용 물품
 − 공용 물품 : 배너 거치대, 문구류(볼펜, 수첩, 메모지), 전자기기(노트북, 모니터)
 − 원칙상 공용 물품의 수량은 다음과 같으며, 특이사항에 한하여 수량을 추가로 구비할 수 있다.

물품	수량	특이사항
배너 거치대	24개	구매 요청을 하는 팀이 2팀 이상인 경우에 한하여 추가 구매(그 외에는 각 팀이 협력사를 통해 개별적으로 대여하는 것으로 함)
문구류	−	문구류는 물품별로 팀에서 요청할 때마다 각 팀에서 요청한 총수량의 2배수로 구매
노트북	30대	구매 요청을 하는 팀이 3팀 이상일 경우에 한하여 추가 구매(그 외에는 각 팀이 협력사를 통해 개별적으로 대여하는 것으로 함)
모니터	15대	사내 보유 노트북의 $\frac{1}{2}$의 수량(소수점을 버림함)으로 구비(노트북을 추가 구매하지 않는 경우엔 각 팀에서 대여하는 것으로 함)

• 팀별 물품
 − 팀별 물품 : A4용지, 사무용품(가위, 칼, 테이프), 파일철
 − 팀별 물품은 각 팀에서 관리하며, 원칙상 다음의 최소 수량을 구비하고 있어야 한다.

물품	최소 수량	특이사항
A4용지	5묶음	최소 수량을 충족하지 못한 팀은 다른 팀으로부터 최대 2묶음을 빌릴 수 있음(단, A4용지를 빌려주는 팀은 최소 수량의 2배를 넘는 수량을 보유하고 있어야 하며, 이때 빌려주는 팀의 필요 수량은 고려하지 않음). ※ 최소 수량을 충족하지 못한 팀이 2팀 이상인 경우 더 적은 수량을 보유한 팀에 먼저 빌려주며, 그 후에는 최소 수량의 2배보다 많이 보유한 경우에 한하여 최소 수량을 미충족한 다른 팀에 빌려줌. ※ 빌려주는 팀은 다른 팀에 각각 빌려준 후에도 최소 수량의 2배 이상을 보유하고 있어야 함.
사무용품	−	전사 차원에서 정해진 최소 수량은 없으며, 각 팀의 결정에 따라 구비
파일철	20개	최소 수량의 4배까지 보유 가능(최대 보유 수량을 초과할 경우 공용 물품으로 관리됨)

※ 공용 물품의 구매는 구매팀에서 진행하며, 팀별 물품의 구매는 각 팀에서 진행한다.

38. 다음 팀별 물품 재고 및 필요 수량에 따라 팀별로 구매한 물품으로 옳지 않은 것은? (단, 물품별 수량 단위는 제시된 자료와 동일하다)

〈팀별 물품 재고 및 필요 수량〉

물품	기획팀		영업팀		홍보팀		디자인팀	
	재고	필요	재고	필요	재고	필요	재고	필요
A4용지	7	9	2	7	4	6	12	3
가위	1	3	0	2	4	4	4	2
수첩	–	15	–	20	–	8	–	12

※ 재고는 현재 각 팀에서 보유하고 있는 수량을 의미하며, 필요는 각 팀에서 필요한 수량을 의미한다.

※ 필요에서 재고를 뺀 값은 각 팀에서 구매가 필요한 물품과 수량을 의미하며, 0 이하일 경우 구매하지 않는다 (단, 재고에서 '–' 표기가 되어 있는 경우 재고 수량을 고려하지 않고 필요 수량만큼 구매한다)

①
기획팀			
A4용지	2묶음	가위	2개

②
영업팀			
A4용지	3묶음	가위	2개

③
홍보팀			
A4용지	2묶음	가위	0개

④
디자인팀			
A4용지	4묶음	가위	0개

⑤
구매팀
수첩 110개

39. 다음은 사내 비품 요청에 관한 직원들의 요청사항이다. 구매팀 또는 다른 각 팀이 구매해야 할 물품과 수량으로 옳은 것은?

- 홍보팀 직원 : 프로모션 행사에 12개의 배너 거치대가 필요한데, 다른 팀에서 해당 일자에 13개를 사용한다고 해서 추가로 구매 요청드립니다.
- 인사팀 직원 : 2주 뒤 첫 출근할 인턴 20명에게 6개월간 노트북을 1대씩 제공해야 하는데, 지난주부터 출근한 3개월 계약직 직원 15명에게 이미 노트북이 1대씩 지급된 후여서 추가 구매가 필요하겠습니다. 또한 인턴 1명당 볼펜과 메모지를 각각 1개씩 지급할 예정입니다.
- 영업팀 직원 : 다음 주부터 장기 출장 갈 직원 3명에 대한 노트북이 필요해서 구매 요청드려요.
- 기획팀 직원 : 프로젝트 운영 인력 6명에 대한 노트북 구매 부탁드려요. 또 파일철이 지금 10개밖에 없어서 최대 보유 수량으로 맞춰서 구매하려 합니다.

---

① 배너 거치대 3개   ② 볼펜 20개   ③ 노트북 16개
④ 모니터 2대   ⑤ 파일철 70개

40. 다음은 어느 해의 국가기술자격 분야별 응시인원 및 합격인원에 관한 자료이다. 이에 대한 설명으로 옳은 것은?

〈국가기술자격 종목별 응시 및 합격인원 수〉

(단위 : 명)

구분		필기시험			실기시험		
		접수	응시	합격	접수	응시	합격
산업안전		48,463	29,937	13,490	42,045	34,342	15,150
	남성	44,965	( )	12,577	38,116	30,987	13,547
	여성	3,498	2,053	913	3,929	3,355	1,603
전기		63,563	48,440	16,212	28,409	( )	20,053
	남성	59,630	45,450	15,265	26,997	26,124	18,936
	여성	3,933	2,990	947	1,412	1,374	1,117

※ 합격률(%) = $\dfrac{합격인원}{응시인원} \times 100$

① 산업안전 분야와 전기 분야의 실기시험 전체 합격률은 55% 미만이다.

② 산업안전 분야 필기시험 전체 합격률은 산업안전 분야 실기시험의 여성 합격률보다 높다.

③ 산업안전 분야 필기시험의 남성 응시인원은 전기 분야 실기시험 전체 응시인원보다 많다.

④ 산업안전 분야 실기시험의 여성 합격률은 산업안전 분야 전체 실기시험 합격률보다 낮다.

⑤ 전기 분야 필기시험과 실기시험 응시인원의 합은 산업안전 분야 필기시험과 실기시험 응시인원의 합의 1.3배 이상이다.

41. 다음 (가), (나) 시대에 나타난 생활 모습으로 옳지 않은 것은?

〈시대별 대표 토기〉

(가) 시대
: 미송리식 토기

(나) 시대
: 빗살무늬 토기

① (가) 시대에는 주로 막집이나 동굴에서 생활하였다.

② (가) 시대에는 지배층의 무덤으로 고인돌을 만들었다.

③ (가) 시대에는 지배자와 피지배자가 존재하는 계급 사회였다.

④ (나) 시대에는 농경과 목축이 시작되었다.

⑤ (나) 시대에는 가락바퀴를 이용하여 옷을 지어 입었다.

42. 다음 중 철기 시대 여러 나라의 제천행사와 개최된 날이 옳게 연결된 것은?

	나라	제천행사	개최된 달
①	고조선	동맹	11월
②	고구려	수릿날	7월
③	동예	무천	10월
④	옥저	영고	5월
⑤	삼한	계절제	1월

[43 ~ 44] 다음 글을 읽고 이어지는 질문에 답하시오.

> 고구려가 군사를 동원하여 공격해 왔다. ㉠왕이 이를 듣고 패하(浿河) 강가에 군사를 매복시키고 그들이 오기를 기다려 급히 치니 고구려 군사가 패하였다. 그해 겨울 ㉠왕이 태자와 함께 장병 3만 명을 거느리고 고구려에 침입하여 평양성을 공격하였다. 고구려왕 사유가 힘을 다해 싸우다가 화살에 맞아 사망하였다.
>
> – 「㉡ 삼국사기」 –

43. 위 글의 밑줄 친 ㉠의 업적으로 옳은 것은?

① 동진에서 온 인도의 승려 마라난타로부터 전래한 불교를 공인하였다.
② 지방에 22담로를 설치하고 왕족을 파견하였다.
③ 박사 고흥에게 역사서인 「서기」를 편찬하도록 했다.
④ 백관의 공복을 제정하도록 추진했다.
⑤ 사비로 천도하고 나라의 이름을 남부여로 바꾸었다.

44. 위 글의 밑줄 친 ㉡에 대한 설명으로 옳지 않은 것은?

① 유교적 합리주의 사관을 기초하여 서술되었다.
② 신라사를 중심으로 서술하였으며 신라 계승 의식을 반영하였다.
③ 현존하는 가장 오래된 우리나라 역사서이다.
④ 원 간섭기에 충선왕의 명을 받아 승려 일연이 편찬하였다.
⑤ 본기, 지, 연표, 열전으로 구성된 기전체 형식이다.

45. 다음 (가) ~ (라)를 일어난 순서대로 올바르게 나열한 것은?

> (가) 왕건이 포정전에서 즉위하여 국호를 고려라 하고 연호를 고쳐 천수라 하였다.
>
> (나) 견훤이 막내아들 능예와 딸 애복, 폐첩 고비 등과 더불어 나주로 달아나 고려에 귀순을 요청하였다.
>
> (다) 견훤이 신라 수도를 함락하고 경애왕을 살해한 뒤 철수하는 과정에서 신라의 구원 요청을 받아 출병한 왕건과 팔공산 일대에서 크게 싸웠으나 왕건이 대패하였다.
>
> (라) 진성여왕 때 원종과 애노 등이 사벌주를 근거지로 반란을 일으키니 왕이 영기에게 이를 토벌하도록 명령하였으나 영기는 적진을 쳐다보고는 두려워하여 나아가지 못하였다.

① (가) → (나) → (다) → (라)   ② (가) → (라) → (나) → (다)

③ (다) → (가) → (라) → (나)   ④ (라) → (가) → (다) → (나)

⑤ (라) → (나) → (가) → (다)

46. 다음 (가)에 들어갈 고려의 중앙 관제로 적절한 것은?

〈(가)의 변천〉

시기	변천
성종	국방 · 군사 문제를 담당하는 임시회의 기구

⇩

고종	도당으로 확대 · 개편

⇩

충렬왕	최고 정무 기구로 발전

⇩

공민왕	권한 축소

⇩

조선 태종	폐지

① 어사대   ② 도병마사   ③ 중추원

④ 식목도감   ⑤ 2성 6부

47. 다음의 (가) ~ (마)의 내용으로 옳은 것은?

〈문화재 알아보기〉

신라촌락문서(新羅村落文書)

신라 지방행정의 핵심을 확인하다.

- 발견 : (가)
- 작성 : (나)
- 조사대상 — 사람 : (다)
            — 호구 : (라)
- 작성 목적 : (마)

① (가) 일본 도다이지 쇼소인에서 신라 중원경 주변 8개 촌의 호구 대장이 발견되었다.

② (나) 촌주가 개별 촌락 단위로 3년마다 변동사항을 조사하고 매년 다시 문서로 기록하였다.

③ (다) 많고 적음에 따라 상상 ~ 하하의 9등급으로 나누어 평가하였다.

④ (라) 남자를 나이에 따라 각기 6등급으로 나누어 기재하였다.

⑤ (마) 노동력과 생산자원을 편제하고 관리하여 조세와 공물, 부역을 징발하고자 하였다.

48. 다음 중 유학을 가르치던 발해의 국립 교육 기관으로 적절한 것은?

① 국학   ② 경당   ③ 성균관

④ 주자감   ⑤ 태학

49. 다음은 고려시대 시행했던 토지제도 전시과의 시기별 토지 지급 액수이다. (가) ~ (다) 전시과에 대한 설명으로 옳지 않은 것은?

〈토지 지급 액수〉

(단위 : 결)

시기＼등급	1	2	3	4	5	6	7	8	9	10	11	12	13	14	15	16	17	18
(가)	110	105	100	95	90	85	80	75	70	65	60	55	50	45	42	39	36	33
	110	105	100	95	90	85	80	75	70	65	60	55	50	45	40	35	30	25
(나)	100	95	90	85	80	75	70	65	60	55	50	45	40	35	30	27	23	20
	70	65	60	55	50	45	40	35	33	30	25	22	20	15	10			
(다)	100	90	85	80	75	70	65	60	55	50	45	40	35	30	25	22	20	17
	50	45	40	35	30	27	24	21	18	15	12	10	8	5				

※ 시기별로 상단은 전지, 하단은 시지 지급 액수임.

① (가)는 전·현직 관료에게 관품과 인품을 기준으로 지급하였다.
② (나)는 전·현직 관료에게 인품을 배제하고 관직만을 고려하여 지급하였다.
③ (다)는 전직 관료는 제외되고 현직 관료에게만 지급하였다.
④ (가), (나), (다)는 경기 8현의 토지를 한정하여 지급하였다.
⑤ (가), (나), (다)는 토지의 소유권이 아닌 수조권을 지급하였다.

50. 고려시대 천민 중 노비에 대한 설명으로 옳지 않은 것은?

① 향·부곡에 거주한다.
② 성씨를 가질 수 없다.
③ 매매·증여·상속의 대상이다.
④ 국역의 의무가 없다.
⑤ 부모 중 한쪽이 노비이면 그 자식도 노비이다.

51. 다음 중 밑줄 친 ㉠이 추진한 정책으로 옳은 것은?

> ㉠ 왕은 백성을 위한 정책을 널리 추진하고자 하여, 백성들의 세금 부담을 들어주기 위해 균역법을 실시하였습니다. 그리고 탕평책의 시행을 위하여 탕평비를 건립하였습니다. 또한, 신문고를 부활시켜 백성들의 억울한 사연을 듣고 해결하는 데 힘썼습니다.

① 상평통보를 발행하였다.

② 한양으로 천도하였다.

③ 삼심제를 시행하였다.

④ 6조 직계제를 시행하였다.

⑤ 완도에 청해진을 설치하였다.

52. 다음 〈보기〉는 조선시대 관리등용제도를 도식화한 것이다. 이에 대한 설명으로 옳지 않은 것은?

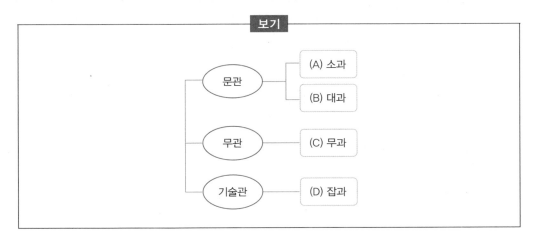

① (A)의 경우 유교경전에 관한 지식을 평가하는 생원과와 문학적 능력을 평가하는 진사과로 나뉘어 시행하였다.

② (A)의 합격자에게는 홍패를, (B)의 합격자에게는 백패를 지급하였다.

③ (B)의 경우 탐관오리의 아들, 재가한 여성의 자손, 서얼 등은 응시할 수 없었다.

④ (B)는 3년마다 정기적으로 치러지는 식년시와 증광시, 알성시 등의 별시가 있었다.

⑤ (D)는 역과, 율과, 의과, 음양과의 4과로 나누어 실시되었다.

53. 다음 조선 전기 왕과 그 업적에 대한 설명 중 옳지 않은 것은?

① 태종은 세종 때 이종무를 보내 왜구의 근거지인 대마도를 정벌하였다.
② 태조는 노비안검법을 시행하여 왕권을 강화하였다.
③ 태종은 의정부를 폐지하고 6조 직계제를 시행하였다.
④ 성종은 관수관급제를 시행하여 국가의 토지에 대한 지배력을 강화하였다.
⑤ 세조는 단종 때·계유정난을 일으켜 김종서, 황보인 등을 제거하고 정권을 장악하였다.

54. 다음의 밑줄 친 (가)에 대한 설명으로 옳은 것은?

> 오늘날 (가) 사설(邪說)의 폐단을 바로잡는 길은 더욱 정학(正學)을 밝히는 길밖에 없다.
> ……
> 연전에서 (가) 사설(邪說)과 관련된 서적을 구입해 온 이승훈은 어떤 속셈이든지간에 죄를 묻지 않을 수 없다. 이에 전 현감 이승훈을 예산현으로 귀향을 보내고 …… 이렇게 교시한 뒤에도 다시 문제가 생긴다면 어찌 정부가 있다고 말할 수 있겠는가?
>
> －「척사학교」－

① 경전으로 「정감록」이 널리 유행하였다.
② 새로운 세상이 열린다는 후천개벽 사상으로 신분제를 부정하였다.
③ 중국에 다녀온 조선의 사신들에 의해 학문으로 처음 소개되었다.
④ 샤머니즘과 도교의 영향으로 부적과 주술을 사용하였다.
⑤ 철종 때 경주 지역 잔반인 최제우가 창도하였다.

55. 조선시대 왕 직속 사법 기관으로 왕족이나 양반에 대한 중대 범죄를 처벌하던 곳은?

① 의금부 　　　② 장례원 　　　③ 사헌부
④ 한성부 　　　⑤ 형조

56. (가), (나) 조약을 체결한 사이의 시기에 있었던 사실로 옳지 않은 것은?

> (가)
> 제1조 대한 정부는 대일본 정부가 추천하는 일본인 1명을 재정고문으로 초빙하여 재무에 관한 사항은 일체 그의 의견을 들어 시행한다.
>
> ⇩
>
> (나)
> 제1조 한국 황제 폐하는 한국 전부(全部)에 관한 모든 통치권을 완전하고도 영구히 일본국 황제 폐하에게 양여한다.

① 가쓰라·태프트 밀약을 체결하여 미국의 필리핀 지배를 인정하는 대신 일본은 한국 지배권을 인정받았다.

② 일본은 한반도의 군사적 요충지를 확보하기 위해 한·일의정서를 강제로 체결하였다.

③ 고종이 이준, 이상설, 이원종을 네덜란드 헤이그에서 개최하는 제2회 만국평화회의에 특사로 파견하였다.

④ 대한제국의 사법권과 감옥 사무 처리권을 박탈하였다.

⑤ 통감부의 권한을 강화하고 각 부에 일본인 차관을 임명하여 내정을 간섭하였다.

57. 다음 〈조례〉를 발표한 단체의 활동으로 옳지 않은 것은?

> 〈조례〉
> 제1조 기채 정액은 4천만 원으로 하며, 대한민국 원년 독립 공채로 함.
> 제4조 상환 기간은 대한민국이 완전히 독립한 후 만 5개년부터 30개년 이내로 수시로 상환하는 것으로 하며, 그 방법은 재무 총장이 이를 정함.
> 제17조 본 공채는 외국인도 응모할 수 있는 것으로 함.

① 기관지로 독립운동에 관한 사실을 보도하는 독립신문을 간행하였다.

② 임시사료편찬회를 설치하고 독립운동의 역사를 정리한 「한·일 관계 사료집」을 간행하였다.

③ 미국 워싱턴에 외교 활동 전개를 위한 구미위원부를 설치하였다.

④ 의열단을 조직하여 김익상, 나석주, 김지섭 등이 의거를 계획, 실행하였다.

⑤ 국내 항일 세력들과 연락, 연계를 위한 제도인 연통제를 실시하였다.

58. 다음 중 개항기 애국 계몽 단체로 옳지 않은 것은?

① 헌정연구회   ② 보안회   ③ 대한자강회
④ 신민회   ⑤ 일진회

59. 다음과 같은 〈전개 과정〉으로 일어난 민주화 운동으로 옳은 것은?

〈전개 과정〉

• 마산 1차 시위 : 김주열 실종
• 마산 2차 시위 : 김주열 시신 발견이 원인
• 고려대 학생 시위 : 시위대 귀교 도중 피습
• 피의 화요일 : 시위대에 무차별 발포
• 교수단 시위 : 대학 교수단의 시국 선언문 발표
• 승리의 화요일 : 이승만 대통령 하야

① 4·19 혁명   ② 5·18 민주화 운동   ③ 6월 민주항쟁
④ 6·3 항쟁   ⑤ 부·마 항쟁

60. 1948년 있었던 5·10 총선거에 대한 설명으로 옳지 않은 것은?

① 만 21세 이상의 모든 국민에게 선거권이 부여되었다.
② 우리나라 최초의 민주적인 보통선거이다.
③ 4년 임기의 제헌 국회의원을 선출하였다.
④ 북한이 불참하면서 남한에서만 선거를 실시하였다.
⑤ 김구와 김규식 등 남북협상 참가 세력은 참여하지 않았다.

[61 ~ 65] 밑줄 친 부분의 의미와 가장 가까운 것을 고르시오.

61.

> The hospital has a commitment to <u>provide</u> the best possible medical care.

① demand   ② offer   ③ enforce
④ impel   ⑤ sanction

62.

> The team, which will be formed on voluntary basis, will be responsible for scheduling and the <u>determination</u> of costs of the events.

① decision   ② examination   ③ application
④ explanation   ⑤ requirement

63.

> As you know, we recently hired a American PR consultant to <u>promote</u> our on-line games to the North American market.

① attract   ② authorize   ③ advertise
④ deteriorate   ⑤ recognize

64.

> He was equipped with knowledge for the <u>vocation</u>.

① facility ② contract ③ incident
④ certification ⑤ occupation

65.

> While some teachers have welcomed the fact that the importance of public education will be strengthened by the changes, they say that unless Korea's educational elitism is dealt with, private education will continue to <u>thrive</u>.

① bust ② avert ③ involve
④ hinder ⑤ prosper

[66 ~ 68] 어법상 빈칸에 들어갈 말로 가장 적절한 것을 고르시오.

66.

> Store policy is not to give _____, but if you bring it in with your receipt and the original packaging, we'll replace it with another one.

① refund ② refunds ③ to refund
④ refunding ⑤ to be refunding

67.

> The German company, _____ holds a self-developed technology, said its sales are expected to reach $2 trillion next year.

① which ② where ③ what
④ whose ⑤ in which

www.gosinet.co.kr **gosinet**

1회 기출예상

2회 기출예상

3회 기출예상

4회 기출예상

5회 기출예상

인성검사

면접가이드

68.

> The search for the _____ person is being delayed due to the lack of equipment and number of staff.

① miss
② to miss
③ missing
④ missed
⑤ to be missing

69. 다음 중 어법상 옳지 않은 것은?

① She seated herself.
② Let's discuss the problem.
③ All men are created equal.
④ Many students are preparing for the exam.
⑤ The customers arrived Busan on Wednesday.

70. 우리말을 영어로 잘못 옮긴 것은?

① 너뿐만 아니라 그 또한 책임이 있었다.
   → He as well as you was to blame.
② 이 감자들은 껍질이 쉽게 벗겨진다.
   → These potatoes peel easily.
③ 그 표지판에는 '입장금지'라고 쓰여 있다.
   → The sign reads 'No admittance.'
④ 그는 정말 열심히 노력했지만 실패하고야 말았다.
   → He tried really hard, only to fail.
⑤ 사람은 그가 사귀는 친구를 보면 알 수 있다.
   → A man is knowing by the company he keeps.

[71 ~ 72] 두 사람의 대화 중 가장 어색한 것을 고르시오.

71. ① A : When did you send the invoices?

B : I believe it was yesterday.

② A : Where is this month's sales report?

B : Mr. Lee is working on it now.

③ A : Can you help me set this projector?

B : Everything is set for the meeting.

④ A : Where is the new production facility going to be built?

B : It hasn't been announced yet.

⑤ A : Do we have to submit the receipts along with our expense report?

B : I don't think it's necessary.

72. ① A : Do you want me to talk to the supervisor?

B : That's okay. I have to see him anyway.

② A : When should we notify the employees?

B : At the next meeting.

③ A : Could you take notes during the meeting for me?

B : Sorry, I won't be here in the afternoon.

④ A : Why is Mr. Kim not answering the phone all day?

B : He's in the seminar from the morning.

⑤ A : How much time do you need to finish the project?

B : It was better than I expected.

73. 다음 중 빈칸에 들어갈 말로 가장 적절한 것은?

> A : Excuse me, is this the Hamilton Building?
>
> B : Yes it is. How can I help you?
>
> A : I have a job interview at two o'clock with Ms. Park in the marketing department. Actually I only have ten minutes before the interview time. _____ _____?
>
> B : It's on the fifth floor, in suite 508 next to the conference room. I'll call her and let her know you're here.

① Which floor is the conference being held on

② Can you tell me where Ms. Park's office is

③ Where can I find the conference materials

④ Is it possible to reschedule the interview time

⑤ Could you please let Ms. Park know that I've arrived

74. Why has the shipment been delayed?

> A : Mr. Kim, has the shipment of auto parts been sent out yet? The last delivery was late and I want to make sure this time everything gets to the shops on time.
>
> B : Actually, we had some problems with one of the machines. The production line was stopped last night, but everything is in fine working order now. The parts will leave the factory later this afternoon.
>
> A : That's not fast enough. We have to rush the delivery service.

① A machine was broken down.

② The weather conditions had worsened.

③ The parts had been incorrectly delivered.

④ Defective components had been identified.

⑤ Errors were discovered in shipping documents.

75. How many extensions can the machine store?

> A : I'll explain how to use this telephone system for your job. If you want to put the caller on hold, just press the button next to the flashing light.
>
> B : Okay, but what should I do if I want to go back to the caller?
>
> A : Just press the same button again. You can also save up to the thirty numbers you most frequently use and autodial twenty of them.
>
> B : Great. That way I don't have to look up the directory every time I want to talk to a specific extension.

① Ten   ② Twenty   ③ Thirty

④ Forty   ⑤ No limit

76. 밑줄 친 A와 B에 들어갈 알맞은 말을 바르게 연결한 것은?

> Korean have always sought to live in harmony with nature. This love of nature is expressed not only in works of art but also in the daily lives of all Koreans. Tradition Korean gardens are a good example. (A)_____ Chinese and Japanese gardens focus on the beauty of a highly fabricated landscape, Korean garden use little in this way of artificial decoration. This reflect Koreans' wish to be united with nature. (B)_____, the walls of Soswaewon in Damyang were built to let the nature stream flow down the rocks so as not to spoil the landscape. As a result, it looks like the garden is an original part of the surrounding nature.

	(A)	(B)		(A)	(B)
①	Even though	Furthermore	②	Meanwhile	Therefore
③	Moreover	However	④	While	For example
⑤	For instance	In contrast			

77. 글의 흐름상 가장 어색한 문장은?

The people who came before you invented science because your natural way of understanding and explaining what you experience is terrible. When you have zero evidence, every assumption is basically equal. ① You prefer to see causes rather than effects, signals in the noise, patterns in the randomness. ② You prefer easy-to-understand stories, and thus turn everything in life into a narrative so that complicated problems become easy. ③ Scientists work to reinforce the narrative, to boil it away, leaving behind only the raw facts. ④ Those data sit there, naked and exposed, so they can be reflected upon and rearranged by each new visitor. ⑤ Scientists and laypeople will conjure up[*] new stories using the data, and they will argue, but the data will not budge[**]. They may not even make sense for a hundred years or more, but thanks to the scientific method, the stories, full of biased and fallacies, will crash against the facts and recede into history.

* conjure up : ~ 를 생각해 내다   **budge : 조금 움직이다

78. 밑줄 친 부분에 들어갈 말로 가장 적절한 것은?

Most historians and philosophers agree that it was the teaching of the 17th century French philosopher Rene Descartes that ushered in the thinking of the modern age and began the unraveling of the ancient link between emotions and health. In his reaction to the religious wars and the resulting chaos that spread across Europe for most of his adult life, Descartes formulated the concepts of rationalism and the necessity of _____ proof that were become the founding principles of modern science. In the era, emotions seemed to be a thing of magic, fleeting and undefinable in the framework of the science of the day. In Descartes's orderly division of the world into rational and irrational—provable and unprovable—emotions and their relationship to health and disease clearly fall into the latter domain. And there they remained until scientific tools powerful enough to challenge the categorization could rescue them.

① authentic   ② visible   ③ intangible

④ emotional   ⑤ metaphysical

79. 다음 글의 내용과 일치하지 않은 것은?

> Lee Leenam is an internationally noted Korean media artist whose work owes its inspirations to the work by Paik Namjune, the pioneer of vide art. Lee Leenam is known for inventively recreating well-known European paintings, such as the "Mona Lisa" by Leonardo da Vinci or "The Lunch on the Grass" by Edouard Manet. With his touches, the Mona Lisa makes a bigger smile and the surroundings of Manet's painting are transformed into a Korean landscape. The characters and backgrounds in the painting are constantly making lively movements, which produce visual illusions that, while keeping the impression of the original work, turn the traditional painting into an interactive one. He says that he draws on classical painting to make contemporary art friendlier for the public. This is why many of his works are based also on traditional Korean paintings, which are given new life through his innovative vision.

① 세계적인 미디어 아티스트인 이이남은 비디오 아트의 선구자인 백남준의 작품에서 영감을 받았다.

② 이이남은 유명한 유럽의 회화작품들을 독창적으로 재창조하는 것으로 잘 알려져 있다.

③ 이이남은 모나리자의 미소를 더 크게 만들거나 원작의 배경을 한국의 산수 배경으로 대체하기도 한다.

④ 이이남은 인물과 배경에 생동감 있는 움직임을 만들어내며 시각적 착시효과를 창조해 원작의 인상을 바꾼다.

⑤ 이이남은 현대 예술을 대충들에게 더 친근하게 만들기 위해 고전 회화 위에 그림을 그린다.

80. 제시된 문장에 들어갈 위치로 가장 적절한 것은?

> This does not diminish the camera's importance in defining an image.

Although they were internally organized by machines —cameras— early photographs resembled drawing and painting because they depicted the world according to linear perspective. (①) The camera obscura was popular with artists because it automatically modified a scene by compressing form and emphasizing tonal mass according to Western pictorial standards. (②) The camera was not designed as a radical device to unleash a new way of seeing, but evolved to produce a predefined look that took into consideration formulas and procedures. (③) What was being represented remained unchanged. (④) As with most inventions, unforeseen side effects create unintentional changes. (⑤) As imagemakers became more sophisticated, they routinely used specific cameras and lenses to shape an image, and knowledgeable viewers can often trace the connections between the camera/lens and the resulting picture.

* camera obscura : 암상자(초창기의 카메라)

필기시험 2회

기출예상문제

▶ 정답과 해설 20쪽

평가영역 1 **직업능력 [1 ~ 40]** 40문항

[01 ~ 02] 다음은 ○○공단의 복무규정 자료와 직원 A ~ E의 202X년 9월 중 3일간의 출퇴근 기록이다. 이어지는 질문에 답하시오.

<**○○공단 복무규정**>

• 정규 근무시간은 오전 9시(출근 시간)에서 오후 6시(퇴근 시간)로, 하루 근무 시간은 8시간 이상이어야 한다.
• 1주간 근무시간은 40시간으로 하며, 토요일과 일요일은 휴무이다.
• 점심시간은 정오에서 오후 1시까지로 하며, 근무시간에서 제외한다.
• 9시를 넘겨 출근하는 경우 지각으로 처리하며, 지각한 시간만큼 정규 퇴근 시간 이후에 추가로 근무한다.
• 오후 7시부터 30분마다 5,000원의 초과근무수당을 지급한다. 단, 지각한 경우는 해당 일의 초과 근무수당을 지급하지 않는다.

<**202X년 9월 직원별 출퇴근 기록**>

구분	A		B		C		D		E	
	출근	퇴근	출근	퇴근	출근	퇴근	출근	퇴근	출근	퇴근
7일(화)	08:32	19:20	09:00	18:00	08:24	18:34	09:00	18:00	10:00	19:30
8일(수)	09:25	20:31	08:40	20:10	08:55	20:01	09:56	19:10	09:16	19:12
9일(목)	08:13	20:00	08:47	20:34	08:44	18:00	08:55	20:15	08:40	18:55

01. 다음 중 직원 D의 3일간 총 근무시간으로 옳은 것은? (단, 정규 출근 시간부터 근무시간으로 계산한다)

① 26시간 14분   ② 26시간 29분   ③ 26시간 40분

④ 27시간 04분   ⑤ 27시간 30분

02. 다음 중 3일간의 초과근무수당을 가장 많이 받게 되는 직원은?

① 직원 A   ② 직원 B   ③ 직원 C

④ 직원 D   ⑤ 직원 E

1회 기출예상
2회 기출예상
3회 기출예상
4회 기출예상
5회 기출예상
인성검사
면접가이드

[03 ~ 04] 다음은 ○○공단의 20X1년 국가기술자격 시험운영 관련 자료이다. 이어지는 질문에 답하시오.

1. 국가기술자격 시험 운영 원칙
   • 자격시험은 1년에 최대 2번(1차, 2차) 운영한다.
   • 자격시험은 각각 개별 운영을 원칙으로 한다.
   • 시험 감독원은 3명을 원칙으로 하되, 컴퓨터 관련 기능사는 5명으로 한다.
   • 비용사용 내역서는 〈비목별 사용 및 필요 서류 안내〉에 따라 작성하여 제출하고 처리한다.

2. 20X1년 국가기술자격 시험 운영 계획 및 비용 예산서

(단위 : 만 원)

자격시험 종류	시험일 (예정)	시험장소 대여비	시험감독 인건비 (1인당)	시험자료 인쇄비	시험장 방역비	시험폐기물 처리비
컴퓨터응용가공산업기사	1차 3/6	50	8	35	5	10
	2차 8/7	60	6	25	7	20
컴퓨터응용선반기능사	1차 3/7	50	8	45	3	16
	2차 9/18	55	9	50	9	20
컴퓨터응용밀링기능사	1차 7/17	60	7	55	5	22
	2차 9/25	25	8	40	8	24
정밀측정 산업기사	1차 4/16	35	8	65	5	24
	2차 12/8	40	10	35	9	25
기계가공조립 산업기사	1차 5/14	65	7	55	8	15
	2차 7/31	55	7	35	6	20
기계설계 산업기사	1차 5/28	40	6	30	8	18
	2차 9/17	30	9	40	7	20
사출금형 산업기사	1차 6/12	25	9	70	7	22
	2차 12/9	55	11	25	5	30

3. 특이사항
   • COVID-19 상황 악화로 20X1년 5 ~ 8월 예정이었던 시험은 전면 취소 후 20X2년으로 연기하였음.
   • 이외 시험은 정상적으로 운영되었으며, 비용 예산서에 따라 정상적으로 지출함.

03. 20X1년도에 실시한 자격시험 중 1차 및 2차 시험비용 예산의 합계가 가장 큰 것은?

① 사출금형산업기사
② 정밀측정산업기사
③ 기계가공조립산업기사
④ 컴퓨터응용선반기능사
⑤ 컴퓨터응용밀링기능사

04. 다음 〈보기〉는 20X1년도에 실시한 모든 자격시험 비용 정산을 위해 담당직원 K가 작성하고 있는 비용 결산서이다. ㉠ ~ ㉤ 중 세목과 비용의 계산이 예산과 일치하지 않는 것은?

보기

비목	세목	비용 합계(만 원)	
장소 준비비	시험장소 대여비	340	······ ㉠
	시험장 방역비	51	······ ㉡
인건비	시험감독 인건비	279	······ ㉢
인쇄비	시험자료 인쇄비	335	······ ㉣
처리비	시험폐기물 처리비	169	······ ㉤

① ㉠
② ㉡
③ ㉢
④ ㉣
⑤ ㉤

[05 ~ 07] 다음은 ○○공단의 조직도 및 직제규정이다. 이어지는 질문에 답하시오.

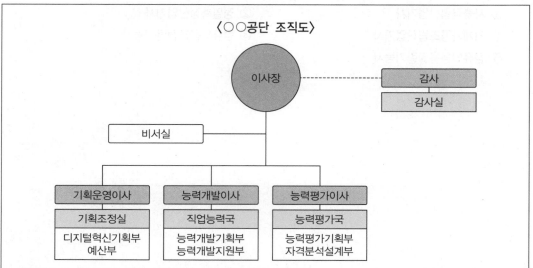

〈○○공단 조직도〉

• 점선으로 연결된 조직/직책은 상호 독립적이며 대등함.

〈○○공단 직제규정〉

• 결재는 조직도의 관련 부서를 따라 하위 직책에서 상위 직책 순으로 받는다.
• 전결권자가 별도로 언급된 업무를 제외한 모든 업무에 대해서는 이사장이 최종 결재권을 갖는다.
• 최종 결재권자가 이사장인 경우, 최종 결재 전 감사의 결재를 받아야 한다.
• 부서별 분장 업무

부서명	분장 업무
디지털혁신기획부	1. 현황관리 및 대외기관 보고 총괄 2. 전사 경영계획, 비전 및 중장기 경영전략 · 경영목표 수립 3. 직제 및 정원 관리, 부서 간 업무조정(기획운영이사 전결)
예산부	1. 사업계획/예산 요구 총괄 2. 수입/지출예산 편성 및 배정 관리(기획운영이사 전결) 3. 예산집행 조정/통제 및 결산 총괄
능력개발기획부	1. 능력개발사업 중장기 발전계획 수립 2. 능력개발사업 관련 국회 및 감사 3. 능력개발사업 대내외 포상(능력개발이사 전결)
능력개발지원부	1. 중소기업 학습조직화 지원 사업 운영 관리 2. 현장맞춤형 체계적 훈련 지원 사업 운영 관리(능력개발이사 전결) 3. 청년친화형 기업 ESG 지원 사업

www.gosinet.co.kr gosinet

1회 기출예상
2회 기출예상
3회 기출예상
4회 기출예상
5회 기출예상
인성검사
면접가이드

능력평가기획부	1. 이사 내 경영전략/경영계획/사업계획 수립, 경영평가에 관한 사항 2. 이사 내 예산확보/편성/관리/운용, 정원관리, 인사에 관한 사항 3. 국가자격 운영 총괄(능력평가이사 전결)
자격분석설계부	1. 자격제도 및 국가기술자격 효용성, 질 관리에 관한 연구 · 조사 · 분석 · 개선 등에 관한 사항 2. NCS기반 자격에 관한 연구 · 조사 · 분석 등에 관한 사항 3. 자격관련 법령 모니터링에 관한 사항(능력평가이사 전결)

※ 전결 : 이사장 또는 소속기관장이 그 결재권한의 일부를 이사, 국장 등 보조기관에 위임하여 처리하게 하는 것

05. 다음 중 위 자료를 이해한 내용으로 옳지 않은 것은?

① 이사장과 감사는 서로 대등하면서도 상호 독립적이다.

② 이사장은 비서실을 두고 있으나 감사는 비서실이 없다.

③ 국가자격 운영에 관한 사항은 능력평가기획부가 총괄한다.

④ 부서 간 업무조정에 대해서는 이사장이 최종 결재권을 갖는다.

⑤ 자격관련 법령 모니터링에 관한 사항은 능력평가국 산하 부서가 담당한다.

06. 다음 〈보기〉에서 설명하는 사업을 담당하는 부서가 소속된 곳은?

> 보기

- 사업목적 : 기업이 ESG 경영 차원에서 수행하는 청년고용 지원 프로그램에 대한 비용 및 컨설팅 지원을 통해 청년 직무역량 향상 및 일경험 기회 확대 → 청년고용 활성화 기반 마련
- 지원대상 : 기업이 ESG 경영 차원에서 새롭게 수행하거나 기존에 비해 개선 · 확대하여 운영하는 청년고용 지원 프로그램
- 지원내용 : 프로그램 개발비, 운영비, 참여자 수당, 장소 임차비 등 프로그램 운영에 따른 실비 및 프로그램 컨설팅 지원

① 감사   ② 비서실   ③ 기획조정실

④ 능력평가국   ⑤ 직업능력국

07. 다음 중 능력평가기획부 박 차장이 작성한 '이사 내 예산편성' 문서의 결재 순서로 옳은 것은?
(단, 조직도에 명시된 각 부 및 실, 국의 책임자는 각각 부장 및 실장, 국장이다)

① 예산부장－기획조정실장－기획운영이사

② 예산부장－기획조정실장－기획운영이사－이사장

③ 능력평가기획부장－능력평가국장－능력평가이사

④ 능력평가기획부장－능력평가국장－능력평가이사－이사장

⑤ 능력평가기획부장－능력평가국장－능력평가이사－감사－이사장

08. 다음은 ○○공단의 직원 유형별 시간외·휴일근로에 관한 운영지침이다. 이에 대한 설명으로 옳지 않은 것은?

〈직원 유형별 시간외·휴일근로 운영지침〉

구분	휴직자	임신 중	출산 후 1년 미만	18세 미만	단시간근로자 (주 40시간 미만 근무)
시간외근로 (평일)	불가	불가	1일 2시간, 1주 6시간, 1년 130시간 한도로 가능	1일 1시간, 1주 5시간 한도로 가능	원칙 : 불가 예외 : 교육 및 워크숍 참석 등으로 인해 불가피한 경우 (연간 20시간, 1주 12시간 한도 내)
시간외근로 (토요일)					1주 12시간 한도로 가능
휴일근로		원칙 : 불가 예외 : 명시적 청구+노사협의 +고용부 장관 인가		원칙 : 불가 예외 : 직원 동의 +노사협의 +고용부장관 인가	

① 휴직중인 A 차장은 휴일근로가 불가능하다.

② 임신 4개월 차인 B 과장은 토요일 시간외근로가 불가능하다.

③ 주 20시간 근무자인 C 대리는 원칙적으로 휴일근로가 불가능하다.

④ 주 24시간 근무하는 D 대리는 원칙적으로는 평일 시간외근로가 불가능하다.

⑤ 출산 후 6개월이 지난 E 주임은 평일 기준 1일 2시간까지 시간외근로가 가능하다.

[09 ~ 10] 다음 ○○공단 연차관련 기준 및 직원별 연차소진 현황자료를 보고 이어지는 질문에 답하시오.

〈직책별 지정 연차일수 및 연차휴가비〉

직책	부장	과장	대리	주임
연차일수(1년당)	25일	20일	15일	10일
연차휴가비(1일당)	5만 원	3만 원	2만 원	1만 원

〈202X년도 ○○공단 직원 연차소진 현황〉

이름	직책/근무연수	남은 연차일수	이름	직책/근무연수	남은 연차일수
김○○	주임/2년	10일	황○○	과장/2년	15일
이○○	과장/1년	13일	조○○	부장/5년	100일
박○○	부장/1년	2일	임○○	대리/6년	11일
최○○	대리/3년	1일	방○○	대리/3년	2일
정○○	주임/3년	0일	송○○	과장/1년	0일

- 근무연수는 해당 직책을 단 이후부터 근무한 연수를 의미함.
- 연차 사용 시 회사 복지차원에서 직책별 연차휴가비가 지급됨.
- 전년도에 사용하지 않은 연차는 그 다음 연도로 계속해서 이월됨(단, 동일한 직책에서만 유효함).

09. 다음 중 연차휴가비를 가장 많이 지급 받은 직원은?

① 박○○　　　　　② 임○○　　　　　③ 최○○
④ 조○○　　　　　⑤ 방○○

10. 다음 중 연차를 두 번째로 많이 소진한 직원의 연차휴가비와 두 번째로 적게 소진한 직원의 연차휴가비의 합은?

① 98만 원　　　　　② 115만 원　　　　　③ 136만 원
④ 155만 원　　　　　⑤ 179만 원

[11 ~ 12] 다음은 ○○공단 소송위임보수 지급기준에 관한 자료이다. 이어지는 질문에 답하시오.

〈○○공단 소송위임보수 지급기준〉

(단위 : 만 원)

구분 소가	민사 본안 행정소송			민사 신청 행정신청		
	착수금	착수금 상향한도	승소 사례금	착수금	착수금 상향한도	승소 사례금
2,000만 원 미만	200	350	착수금 × 승소비율	100	120	착수금 × 승소비율
2,000만 원 이상 ~5,000만 원 미만	400	550		150	250	
5,000만 원 이상 ~1억 원 미만	600	850		250	400	
1억 원 이상 ~2억 원 미만	800	1,200		400	550	
2억 원 이상 ~5억 원 미만	1,500	1,750		750	800	
5억 원 이상 ~10억 원 미만	1,800	2,000		950	1,000	
10억 원 이상	2,100	2,600		1,150	1,300	

(단위 : 만 원)

구분 유형	행정심판			헌법소송		
	착수금	착수금 상향한도	승소 사례금	착수금	착수금 상향한도	승소 사례금
일반 사건	500	800	미지급	800	1,150	착수금
중요 사건	1,000	1,350		1,800	2,500	

※ 민사 본안 행정소송의 승소사례금은 계산된 금액의 50% 범위 내에서 추가 증액이 가능하다.
※ 헌법소송의 승소사례금은 착수금과 동일하다.

11. 중요 사건에 대한 행정심판과 일반 사건에 대한 헌법소송을 진행할 경우, 착수금과 승소사례금을 합하여 최소로 지출할 수 있는 소송위임보수는 얼마인가? (단, 해당 소송에서 승소한 경우로 가정한다)

① 1,500만 원　　　　　② 1,850만 원　　　　　③ 2,200만 원
④ 2,600만 원　　　　　⑤ 2,950만 원

12. 소가 2억 2천만 원 사건의 민사 본안 행정소송에 대한 승소비율이 20%이라고 할 때, 착수금과 승소사례금을 합하여 최대로 지출 가능한 소송위임보수는 얼마인가? (단, 해당 소송에서 승소한 경우로 가정한다)

① 1,560만 원　　　　　② 1,690만 원　　　　　③ 1,765만 원
④ 2,015만 원　　　　　⑤ 2,275만 원

[13 ~ 14] 다음 ○○공단 지역별 훈련수급 조사비용에 관한 자료를 보고 이어지는 질문에 답하시오.

〈○○공단 지역별 훈련수급 조사비용〉

(단위 : 원)

구분	수요 조사		공급 조사 (3)	정기 수급조사 (1)+(3)	기타 조사 (4)	총합계 (1)+(2) +(3)+(4)	용역 계약서
	정기(1)	상시(2)					
서울	150,000			150,000	32,000	182,000	165,000
부산	150,000	8,000		150,000	9,000	167,000	153,000
대구	110,000	34,000		110,000	11,500	155,500	123,000
인천	145,000	34,500	32,000	177,000		211,500	184,500
광주	144,000	14,300		144,000	43,000	201,300	190,000
대전/세종	90,000	31,210	27,950	117,950		149,160	163,000
울산	140,000	20,000		140,000	4,505	164,505	145,600
경기	185,000	7,500	2,900	187,900		195,400	185,000
강원	135,230	24,750		135,230	19,500	179,480	189,700
충북	90,000	42,000		90,000	2,300	134,300	123,200
충남	124,285	21,150	19,405	143,690	9,000	173,840	150,300
전북	149,085	17,935		149,085	23,450	169,365	166,200
전남	90,000	43,000		90,000		133,000	155,500
경북	130,000	3,500		130,000	43,000	176,500	155,300
경남	145,000	9,400	15,000	160,000	14,500	183,900	182,000
제주	175,000	1,575		175,000	23,000	199,575	176,000

13. 다음 중 제시된 자료를 이해한 내용으로 옳지 않은 것은?

① 충남의 공급 조사비용은 경남의 공급 조사비용보다 크다.

② 총합계 비용이 항상 용역계약서 비용보다 큰 것은 아니다.

③ 상시 수요 조사비용과 기타 조사비용을 합한 금액은 항상 55,000원보다 작다.

④ 울산의 정기 수요 조사비용과 기타 조사비용을 합친 금액은 용역계약서 비용보다 작다.

⑤ 서울과 인천 지역의 용역계약서 비용의 합계는 전북과 경북 지역의 조사비용 총합계를 합친 것보다 크다.

14. 다음 중 부산과 경기, 제주 지역의 정기수급조사를 합친 금액과 대전/세종과 충북, 충남의 조사비용 총합계의 차이는 얼마인가?

① 35,600원   ② 45,500원   ③ 55,100원

④ 55,600원   ⑤ 65,100원

[15 ~ 16] ○○공단 총무팀 H 사원은 다음 자료를 참고하여 노후 설계 시뮬레이션 교육 프로그램을 만들었다. 이어지는 질문에 답하시오.

〈체계 수립 시 고려할 사항〉	
현재 연령과 은퇴 예상 연령	얼마나 오래 소득을 유지할 수 있는가?
기대 수명	얼마나 오래 연금을 수령할 것인가?
연평균 소득	연금을 납부하는 동안의 월평균 소득은 얼마인가?
은퇴 후 예상 생활비	가장 기본적인 생활을 유지하면서 취미활동 등 풍요로운 삶을 영위할 수 있는 수준인가?
연금 적립 금액	소득이 생긴 이후로 적립한 연금액이 얼마인가?
연금 소득대체율	은퇴 후 한 달에 받는 연금액이 국민연금을 납부한 기간 평균 월소득의 몇 퍼센트가 되는가?
예상 투자수익률	연금 기금의 투자수익률이 얼마나 높을 것인가?
예상 소득 상승률	소득이 지금보다 얼마나 상승할 것인가?

※ 연금 소득대체율이 50%일 때, 평균 월소득이 100만 원이라면 연금으로 매달 50만 원을 수령하게 됨.

〈시뮬레이션 화면 구성 시 고려할 사항〉
㉠ 연금 가입자들이 이해하기 쉬운 용어로 구성되어 있는가?
㉡ 예상이 필요한 질문에 대해서는 판단의 기준을 함께 제공하는가?
㉢ 시뮬레이션 결과로 필요한 정보들이 간결하게 제시되어 있는가?
㉣ 결과에 제시된 정보에 대한 설명을 제시하고 있는가?
㉤ 시뮬레이션 결과가 은퇴 후 각 연령별로 제시되어 있는가?

15. H 사원은 〈체계 수립 시 고려할 사항〉을 다음과 같이 요인별로 분류하여 정리해 보았다. 이에 대한 의견으로 옳지 않은 것은?

연금 적립액에 영향을 미치는 요인	은퇴 예상 연령, 현재 연령, 연평균 소득
연금 수령액에 영향을 미치는 요인	기대 수명, 소득대체율, 연금 기적립액, 예상 투자수익률, 예상 소득상승률

① 연금 기적립액이 많아도 소득대체율이 높으면 은퇴 후 여유롭게 지낼 수 없겠어.
② 예상 투자수익률과 소득상승률이 하락한다면 은퇴 후 연간 예상 생활비를 낮춰야 해.
③ 은퇴 예상 연령이 높고 연평균 소득이 많을수록 연금적립액의 소진 속도는 감소하겠지.
④ 노후 연간 생활비를 높게 예상하면 연금을 조금 더 납부해 두는 것이 좋겠군.
⑤ 기대 수명과 밀접한 관련이 있는 의료수준 등은 간접적으로 연금수령액으로 생활하는 데에 영향을 주겠군.

16. H 사원은 〈시뮬레이션 화면 구성 시 고려할 사항〉을 토대로 시뮬레이션 화면을 구성해 보았다. 다음 화면을 참고할 때 ㉠ ~ ㉤ 중 H 사원이 고려하지 않은 것은?

노후 설계 정보입력

▨ 고객님의 연평균 소득은 얼마인가요?

40,000,000 원

▨ 고객님의 예상 은퇴 후 연간 생활비는 얼마인가요?
Ex. 기본적인 삶 : 집+음식+병원=2,400만 원
풍요로운 삶 : 집+음식+병원/여행/외식/…=3,600만 원

24,000,000 원

확 인

시뮬레이션 상세 결과	
기본 생활비용		120만 원×12개월=1,440만 원
여유생활비용	취미, 운동	5만 원×2회×12개월=120만 원(등산, 기타)
	차량유지비	20만 원×12개월=240만 원
	경조사 등 모임 비용	5만 원×3회×12개월=180만 원
	외식비	10만 원×1회×12개월=120만 원
	국내외 여행비	200만 원(해외)+100만 원(국내)=300만 원
	소계	960만 원
	연간 노후생활 자금	2,400만 원
	월 노후 생활비	200만 원
	총 필요자금	약 5억 원

① ㉠ ② ㉡ ③ ㉢

④ ㉣ ⑤ ㉤

[17 ~ 18] 다음은 한국어 시험의 출생연도별 응시자 현황에 관한 자료이다. 이어지는 질문에 답하시오.

〈한국어 시험 출생연도별 응시자 현황〉

(단위 : 명)

응시연도\출생연도	2019년도	2020년도	2021년도	2022년도	2023년도	2024년도
1985년생	3,469	4,872	9,086	10,386	15,029	15,398
1986년생	3,500	5,090	10,200	13,910	13,270	17,330
1987년생	3,915	5,478	12,584	16,836	15,936	19,207
1988년생	4,107	5,908	13,495	20,864	19,398	21,094
1989년생	4,922	6,399	15,726	23,414	21,896	22,019
1990년생	5,801	7,123	16,229	25,398	20,856	25,394
1991년생	5,930	9,347	21,076	30,120	22,985	23,394
1992년생	13,908	15,397	25,963	23,097	29,584	21,098
1993년생	11,098	20,493	29,017	24,983	26,397	19,238
1994년생	9,323	29,865	34,197	19,926	24,034	20,393
1995년생	7,298	10,877	20,782	17,934	18,369	20,019
1996년생	4,192	5,124	15,967	13,297	19,370	18,090
1997년생	415	1,289	10,824	10,297	13,098	15,028
1998년생		530	4,398	6,873	9,365	15,309
1999년생			1,273	3,921	4,298	13,098
2000년생				420	2,095	12,099
2001년생					382	1,235
2002년생						899

※ 출생연도별 나이는 태어나는 순간부터 1살로 시작하여 매년 해가 바뀔 때마다 한 살씩 더해지는 '세는 나이'로 계산한다.

17. 다음 중 제시된 자료에 대한 이해가 바르지 않은 것은?

① 2022년도 한국어 시험 응시자 수는 1991년생이 가장 많다.

② 1985년생은 2019년도부터 2024년도까지 한국어 시험 응시자 수가 매년 증가한다.

③ 1992년생과 1994년생의 2020년도부터 2024년도까지의 응시자 수 증감추이는 동일하다.

④ 2019년부터 2024년까지 1986년생 한국어 시험 응시자 수를 모두 합치면 63,300명이다.

⑤ 2024년도에 1996년생이 29세라고 할 때, 2021년도에 25세 이하인 한국어 시험 응시자 수는 5,671명이다.

18. 2020년도에 1997년생이 24세일 때, 다음 중 2020년도 34세 이상의 한국어 시험 응시자 수와 31세인 한국어 시험 응시자 수의 비율로 옳은 것은? (단, 소수점 둘째 자리에서 반올림한다)

① 1 : 1.3   ② 1 : 2.8   ③ 2.2 : 1

④ 4.1 : 1   ⑤ 4.5 : 1

[19 ~ 20] 다음 자료를 보고 이어지는 질문에 답하시오.

〈공공기관 블라인드 채용 지침〉

• 블라인드 채용이란 채용과정에서 편견이 개입되어 불합리한 차별이 발생할 수 있는 출신지, 가족 관계, 학력, 외모 등의 항목을 걷어내고 실력(직무능력)을 평가하여 인재를 채용하는 방식이다.

• 채용 시 입사지원서에 인적사항 요구를 원칙적으로 할 수 없다.

　– 인적사항은 출신 지역, 가족관계, 신체적 조건, 학력 등을 의미한다.

　– 응시자가 자기소개서 등을 작성할 때 간접적으로 학교명, 가족관계 등이 드러나지 않도록 유의 해야 함을 사전에 안내한다.

• 다만 신체적 조건 및 학력은 채용 직무를 수행하는 데 있어 아래와 같이 필요하다고 인정될 경우 예외로 한다.

　– 특수경비직 채용 시 시력 및 건강한 신체요구, 연구직 채용 시 논문 및 학위 요구

　– 사회형평적 채용을 위해 장애인, 국가유공자, 지역인재, 고졸 인재 채용 등에 대한 정보가 필요 한 경우에는 입사지원서에 요구할 수 있다.

　– 지역인재 채용을 위해서는 최종학교명이 아니라 최종학교 소재지를 요청해야 한다.

　– 응시자 모두 서류전형 없이 필기시험을 볼 수 있는 경우 혹은 서류전형 합격자를 대상으로 본인확인을 위해 필요한 경우 사진을 요청할 수 있다.

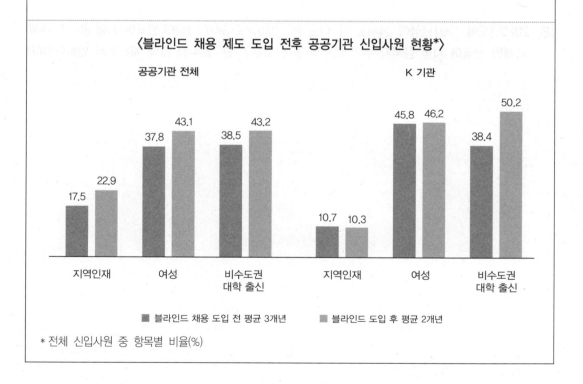

〈블라인드 채용 제도 도입 전후 공공기관 신입사원 현황*〉

* 전체 신입사원 중 항목별 비율(%)

19. 다음 중 〈공공기관 블라인드 채용 지침〉을 준수하지 않은 기관은?

① A 기관은 지역인재 채용을 위한 입사지원서에서 최종학교명과 그 소재지를 명기하도록 하였다.

② B 기관은 입사지원서에 포함되어 있던 증명사진 첨부 부분을 삭제하였다.

③ C 기관은 자기소개서에 가족관계를 드러내지 않도록 입사지원자들에게 공지하였다.

④ D 기관은 연구직 채용에 있어 채용직무와 관련한 전문 분야 논문을 기재하도록 하였다.

⑤ E 기관은 서류전형 없이 진행되는 필기시험 응시자의 본인확인을 위해 원서에 사진을 첨부하도록 하였다.

20. 공공기관 블라인드 채용에 관한 설명으로 옳지 않은 것은?

① 채용과정에서의 편견 개입을 줄이기 위해 지원자의 개인 신원에 대한 내용은 최소한의 범위에서 지원서에 기재하도록 하고 있다.

② 일부 예외적으로 채용직무의 특수성에 따라 입사지원서에 인적 사항 관련 내용을 포함할 수 있다.

③ 블라인드 채용의 도입은 여성인력과 지역인재의 공공기관 채용 확대에 기여하고 있다.

④ 블라인드 채용이 K 기관 신입사원의 지역인재와 여성인력 비중 변화에 미친 영향은 상대적으로 미미하다.

⑤ 블라인드 채용 도입 이후 K 기관의 신입사원 가운데 수도권 대학 출신이 차지하는 비중은 공공기관 전체의 평균보다 더 높게 나타났다.

[21 ~ 23] 다음 제20회 모의공정거래위원회 경연대회 공고문을 읽고 이어지는 질문에 답하시오.

1. 개요
   - 개최 목적 : 우리 사회·경제계에 주도적 역할을 하게 될 대학(원)생들에게 공정한 시장경제 질서 및 소비자 권익에 대한 인식을 높이기 위함.
   - 참가대상 : 전국 대학교(원) 및 법학전문대학원 학생

2. 세부일정

구분	기간	비고
참가신청서 접수	~20X2. 7. 30.	홈페이지 또는 이메일 및 우편 접수
대표학생 간담회	20X2. 8. 2.	서면 자료 관련 질의 답변, 건의사항 청취 등
1차 평가 자료 제출 (자료작성을 위한 사이트 참고 시 출처 명확히 기재)	~20X2. 8. 11.	1차 평가 전에 표절 검사를 거침. - 중복률 20% 이상부터 표절로 간주되어 즉시 탈락 - 중복률 10% 이상 20% 미만은 1차 평가에서 2점 감점
본선 대회 참가팀 발표	20X2. 8. 15.	가급적 8월 15일 이전 통지 예정
본선 대회 참가팀 자료 제출	~20X2. 8. 24.	심사보고서, 피심인 의견서 최종안 제출
본선 대회 개최	20X2. 8. 30.	경연 개최

3. 심사기준 및 방법

평가기준		항목	점수
1차 평가	서면자료 (40점)	(1) 소재의 시사성·참신성 및 사건 구성의 독창성	20
		(2) 사회자의 사실 확인(입증)의 논리성	10
		(3) 피심인 주장 내용의 논리성	10
본선 대회 (2차 평가)	경연내용 및 능력 (60점)	(1) 심사보고서의 내용, 사회자의 논리성 및 설득력	15
		(2) 피심인 의견서의 내용, 피심인의 논리적 항변	15
		(3) 심사위원의 질의에 대하여 설득력 있는 답변	20
		(4) 용어 사용의 적절성, 진행의 형식적 요건 충족 여부	10

※ 1차 평가의 경우 총점이 21점 이하 또는 하나 이상의 항목 점수가 배점의 40% 미만일 경우 탈락

4. 자료제출 방법 및 양식(※ 제출기한 엄수)
   - 제출자료 : 1차 평가 자료, 본선 대회 자료(심사보고서, 피심인 의견서)
   - 제출처 : E-mail(pcxxx@korea.kr)로 관련 자료 제출

- 유의사항
  ① 제출된 자료(참가신청서를 제외한 자료)에 소속 대학(원)을 알 수 있는 엠블럼 또는 학교(원)명 사용 및 표기 시 접수 불가
  ② 자료작성 시 아래 작성 기준을 반드시 준수(2가지 이상 미준수 시 접수 불가)
    – 작성 기준 : 휴먼명조 글씨체, 글자크기 13pt, 줄 간격 160%, 장평 100%, 자간 0

21. 다음 중 위 자료를 이해한 내용으로 옳은 것은?

① 공정한 시장경제질서나 소비자 권익에 관심이 있는 사람이라면 누구나 참가 가능하다.

② 1차 평가의 항목 (1)에서 8점 이하를 받은 참가자는 1차 평가에서 탈락한다.

③ 피심인 의견서 최종안에 대한 표절 검사 시 중복률이 30%인 참가자는 즉시 탈락한다.

④ 본선 대회에서 심사위원의 질의에 대해 설득력 있는 답변을 하였을 경우 해당 항목에 대해 최대 10점을 받을 수 있다.

⑤ 본선 대회에서 적절한 용어를 사용하고 진행의 형식적 요건을 잘 갖췄는지에 관한 평가도 이루어진다.

22. 다음은 제20회 모의공정거래위원회 경연대회에 참가한 한 학생의 일정표이다. ㉠ ~ ㉤ 중 일정에 따른 세부 계획으로 옳지 않은 것은?

- 성명 : 박한별
- 참가 팀명 : □□□□ (AA 대학 법학과 소속)
- 담당 역할 : 사회자(팀장)

일자	내용	일자	내용
7.28	참가신청서 홈페이지 접수	8.11	㉢ 1차 평가 자료 우편 제출
8.2	㉠ 대표학생 간담회 참석	8.15	㉣ 본선 대회 참가팀 발표(예정)
8.3	㉡ 조별 회의(1차 평가 자료 작성) – 참신성과 시사성을 고려하여 소재 선정	8.17	조별 회의 – 심사보고서 작성 – 피심인 의견서 작성
8.7	사실 입증의 논리성을 고려하여 1차 평가 자료 첨삭	8.23	㉤ 심사보고서, 피심인 의견서 최종안 E-mail 제출

① ㉠   ② ㉡   ③ ㉢   ④ ㉣   ⑤ ㉤

23. 다음은 경연대회에 참가한 ○○팀의 평가표이다. 이에 대한 설명으로 옳지 않은 것은?

평가점수		기타 사항
1차 평가	(1) 8점 / (2) 5점 (3) 9점	– 바탕체, 글자크기 12pt로 자료 작성 – 줄 간격 160%, 장평 100%, 자간 0으로 자료 작성 – BB 대학원과 BB 대학 학생들로 연합팀 구성
2차 평가	(1) 15점 / (2) 10점 (3) 15점 / (4) 9점	

① 1차 평가 점수는 ○○팀의 서면 자료에 대한 점수이며, 2차 평가 점수는 경연 내용 및 능력에 대한 점수이다.

② 1차 평가의 항목 (2)에서 4점을 받았다면 1차 평가에서 탈락했을 것이다.

③ 1차 평가 전 자료의 중복률이 11%였다면 ○○팀은 1차 평가에서 탈락했을 것이다.

④ 1차, 2차 평가에서 받을 수 있는 최고점을 받은 항목은 총 1개이다.

⑤ 기타 사항대로 자료를 제출했을 때, ○○팀이 제출한 자료에 소속 대학을 알 수 있는 엠블럼이 표기되지 않았다면 접수 가능하다.

24. 다음은 ○○공단의 역량평가 분포기준표이다. 이에 대한 설명으로 적절하지 않은 것은?

〈○○공단 역량평가 분포기준〉

평가등급 / 피평가자수	S 등급	A 등급	B 등급	C 등급	D 등급	비고
1	(1)	(1)	(1)	(1)	(1)	
2	1	0	0	1	0	
	0	1	1	0	0	
3	1	1	0	1	0	
	1	0	2	0	0	
4	1	1	1	1	0	
5	1	1	1	1	1	
6	1	1	2	1	1	
7	1	2	2	1	1	
8	2	2	2	1	1	
9	2	2	2	2	1	
10	2	2	3	2	1	

- 평가등급은 S, A, B, C, D 순으로 우수함.
- 해당 평가 등급에 맞는 피평가자가 없다고 판단되는 경우에는 하위 등급에 합산하여 평가 등급을 부여할 수 있음.
  - ㉮ 피평가자가 3명일 경우 A 등급 1명, B 등급 1명, C 등급 1명으로 평가할 수 있음.
- D 등급에 해당하는 자가 없을 경우에는 D 등급을 부여하지 않을 수 있으며, 이때 D 등급의 피평가자수는 C 등급의 피평가자수에 합산함.

① 피평가자수가 4명인 경우, A 등급이 최대 2명이 될 수 있다.

② 피평가자수가 2명인 경우, A 등급 1명, C 등급 1명으로 평가할 수 있다.

③ 피평가자수가 5명인 경우, S 등급을 최대 1명까지 부여할 수 있다.

④ 피평가자수가 10명인 경우, D 등급은 무조건 부여해야 한다.

⑤ 피평가자수가 3명인 경우, S 등급 1명, B 등급 1명, C 등급 1명으로 평가할 수 있다.

[25 ~ 26] 다음은 ○○공사의 교육훈련비 및 위촉수당 지급기준에 대한 자료이다. 이어지는 질문에 답하시오.

〈교육훈련비 및 위촉수당 지급기준〉

1. 교육훈련비
   - 교육훈련, 연수(워크숍 포함)에서 임·직원 또는 사업추진을 위해 실시하는 교육을 위하여 위촉된 자에게 지급하는 수당

2. 집행기준
   - 교육훈련비 지급은 교육을 진행하는 주관부서에서 집행하되, 예산 운용 여건상 부득이한 경우 사업부서 및 소속기관도 예산 범위 내에서 집행할 수 있다.
   - ○○공사 임직원이 공사 업무와 관련하여 토론회, 세미나, 발표회, 워크숍, 사업설명회, 교육 등을 위하여 위촉될 경우 규칙에 정하는 소정의 실비는 지급하되, 별도의 위촉수당은 지급할 수 없다.

3. 위촉수당 지급기준
   - 공통사항
     - 위촉수당에는 강의료, 원고료 등 강의와 관련된 일체의 사례금을 포함하고 있으며, 실비(교통비, 숙박비, 식비)는 별도로 추가 지급할 수 있다.
     - 최소 1시간 이상 강의를 진행할 경우 비용이 지급되며, 1시간이 넘는 시간에 대해서는 30분 단위로 지급한다.
   - 공직자 등에 해당하는 자(강의 1시간, 기고 1건 기준) : 최대 위촉수당 비용은 강의시간에 관계없이 1시간 수당의 2배에 해당하는 금액을 초과하지 못한다.

구분	공무원 및 신분보장 등에 있어 공무원으로 인정된 자	공직유관단체 및 기타 공공기관장 및 임직원	각급 학교 교직원 및 학교법인·언론사 임직원
상한액	300,000원	300,000원	900,000원

   - 공직자 등에 해당하지 않는 자(강의 1시간, 기고 1건 기준) : 최대 위촉수당 비용은 강의시간에 관계없이 1시간 수당의 4배에 해당하는 금액을 초과하지 못한다.

구분	기업체 대표, 명장 및 저명인사 등 이사장이 인정하는 자	전문 강사 및 각 분야 전문가	기타 각 분야 전문가에 준하는 자
상한액	300,000원	200,000원	150,000원

25. 다음 중 제시된 자료를 이해한 내용으로 옳지 않은 것은?

① 교육 및 연수에 소요되는 교육훈련비는 교육 주관부서에서만 집행할 수 있다.

② 같은 사람이 진행하는 강의 1시간의 최대 위촉수당과 기고 1건의 최대 위촉수당은 동일하다.

③ ○○공사 임직원이 공사 업무와 관련하여 교육에 투입되었을 경우 지급되는 위촉수당은 0원이다.

④ 스피치 전문 강사가 5시간 30분 동안 강의하였다면 최대 800,000원의 위촉수당을 받을 수 있다.

⑤ 공무원 1명과 ○○기업 대표가 연속해서 각각 1시간과 2시간 동안 강의를 진행하였을 때, 교육 주관부서에서 최대 900,000원을 위촉수당으로 지급하게 된다.

26. 다음 〈보기〉를 조건으로 교육을 위해 위촉된 자가 지급받을 수 있는 최대 금액은?

보기

- ○○고등학교 교사
- 3시간 강의
- 버스비 3만원
- 식비 1만원

① 900,000원   ② 1,800,000원   ③ 1,840,000원

④ 2,700,000원   ⑤ 2,740,000원

27. 다음 데이터 분석가 국가기술자격 취득구조를 이해한 내용으로 적절하지 않은 것은?

- 국가기술자격 취득을 포괄하는 평생학습 지원체계인 ZA 체계를 구축하였음.
  - ZA 체계는 필수 과목과 선택 과목으로 구성되어 있음.
  - ZA 체계는 총 12개의 ZA 수준으로 구성되어 있음(초급수준 1부터 박사수준 12까지).
  - 자격 취득을 위한 학점은 해당 교육과정 목표 달성에 필요한 평균 학습시간을 기반으로 구성되며, 일반적으로 9시간 동안 학습했을 때 이룰 수 있는 학습성과를 1학점으로 나타냄.
- 데이터 분석가 국가기술자격 취득구조
  - 자격증을 취득하려는 지원자들은 최소 121학점을 이수해야 함.
  - 필수 과목 80학점을 모두 이수해야 하며, 나머지 학점은 선택 과목에서 선택하여 이수해야 함.

구분	과목코드	교육과정	ZA 수준	학점
필수 과목 (A)	A001	개인 효과성	8	17
	A002	데이터 관리 인프라의 원리	8	19
	A003	데이터 분석 도구	8	21
	A004	데이터 분석 : 데이터 과학	8	21
	A005	IT와 통신 분야에서의 보건 및 안전	4	2
선택 과목 (B)	B001	객체지향 컴퓨터 프로그래밍 I	8	6
	B002	객체지향 컴퓨터 프로그래밍 II	8	7
	B003	절차적 프로그래밍	8	6
	B004	IT 및 통신 시스템에 대한 고객 요구사항 조사 및 규정	8	6
	B005	정보 보안 시스템 테스트	9	6
	B006	IT 및 통신 시스템 테스트	6	6
	B007	데이터 관리 인프라	9	7
	B008	IT 및 통신을 위한 데이터 표현과 처리	6	6
	B009	디지털 정보 공유	5	6

① 데이터 분석가 자격증을 취득하려는 지원자는 필수 과목과 선택 과목 둘 다 이수해야 한다.
② 데이터 분석가 필수 과목을 모두 이수하려면 총 다섯 과목을 수강해야 한다.
③ ZA 수준이 8 이상인 교육과정은 총 10과목이다.
④ 교육과정을 모두 이수하면 총 136학점을 이수하게 된다.
⑤ 절차적 프로그래밍 목표 달성에 필요한 평균 학습시간은 6시간이다.

28. 다음은 성희롱·성폭력 및 직장 내 괴롭힘 예방지침의 일부를 발췌한 내용이다. 이에 대한 직원들의 발언으로 옳지 않은 것은?

제6조(고충상담창구) ① 이사장은 성희롱·성폭력 및 직장 내 괴롭힘 예방·대응을 위한 업무의 처리와 직원의 성희롱·성폭력 및 직장 내 괴롭힘 관련 고충에 대한 상담·처리를 위하여 본부, 부설기관, 소속기관 및 인트라넷에 성희롱·성폭력 및 직장 내 괴롭힘 고충상담창구를 두고, 조직 내외에 적극 알려 이를 인지할 수 있도록 한다. 단, 본부와 소재지가 동일한 부설기관의 고충 상담·처리 업무는 본부 고충상담창구에서 처리할 수 있다.

② 고충상담창구의 업무를 처리하기 위하여 성희롱·성폭력 및 직장 내 괴롭힘 고충상담원(이하 '고충상담원'이라 한다)을 지정하여야 하며, 남성 및 여성이 반드시 각 1인 이상 포함되어야 한다.

③ 본부 고충상담원은 인사, 노무, 복무 담당 직원 및 노동조합에서 추천하는 사람 2명을 포함한 총 4인 이상으로 임명하며, 부설기관 및 소속기관 고충상담원은 노동조합에서 추천하는 사람 1명을 포함한 총 2인 이상으로 임명한다.

④ 고충상담창구의 업무는 다음 각호와 같다.

1. 성희롱·성폭력 및 직장 내 괴롭힘 피해에 대한 상담·조언(2차 피해 포함)
2. 성희롱·성폭력 및 직장 내 괴롭힘 사건에 대한 고충 접수·조사 및 처리
3. 성희롱·성폭력 및 직장 내 괴롭힘 사건처리 관련 부서 간 협조·조정에 관한 사항
4. 성희롱·성폭력 및 직장 내 괴롭힘 등 재발 방지 대책의 수립과 이행에 관한 사항
5. 성희롱·성폭력 및 직장 내 괴롭힘 예방을 위한 교육·홍보 등 기타 예방 업무

⑤ 고충상담창구에는 별지 제1호 서식의 성희롱·성폭력 및 직장 내 괴롭힘 고충접수대장, 고충처리절차 및 매뉴얼을 작성·비치하여야 한다.

⑥ 이사장은 고충상담의 공신력과 전문성 제고를 위하여 필요하다고 인정하는 경우 외부 전문가를 선임할 수 있으며, 제4항에 따른 고충상담창구 업무를 외부 전문기관에 위탁할 수 있다.

⑦ 신규로 임명된 고충상담원은 고충 상담 및 처리 관련 전문교육을 3개월 이내에 이수하여야 하며, 이사장은 고충상담원의 업무 역량강화를 위해 외부 전문기관 교육수강을 적극 지원하여야 한다.

⑧ 이사장은 고충상담원이 고충처리 업무를 행할 때 공정하고 독립적으로 임할 수 있도록 보호하고 지원하여야 한다.

---

① A 주임 : 고충상담창구 업무는 외부전문기관에 위탁할 수 없어.

② B 사원 : 본부에서는 고충상담원이 4명 이상 배치되어야 해.

③ C 차장 : 고충상담원으로 신규 지정된 인원은 3개월 이내에 전문교육을 이수해야 돼.

④ D 대리 : 부설기관이 본부와 소재지가 동일하다면 고충 상담 업무를 본부가 대신 처리할 수 있어.

⑤ E 과장 : 고충상담원 지정 시 성별을 고려해야 하고 기관별로 남성과 여성이 각각 1인 이상이 포함돼야 해.

[29 ~ 30] 총무부 송 차장은 워크숍 장소를 선정하기 위해 후보지 리스트와 점수 환산표를 확인하고 있다. 이어지는 질문에 답하시오.

〈워크숍 장소 후보지〉

후보지	거리	비용	선호도	최소 수용인원	경영상태
가	100km	350,000원	낮음	90명	B
나	300km	220,000원	보통	60명	B
다	250km	250,000원	보통	60명	S
라	150km	370,000원	높음	90명	A
마	200km	300,000원	매우 높음	70명	S

〈순위–점수 환산표〉

순위	1	2	3	4	5
점수	5	4	3	2	1

- 선호도가 높을수록, 거리가 가까울수록, 비용이 낮을수록, 최소 수용인원이 많을수록 높은 순위를 부여한다.
- 순위에 따라 환산표에 의한 점수를 부여하여 합산한다.
- 2개 이상의 장소 순위가 동일할 경우, 그 다음 순위의 장소는 순위가 동일한 장소 수만큼 순위가 밀려난다. (예 가, 나, 다 모두 1위일 경우 그 다음 순위는 4위)
- 모든 기준에 의해 환산된 점수의 합이 가장 높은 장소를 선정한다(단, 환산된 점수의 합이 동일할 경우, 경영상태가 더 우수한 장소를 선정한다).
- 경영 상태는 S, A, B 순으로 우수하다.

29. 송 차장이 제시된 자료에 따라 순위를 점수로 환산하여 선정할 워크숍 장소로 적절한 곳은?

① 가   ② 나   ③ 다

④ 라   ⑤ 마

30. 송 차장이 〈보기〉의 조건을 추가로 고려하여 선정할 워크숍 장소로 적절한 곳은?

보기

• 워크숍 참여 인원은 총 80명으로 조사되어, 우선 워크숍 장소의 최대 수용인원이 워크숍 참여 인원보다 적은 장소는 제외한다.

장소	가	나	다	라	마
최대 수용인원	90명	70명	90명	100명	100명

• 다음으로 비용의 순위를 워크숍 장소의 최소 수용인원에서 초과되는 워크숍 참여 인원 1명당 아래의 추가 비용을 더하여 총비용을 다시 산정한다.

장소	가	나	다	라	마
1인당 추가비용	10,000원	5,000원	10,000원	20,000원	15,000원

• 위 조건을 반영하여 후보지의 순위를 다시 부여하고, 이를 점수로 환산하여 워크숍 장소를 선택한다.

① 가   ② 나   ③ 다

④ 라   ⑤ 마

31. 다음은 공인중개사 수험생의 성별, 연령대별 시험접수 시 전자금융서비스 인증수단 선호도에 관한 자료이다. 이에 대한 설명으로 옳지 않은 것은?

〈성별 · 연령대별 전자금융서비스 인증수단 선호도〉

(단위 : %)

구분		휴대폰 문자인증	공인인증서	아이핀 (I-PIN)	이메일	전화인증	신용카드	바이오 인증
성별	남성	72.2	69.3	34.5	23.1	22.3	21.2	9.9
	여성	76.6	71.6	27.0	25.3	23.9	20.4	8.3
연령대	10대	82.2	40.1	38.1	54.6	19.1	12.0	11.9
	20대	73.7	67.4	36.0	24.1	25.6	16.9	9.4
	30대	71.6	76.2	29.8	15.7	28.0	22.3	7.8
	40대	75.0	77.7	26.7	17.8	20.6	23.3	8.6
	50대	71.9	79.4	25.7	21.1	21.2	26.0	9.4
전체		74.3	70.4	30.9	24.2	23.1	20.8	9.2

※ 1) 응답자 1인당 최소 1개에서 최대 3개까지 선호하는 인증수단을 선택했음.
　2) 인증수단 선호도는 전체 응답자 중 해당 인증수단을 선호한다고 선택한 응답자의 비율임.
　3) 전자금융서비스 인증수단은 제시된 7개로만 한정됨.

① 연령대별 인증수단 선호도를 살펴보면 30대와 40대 모두 아이핀이 3번째로 높다.

② 전체 응답자 중 선호 인증수단을 3개 선택한 응답자 수는 40% 이상이다.

③ 선호하는 인증수단으로 신용카드를 선택한 남성 수는 바이오 인증을 선택한 남성 수의 3배 이하 이다.

④ 20대와 50대 간의 인증수단별 선호도 차이는 공인인증서가 가장 크다.

⑤ 선호하는 인증수단으로 이메일을 선택한 20대가 아이핀과 공인인증서를 동시에 선택했다면, 신용카드를 선택한 20대 모두가 아이핀을 동시에 선택한 것이 가능하다.

32. 다음은 최근 5년간 국가기술자격 취득자 및 국가기술자격 기술사 등급 취득자 통계 추이를 나타 내고 있다. 이에 대한 설명으로 옳지 않은 것은?

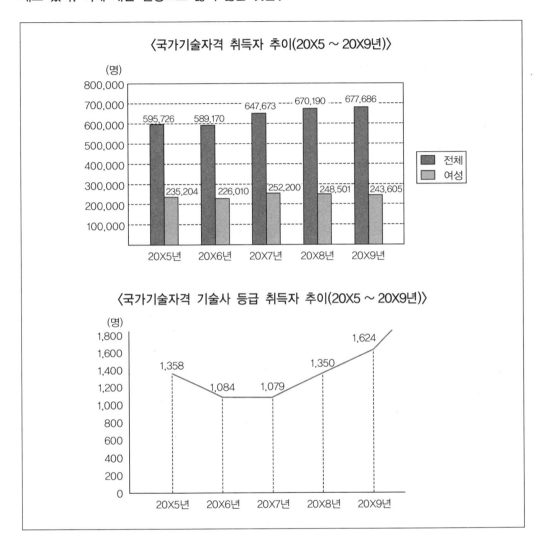

① 최근 5년간 전체 국가기술자격 취득자 수는 20X6년 소폭 감소한 이후 점차적으로 증가하고 있다.

② 여성 국가기술자격 취득자 수는 20X7년 이후 2년 연속 감소 추세에 있다.

③ 국가기술자격 기술사 등급 취득자의 20X8년 전년 대비 증가율과 20X9년 전년 대비 증가율이 동일하다.

④ 20X7년 대비 20X9년 국가기술자격 취득자는 남성 취득자 수의 증가율이 전체 취득자 수의 증 가율보다 높다.

⑤ 국가기술자격 기술사 등급 취득자 수는 20X5년 이후 감소하다 20X8년에 거의 20X5년 수준으로 회복하였다.

[33 ~ 35] 다음 자료는 ○○공단 대학생 해외 인턴 파견사업 지원자 명단과 파견지 배정을 위한 점수 환산표이다. 이어지는 질문에 답하시오.

〈지원자 명단〉

지원자	나이	어학점수	학점	관련 자격증	희망 국가	기타사항
A	20세	150점	3.50	0개	독일	사회적 배려 대상자
B	23세	185점	3.55	1개	호주	
C	25세	175점	3.05	2개	호주	
D	24세	130점	4.00	1개	독일	
E	27세	100점	4.35	0개	튀르키예	소속 대학 추천자

〈순위 – 점수 환산표〉

순위	1	2	3	4	5
점수	5	4	3	2	1

• 나이가 적을수록, 학점이 높을수록 높은 순위를 부여한다.
• 어학점수는 점수의 10%를 환산 점수로 계산한다.
• 관련 자격증은 1개당 3점씩 점수로 환산한다.
• 모든 기준에 의해 환산된 점수의 합이 가장 높은 지원자부터 희망 국가에 배정한다(단, 희망 국가마다 최대 1명씩 배정할 수 있다).
• 희망 국가에 배정되지 못한 지원자는 환산된 점수의 합이 높은 순서대로 미국, 프랑스에 배정한다.

33. 제시된 자료에 따라 순위를 점수로 환산할 때, 다음 중 지원자 C가 가게 될 국가는?

① 미국   ② 독일   ③ 프랑스

④ 튀르키예   ⑤ 호주

34. 다음의 국가별 인턴 자격 기준만을 고려하여 지원자들을 희망 국가에 배정하려고 한다. 희망 국가마다 제한 인원이 없다면, 희망 국가에 배정되지 못하는 지원자를 모두 고른 것은?

〈국가별 인턴 자격 기준〉

구분	나이	어학 점수	학점	관련 자격증
독일	20 ~ 24세	120점 이상	3.00 이상	필요하지 않음.
호주	22 ~ 30세	180점 이상	3.50 이상	필요(개수 상관없음)
튀르키예	20 ~ 28세	130점 이상	4.25 이상	필요하지 않음.

① A, B   ② B, C   ③ B, D

④ C, D   ⑤ C, E

35. 제시된 자료에 〈보기〉의 조건을 추가로 고려하여 지원자들을 배정하려고 할 때, 다음 중 환산한 점수의 합이 가장 높은 지원자는?

보기

- 어학 점수는 점수의 20%를 환산 점수로 계산한다.
- 학점은 높을수록 높은 순위를 부여하며, 환산된 점수의 2배로 계산한다.
- 관련 자격증은 1개당 2점씩 점수로 환산한다.
- 소속 대학 추천자는 환산된 점수 합의 30%를 가점한다.
- 사회적 배려 대상자는 환산된 점수의 합에 4점을 가점한다.

① A   ② B   ③ C

④ D   ⑤ E

1회 기출예상   2회 기출예상   3회 기출예상   4회 기출예상   5회 기출예상   인성검사   면접가이드

[36 ~ 37] ○○공단 박 과장은 출장 시 활용 가능한 교통수단을 정리하고 있다. 이어지는 질문에 답하시오.

〈교통편 정보〉

출발지	도착지	교통수단 상세노선		
		택시	버스	지하철
본사	A 지사	본사-A 지사	414	2호선
	B 지사	본사-B 지사	814	3호선
A 지사	C 지사	A 지사-C 지사	6264	5호선
B 지사		B 지사-C 지사	8513	6호선

〈택시〉

상세노선	운행횟수	소요시간	요금
본사-A 지사		50분	10,000원
본사-B 지사	상시운행	30분	6,000원
A 지사-C 지사		30분	5,000원
B 지사-C 지사		40분	8,000원

〈버스〉

상세노선	운행횟수	소요시간	요금
414	매일 오전 8시부터 오후 10시까지 20분마다 운행	50분	1,800원
814	매일 오전 9시부터 오후 9시까지 5분마다 운행	40분	1,800원
6264	매일 오전 11시부터 오후 9시까지 15분마다 운행	40분	1,350원
8513	매일 오전 8시부터 오후 9시까지 15분마다 운행	50분	1,350원

〈지하철〉

상세노선	운행횟수	소요시간	요금
2호선		40분	1,350원
3호선	매일 오전 8시부터 10분마다	40분	1,800원
5호선	오후 10시까지 운행	40분	1,350원
6호선		50분	1,350원

- 교통상황과 관계없이 모든 소요시간이 정확하다고 가정한다.
- 교통수단을 이용하기 위해 이동하는 시간은 없다고 가정한다.
- 도착지에서 출발지로 이동할 때도 이용하는 노선과 그 소요시간은 동일하다.
- 출발지에서 도착지까지 반드시 동일한 교통수단을 이용할 필요는 없다.

36. 박 과장이 오전 8시에 본사에서 출발해 C 지사까지 가장 시간이 적게 걸리는 경로로 이동한다고 할 때, 박 과장이 지불해야 하는 교통 요금의 합은? (단, 소요되는 시간이 같다면 비용이 적은 경로를 선택한다)

① 6,350원   ② 7,300원   ③ 11,000원
④ 11,350원   ⑤ 14,000원

37. 박 과장이 다음 조건으로 출장을 갈 때 본사에 복귀할 예정 시각은?

- 오전 8시에 본사에서 출발해 B 지사를 방문한다.
- B 지사 도착 후 1시간 20분 동안 업무를 한 뒤 C 지사로 이동한다.
- C 지사 도착 후 1시간 30분 동안 업무를 한 뒤 본사로 복귀한다.
- 이때 이동시간이 가장 짧은 경로로 이동한다.

① 11시 30분   ② 11시 50분   ③ 12시 00분
④ 13시 10분   ⑤ 13시 30분

[38 ~ 40] 다음은 ○○공단 김 대리가 자격시험장 필요 물품의 구매 수요를 조사하기 위해 사내 홈페이지 게시판에 올린 글이다. 이어지는 질문에 답하시오.

안녕하세요. ○○공단 자격시험부의 공지입니다.

○○공단 자격시험부에서 202X년 시행 국가자격시험에 필요한 물품 수요조사를 진행하고자 하오니 A ~ E 부 시험장 담당께서는 아래 내용을 파악하여 댓글로 알려 주시기 바랍니다. 금요일 오후 5시까지 마감하겠습니다.

가. 담당 시험장 최대 수용인원
나. 현재 부서에 남아있는 물품(컴퓨터용 사인펜, 흑색 플러스 펜, 생수 300mL, 서류 봉투)별 수량

- 각각의 물품은 다른 시험장과 공유할 수 없습니다.
- 각 시험장의 최대 수용인원을 충족할 만큼 추가 구매하여 배분할 예정입니다. 다만, 서류 봉투는 수용인원 10명당 1개씩 배분합니다.

기타 문의 사항은 자격시험부 김 대리에게 연락주시기 바랍니다. 감사합니다.

댓글	
A 부 부장 (1시험장)	1시험장 최대 수용인원은 150명입니다. 현재 남아있는 물품은 컴퓨터용 사인펜 110개, 흑색 플러스펜 150개, 생수 300mL 50개, 서류 봉투 11개입니다.
B 부 부장 (2시험장)	2시험장 최대 수용인원은 180명이고, 남아있는 물품은 컴퓨터용 사인펜 85개, 흑색 플러스펜 100개, 생수 300mL 80개, 서류 봉투 10개입니다.
C 부 부장 (3시험장)	3시험장 최대 수용인원 130명입니다. 남아있는 물품은 컴퓨터용 사인펜 30개, 흑색 플러스펜 150개, 생수 300mL 70개, 서류 봉투 13개입니다.
D 부 부장 (4시험장)	최대 수용인원은 200명이고, 컴퓨터용 사인펜 160개, 흑색 플러스펜 180개, 서류 봉투 17개, 생수 300mL 180개 남아있습니다.
E 부 부장 (5시험장)	5시험장 최대 수용인원은 100명이며, 현재 남은 물품은 컴퓨터용 사인펜 50개, 생수 300mL 40개, 흑색 플러스펜 70개, 서류 봉투 5개입니다.

38. 다음은 김 대리가 각 부서에 남아있는 물품 수량을 정리한 표이다. 이 중 수량이 잘못된 부서는?

〈재고 조사표〉

(단위 : 개)

구분	컴퓨터용 사인펜	흑색 플러스펜	서류 봉투	생수 300mL
A 부	110	150	11	50
B 부	85	100	10	80
C 부	30	150	13	70
D 부	160	180	17	180
E 부	50	70	6	40

① A 부   ② B 부   ③ C 부

④ D 부   ⑤ E 부

39. 다음 중 김 대리가 물품 수량을 조사하고 그 결과를 보고할 내용으로 옳지 않은 것은?

① 구매할 물품의 수량이 가장 많은 시험장은 2시험장입니다.

② 구매할 물품의 수량이 가장 적은 시험장은 4시험장입니다.

③ 흑색 플러스펜은 총 110개를 추가로 구매해야 합니다.

④ C 부는 컴퓨터용 사인펜과 생수 300mL만 추가로 구매하면 됩니다.

⑤ 컴퓨터용 사인펜은 총 325개, 생수 300mL는 총 340개가 더 필요합니다.

40. 김 대리가 조사한 물품 가격이 〈보기〉와 같을 때, 필요한 물품을 모두 구매하기 위해 소요되는 금액은 모두 얼마인가?

보기

물품 종류	단위	가격(부가세 별도)
컴퓨터용 사인펜	100개	30,000원
흑색 플러스펜	100개	45,000원
서류 봉투	10개	500원
생수 300mL	30개	12,500원

- 각 물품은 시험장별로 해당 단위로만 구매 가능하다.
- 부가세 10%는 별도로 추가하여 계산한다.

① 381,250원   ② 397,400원   ③ 417,000원

④ 449,500원   ⑤ 494,450원

41. 다음 중 구석기 시대의 인물은 누구인가?

① 갑은 자기 족장의 무덤으로 고인돌 만드는 일을 하고 있다.
② 을은 뼈바늘에 가락바퀴로 만든 실을 꿰어 옷을 만들었다.
③ 병은 주먹도끼를 들고 사냥을 나섰다.
④ 정은 벼 이삭을 자르는 추수 도구로 반달돌칼을 사용한다.
⑤ 무는 자기가 속한 부족의 기원을 곰과 연결시켜 숭배한다.

42. 다음 (가) ~ (마) 국가에 대한 설명으로 옳은 것은?

> 보기

(가) 큰 나라 사이에서 시달리고 괴롭힘을 당하다가 마침내 고구려에 복속되었다. 고구려는 이 나라 사람 가운데 대인을 뽑아 사자로 삼아 토착 지배층과 함께 통치하게 하였다.
(나) 동쪽에 큰 굴이 하나 있는데, 수혈이라 부른다. 10월에 온 나라에서 크게 모여 수신을 맞아 나라의 동쪽 강가에 모시고 가서 제사를 지내는데, 나무로 만든 수신을 신의 자리에 모신다.
(다) 늘 5월이면 씨뿌리기를 마치고 귀신에게 제사를 올린다. 이때는 모든 사람들이 무리지어 노래하고 춤추고 술을 마시며 밤낮을 쉬지 않는데, 그 춤은 …… 손발이 척척 맞아 가락이 탁무와 비슷하다. 10월에 농사일을 마치고 나서도 이렇게 한다.
(라) 모두 여섯 가지 가축의 이름을 따서 마가·우가·저가·구가·대사·대사자라 칭했으며 …… 제가들은 별도로 사출도를 주관하는데 큰 곳은 수천 집, 작은 곳은 수백 집이었다.
(마) 풍속은 산천을 중시하여 산과 내마다 각기 구분이 있어 함부로 들어갈 수 없었다. 동성끼리 결혼하지 않고 …… 부락을 함부로 침범하면 노비·소·말로 배상하게 하는데 이를 책화라고 한다.

① (가) 국가에는 12월에 영고라는 제천행사가 있었다.
② (나) 국가에는 읍군, 삼로라는 군장이 있어서 자기 부족을 다스렸다.
③ (다) 국가는 만주 송화강 유역의 평야지대를 중심으로 성장하였다.
④ (라) 국가는 중대한 범죄자가 있으면 제가회의를 열어 처벌을 결정하였다.
⑤ (마) 국가는 단궁, 과하마, 반어피 등의 특산물이 유명하였다.

43. 다음 중 통일신라 성덕왕 때 백성들에게 지급한 토지로, 왕의 농민 지배력을 강화시켰던 것은?

① 마전   ② 녹읍   ③ 식읍

④ 정전   ⑤ 관료전

44. 다음 밑줄 친 연호를 사용했던 왕의 업적으로 옳은 것은?

> <u>영락</u> 6년에는 왕이 몸소 수군을 이끌고 백제를 공격하여 58성과 7백 촌을 공파하고, 아리수를 건너 백제의 도성에까지 육박하였다. 이에 백제의 아신왕이 영원히 신하가 되겠다는 맹세를 하고 항복하므로, 백제왕이 바친 생구와 인질 및 세포를 받아 개선하였다.

① 국상 을파소의 건의로 진대법을 실시하여 빈민을 구제하였다.
② 5호 16국 시대의 혼란을 틈타 요동 서안평을 점령하였다.
③ 경당을 세워 지방 평민에게 한학과 무술을 가르쳤다.
④ 태학을 설립하여 유학의 보급과 문화 향상에 기여하였다.
⑤ 신라 내물 마립간의 요청을 받아 보병과 기병 5만을 보내 왜구를 격퇴하였다.

45. 다음 발해의 중앙 및 지방의 통치 체제에 대한 설명 중 옳은 것은?

① 최고 교육기관으로 국학을 설치했다.
② 관리 감찰 기구로 사정부를 두었다.
③ 지방 행정 제도는 9주 5소경으로 구성되었다.
④ 국가의 중대사는 귀족들이 정당성에 모여 회의를 통해 결정하였다.
⑤ 중앙군으로 9서당을 두고, 지방군으로 10정을 배치했다.

46. 다음 중 고려시대 지방 행정 구역의 특징으로 옳지 않은 것은?

① 모든 군·현에 지방관이 파견되었다.

② 5도 양계의 지방 제도는 현종 때 완비되었다.

③ 3경은 처음에는 개경, 서경, 동경이었으나 후에 동경 대신 남경이 승격되었다.

④ 일반 행정 지역인 5도에는 안찰사를 파견하여 도내를 순찰하게 하였다.

⑤ 군사 요충지에 북계와 동계 등 특수 군사 지역을 설치하였다.

47. 다음의 사건에 공통으로 관련이 있는 지역의 현재 명칭으로 옳은 것은?

> – 망이·망소이의 난
> – 백제의 웅진 천도
> – 동학농민운동의 우금치 전투

① 서울   ② 부여   ③ 공주

④ 개성   ⑤ 평양

48. 고려시대 관리등용제도에 대한 (가) ~ (마)의 설명 중 음서에 대한 설명은?

> (가) 법률·회계·지리 등 실용 기술학을 시험하여 기술관을 뽑는 제도
> (나) 예종 때 잠깐 실시하였다가 폐지되고 공양왕 때에야 정식으로 시행된 제도
> (다) 교종과 선종을 구분하여 승려를 선발하고 합격한 자에게 승계를 주고 승려의 지위를 보장해 주는 제도
> (라) 유교 경전에 대한 이해도를 평가하는 명경과와 문학적 재능을 평가하는 제술과로 나누어 시행된 제도
> (마) 공신과 종실의 자손·5품 이상의 고위 관리의 자손에게 주어지는 특혜로 과거를 거치지 않고 관료가 될 수 있게 해주는 제도

① (가)   ② (나)   ③ (나)

④ (다)   ⑤ (다)

49. 가야연맹에 관한 설명으로 옳지 않은 것은?

① 금관가야는 김수로에 의하여 건국되었으며, 낙동강 유역 일대에 걸쳐 발전하였다.

② 3세기경 김해의 금관가야가 연맹 왕국으로 발전하면서 가야연맹의 중심이 되었다.

③ 가야는 여러 왕국으로 나뉘어 있었고, 주위 다른 나라의 견제로 무역이 발달하지 못했다.

④ 가야는 일찍부터 벼농사가 발달하였고, 철의 생산이 풍부하였다.

⑤ 금관가야는 신라 법흥왕에 의해 정복당하였다.

50. 다음 〈보기〉의 정책을 실시한 왕에 대한 설명으로 옳은 것은?

> 보기
>
> • 민생 안정 : 취민유도 표방, 흑창 설치
> • 관리 규범 제시 : 『정계』, 『계백료서』
> • 북진 정책 : 서경 중시

① 기인 제도와 사심관 제도를 시행하였다.

② 도병마사를 설치하여 주요 문제를 논의하였다.

③ 쌍기의 건의를 받아들여 과거제를 도입하였다.

④ 전시과 제도를 마련하여 관리에게 토지를 지급하였다.

⑤ 강동 6주의 반환을 요구하며 거란에 침입하였다.

51. 다음 (가)와 (나)는 조선시대의 어떤 사건에 대한 대립된 견해이다. 이 두 견해를 구분하여 정리한 내용 중 적절하지 않은 것은?

> (가) 화친을 맺어 국가를 보존하는 것보다 차라리 의를 지켜 망하는 것이 옳다고 하였으나, 이것은 신하가 절개를 지키는 데 쓰이는 말입니다. 종묘와 사직의 존망이 필부의 일과는 판이한 것입니다. …… 늘 생각해 보아도 우리의 국력은 현재 바닥나 있고 오랑캐의 병력은 강성합니다. 정묘년(1627년)의 맹약을 지켜서 몇 년이라도 화를 늦추시고, 그동안을 이용하여 인정을 베풀어서 민심을 수습하고 성을 쌓으며, 군량을 저축하여 방어를 더욱 튼튼하게 하되 군사를 집합시켜 일사분란하게 하여 적의 허점을 노리는 것이 우리로서는 최상의 계책일 것입니다.
>
> — 『지천집』 —
>
> (나) 화의로 백성과 나라를 망치기가 …… 오늘날과 같이 심한 적이 없습니다. 명은 우리나라에 있어서 곧 부모요, 오랑캐(청)는 우리나라에 있어서 곧 부모의 원수입니다. 신하된 자로서 부모의 원수와 형제가 되어서 부모를 저버리겠습니까. 하물며 임란의 일은 터럭만한 것도 황제의 힘이어서 우리나라에 있어서 먹고 숨쉬는 것조차 잊기 어렵습니다. 차라리 나라가 없어질지라도 의리는 저버릴 수 없습니다. …… 어찌 이런 시기에 다시 화의를 주장할 수 있겠습니까?
>
> — 『인조실록』 —

		(가)	(나)
①	주장	주화론	주전론
②	인물	최명길	김상헌
③	외교	친청(親淸)	친명(親明)
④	성격	대의명분 중시	현실적
⑤	사상	양명학	성리학

52. 다음은 조선시대 중앙정치기구를 표로 정리한 것이다. (A) ~ (I) 기관에 대한 설명으로 옳지 않은 것은?

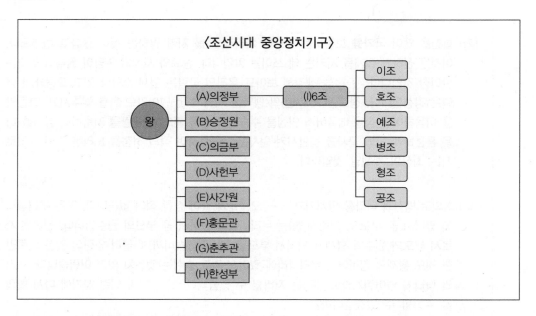

① (A)는 영의정, 좌의정, 우의정 3인이 국정을 총괄하는 재상 합의 기관이다.
② (B)와 (C)는 국왕 직속 기관으로 왕권을 강화하고 유지하는 역할을 한다.
③ 언론기관이며 왕권을 제약하는 삼사는 (D), (E), (G)이다.
④ (H)는 수도의 행정과 치안을 담당하기 때문에 재판 업무도 하는 사법기관이다.
⑤ (I)에는 각조마다 속사와 속아문을 두어 직능별로 행정을 분담한다.

53. 다음은 한국의 세계기록유산을 소개하는 글이다. 빈칸 ㉠에 들어갈 내용으로 적절하지 않은 것은?

한국의 세계기록유산	
훈민정음	◇ 국가
조선왕조실록	| 대한민국(Republic of Korea, 大韓民國)
승정원일기	◇ 외국어표기
조선왕조 의궤	| The Annals of the Joseon Dynasty
동의보감	◇ 등재연도
일성록	| 1997년
난중일기	◇ 본문
새마을운동기록물	| (㉠)

① 조선을 건국한 태조부터 마지막 왕인 순종까지 27대 왕의 518년간을 기전체로 서술하였다.

② 사초(史草), 시정기(時政記), 승정원일기, 의정부등록, 비변사등록 등의 자료를 토대로 작성되었다.

③ 4부를 작성하여 춘추관, 성주, 충주, 전주의 사고에 보관하였으나 임진왜란 때 전주사고 실록을 제외하고 모두 소실되었다.

④ 연산군과 광해군은 폐주였기 때문에 일기로 격하되어 편찬되었다.

⑤ 그 임금이 사망한 뒤에 곧 춘추관 내에 실록청을 설치하여 편찬하였다.

54. 다음 글의 ㉠에 들어갈 군대에 대한 설명으로 옳지 않은 것은?

> 선조 26년(1593) 10월 국왕의 행차가 서울로 돌아왔으나 성 안은 타다 남은 건물의 잔해와 시체들로 가득하였다. 굶주림에 시달린 사람들은 ……, 이에 임금께서 (㉠   )을/를 설치하여 군사를 훈련시키라고 명하시고 나를 도제조로 삼으셨다. 나는 청하기를 "쌀 1,000석을 군량미로 하여 한 사람당 하루에 2되씩 주겠다고 하여 군인을 모집하면 응하는 이가 사방에서 모여들 것입니다."하였다. …… 얼마 안 되어 수천 명을 얻어 조총 쏘는 법과 창칼 쓰는 기술을 가르쳤다. 또 당번을 정하여 궁중을 숙직하게 하고, 국왕 행차가 있을 때 이들로 하여금 호위하게 하니 민심이 점차 안정되었다.
>
> — 『서애집』 —

① 임진왜란 중 유성룡의 건의로 임시 설치되었다.

② 포수(총), 사수(활), 살수(칼과 창)의 삼수병으로 편성되었다.

③ 효종 때 북벌 정책을 추진할 때 수도방어와 북벌을 담당하였다.

④ 장기간 근무하고 일정한 급료를 받는 상비군으로 일종의 직업군이었다.

⑤ 고종 때 군제 개혁으로 신식 군대 조직이 이루어지자 그 이후 폐지되었다.

55. 조선 전기 수공업과 상업에 관한 설명으로 옳지 않은 것은?

① 조선은 고려보다 관영수공업 체제를 잘 정비하였다.

② 조선 전기 민영수공업자들은 주로 농민을 상대로 농기구 등을 만들어 공급하였고, 양반을 위한 사치품도 생산하였다.

③ 조선 초기 시전 상인들은 왕실이나 관청에 물품을 공급하는 대신에 특정 상품에 대한 독점 판매권을 부여받았다.

④ 정부의 억상 정책에도 불구하고, 16세기 중엽에 이르러 장시는 전국적으로 확대되었다.

⑤ 시전 상인들의 불법적인 상행위를 통제하기 위하여 평시서를 두었고, 세조 때 경시서로 개칭되었다.

56. 다음 〈보기〉의 조약을 체결한 원인이 되었던 사건은?

> 보기

> **제1조** 이제부터 20일을 기한으로 하여 조선국의 흉도들을 잡아 그 수괴를 엄격히 심문하여 중하게 징벌한다. 일본국은 관리를 파견하여 함께 조사하고 처리한다.
> **제2조** 해를 당한 일본 관리와 하급 직원은 조선국에서 후한 예로 매장하여 장례를 지낸다.
> **제5조** 일본 공사관에 군사 몇 명을 두어 경비를 서게 한다. 병영을 설치하고 수리하는 것은 조선국이 맡아 한다. 만약 조선의 군사와 백성들이 규약을 지켜 1년이 지난 뒤에 일본 공사가 직접 경비가 필요하지 않다고 할 때에는 군사를 철수해도 무방하다.

① 제1차 갑오개혁　　　② 갑신정변　　　③ 임오군란
④ 동학농민운동　　　⑤ 광무개혁

57. 다음은 어떤 사건에 대한 당시 신문 제목이다. 이 사건의 결과에 대한 설명으로 적절한 것은?

> 「백천 사령관과 중광 공사에게 수류탄을 투척,
> 천장절 축하식을 거행 중, 상해 신공원에서」
> 「폭탄 현행범인 조선인으로 판명, 윤봉길, 연령 25세, 연루자 조사 중」
> 　　　　　　　　　　　　　　　　　　　　－『동아일보』 1932년 4월 29일 －
>
> 「청천벽력의 윤봉길 의사의 폭탄, 개가 무도한 왜놈의 폭행자들을 징벌!」
> 　　　　　　　　　　　　　　　　　　　　－『신한민보』 1932년 5월 5일 －

① 상해에 대한민국임시정부가 수립되었다.
② 비밀결사 단체인 신민회가 해산되었다
③ 일제는 식민통치 방식을 문화통치로 전환하였다.
④ 의병들이 간도와 연해주로 건너가 독립군이 되었다.
⑤ 중국 국민당의 지원을 이끌어내어 한국광복군 창설의 기반이 마련되었다.

58. 다음 〈보기〉에서 설명하는 화폐는?

> **보기**
>
> 흥선 대원군이 화폐를 주조하도록 명하였다. 유통된 지 얼마 안 되어 물가가 뛰었다.
>
> — 『대한계년사』 —

① 백동화 ② 당백전 ③ 조선통보
④ 건원중보 ⑤ 상평통보

59. 다음 〈보기〉에서 설명하는 근대 학교는?

> **보기**
>
> 1883년 덕원 부사 정현석과 덕원 읍민들이 공동으로 설립한 최초의 근대식 사립학교로 근대학문과 무술 등을 교육하였다. 정부의 개화정책에 앞서 민간인들이 자발적으로 기금을 모아서 설립하였다. 최초의 근대 학교가 우리나라 사람들의 손에 의해 설립되었다는 점에 의의가 있다.

① 배재학당 ② 육영공원 ③ 원산학사
④ 이화학당 ⑤ 대성학교

60. 다음 〈보기〉의 ㉠으로 구성된 정부와 국회의 형태를 바르게 묶은 것은?

> **보기**
>
> 첫째, 여야 합의하에 조속히 개헌하고 ㉠새 헌법에 의해 대통령 선거를 통하여 1988년 2월 평화적 정부 이양을 실현하도록 해야겠습니다.

	정부	국회		정부	국회
①	7년 단임, 대통령 간선제	단원제	②	5년 단임, 대통령 직선제	단원제
③	내각책임제	양원제	④	6년 중임, 대통령 간선제	양원제
⑤	4년 중임, 대통령 간선제	단원제			

[61 ~ 65] 다음 밑줄 친 부분의 의미와 가장 가까운 단어를 고르시오.

61.

The plan will be submitted to the committee for official <u>approval</u>.

① refusal ② dismissal ③ access

④ permission ⑤ variation

62.

As an expert in the field, would you <u>recommend</u> that we proceed with the planned investment in the mall?

① impose ② disclose ③ supervise

④ advocate ⑤ command

63.

They asked participants to <u>carry out</u> a variety of tasks using the web on their mobile phones.

① modify ② perform ③ specify

④ enroll ⑤ demonstrate

64.

> The company laid off over one-hundred workers during the recent <u>recession</u>.

① depression　　　　② progression　　　　③ illegality
④ recovery　　　　　⑤ consequence

65.

> Although communicators share numeric data (e.g. stock prices, disease risks, or weather forecasts) with <u>lay</u> publics because they presume it is useful in decision-making, the same data can evoke widely different interpretations and conclusions depending on the recipient. Recent work has found that people with less numeric literacy (numeracy) tend to extract very different meaning from data, such as interpretation of expected likelihoods, than those with higher numeracy.

① facetious　　　　② inexpert　　　　③ skilled
④ analogous　　　　⑤ credentialed

[66 ~ 68] 어법상 빈칸에 들어갈 말로 가장 적절한 것을 고르시오.

66.

> The manager must teach every customer service _____ how to deal with customer complaints.

① represent　　　　　② representative　　　　③ representing
④ representatives　　　⑤ representatively

67.

> The board postponed _____ a new branch office in Pohang until next year.

① open   ② opens   ③ to open

④ opening   ⑤ being opened

68.

> Before he majored in chemistry in graduate school, Bruce _____ a web design course at the state college in Arizona.

① took   ② takes   ③ taking

④ taken   ⑤ has been taking

69. 다음 중 어법상 옳지 않은 것은?

① This invention saves us trouble.

② His cousin reached to Seoul last night.

③ If it rains next week, we will stay home.

④ There remains nothing more to be done.

⑤ However hard you may try, you cannot carry it out.

70. Which of the following is grammatically correct?

> A prototype is an early sample, model, or release of a product built to test a concept or process or _____ as a thing to be replicated or learned from. It is a term used in a variety of contexts, including semantics, design, electronics, and software programming. A prototype is designed to test and try a new design to enhance precision by system analysts and users.

① acted   ② to act   ③ have acted
④ having acted   ⑤ to have acted

[71 ~ 72] 두 사람의 대화 중 가장 어색한 것을 고르시오.

71. ① A : Where is the fair going to be held?
　　　 B : Let me find out.
　　② A : Did you already check the bill?
　　　 B : I just finished it.
　　③ A : When would you like to stop by?
　　　 B : We will stop by the branch office.
　　④ A : Who's going to review the contract?
　　　 B : Ben from the head office.
　　⑤ A : What is today's meeting about?
　　　 B : I haven't heard about it.

72. ① A : When is the deadline for the report?

B : In a week.

② A : What did you think of the presentation?

B : I think it is out of order.

③ A : Who is in charge of the new project?

B : Someone from the marketing team.

④ A : Will Jacob get promoted this year?

B : Not that I know of.

⑤ A : Why did you e-mail the clients?

B : To send them the revised schedule.

73. 빈칸에 들어갈 말로 가장 적절한 것은?

A : Don't forget about next week's staff meeting.

B : Good thing you reminded me. Is there anything I should do to prepare for it?

A : _____

---

① I will prepare the handouts for the meeting.

② I recommend reviewing the budget in advance.

③ I haven't received about it.

④ I heard they will be introducing her at the staff meeting.

⑤ Right before the meeting starts.

74. Why is the man calling the woman?

M : Hello, This is James from AIP Insurance. We booked a banquet room on your website next week and I'd like to make an adjustment to our reservation.
W : Sure. What do you have in mind?
M : I'd like the tables and chairs to be set in a group, not in long rows.

① To change a furniture arrangement
② To terminate the insurance contract
③ To confirm about a payment schedule
④ To adjust an reservation site and time
⑤ To make a reservation for a banquet room

75. What does the man ask the woman to prepare?

M : Your annual evaluation is coming up soon so I'd like to schedule some time to talk about this one-on-one. Are you free this afternoon?
W : Yes. I'm working on the front-page article about the new fest, but the deadline is until tomorrow. Should I prepare anything for the meeting?
M : If you can put together a file with a few articles you're proud of, that would be helpful. And don't be nervous. Everyone is very happy with your work.

① A data file about the new fest
② Schedule table
③ The front-page article
④ A collection of her work
⑤ Annual evaluation checklist

76. Which of the following best completes the blanks (A) and (B)?

The television show 'One versus One Hundred' features a permanent gallery of one hundred ordinary people who serve as what is called the "mob." Each week, they match wits with a special invited guest. At stake is one million dollars. The guest has to be smart enough to answer more questions correctly than his or her one hundred adversaries, and _____(A)_____, few have ever seemed as superbly qualified as Christopher Langan. "Tonight, the mob takes on their fiercest competition yet," the voice—over began. "Meet Chris Langan, whom many call the smartest man in America." The camera did a slow pan of a stocky, muscular man in his fifties. "The average person has an IQ of one hundred," the voice—over continued. "Einstein has one fifty. Chris has an IQ of one ninety—five. But will his king—size braincase be enough to _____(B)_____ the mob for one million dollars? Find out right now on One versus One Hundred." Out strode Langan onto the stage amid wild applause.

	(A)	(B)
①	in a close manner	break up
②	by that standard	take down
③	over and above that	give in to
④	in spite of that	comply with
⑤	in a hesitant manner	take aback

77. 다음 글의 내용과 일치하지 않는 것은?

> Jeju Island from South Korea has real-life mermaids. To be honest, they look nothing like the young, pretty mermaids in legend. Nonetheless, they fascinate viewers with their tough presence and amazing diving skill. There are the Korean haenyeo, literally "women of the sea" native to Jeju Island. All modern diving equipment is available nowadays so it's not really a difficult task but they never use any breathing equipment. Wearing a wangnoon, or an underwater goggle, a haenyeo with decades of experience can dive as deep as 10 meters with lead weights tied around her body to help her sink faster. The black rubber wetsuit she wears is a relatively new invention. It was not until the 1970s that the haenyeo began to wear rubber wetsuits instead of mulsojungi, the traditional white tops and shorts made of cotton. Haenyeo use an L-shaped tool called a kkakkuri to harvest seafood, such as shellfish, abalone, conch, and seaweed from the ocean floor. After one or two minutes underwater, they swim to the top and put their catch into a net clinging to a tewak. Tewak refers to a round flotation device, often orange in color, that floats on the surface of the water to mark each diver's location. After taking a few deep breaths leaning on the tewak, they dive again to harvest more treasures.

① 해녀들은 테왁에 기대어 몇 번 심호흡을 한 후 다시 잠수한다.

② 오랜 경력의 해녀는 납으로 된 추를 몸에 묶고 10미터가량 잠수할 수도 있다.

③ 해녀들은 L자 모양의 까꾸리를 이용해 각종 해산물을 수확한다.

④ 1970년대 이전까지 해녀들은 고무 잠수복 대신 면으로 만든 물소중이라는 전통 의상을 착용했다.

⑤ 해녀들은 잠수부의 위치를 표시하기 위한 둥근 주황색 부표인 테왁 속에 잡은 해산물들을 보관한다.

78. 다음 중 글의 흐름상 가장 어색한 문장은?

> If you assemble a large group of child prodigies* and follow them for their entire lives, you will find that they don't outshine their less precocious peers from families of similar means. Although child prodigies are often rich in both talent and ambition, what holds them back from moving the world forward is that they don't learn to be original. ① As they perform at Carnegie Hall, win the Science Olympics, and become chess champions, something tragic happens : Practice makes perfect, but it doesn't make new. ② The gifted learn to play magnificent Mozart melodies and beautiful Beethoven symphonies, but never compose their own scores. ③ They focus their energy on consuming existing scientific knowledge, not producing new insights. ④ They transcend the codified rules of established games, rather than conforming to their own rules or their own games. ⑤ All along the way, they strive to earn the approval of their parents and the admiration of their teachers. The people we celebrate as prodigies are actually not innovators, for they outperform along an existing axis of excellence rather than weaving an entirely new thread into the fabric of society.
>
> * prodigies : 영재

79. 밑줄 친 부분에 들어갈 말로 가장 적절한 것은?

There is no doubt any solution to the problem can be formulated in such terms. However, it is perverse to declare that the problem as stated is somehow a misunderstanding of the true problem. Formalization would not simplify or clarify the solution in any respect and would serve only to satisfy the requirements of those who demand formality. Mathematical truth is a very _____ concept. This is not to say that it does not exist, but rather that we cannot be absolutely sure we have found it simply because we have apparently logical proof. Our knowledge of the truth of a mathematical statement depends upon making judgments based on appropriate evidence. This evidence includes proofs of the type presented in textbooks, but may also involve numerical calculations, already solved special cases, geometrical pictures, consistency with one's intuition about the field, parallels with other fields, wholly unexpected consequences which can be verified, etc. Mathematicians try to increase their knowledge, but this knowledge is based more on the variety of independent sources of confirmation than on logic.

① illegal   ② apparent   ③ nonexistent
④ transparent   ⑤ slippery

80. 제시된 문장이 들어갈 위치로 가장 적절한 것은?

Such a strategy works well in holiday resorts and similar establishments which are often visited by tour or conference groups.

(①) With a one-price policy, an organization charges the same price to all customers who seek to purchase the product under similar conditions. (②) Price may vary according to quantity purchased, time of purchase, and so forth, but all consumers are given the opportunity to pay the same price for identical product combinations. (③) A one-price policy builds consumer confidence, is easier to administer, eliminates bargaining, and allows for self-service and catalog sales. (④) Flexible pricing, on the other hand, allows the marketer to adjust prices in accordance with the consumer's negotiating ability or buying power. Customers and sellers can get together and try to alter the price, either knock it down or push it up. (⑤)

필기시험 3회

기출예상문제

▶ 정답과 해설 39쪽

평가영역 1 **직업능력 [1 ~ 40]** 40문항

[01 ~ 02] 다음은 ○○공단에 신규 채용된 지원자에 대한 자료이다. 이어지는 질문에 답하시오.

〈○○공단 신입직원 평가 결과〉

지원자	희망 부서		서류 점수	면접 점수	적합 부서
	1지망	2지망			
A	인재개발부	자산운영부	75	8	자산운영부
B	NCS기획부	예산부	80	9	인재개발부
C	예산부	노무법무부	75	10	노무법무부
D	자산운영부	NCS기획부	80	8	NCS기획부
E	NCS기획부	인재개발부	85	9	예산부
F	예산부	인재개발부	90	7	인재개발부
G	예산부	노무법무부	80	6	노무법무부
H	노무법무부	예산부	70	7	노무법무부
I	자산운영부	NCS기획부	85	5	NCS기획부
J	인재개발부	자산운영부	75	9	자산운영부

• NCS기획부, 예산부, 노무법무부, 인재개발부, 자산운영부 등 5개 직무에 2명씩 배치된다.

• 부서는 서류, 면접 점수의 합산이 높은 순서대로 희망 부서를 기준으로 배치한다.

• 1지망 부서의 인원이 찬 경우 2지망 부서로 배치하고 2지망 부서의 인원이 찬 경우 빈 부서에 배치한다.

01. 다음 중 지원자 B의 부서 배치 결과로 옳은 것은?

① NCS기획부 ② 예산부
③ 노무법무부 ④ 인재개발부
⑤ 자산운영부

02. 다음 중 부서 배치 결과와 적합 부서가 동일한 지원자를 모두 고른 것은?

① A, J ② B, E ③ C, H
④ D, I ⑤ G, H

[03 ~ 04] 다음은 고객지원부의 민원처리 규정 일부이다. 이어지는 질문에 답하시오.

• 민원 단계별 중요도 및 긴급도 기준

(다)	(가)
(라)	(나)

↑ 중요도

긴급도 →

단계	내용
(가)	• 중요하면서 긴급한 민원 • 민원이 주어지면 즉시 처리
(나)	• 중요하지 않지만 긴급한 민원
(다)	• 중요하지만 긴급하지 않은 민원
(라)	• 중요하지 않고 긴급하지 않은 민원 * 해당 민원과 1개 이상의 민원이 대기 중이면 다른 　민원부터 진행함.

• 중요도와 긴급도 판단 기준

중요도	높음	최종결재자가 국장 이상
	낮음	최종결재자가 부장 이하
긴급도	높음	마감기한 6개월 이내
	낮음	마감기한 6개월 초과 3년 이내

• 업무 처리 절차
 – 민원처리 우선순위는 (가), (나), (다), (라) 순으로 한다.
 – 오전 9시에 먼저 주어진 민원부터 수행하며, 민원 처리 중 오후 6시가 되면 중단 후 다음 날 오전 9시에 이어서 수행한다.
 – 다음 민원처리는 수행하던 민원이 종료된 후 시작한다.
 – 단, 민원이 새로 주어졌을 때 진행하는 민원보다 우선순위가 2단계 이상 높은 민원일 경우 즉시 시작한다.

03. 다음 중 민원과 중요도 및 긴급도 기준에 따른 민원 단계가 잘못 짝지어진 것은?

민원	최종결재자	마감기한
A	부장	5개월
B	부장	7개월
C	국장	3개월
D	부장	10개월
E	국장	2년

① A-(나)   ② B-(라)   ③ C-(가)
④ D-(다)   ⑤ E-(다)

04. 다음의 민원 A ~ D가 종료되는 순서를 바르게 나열한 것은?

민원	유형	민원이 접수된 시간	총 소요시간
A	(라)	10시	2시간
B	(나)	15시	2시간
C	(가)	11시	2시간
D	(다)	09시	3시간

① B-C-A-D   ② B-D-C-A
③ C-A-B-D   ④ C-D-B-A
⑤ D-C-B-A

[05 ~ 06] 자산운영부 K 대리는 다음 자료를 참고하여 노트북을 구매하고자 한다. 이어지는 질문에 답하시오.

〈노트북 구매 비교 기준표〉

기준 모델명	가격	CPU 성능	화면 크기	메모리용량	무게
GL20A73	165만 원	보통	17.2인치	32GB	0.98kg
TU21F33	165만 원	매우 좋음	15.6인치	32GB	1.29kg
SE-7G21	180만 원	좋음	17.2인치	64GB	1.1kg
DU04821	118만 원	나쁨	15.6인치	16GB	1.6kg
AS-US27	132만 원	나쁨	15.6인치	16GB	1.98kg

〈순위-점수 환산표〉

순위	1	2	3	4	5
점수	5	4	3	2	1

- 노트북에 각각의 기준에 따른 순위를 매기고 순위에 따라 환산표에 의한 점수를 부여함.
- 가격은 저렴할수록, CPU 성능은 좋을수록, 화면 크기는 클수록, 메모리 용량은 클수록, 무게는 가벼울수록 높은 순위를 부여함.
- CPU 성능은 '매우 좋음', '좋음', '보통', '나쁨', '매우 나쁨'으로 평가됨.
- 2개 이상의 모델의 순위가 동일할 경우, 그다음 순위의 모델은 순위가 동일한 모델 수만큼 순위가 밀려남(예 A, B, C가 모두 1위일 경우, 그다음 순위인 D는 4위가 됨).
- 각 기준에 따른 점수의 합이 가장 높은 모델을 선택함.

05. 자산운영부 K 대리가 선택할 노트북 모델로 옳은 것은?

① GL20A73　　　　② TU21F33　　　　③ SE-7G21

④ DU04821　　　　⑤ AS-US27

06. 다음과 같이 구매기준이 수정되었을 때 자산운영부 K 대리가 구매할 노트북 모델명은?

〈구매기준 수정사항〉

• 화면 크기는 업무와의 연관성이 없어 비교 기준에서 제외함.

• 복수 구매 시 할인율 기준을 적용하여 구매하고 할인율이 높을수록 높은 순위를 부여함.

모델명	GL20A73	TU21F33	SE-7G21	DU04821	AS-US27
할인율	5%	할인 불가	10%	10%	30%

• 800만 원 예산 한도 내에서 5개의 노트북을 구매하여야 하며, 할인율이 적용된 금액으로 결제함(단, 동일 모델로 통일하여 구매하여야 함).

① GL20A73　　　　② TU21F33　　　　③ SE-7G21

④ DU04821　　　　⑤ AS-US27

1회 기출예상　2회 기출예상　3회 기출예상　4회 기출예상　5회 기출예상　인성검사　면접가이드

07. 다음을 참고할 때, 울산지사에서 출발하여 고사장 ㉰, ㉴의 물품을 수거하고 다시 울산지사에 하차하는 데 소요되는 최단 시간은?

- 울산지사에서 담당하는 고사장은 ㉮, ㉯, ㉰, ㉴, ㉵, ㉶이다.
- 담당 지역에서 차량을 이용하여 실기시험 물품을 수거한 뒤 울산지사로 운반한다.
- 고사장, 울산지사 등 물품 수거 및 하차에 고사장 당 10분의 시간이 소요된다.
- 한번 이동한 경로로는 다시 이동하지 않는다.

〈장소 간의 이동시간〉

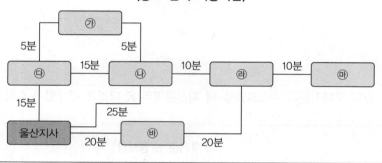

① 1시간 40분   ② 1시간 45분   ③ 1시간 50분

④ 1시간 55분   ⑤ 2시간

08. ○○공단은 A, B 직원의 유급휴가훈련을 명령한 갑 사업주에게 그 비용의 일부를 지원하고자 한다. 다음의 자료를 올바르게 이해한 것은?

〈업무매뉴얼〉

- 유급휴가훈련 : 사업주가 고용된 피보험자에게 일정한 요건을 갖춘 유급휴가를 주어 위탁기관에서 실시하는 직업능력개발훈련에 참여하게 하는 것
- 유급휴가기간 : 지원대상기업의 근로자 및 상시사용근로자에게 연속 5일 이상 제공
- 비용 산정 방법
* 시급 산정 : 위탁기관 훈련시간×최저시급(2021년 기준 8,720원)
* 통상임금은 3개월 동안 지속적으로 지급된 공통 금액을 의미

〈유급휴가 명령〉

A 직원 : 2021년 8월 1일 ~ 8월 25일
B 직원 : 2021년 8월 25일 ~ 8월 28일

〈위탁기관 훈련시간〉

A 직원 : 100시간
B 직원 : 30시간

〈급여명세서〉

구분	월	기본급	상여금
A 직원	6월	2,400천 원	
	7월	2,400천 원	6,000천 원
	8월	2,400천 원	
B 직원	6월	3,000천 원	
	7월	3,000천 원	1,000천 원
	8월	3,000천 원	

〈유급휴가 훈련비용 지원 현황〉

대상	지원 한도금액	기 지급금액	지원 횟수	비고
갑 사업주	1,000천 원	500천 원	1회	B 직원

---

① 통상임금은 A 직원이 B 직원보다 많다.

② 공단은 B 직원의 유급휴가기간에 대한 훈련비용을 지급한 적이 있다.

③ 갑 사업주가 위탁기관 훈련과정을 수료하고 훈련비용을 지원받을 수 있다.

④ 공단은 A 직원과 B 직원에 대한 유급휴가 훈련비용을 지급한다.

⑤ 이번 유급휴가훈련을 통해 갑 사업주에게 최종적으로 지급하는 비용은 872,000원이다.

[09 ~ 10] 다음은 국가전문자격시험에 대한 안내사항 중 일부이다. 이어지는 질문에 답하시오.

〈국가전문자격시험 안내사항〉

• 사업 수행 체계

사업수행 기관			주요 기능
17개 소관부처			자격 관련 법률 제 · 개정
공단	전문자격국	전문자격 출제부	• 각 부처별 시행계획 공고 후 자격별 출제 기본계획 수립 • 출제시험위원 상시 인력풀 모집 및 관리 • 1차 및 2차 시험문제 출제(사전 · 선정 · 합숙출제) • 자격별 시험문제 분석 및 개선 • 출제기관 협의회 구성 · 운영
		전문자격 운영부	• 전문자격시험 (연간)일정수립에 관한 사항 • 전문자격 각종 계획 수립 및 시행에 관한 사항(원서접수 계획 수립 등) • 전문자격 합격자 발표에 관한 사항 • 자격시험 제도개선 발굴 및 개정 요청에 관한 사항(법개정은 각 소관부처 관할)
공단 각 시행지역 자격시험부			• 각종 서류심사(응시자격, 면제)에 관한 사항 • 시험 집행 관련 각종 계획 수립 및 집행에 관한 사항(세부시행계획 수립 및 접수 · 시행결과보고 등)
소관부처 및 자격증 발급기관			• 각 자격 연수에 관한 사항 • 자격증 발급 · 관리에 관한 사항

• 공단시행 전문자격 현황(일부 발췌)

자격명	소관부처	자격명	소관부처
농산물품질관리사	농림축산식품부	감정평가사	국토교통부
경매사		물류관리사	
손해평가사		공인중개사	
변리사	산업통상자원부	세무사	기획재정부
청소년상담사	여성가족부	경영지도사	중소벤처기업부
청소년지도사		공인노무사	고용노동부

09. 다음 중 농림축산식품부 및 여성가족부 국가전문자격시험을 담당하는 전문자격운영부 A 대리가 수행해야 하는 업무로 옳은 것은?

① 청소년상담사 자격연수 기관 선정 결과에 대한 보고서를 작성한다.
② 세무사 1차 시험 관련 서울지역 응시 인원을 보고한다.
③ 물류관리사 시험 관련 연간 일정을 수립한다.
④ 손해평가사 시험 출제 기본 계획을 수립한다.
⑤ 농산물품질관리사 2차 시험 접수 계획을 수립한다.

10. 다음 중 국가전문자격시험 관련 업무와 이를 처리하는 수행기관에 대해 잘못 이해한 것은?

① 국토교통부에서는 강원지역 공인중개사 현황을 파악하기 위해 자격증 교부현황을 관리해야 한다.
② 기획재정부에서는 법적분쟁 해소를 위해 세무사법 제5조(세무사 자격시험) 개정사항에 대해 확정해야 한다.
③ 공단 전문자격출제부에서는 경영지도사 시험 문항의 질 제고를 위해 전문 출제위원 섭외 리스트를 관리해야 한다.
④ 고용노동부는 코로나19로 인한 자격시험 일정 조정으로 공인노무사 2차 시험 최종 합격자 발표 연기 계획을 수립한다.
⑤ 공단 전문자격운영부에서는 수험자들의 편의를 위해 변리사 시험 접수 방법에 대한 건의사항 및 개선 내용을 정리해야 한다.

11. 다음은 국가기술자격시험 원서접수 취소에 대한 안내문이다. 이에 대한 설명으로 옳은 것은?

〈원서접수 취소 안내문〉

- Q-net 로그인 → 마이페이지 → 원서접수내역 → [접수취소] 버튼(수험표 출력 우측에 위치)을 눌러 취소하실 수 있으며, 취소결과를 확인할 수 있습니다.

※ 시험 취소 불가, 환불계좌 입력 실패, 결제 오류는 공단 고객센터 1644-8000(유료)으로 문의 바랍니다.

〈환불기준〉

구분	자격검정 원서접수 취소 시 환불 적용기간 안내						
적용기간	접수기간 중	접수기간 후	회별시험시작 4일 전				회별시험시작일
	마감일 자정까지	검정시행일 5일 전까지	4일	3일	2일	1일	회별시험시작일
환불 적용률	접수취소 시 환불 100%	접수취소 시 환불 50%	취소 및 환불 불가				

※ 참고사항
- 환불기준일은 수험자의 시험일이 아닌, 해당 회별 시험기간의 시작일입니다.
- 접수 취소 후 환불금액 입금까지 최대 7일이 소요될 수 있습니다.
- 환불결과는 별도 통보되지 않으니 통장잔액 등을 확인하시기 바랍니다.

---

① 결제 오류 발생 시 공단 고객센터에 전화로 문의할 수 있으며 통화는 무료이다.

② 환불결과 알림은 SMS, 카카오톡, 이메일 중 한 가지 방법을 선택하여 받을 수 있다.

③ 자격검정 원서접수를 검정시행일 5일 전 취소했을 때 그 결과는 Q-net 마이페이지에서 확인 가능하다.

④ 7월 1일부터 7월 15일까지 진행되는 실기시험 기간 중 7월 10일자 실기시험을 신청한 자의 환불기준일은 7월 10일이다.

⑤ 10월 3일에 시행된 제4회 기능사 시험 환불금액은 10월 7일까지 환불이 가능하다.

12. 다음의 ○○공단에서 발행하는 〈HRD동향 3월호〉 중 일부를 참고할 때, 긴급고용대책에 대한 추론으로 옳지 않은 것은?

> • 택배, 배달, 프리랜서 등에게 지급하는 긴급고용안정지원금의 경우 기 수혜자 56.7만 명은 2월 초 지급이 완료됐고, 신규 신청(1. 22. ~ 2. 1.)한 17만 명에 대해 소득심사 등을 거쳐 3월 초 일괄지급할 계획이다.
>
> • 자금 여력 부족으로 무급휴직을 선택한 기업에 종사하는 근로자의 생계 안정을 위해 올해 한시로 무급휴직지원금 지급기간을 90일 연장(180일 → 270일)하여 지원하는 한편, 파견·용역 및 10인 미만 사업장 등 취약사업장 근로자에 대한 고용유지지원도 강화해 나가기로 했다.
>
> • 1/4분기에 디지털·신기술 분야 2,000명, 국가기간·전략산업 분야 등 11.5만 명에게 직업훈련을 제공하고, 저소득층 생계비 대부(1천만 원 → 2천만 원) 및 훈련수당(11.6만 원 → 30만 원) 확대를 통해 훈련기간 중 저소득층의 생계안정도 함께 지원하기로 했다.
>
> • 올해 계획된 국민취업지원제도 목표인원(59만 명)의 32%(18.9만 명)를 1/4분기에 신속하게 지원하고, 비경제활동인구로 유입되는 청년층의 구직활동을 촉진하기 위해 1/4분기에 청년층 5만 명에게 구직촉진수당(50만 원×6개월) 및 일경험 프로그램 등 맞춤형 취업지원 서비스를 적극 제공할 예정이다.

① 생계가 불안정한 특수형태 단기 근로자의 소득안정을 지원한다.

② 코로나19 장기화로 고용유지에 어려움을 겪고 있는 사업장을 지원한다.

③ 중장년층의 일자리를 지속적으로 확대해 나간다.

④ 저소득층을 대상으로 진행되는 공공·민간부문 직업훈련을 속도감 있게 추진한다.

⑤ 고용충격 계층인 청년층의 고용안전망을 강화한다.

[13 ~ 14] 다음은 〈사업주훈련 업무 프로세스〉에 대한 자료이다. 이어지는 질문에 답하시오.

〈사업주훈련 업무 프로세스〉

업무단계	수행사항(기한)	등록(첨부)서류
1단계 훈련과정 인정신청	훈련개시 7일 전까지 (자체훈련은 5일 전까지)	① 시간표 ② 훈련강사 자격증빙 ③ 훈련시설 증빙 ④ 개설요청확인서 ⑤ 협력관계 증명서류 ⑥ 훈련교재 ⑦ 훈련대상직무한정확인서
⇩		
2단계 훈련과정 실시신고 및 확정자신고	• 실시신고 신고기한 : 훈련개시일 전날까지 • 확정자신고 신고기한 　－9일 이하 : 훈련개시일까지 　－10 ~ 29일 : 훈련개시일 2일 이내 　－30 ~ 180일 : 훈련개시일 7일 이내 　－180일 초과 : 훈련개시 후 14일 이내	① 채용약정서 ② 교대근무 확인서류 ③ 근로계약서 ④ 협력관계 증명서류 ⑤ 유급휴가 명령서 ⑥ 구직등록확인 필증
⇩		
3단계 수료자보고 및 확정	훈련종료일로부터 14일 이내 (원격훈련 30일 이내)	전산에 필요한 항목 정확하게 입력
⇩		
4단계 훈련비용 신청	훈련종료 후 비용신청 소멸시효 : 3년	① 훈련비용 지원신청서 ② 훈련비 증빙서류 ③ 훈련수당 지원대장 ④ 숙식비 지원대상 ⑤ 임금대장

13. 사업주가 2022년 11월 30일 수요일에 훈련을 개시해야 한다면 자체훈련 신청이 가능한 마지막 일자로 옳은 것은?

가. 신청기한
- 훈련 시작 7일 전까지 신청(자체훈련은 5일 전까지)
  - 훈련개시일이 기산일이고, 이 기산일을 기준으로 역산하여 기간 말일이 되는 날이 신청 만료일(주말 및 공휴일 제외)

나. 처리 기간
- 접수 후 처리 기간 내 인정 또는 불인정, 반려 처리
- 처리 기간 : 자체훈련은 5일 이내, 위탁훈련은 7일 이내에 인정 또는 불인정, 반려 처리

> 「민원 처리에 관한 법률」
> 제19조 ① 민원의 처리기간을 5일 이하로 정한 경우에는 민원의 접수 시각부터 "시간" 단위로 계산하되, 공휴일과 토요일은 산입하지 아니한다.
> ② 민원의 처리기간을 6일 이상으로 정한 경우에는 "일" 단위로 계산하고 첫날을 산입하되, 공휴일과 토요일은 산입하지 아니한다.

---

① 11월 22일　　② 11월 23일　　③ 11월 24일
④ 11월 25일　　⑤ 11월 26일

14. 위 자료를 이해한 내용으로 적절하지 않은 것은?

① 자체훈련 시간표는 훈련과정 인정신청 시 등록해야 한다.
② 7일 훈련의 경우 훈련개시일의 전날까지 확정자신고를 완료해야 한다.
③ 유급휴가 명령서의 경우 훈련과정 실시신고 및 확정자 신고단계에 첨부해야 한다.
④ 원격훈련을 실시한 경우 훈련종료 30일 이내에 수료자보고 및 확정을 진행해야 한다.
⑤ 사업주훈련은 총 4단계 업무 절차로 구성되어 있다.

1회 기출예상　2회 기출예상　3회 기출예상　4회 기출예상　5회 기출예상　인성검사　면접가이드

[15 ~ 16] 다음 〈해외취업정착지원금 지원절차〉 중 일부를 읽고 이어지는 질문에 답하시오.

- 제도안내 : 해외취업에 성공한 청년의 원활한 현지 정착과 장기근속을 지원함.
- 지원인원 : 3,960명(선진국 2,700명, 신흥국 1,260명)
  ※ 지원인원 달성 시 조기 마감될 수 있음.
- 지원금액

구분	지원금액	지원방식
지원금 우대국가	최대 600만 원	(1차) 취업 후 1개월 : 300만 원 지급
		(2차) 취업 후 6개월 : 100만 원 지급
		(3차) 취업 후 12개월 : 200만 원 지급
선진국 분류국가	최대 400만 원	(1차) 취업 후 1개월 : 200만 원 지급
		(2차) 취업 후 6개월 : 100만 원 지급
		(3차) 취업 후 12개월 : 100만 원 지급

- 지원금 우대국가 : 동남아, 중남미, 중동, 유라시아, 아프리카 등 신흥국
  ※ 선진국 분류 25개국을 제외한 모든 국가
- 선진국 분류국가 : 그리스, 네덜란드, 노르웨이, 뉴질랜드, 덴마크, 독일, 룩셈부르크, 미국, 벨기에, 스웨덴, 스위스, 스페인, 아이슬란드, 아일랜드, 영국, 오스트레일리아, 오스트리아, 이스라엘, 이탈리아, 일본, 캐나다, 포르투갈, 프랑스, 핀란드, 홍콩
- 지원대상 및 취업인정 기준

지원대상	취업인정기준
연령 : 만 34세 이하	취업비자 취득
소득기준 : 본인, 부모 및 배우자 합산소득 6분위 이하	연봉 1,600만 원 이상
월드잡플러스 사전 구직등록 후 근로계약서 작성	근로계약 1년 이상

---

15. 위 자료를 읽고 해외취업정착지원금에 대해 이해한 내용으로 옳은 것은?

① 해외취업에 성공한 사람이라면 누구나 지원금을 받을 수 있다.

② 지원요건과 취업인정기준을 충족하면 인원제한 없이 지원금을 받을 수 있다.

③ 연봉 1,800만 원인 J 씨는 배우자의 소득과 관계없이 지원금을 받을 수 있다.

④ 해외취업 전 정착지원금 제도를 몰랐던 만 35세의 신청자도 신청이 가능하다.

⑤ 포르투갈에 취직한 K 씨는 지원요건을 충족했다면 최대 400만 원까지 지원금을 받을 수 있다.

16. 다음을 참고할 때, 해외취업정착지원금 신청 시 제출해야 하는 서류에 대한 안내로 적절하지 않은 것은?

지원 차수	서류 목록
1차 지원금	(1) 취업비자 (2) 근로계약서 (3) 재직증명서(근속 1개월 이후 발급) (4) 본인통장사본 (5) 가족관계증명서(본인기준) (6) 개인정보이용에 관한 동의서(본인) (7) 개인정보이용에 관한 동의서(부모 및 배우자) ＊근로 개시 1개월 이후부터 3개월간 신청 가능
2차 지원금	(1) 취업비자 (2) 재직증명서(근속 6개월 이후 발급) (3) 개인정보이용에 관한 동의서(본인) ＊반드시 동일업체에서 근로 개시 6개월 이후부터 2개월간 신청 가능 ＊2차 지원금의 경우 1차 지원금을 수령한 자에 한하여 신청 가능
3차 지원금	〈동일업체 근무 시〉 (1) 취업비자 (2) 재직증명서(근속 12개월 이후 발급) (3) 개인정보이용에 관한 동의서(본인) 〈이직 시〉 (1) 취업비자 (2) 1·2차 지원금 수령 당시 회사의 재직증명서(근속 6개월 이후 발급) (3) 이직한 회사의 근로계약서 (4) 이직한 회사의 재직증명서 (5) 개인정보이용에 관한 동의서(본인) ＊근로 개시 12개월 이후부터 2개월간 신청 가능 ＊3차 지원금의 경우 1, 2차 지원금을 수령한 자에 한하여 신청 가능

① A 사원 : 베트남에서 1차 지원금 300만 원을 지급받기 위해서는 본인기준의 가족관계 증명서도 제출하셔야 합니다.

② B 대리 : 네덜란드에서 이직 후 2차 지원금을 신청하신 경우, 지원금은 100만 원 지급됩니다.

③ C 실장 : 이스라엘에서 2차 지원금 100만 원을 지급받기 위해서는 근속 6개월 이후에 발급되는 재직증명서를 제출하셔야 합니다.

④ D 과장 : 몽골에서 3차 지원금 200만 원을 지급받기 위해서는 반드시 취업비자를 제출하셔야 합니다.

⑤ E 부장 : 브라질에서 3차 지원금을 신청하는 경우 부모 및 배우자의 개인정보이용에 관한 동의서는 필요 없습니다.

17. 다음 안내사항을 참고할 때, 2022년 8월 13일에 시행한 국가기술자격시험의 접수취소기간 이외의 환불 대상자로 옳은 것은?

<국가기술자격시험 접수취소기간 이외의 환불 안내사항>

시험 미응시사유	제출서류
1. 수험자 본인, 배우자 또는 가족이 시험일로부터 7일 전까지의 기간에 사망하여 시험에 응시하지 못한 경우	환불신청서, 수험자와 가족관계 입증서류, 사망 입증서류, 신분증
2. 본인의 사고 및 질병으로 입원하여 시험에 응시하지 못한 경우	환불신청서, 입원 증빙서류, 신분증
3. 국가가 인정하는 격리가 필요한 전염병 발생 시 국가 및 의료기관으로부터 감염 확정 판정을 받거나, 격리대상자로 판정되어 시험에 응시하지 못한 경우	환불신청서, 입원 증빙서류, 신분증
4. 휴가, 외출 등이 금지되어 시험에 응시하지 못한 군인 및 군무원인 수험자	환불신청서, 중대장 이상이 발급한 확인서 등
5. 예견할 수 없는 기후상황으로 본인의 거주지에서 시험장까지의 대중교통 수단이 두절되어 시험에 응시하지 못한 수험자	환불신청서, 경찰서 확인서 등, 신분증

• 신청기간 및 방법 : 수험자의 시험일 이후 30일까지 환불신청서 및 제출서류를 원서접수한 공단 지부(사)로 방문 또는 팩스 신청

	환불신청일	환불사유	제출서류	방법
①	2022. 8. 17.	폭우로 인한 도로 침수로 시험장 통행 불가	환불신청서, 경찰서 확인서, 신분증	방문
②	2022. 8. 29.	군부대 사정으로 휴가 제한 명령	환불신청서, 대대장확인서	우편
③	2022. 9. 5.	시험 당일 고열	환불신청서, 의사진단서, 신분증	방문
④	2022. 9. 9.	2022년 8월 3일 수험자 지병으로 사망	환불신청서, 사망진단서, 가족관계증명서, 신분증	방문
⑤	2022. 9. 13.	시험 전날 코로나-19 확진 판정	환불신청서, 입원 증빙서류, 신분증	팩스

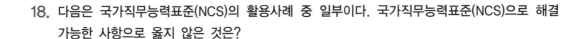

18. 다음은 국가직무능력표준(NCS)의 활용사례 중 일부이다. 국가직무능력표준(NCS)으로 해결 가능한 사항으로 옳지 않은 것은?

- 매년 2백만 명의 방문객을 모으며 성장해 온 A사의 큰 고민거리 중 하나가 인력난이었다. 안전관리와 수많은 이용객을 응대하는 업무강도를 이겨내지 못하고 그만두는 인력이 많아 특히 전체 280명 중 120명이 일하는 운영팀의 경우 평균 근속연수가 1년밖에 되지 않았다. 이에 NCS 기업활용 컨설팅을 통해 시설 운영관리, 마케팅기획, 단체영업 직무를 분석했다. 이후 지원자의 적성과 업무역량, 서비스 제공 능력을 파악하는 상황면접을 진행하는 등 NCS 기반의 채용구조를 반영한 결과 월평균 이직률이 9.7%에서 4%로 감소했다.

- B사는 2016년 조선업계 불황으로 매출이 반토막 나면서 위기를 겪게 되었다. 돌파구는 직원들의 업무능력을 키워 경쟁력을 가진 회사로 만드는 것이라고 보고 NCS를 바탕으로 한 교육훈련 프로그램을 가동했다. 그 결과 업무몰입도, 숙련도가 상승하면서 품질이 향상되었고 신규 건조물량 확보와 함께 이직률도 40%에서 10%까지 감소했다.

- 90년대 이후 헤어미용업의 호황기와 함께 미용업 종사자가 증가했지만, 일제강점기 때 받아들인 일본의 미용기술이 여전히 현장에서 인용되고 있다. 이에 (사)대한미용사회중앙회는 현장의 목소리를 반영해 NCS 기반 자격을 설계했다. 이렇게 개발된 NCS는 미용업체들이 자체 교육훈련 프로그램을 만들어 해외로 수출하는 물꼬를 터 주었고, 비싼 로열티를 주고 해외브랜드의 교육과정을 선호하던 관행을 깨는 전환점이 되었다.

---

① 채용과정이나 교육훈련 프로그램에 적용할 수 있다.

② 기업 내 이직률을 감소시킬 수 있다.

③ 현장에서 반영 가능한 자격을 설계할 수 있다.

④ 업무와 관련된 기술 숙련도를 향상시킬 수 있다.

⑤ 로열티를 지급해야 국내 교육과정을 개설할 수 있다.

19. 〈디지털 기초역량훈련(K-디지털 크레딧) 과정〉에 대한 설명으로 옳은 것은? (단, 주어진 자료 이외의 사항은 고려하지 않는다)

〈디지털 기초역량훈련(K-디지털 크레딧) 과정〉

• 디지털 기초역량훈련(K-Digital Credit)이란?

청년, 여성 구직자 등이 디지털 역량 부족으로 노동시장 진입에 어려움을 겪지 않도록 디지털 분야 기초역량을 개발하고 언제 어디서나 수강할 수 있는 인터넷 원격훈련입니다.

분야	훈련과정	훈련기관	대표번호
인공지능	2	DigiGuru	02-1002-0521
빅데이터	4		
디지털	1		
디지털	2	Fivestar	031-100-8586
빅데이터/인공지능	3	LearningBada	02-101-7429
빅데이터	1		
인공지능	1		
인공지능	1	디지코드	02-160-6842
디지털	1	프론티어아카데미	031-141-0509
인공지능	1	정보인재양성센터	042-828-2773
블록체인	1	Hananet	052-714-8716
빅데이터	1		

※ 디지털 기초역량은 분야별 융합훈련과정으로 운영 가능

---

① 청년, 여성 등의 직업능력을 개발하기 위한 재직자 대상 인터넷 훈련과정이다.

② 훈련기관은 총 3개 지역에 분포되어 있다.

③ 디지털 기초역량은 인공지능, 빅데이터 등의 3개 분야로 구성되어 있다.

④ 디지털 분야의 훈련과정을 가장 많이 운영하는 기관은 DigiGuru이다.

⑤ 빅데이터 분야의 훈련과정이 가장 많이 운영되고 있다.

20. 과정평가국 H 차장은 3D프린터개발산업기사 과정평가형 자격 교육·훈련과정을 편성하고자 한다. 다음 중 교육·훈련 과정 편성기준에 부합하지 않은 것은?

〈3D프린터개발산업기사 자격 교육·훈련 과정 편성기준〉

• 기준시간 : 총 50시간 이상 70시간 이하로 구성

구분	교육·훈련 기준시간	비고
직업기초능력	15시간 이상 구성 필수	능력단위, 직업기초능력 시간 150%까지 설정 가능
필수능력단위	20시간 이상 구성 필수	
선택능력단위	–	

• 3D프린터개발산업기사 능력단위 편성 기준

연번	능력단위명	최소 교육·훈련 시간	비고
1	회로개발	20시간	필수
2	센서 활용 기술	10시간	선택
3	로봇 모션 제어기 회로 설계	40시간	선택
4	시장분석	20시간	선택
5	개발계획수립	10시간	선택

• 3D프린터개발산업기사 직업기초능력 선택 영역(영역별 최소 10시간 구성)

의사소통능력, 수리능력, 문제해결능력, 자원관리능력, 정보능력, 기술능력

① 회로개발＋의사소통능력＋센서 활용 기술

② 회로개발＋수리능력＋문제해결능력

③ 회로개발＋센서 활용 기술＋시장분석＋문제해결능력

④ 회로개발＋시장분석＋로봇 모션 제어기 회로 설계＋기술능력

⑤ 회로개발＋개발계획수립＋시장분석＋정보능력＋자원관리능력

[21 ~ 23] ○○기업 안 주임은 출장여비를 지급하기 위해 여비규정에 대한 자료를 참고하고 있다. 이어지는 질문에 답하시오.

〈국내 여비 지급표〉

(단위 : 원)

등급	철도 운임	항공 운임	선박 운임	자동차 운임	일비 (1일당)	식비 (1일당)	숙박비(1박당)
1 ~ 3호	실비* (특실)	실비(중간석 : 비즈니스)	실비 (1등급)	실비	20,000	25,000	실비
4 ~ 5호	실비 (일반실)	실비(일반석 : 이코노미)	실비 (2등급)	실비	20,000	20,000	실비(상한액 : 서울특별시 70,000, 광역시 60,000, 그 외 지역 50,000)

* 실비 : 실제로 드는 비용

※ 여비＝일비＋식비＋운임＋숙박비

1. 자동차운임 중 버스운임은 국토교통부장관 또는 특별시장·광역시장·특별자치시장·도지사 또는 특별자치도지사가 정하는 기준 및 요율의 범위 안에서 정하여진 버스요금을 기준으로 하며 등급 구분이 있는 경우 높은 등급으로 할 수 있다.
2. 수로여행 시 페리호를 이용하는 경우에는 1호 내지 2호 해당자에 대하여는 특등, 기타의 자에 대하여는 1등운임을 지급하되, 운임은 국토교통부장관의 인가 요금을 기준으로 한다.
3. 숙박비란의 실비는 여신전문금융업법 제2조 제3호의 규정에 의한 신용카드를 사용하여 지급한 금액으로 한다.
4. 운임은 할인이 가능한 경우에는 할인요금으로 지급한다.
5. 등급기준은 여비 지급 등급표와 같다. 다만, 제6조(수행출장 등)에 따른 등급조정은 아래 예시에 따라 최소화하여야 한다.
   - 예시 : 이사장 "갑"과 직원 "을"이 동행하여 해외출장 시 갑과 을이 같은 호텔에서 숙박하기 위하여 을의 여비등급을 조정할 경우, 해당 호텔에 투숙할 수 있는 최소한의 요금에 상당하는 액의 여비등급으로 조정 가능
6. 공적 항공마일리지를 사용하여 항공운임을 절약한 임직원에 대해서는 일비의 50퍼센트를 추가로 지급하되, 추가로 지급되는 일비 총액은 공적 항공마일리지 사용으로 절약된 항공운임의 1/2 범위를 초과할 수 없다.

〈여비 지급 등급표〉

등급	해당 임직원
1호	이사장
2호	감사
3호	이사, 별정직
4호	실·국장, 소속기관장, 부장, EPS센터장 등 이에 준하는 직원
5호	위1호 내지 4호에 해당하지 아니하는 직원

21. 안 주임은 여비 지급을 위해 제출된 증빙자료를 검토하고 있다. 다음 중 신청한 금액에 대해 적절한 증빙자료를 제출한 임직원으로 옳은 것은?

1회 기출예상
2회 기출예상
3회 기출예상
4회 기출예상
5회 기출예상
인성검사
면접가이드

①
차 실장 : 43,100원 신청

〈〈〈철도 영수증〉〉〉
승차권 번호　　　12574-2546-15712-12
발행일시　　　　20X1년 06월 22일
20X1년 06월 22일
XTK165/특실/12호차2D
서울 09:30 〉 동대구 12:00
어른 1매, 어린이 0매/할인 : 0명

신용카드　　　　1234-5678-1545-2568
승인일자　　　　　　　20X1.06.15.
승인번호　　　　　　　　02863453
결제금액　　　　　　　　43,100원

②
도 이사 : 33,600(특실기준금액) 신청

〈〈〈철도 영수증〉〉〉
승차권 번호　　　584-7346-34938-14
발행일시　　　　20X1년 06월 27일
20X1년 06월 27일
TRS211/일반실/6호차8A
오송 11:30 〉 수서 12:30
어른 1매, 어린이 0매/할인 : 0명

신용카드　　　　2241-8127-0523-7124
승인일자　　　　　　　20X1.06.27.
승인번호　　　　　　　　01813641
결제금액　　　　　　　　22,500원

③
고 이사장 : 29,700원 신청

〈〈〈승선개찰권〉〉〉

성명	성별	생년월일	비상연락처
고**	남	640528	0101542****

여수엑스포 ▶ 제주
20X1-07-01 10:15

선박명(Vessel)　　　　여수호(일반선박)
등급/좌석(Class/Seat)　　　　1등급
금액(Fare)　　　29,700원 카드결제

④
한 대리 : 55,000원 신청

〈〈〈영 수 증〉〉〉
[가맹점명]□□호텔
[주소]부산광역시 XX구 ○○○
[거래일시]20X1-06-29 18:00:35

[공급가액]　　　　　　　50,000원
[부가세]　　　　　　　　5,000원
[합계]　　　　　　　　　55,000원

[현금결제]　　　　　　　100,000원
[거스름돈]　　　　　　　45,000원
[결제구분]현금(지출증빙)

⑤
정 과장 : 77,000원 신청

〈〈〈영 수 증〉〉〉
[가맹점명]△△호텔
[주소]광주광역시 ○○구 XXX
[거래일시]20X1-06-23 19:30:21

[공급가액]　　　　　　　70,000원
[부가세]　　　　　　　　7,000원
[합계]　　　　　　　　　77,000원

[카드결제]　　　　　　　77,000원
[결제구분]신용카드(지출증빙)

22. 제시된 자료에 대한 이해로 적절한 것은?

① 부장 직급과 대리 직급은 같은 기간 출장 시 지급받는 일비 금액이 다르다.

② 이사는 제주도 출장 시 페리호를 이용하면 특등 운임을 지급받을 수 있다.

③ 운임은 할인이 가능한 경우라도 할인 전 금액으로 지급된다.

④ 수행출장 시 낮은 여비 등급의 직원은 높은 여비 등급의 직원과 같은 수준의 호텔객실에 투숙할 수 있도록 여비 등급이 조정된다.

⑤ 출장지로 이동할 때, 이사장과 EPS센터장이 탑승 가능한 버스 등급의 차이는 없다.

23. 안 주임은 제주도에서 개최된 공단 행사에 참석한 임직원의 출장 여비 지급 업무를 처리하고 있다. 다음 중 안 주임이 아래의 출장에 대하여 배 국장에게 지급해야 할 여비의 총액으로 옳은 것은?

직책/이름	기획재정국장 배○○
출장지 및 출장 기간	제주특별자치도, 20X1. 06. 04 ~ 06. 13. (9박 10일)
공적 항공마일리지 현황	70,000 마일리지
항공편 가격	140,000원(왕복)
비고	• 항공편 예약할 때 공적 항공마일리지를 전액 사용함. • 공적 항공마일리지 1마일리지＝1원으로 환산하여 사용함. • 출발 일자에 공항 리무진버스 이용함(5,800원). • 상한액 이상의 숙박시설에서 숙박함.

① 954,800원 ② 960,800원 ③ 1,010,800원
④ 1,030,800원 ⑤ 1,045,800원

24. 다음은 공단본부 에너지 사용량에 관한 자료이다. 이를 이해한 내용으로 옳은 것은?

〈상반기 공단본부 에너지 사용량 현황〉

(단위 : kWh, m³)

구분		1월	2월	3월	4월	5월	6월	합계
전기	20X8년	347,000	301,000	325,000	306,000	311,000	328,000	1,918,000
	20X9년	339,000	297,000	317,000	315,000	321,000	328,000	1,917,000
도시가스	20X8년	6,800	5,700	3,800	2,200	1,800	3,500	23,800
	20X9년	5,300	4,300	2,580	2,100	1,600	2,700	18,580

〈하반기 공단본부 에너지 사용량 현황〉

(단위 : kWh, m³)

구분		7월	8월	9월	10월	11월	12월	합계
전기	20X8년	376,000	398,000	332,000	321,000	316,000	330,000	2,073,000
	20X9년	323,000	385,000	338,000	331,000	309,000	328,000	2,014,000
도시가스	20X8년	8,200	8,400	2,200	1,100	1,700	4,700	26,300
	20X9년	6,500	8,200	2,900	1,700	1,600	4,600	25,500

① 월 전기 사용량이 30만 kWh 미만인 월은 존재하지 않는다.

② 20X8년에 전기 최대 사용월과 도시가스 최대 사용월은 일치하지 않는다.

③ 20X9년 하반기의 전기 사용량은 전년 동기보다 감소하였다.

④ 20X9년에 도시가스 최대 사용월의 사용량은 최소 사용월의 사용량의 6배가 넘는다.

⑤ 20X9년 중 도시가스 사용량이 전년 동월 대비 증가한 월의 개수는 4개이다.

[25 ~ 26] 다음은 〈외국인근로자 고용지원 업무처리 규칙〉 중 일부이다. 이어지는 질문에 답하시오.

제5조(응시자격) ① 외국인고용허가제 한국어능력시험의 응시자격은 다음 각호와 같다.

1. 만 18세 이상 39세 이하인 자(한국어능력시험 접수초일 기준)
2. 금고형 이상의 범죄경력이 없는 자
3. 대한민국에서 강제퇴거 또는 강제출국 조치를 당한 경력이 없는 자
4. 자국으로부터 출국에 제한(결격사유)이 없는 자
5. 비전문취업(E-9) 체류자격으로 대한민국에 5년 이상 체류하지 아니한 자
6. 선원취업(E-10) 체류자격으로 대한민국에 5년 이상 체류하지 아니한 자
7. 비전문취업(E-9)과 선원취업(E-10) 체류자격 기간을 합산하여 대한민국에 5년 이상 체류하지 아니한 자

② 특별한국어능력시험의 응시자격은 전항의 자격요건을 갖추고 체류만료기간 내 자진 귀국한 외국인근로자로 한다.

제6조(시험기준 및 방법) ① 한국어능력시험은 외국인근로자가 한국생활에서 필요한 기본적인 의사소통능력, 한국문화, 산업안전에 대한 이해를 평가한다.

② 시험문제는 읽기영역 20문항과 듣기영역 20문항으로 시험시간을 읽기영역 25분과 듣기영역 25분으로 하며, 객관식 사지선다(四枝選多) 필기시험으로 한다. 단, 외국인력정책과 관련하여 필요하다고 인정할 경우 시험문제 및 시간은 다르게 적용할 수 있다.

③ 한국어능력시험은 시행방법에 따라 지필기반시험(PBT)과 컴퓨터기반시험(CBT)으로 구분한다.

제20조(수수료환불) 이사장은 접수기간 중 원서접수를 취소하는 자 또는 접수완료 이후 응시 부적격자로 확인(결정)된 자에게는 응시수수료 전액을 환불할 수 있다.

---

25. 외국인력선발부 파키스탄 담당 A 대리는 부서의 8월 야간대기자 명단을 편성하고 있다. 다음의 업무 상황에서 A 대리가 예측한 것으로 옳지 않은 것은?

- 시험명 : 20X1년 제2차 한국어능력시험
- 시험 시작일 : 20X1년 8월 2일
- 시험 방법 : 컴퓨터기반시험(CBT)
- 시험 시간(현지) : 1부 11:00 ~ 11:50, 2부 13:30 ~ 14:20, 3부 14:40 ~ 15:30
- 업무 시간(국내) : 09:00 ~ 18:00

〈8월 달력〉

일	월	화	수	목	금	토
1	2	3	4	5	6	7
8	9	10	11	12	13	14
15	16	17	18	19	20	21
22	23	24	25	26	27	28
29	30	31				

〈고려사항〉

1. 파키스탄 한국어능력시험 시행인원은 총 5,500명이며, 파키스탄 현지 시험장은 일일 최대 300명을 수용할 수 있다.
2. 파키스탄과 한국의 시간차이는 4시간이다(한국 UTC+9, 파키스탄 UTC+5).
3. 외국인력선발부 직원은 총 7명(부장1, 차장2, 과장3, 대리1)이다. 부장은 대기자 명단에서 제외하며, 직원의 야간근무는 순서를 정하여 반복 편성한다.
4. 정보화지원국의 한국어능력시험 시스템 담당자도 함께 야간대기를 해야 하므로, 업무 협조를 위해 주말에는 시험을 시행하지 않는다.
5. 8월 셋째 주는 한국의 대체휴일과 파키스탄의 연휴일정으로 시험을 시행하지 않는다.

---

① 직원들은 최소 1시간 30분 동안 야간대기를 할 것이다.

② 파키스탄 한국어능력시험은 8월에 시작하지만 9월까지 진행될 것이다.

③ 모든 외국인력선발부 직원은 8월에 2회 이상 야간대기를 할 것이다.

④ 직급이 높은 순으로 대기자 명단을 편성한다면 A 대리는 9일, 17일, 25일에 야간대기를 하게 될 것이다.

⑤ 외국인력선발부 야간대기자 명단을 편성하고 난 후에 정보화지원국에 문서를 보내서 어느 직원이 야간에 대기할 것인지 회신받아야 할 것이다.

26. 위 내용을 본 직원들의 반응으로 옳지 않은 것은?

① A 차장 : 외국인은 한국어능력시험 원서접수 후 부적격자로 결정될 경우에도 응시수수료 전액을 환불받을 수 있겠군.

② B 대리 : 외국인근로자 선발을 위한 한국어능력시험 응시자격 판단을 위해서는 과거 대한민국에서의 체류자격이나 범죄경력, 나이 등을 종합적으로 고려해야 해.

③ C 과장 : 한국어능력시험을 시행하는 방법 중 지필기반시험(PBT)은 다수의 외국인이 한 장소에 집합해야 한다면 코로나19 상황에는 집행이 어려워질 수도 있어.

④ D 대리 : 외국인이 비전문취업(E-9) 체류자격으로 한국에서 과거에 체류했어도 응시자격 요건을 충족하고 체류만료기간 내 자진 귀국했다면 특별한국어능력시험에 응시할 수 있는 자격이 있어.

⑤ E 주임 : 한국어능력시험은 읽기와 듣기 영역이 각 20문항, 25분으로 구성이 되는데, 외국인력 정책이 변동될 경우에도 공정한 수행을 위하여 동일하게 진행될 거야.

27. 다음은 공단의 〈일학습병행 운영규칙〉 중 일부이다. 이에 대한 설명으로 옳지 않은 것은?

제2조(정의) 이 규칙에서 사용하는 용어의 뜻은 다음과 같다.

1. "사업장"이란 고용보험 성립신고 적용 개발 단위사업장으로서 학습기업의 지정단위가 되며 동일한 사업주 하에 2개 이상의 사업장이 존재할 수 있다.
2. "훈련과정 개발·인정시스템"이란 훈련과정 개발신청, 개발, 인정신청, 인정 등 절차를 관리할수 있도록 운영하는 전산시스템을 말한다.
3. "모니터링"이란 훈련현장 방문, 전화, 면담, 훈련진단 및 컨설팅 등을 통하여 사업의 부정·부실 등 문제점을 파악하고 시정 및 제도개선 등을 하는 일련의 업무를 말한다.
4. "일학습병행 지원기관"이란 일학습병행 기업 발굴, 컨설팅, 홍보 등을 지원하는 일학습 전문지원센터, 특화업종(특구) 지원센터, 관계부처전담기관을 말한다.

---

① 본사와 지사가 있는 사업장은 일학습병행 사업에 참여할 수 없다.

② 일학습병행 사업은 공단, 기업, 전담기관 등 여러 기관이 협업으로 이루어지는 사업이다.

③ 일학습병행 사업의 부정·부실 운영을 예방하기 위해 훈련현장을 직접 확인하는 경우도 있다.

④ 전염병 확산을 방지하기 위해 일학습병행 학습기업 모니터링을 전산 및 유선통화로 진행할 수 있다.

⑤ 일학습병행 사업의 훈련과정 개발을 위한 별도의 시스템이 구축되어 있다.

28. 다음은 ○○공단의 〈임직원행동강령〉 중 일부를 발췌한 내용이다. 이에 대한 직원들의 발언으로 옳은 것을 모두 고르면?

제25조【금품등의 수수(收受) 금지】 ① 임직원은 직무 관련 여부 및 기부·후원·증여 등 그 명목에 관계없이 동일인으로부터 1회에 100만 원 또는 매 회계연도에 300만 원을 초과하는 금품 등을 받거나 요구 또는 약속해서는 아니 된다.

② 임직원은 직무와 관련하여 대가성 여부를 불문하고 제1항에서 정한 금액 이하의 금품 등을 받거나 요구 또는 약속해서는 아니 된다.

③ 제37조의 외부강의등에 관한 사례금 또는 다음 각호의 어느 하나에 해당하는 금품 등은 제1항 또는 제2항에서 수수를 금지하는 금품 등에 해당하지 아니한다.

1. 공공기관의 장이 소속 임직원이나 파견 임직원에게 지급하거나 상급자가 위로·격려·포상 등의 목적으로 하급자에게 제공하는 금품 등

2. 원활한 직무수행 또는 사교·의례 또는 부조의 목적으로 제공되는 음식물·경조사비·선물 등으로서 별표 2-2에서 정하는 가액 범위 안의 금품 등

3. 사적 거래(증여는 제외한다)로 인한 채무의 이행 등 정당한 권원(權原)에 의하여 제공되는 금품 등

4. 임직원의 친족(「민법」제777조에 따른 친족을 말한다)이 제공하는 금품 등

5. 임직원과 관련된 직원상조회·동호인회·동창회·향우회·친목회·종교단체·사회단체 등이 정하는 기준에 따라 구성원에게 제공하는 금품 등 및 그 소속구성원 등 임직원과 특별히 장기적·지속적인 친분관계를 맺고 있는 자가 질병·재난 등으로 어려운 처지에 있는 임직원에게 제공하는 금품 등

6. 임직원의 직무와 관련된 공식적인 행사에서 주최자가 참석자에게 통상적인 범위에서 일률적으로 제공하는 교통, 숙박, 음식물 등의 금품 등

7. 불특정 다수인에게 배포하기 위한 기념품 또는 홍보용품 등이나 경연·추첨을 통하여 받는 보상 또는 상품 등

8. 그 밖에 사회상규(社會常規)에 따라 허용되는 금품 등

④ 임직원은 제3항 제5호에도 불구하고 같은 호에 따라 특별히 장기적·지속적인 친분관계를 맺고 있는 자가 직무관련자 또는 직무관련임직원으로서 금품 등을 제공한 경우에는 그 수수 사실을 별지 제10호 서식에 따라 소속기관의 장에게 신고하여야 한다.

박 주임 : 대가성 여부나 직무관련성과 상관없이 매년 300만 원을 초과하는 금품은 받을 수 없어. 지사에 근무하다 보니 여러 기관과 상대할 일이 많아서 주의하려고 노력해.

최 과장 : 직무와 관련성이 없는 공식 행사에서 제공받는 교통, 숙박, 음식물 등의 금품 등은 임직원행동강령을 위반하는 것이 아니야.

이 대리 : 일학습병행 사업을 홍보하러 사업장을 방문했는데 그날 기업행사가 있어서 3만 원 상당의 기념품을 수령하게 되었어. 나도 비슷한 가액으로 사업홍보물품을 드리고 오긴 했지만 임직원행동강령에 위반된다는 것을 알고 별지서식에 따라 신고했어.

임 사원 : 몇 년 전에 사촌이 어려울 때 사적으로 도와준 일이 있었는데, 그걸 잊지 않고 지난 달에 200만 원을 주더라고. 사촌이 친족범위에 들어가긴 하지만 직무와 관련된 것 도 아니라서 신고하지는 않았어.

① 박 주임, 최 과장
② 박 주임, 이 대리
③ 박 주임, 임 사원
④ 최 과장, 이 대리
⑤ 이 대리, 임 사원

29. 최 주임은 2022년 6월 30일자로 임용되어 2022년 12월 31일까지 125일은 전일제(1일 8시간) 로 근무하고 60일은 시간제(1일 4시간)로 근무하였다. 다음 〈산정 방식〉을 따를 때, 최 주임이 2023년 1월 1일에 받는 연차휴일 일수는? (단, 소수점 둘째 자리에서 버린다)

〈산정 방식〉

가. 연차휴가 일수 산정 : 전년도 근무기간에 비례하여 발생
  – 산식 : 근무일수/365일×15일
나. 시간제근로자(8시간 미만 근로자) 연차휴가 일수 산정 : 시간에 비례하여 발생
  – 산식 : 근무일수/365일×15일×1일 환산시간(1일 근로시간/8시간)
다. 전일제근로자와 시간제근로자가 혼합되어 있는 경우 연차휴가를 각각 산정하여 합산

① 6일
② 6.3일
③ 6.5일
④ 6.8일
⑤ 7일

30. 다음은 한국산업인력공단 2020년 국가기술자격 통계연보에 수록된 통계자료이다. 이에 대한 설명으로 옳지 않은 것은?

국가기술자격이란 「자격기본법」에 따른 국가자격 중 산업과 관련이 있는 기술·기능 및 서비스 분야의 자격으로, 국가기술자격법 시행규칙에 규정된 542종목을 말함(2019년 말 기준).

※ 국가기술자격은 검정형 자격과 과정평가형 자격으로 구분

【8개 검정기관】 한국산업인력공단, 대한상공회의소, 한국원자력안전기술원, 영화진흥위원회, 한국방송통신전파진흥원, 한국콘텐츠진흥원, 한국광해관리공단, 한국인터넷진흥원

〈국가기술자격 취득자 현황〉

(단위 : 명)

구분		검정형	과정평가형	자격취득자 종합
1975 ~ 2014년	전체	30,376,000	0	30,376,000
	여	26,929,000	0	26,929,000
2015년	전체	647,000	51	647,051
	여	252,000	1	252,001
2016년	전체	669,000	671	669,671
	여	248,000	207	248,207
2017년	전체	676,000	1,600	677,600
	여	242,000	757	242,757
2018년	전체	686,000	3,200	689,200
	여	249,000	1,600	250,600
2019년	전체	769,000	4,300	773,300
	여	284,000	2,000	286,000

〈2020년 검정기관별 국가기술자격 취득자 현황〉

(단위 : 명)

기관명	한국산업인력공단	대한상공회의소	한국방송통신전파진흥원	한국인터넷진흥원	한국콘텐츠진흥원	영화진흥위원회	한국광해관리공단	한국원자력안전기술원
취득자 수	16,760,000	13,528,000	88,000	4,500	1,600	1,500	1,000	400

※ 통계수록 : 큐넷(www.Q-net.or.kr) 및 국가통계포털(Kosis.kr)

① 한국산업인력공단은 2019년 말 기준 국가기술자격법 시행규칙에 규정된 542개 종목을 집행하는 기관이다.

② 국가기술자격 중 과정평가형 자격은 2015년도부터 시행되었으며, 매년 자격취득자 수가 증가하고 있다.

③ 국가기술자격 취득자 중 과정평가형 자격을 취득한 여성의 수는 2015년부터 2018년까지 매년 2배 이상 증가하였다.

④ 2020년에 한국산업인력공단에서 자격을 취득한 자가 대한상공회의소에서 자격을 취득한 자보다 3백만 명 이상 더 많다.

⑤ 국가기술자격 취득자 중 검정형 자격을 취득한 남성의 수는 2015년부터 2018년까지 매년 증가하고 있으나, 그 증가폭은 둔화되고 있다.

[31 ~ 32] 다음의 자료를 보고 이어지는 질문에 답하시오.

〈고용보험기금 증식 및 운용 현황〉

고용보험기금 증식 현황 (단위 : 억 원)				
구분	20X6년	20X7년	20X8년	20X9년
총액	87,000	103,000	119,000	108,000
전년대비 증가액	2,300	16,000	16,000	−11,000

고용보험기금 운용 현황 (단위 : 백만 원)						
구분	총액	공공자금	능력개발사업	기금증식	지불준비금	기타
20X6년	8,753,000	10,000	2,506,000	5,856,000	675,000	−294,000
20X7년	10,321,000	10,000	3,302,000	7,076,000	701,000	−768,000
20X8년	11,951,000	10,000	3,903,000	8,688,000	788,000	−1,438,000
20X9년	10,838,000	10,000	2,674,000	9,293,000	1,043,000	−2,182,000

31. 위 자료를 통해 알 수 있는 내용으로 적절한 것은?

① 고용보험기금 운용 현황 중 총액과 기타 항목은 동일하게 증가하는 추세를 보인다.

② 고용보험기금 전년 대비 증가액과 고용보험기금 운용 현황 중 능력개발사업의 연도별 증감 추세는 동일한 양상을 보인다.

③ 고용보험기금 중 지불준비금은 20X8년에 전년 대비 감소했다.

④ 20X6년 대비 20X8년 고용보험기금 총액의 증가액은 20X6년 능력개발사업 금액보다 적다.

⑤ 20X6년의 고용보험기금 증가액은 그 해 지불준비금의 $\frac{1}{4}$에 미치지 못한다.

32. 위 자료를 참고했을 때, 다음 중 〈보기〉의 (가), (나)에 들어갈 수치가 올바르게 짝지어진 것은? (단, (가)는 소수점 둘째 자리에서 버리고, (나)는 일의 자리에서 버린다)

> **보기**
>
> (1) 20X9년도 기금 운용 총액은 20X8년도 총액 대비 (가)% 감소하였다.
> (2) 20X9년도 지불준비금은 20X8년도 지불준비금 대비 (나)% 증가하였다.

	(가)	(나)
①	0.9	40
②	0.9	30
③	0.9	20
④	1.0	40
⑤	1.0	30

1회 기출예상 2회 기출예상 3회 기출예상 4회 기출예상 5회 기출예상 인성검사 면접가이드

[33 ~ 34] 다음은 A 공단의 〈계약사무처리규정 시행규칙〉이다. 이어지는 질문에 답하시오.

제4조(구매요구서의 접수 및 검토) 계약담당은 구매요구서를 접수하면 다음 각호의 사항을 10일 이내에 검토하여야 한다.

1. 품명, 규격(공통사양), 단위, 수량, 과업지시서, 제안요청서 등
2. 소요예산 및 예산과목, 예산배정액 유무
3. 납품장소 및 납품기한
4. 구매 대상 물품이 정부권장정책상 우선구매대상품목으로 대체 구매 가능한지 확인

제4조의2(계약사무의 위임 및 준용) ① 규정 제4조에 따라 계약부서에서 각 사무부서에게 다음 각호의 계약사무를 위임한다.

1. 출제 연금 시 보안·경비에 관한 사항, 위탁 사업의 사업자 선정 관련 사항
2. 추정가격 100만 원 미만인 물품의 제조·구입·임차 및 용역계약
3. 사업행사나 홍보 등을 위하여 부상품으로 지급하는 상품권(문화, 도서상품권 등 포함), 기성 출판도서(전자책 포함) 구입

---

33. 다음은 계약담당자 A 대리와 사업담당자 B 과장의 대화이다. 위의 자료를 참고하였을 때, 대화 내용으로 옳지 않은 것은?

① B 과장 : 대리님, 안녕하세요. 이번에 공단 사보 제작을 하고자 하는데, 소요예산이 2,000만 원으로 예상되어 계약 의뢰하고자 합니다.

② A 대리 : 네, 과장님. 지금 주신 서류 중에 과업지시서상 납품기한이 명시가 되어 있지 않아 수정해 주셔야 합니다.

③ A 대리 : 그리고 사보 인쇄 시 어떠한 종이재질로 몇 부 인쇄하시는지도 명확히 기재해 주셔야 합니다.

④ B 과장 : 네, 참고로 디자인은 200만 원으로 저희 부서에서 자체 계약 예정이니, 차액으로 인쇄업체와 계약해 주시기 바랍니다.

⑤ A 대리 : 인쇄업체는 중소기업, 여성기업 등 정부권장정책상 우선구매가 가능한 곳을 우선 검토 후 진행 예정입니다.

34. 다음 중 위 자료를 바탕으로 할 때, 구매·계약 업무에 관한 발언으로 옳지 <u>않은</u> 것은?

① A 대리 : 홍보물품이 부가가치세를 포함하여 95만 원이니, 계약부서를 통하지 않고 직접 구매할 수 있겠어.

② B 부장 : 기술사 문제출제를 위한 보안업체 선정은 해당 사업부서에서 진행하겠군.

③ C 국장 : 인재개발부에서 주관하는 행사에 참여해서 받은 도서는 계약부서를 통해 더 저렴하게 구매했을 거야.

④ D 차장 : 사업부서에서 위탁하여 진행하는 체계적 현장훈련 사업 회계정산 기관 선정계약은 자체적으로 추진하고 있어.

⑤ E 주임 : 홍보실에서 SNS이벤트 당첨자에게 지급한 문화상품권은 금액에 상관없이 해당 사업부서에서 자체적으로 구매했을 거야.

35. 인개개발부 K 대리는 2023년 신규직원 입직교육을 다음과 같이 운영하고자 한다. 예산절감을 위하여 1, 2교시와 6, 7교시에 외부강사 대신 사내강사를 위촉하려고 할 때, K 대리가 사내강사를 위촉하여 절감되는 예산액은 얼마인가? (단, 사내강사는 수당을 지급하지 않는다)

〈2023년 신규직원 입직교육 교육과정(안)〉

구분	1교시	2교시		3교시	4교시	5교시	6교시	7교시
시간	10:00 ~ 11:00	11:00 ~ 12:00	중식 12:00 ~ 13:00	13:00 ~ 14:00	14:00 ~ 15:00	15:00 ~ 16:00	16:00 ~ 17:00	17:00 ~ 18:00
교과목	비즈니스 매너			셀프 리더십			HR의 이해	
강사구분	교육업체 대표 A			리더십 전문 강사 B			HR분야 전문가 C	

〈2023년 수입지출예산집행지침〉

※ 공직자 등에 해당하지 않는 자(청탁금지법 비대상) : 강의 1시간 기준

구분	기업체 대표, 명장 및 저명인사 등 이사장이 인정하는 자	전문강사 및 각 분야 전문가
상한액	400,000원	300,000원

① 1,000,000원   ② 1,200,000원   ③ 1,400,000원

④ 1,500,000원   ⑤ 1,600,000원

36. 다음 자료에 대한 이해로 적절한 것은?

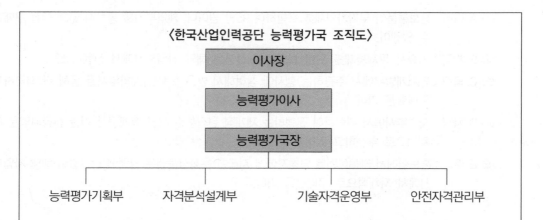

〈한국산업인력공단 능력평가국 조직도〉

이사장

능력평가이사

능력평가국장

능력평가기획부 · 자격분석설계부 · 기술자격운영부 · 안전자격관리부

〈부서별 분장업무〉

능력평가기획부	1. 국가자격 운영 총괄 2. 국가기술자격 자격제도 설계 · 관리 총괄 3. 자격검정 관련 제도 개선
자격분석설계부	1. NCS 기반 자격에 관한 연구 · 조사 · 분석 등에 관한 사항 2. 자격관련 법령 모니터링에 관한 사항 3. 산업동향 조사 · 분석 등 자격관련 연구개발 총괄에 관한 사항
기술자격운영부	1. 국가기술자격 정기검정 시행(필기 · 실기시험 원서접수 ~ 검정집행) 총괄 2. 국가기술자격 정기검정 합격자 결정 및 발표 3. 국가기술자격 응시자격 심사기준 정립 및 과목면제 업무처리 및 심사
안전자격관리부	1. 국가기술자격 자격발급 · 부정예방 관련내규 관리에 관한 사항 2. 국가기술자격 상시검정 시행(필기 · 실기시험 원서접수 ~ 검정집행) 총괄 3. 국가기술자격 상시검정 합격자 결정 및 발표

※ 국가기술자격은 사업관리, 경영 · 회계 · 사무 등 26개의 직무 분야의 기능사, 산업기사, 기사, 기능장, 기술사 총 5개의 자격등급으로 나뉜다.

〈위임전결규칙 발췌 내용〉

1. "위임전결"이라 함은 이사장 또는 소속기관장이 그 결재권한의 일부를 이사, 국장, 부장, 부원 등 보조기관이 위임하여 처리하게 하는 것을 말한다.
2. 전결권자가 위임받은 업무 사항에 대하여 전결한 문서의 효력은 최종결재권자의 결재와 동일한 효력을 갖는다.

업무내용	전결권자				이사장
	부원	부장	국장	이사	
자격검정 관련 제도 개선					
가. 기본계획의 수립 · 변경				O	
나. 세부시행(실시)방안 수립 · 변경			O		
다. 방침이 결정된 사항의 통보 · 회보		O			

① NCS 기반 자격 관련 연구는 능력평가기획부가 주관한다.

② 안전자격관리부에서는 응시자격 심사기준 변경에 대한 회의를 주관한다.

③ 능력평가국의 업무에는 국가전문자격 정기검정 합격자의 발표가 포함되지 않는다.

④ 기술사 자격검정 실시와 관련하여 세부 시행방안을 수정하기 위해서는 능력평가 이사의 최종 결재가 필요하다.

⑤ 기사 필기시험 시행계획 수립은 기술자격운영부장의 결재를 받아 추진한다.

[37 ~ 38] 다음의 자료를 보고 이어지는 질문에 답하시오.

〈20X8년 구매실적 현황〉

(단위 : 천 원)

구분		20X8년도 (실적)				
		1분기	2분기	3분기	4분기	합계
중소기업제품 구매액	물품	1,373	3,211	2,232	8,369	15,185
	공사	261	1,033	2,121	3,805	7,220
	용역	3,610	12,494	6,344	10,287	32,735
여성기업제품 구매액	물품	513	1,120	841	2,048	4,522
	공사	89	127	128	558	902
	용역	150	486	982	1,007	2,625
장애인기업 제품 구매액	물품	173	302	283	717	1,475
	공사	–	–	–	–	–
	용역	1	8	9	48	66

〈20X9년 구매실적 현황〉

(단위 : 천 원)

구분		20X9년도 (실적)				
		1분기	2분기	3분기	4분기	합계
중소기업제품 구매액	물품	977	4,084	2,262	4,516	11,839
	공사	178	1,003	849	419	2,449
	용역	3,013	14,970	4,149	10,028	32,160
여성기업제품 구매액	물품	354	816	622	1,349	3,141
	공사	97	242	18	85	442
	용역	109	921	436	879	2,345
장애인기업 제품 구매액	물품	115	146	40	374	675
	공사	–	–	–	–	–
	용역	41	4	32	(가)	109

37. 위 자료의 빈칸 (가)에 들어갈 수치로 옳은 것은?

① 2   ② 12   ③ 22

④ 32   ⑤ 42

38. 위 자료를 이해한 내용으로 옳은 것은?

① 20X8년에 가장 많은 구매실적을 기록한 분기는 2분기이다.

② 20X8년 기업별 물품 · 공사 · 용역 등 총 9개 항목 중 매 분기 구매액이 증가한 항목은 3개이다.

③ 20X8년 2 ~ 4분기 중소기업 제품 구매액 중 공사 구매실적은 매 분기마다 직전 분기 대비 50% 이상 증가하였다.

④ 20X9년 중소기업과 여성기업의 물품, 공사, 용역 등 구매항목 간 구매액 순위는 동일하다.

⑤ 20X9년 장애인기업 제품 구매액 중 물품 구매의 상반기 실적이 차지하는 비중은 50% 이상이다.

1회 기출예상 / 2회 기출예상 / 3회 기출예상 / 4회 기출예상 / 5회 기출예상 / 인성검사 / 면접가이드

[39 ~ 40] 다음은 H 공단의 〈일학습병행 운영규칙〉 중 일부이다. 이어지는 질문에 답하시오.

〈별표 6〉 HRD담당자 수당 지급기준

【2016. 8. 1. 이후 훈련실시 신고과정에 대해 2019. 12. 훈련실시분까지만 적용】

- (기본방침) 일학습병행 훈련과정의 총 훈련시간 대비 월별 훈련시간(OJT+OFF-JT)이 차지하는 비중을 연간 300만 원으로 분배

  - (계산식) 300만 원$\times\dfrac{\Sigma\text{과정별 해당 월 학습근로자의 실제 훈련시간}}{\Sigma\text{과정별 연간 총 훈련시간}}$

〈별표 7〉 고등학생 재학생을 대상으로 실시하는 일학습병행 훈련장려금 지원기준(제25조 제2항 관련)

- 연간 평균 도제식 현장 교육훈련 편성기간*에 따라 1인당 학습근로자 훈련장려금 지급(단, 외부 평가 합격에 따른 추가지원금은 미지급)

  * 연간 평균 도제식 교육훈련 편성 시간

    = 총 도제식 현장 교육훈련 편성시간$\times\dfrac{12\text{개월}}{\text{전체훈련기간(월)}}$

연간 평균 도제식 현장 교육훈련 편성시간	일학습병행훈련 장려금	지급조건
200시간 미만	미지급	
200시간 이상 300시간 미만	월 20만원	도제식현장교육훈련 및 현장외교육훈련 중 어느 하나라도 실시한 월에 한하여 지급
300시간 이상	월 30만원	

- 훈련과정의 시작월과 종료월, 학습근로자의 중도탈락월에 대한 일학습병행 훈련장려금은 훈련일수에 비례하여 일할계산 지급

  - (일할계산식) 1인당 월별 훈련장려금$\times\dfrac{\text{훈련참여 일수}}{\text{해당월 일수}}$

39. 충북지사 직업능력개발부 김 차장은 도제식 훈련을 진행하는 △△기업의 일학습병행 훈련장려금을 지급하고자 한다. 김 차장이 학습근로자 A, B에게 지급할 △△기업의 6월 일학습병행 훈련장려금의 총액으로 옳은 것은?

〈△△기업 6월 훈련개요 및 출석부〉

- 총 훈련기간 : 2021. 01. 01. ~ 2022. 12. 31.(24개월)
- 총 훈련시간 : 800시간
- 학습근로자수 : 총 2명
- 2022년 6월 출석부

구분	월	화	수	목	금
1주차		6/1	6/2	6/3	6/4
학습근로자 A		O	O	O	O
학습근로자 B		O	O	O	O
2주차	6/7	6/8	6/9	6/10	6/11
학습근로자 A	O	O	O	O	O
학습근로자 B	O	O	O	X	X
3주차	6/14	6/15	6/16	6/17	6/18
학습근로자 A	O	O	O	O	O
학습근로자 B	X	X	X	X	X
4주차	6/21	6/22	6/23	6/24	6/25
학습근로자 A	O	O	O	O	O
학습근로자 B	X	X	X	X	X
5주차	6/28	6/29	6/30		
학습근로자 A	O	O	O		
학습근로자 B	X	X	X		
비고(기업현장교사 작성란)					
학습근로자 B는 개인적인 사유로 인하여 6월 9일까지 훈련 완료 후 중도탈락					

① 330,000원　　　　② 350,000원　　　　③ 370,000원

④ 390,000원　　　　⑤ 410,000원

40. 대전지역본부 지역일학습지원부 A 주임은 ○○기업의 HRD담당자 수당을 지급하고자 한다. A 주임이 지급해야 하는 20X9년 5월 HRD담당자 수당으로 옳은 것은?

〈○○기업 5월 훈련개요 및 시간표〉

• 훈련기간 : 2019. 01. 01 ~ 2019. 12. 31.(연간 총 400시간)

• 2019년 5월 주간 훈련시간표

훈련시간	월	화	수	목	금
1주차	09:00 ~ 12:00	09:00 ~ 12:00	09:00 ~ 12:00	09:00 ~ 12:00	×
2주차	09:00 ~ 12:00	09:00 ~ 12:00	09:00 ~ 12:00	09:00 ~ 12:00	×
3주차	09:00 ~ 12:00	09:00 ~ 12:00	09:00 ~ 12:00	09:00 ~ 12:00	×
4주차	09:00 ~ 12:00	09:00 ~ 12:00	09:00 ~ 12:00	09:00 ~ 12:00	×

① 250,000원   ② 280,000원   ③ 300,000원

④ 320,000원   ⑤ 360,000원

41. 다음 (가)에 들어갈 유적지로 옳은 것은?

> 〈공주 지역 탐방〉
>
> 남한 최초의 구석기 유적 | (가) | →백제 웅진 시대의 도읍 공산성과 무령왕릉 →
> 우금치 동학혁명군 위령탑

① 전곡리 유적　　　② 오산리 유적　　　③ 석장리 유적

④ 송국리 유적　　　⑤ 다호리 유적

42. 다음 (가), (나) 시기 사이에 일어난 일로 옳은 것은?

> (가) 문무 관료전을 차등 있게 내려주었다.
> (나) 중앙과 지방 관료의 월봉을 없애고 다시 녹읍을 내려주었다.

① 백성들에게 정전을 지급하였다.

② 김흠돌의 난이 일어났다.

③ 동시전을 설치하였다.

④ 독서삼품과가 마련되었다.

⑤ 성덕대왕신종이 완성되었다.

43. 다음의 (가)에 들어갈 관직으로 옳은 것은?

> 〈삼국사기 신라본기 ○○왕〉
> • 9년 가야국 왕이 사신을 보내 혼인을 요청하였다. 이에 왕이 이찬 비조부의 누이를 보냈다.
> • 15년 불법이 유행하기 시작하였다.
> • 18년 이찬 철부를 ▢▢(가)▢▢(으)로 임명해 국사를 총괄하게 하였다. ▢▢(가)▢▢ 관직이 이때부터 시작되었으니, 지금의 재상과 같다.

① 중시   ② 상대등   ③ 상좌평

④ 대대로   ⑤ 대내상

44. 다음 중 발해에 대한 설명으로 옳은 것은?

① 화백회의에서 국가 중대사를 결정하였다.

② 3성 6부의 중앙 통치 체제를 갖추었다.

③ 영고라는 제천 행사를 지냈다.

④ 안시성 전투에서 당나라 군대를 격퇴하였다.

⑤ 민며느리제의 혼인 풍속이 있었다.

45. 다음 밑줄 친 '이 승려'가 했던 활동으로 옳은 것은?

> 순천 송광사는 고려 무신 집권 시기에 <u>이 승려</u>가 결사 운동을 전개하였던 곳이다. 이 승려의 활동으로 조계종이 매우 흥성하였다.

① 백련결사를 제창하였다.   ② 정혜쌍수를 제시하였다.

③ 보살의 실천행을 중시하였다.   ④ 〈교장(속장경)〉을 간행하였다.

⑤ 〈대승기신론소〉를 저술하였다.

46. 다음 (가)에 들어갈 정치기구로 적절한 것은?

> 최승로는 태조부터 경종에 이르는 5대 왕의 치적을 평가한 5조 정적평과 유교 이념을 바탕으로 국가를 운영할 것을 담은 시무 28조를 성종에게 올렸다. 성종은 이를 받아들여 　　　　　　
> 　　　　(가)　　　　 등 여러 정책을 추진하였다.

① 전민변정도감 설치　　　② 12목에 지방관 파견　　　③ 진대법 마련
④ 과거제 시행　　　⑤ 화랑도 정비

47. 다음 설명에 해당되는 인물의 활동으로 옳은 것은?

> • 정방을 설치하여 모든 관직의 인사권을 장악하였다.
> • 김생, 탄연, 유신과 함께 신품 4현으로 알려졌다.

① 망이 · 망소이의 봉기를 진압하였다.　　　② 요동 정벌을 단행하였다.
③ 귀주대첩을 이끌었다.　　　④ 강화도로 도읍을 옮겼다.
⑤ 별무반 편성을 건의하였다.

48. 다음 자료 속 임금이 재위하던 시기의 일로 옳은 것은?

> 경연에서 조광조가 아뢰기를, "국가에서 사람을 등용할 때 과거 시험에 합격한 사람을 중요하게 여깁니다. 그러나 매우 현명한 사람이 있다면 어찌 꼭 과거 시험에만 국한하여 등용할 수 있겠습니까. 중국 한나라를 본받아 현량과를 실시하여 덕행이 있는 사람을 천거하여 인재를 찾으십시오."라고 하였다.

① 〈혼일강리역대국도지도〉를 제작하였다.
② 진관 체제를 마련하였다.
③ 훈민정음을 반포하였다.
④ 을묘왜변이 일어났다.
⑤ 비변사를 임시 기구로 설치하였다.

49. 다음 (가)에 들어갈 인물로 적절한 것은?

〈역사 인물 다섯 고개〉

이 인물은 누구일까요?

첫 번째 힌트 : 〈성학집요〉, 〈동호문답〉 등을 저술했습니다.

두 번째 힌트 : 십만양병설, 수미법을 주장했습니다.

...

다섯 번째 힌트 : 주기론을 주장한 성리학자입니다.

정답 : ⎡ (가) ⎤

---

① 이황   ② 조식   ③ 윤휴
④ 성혼   ⑤ 이이

50. 다음 (가)에 들어갈 알맞은 정치기구로 적절한 것은?

〈조선의 삼사〉

• 사헌부 : 관리의 비리 감찰

• ⎡ (가) ⎤ : 왕에게 간쟁과 논박을 하며 정사 비판, 태종 때 독립 기구로 설치

• 홍문관 : 문한 관리와 정책 자문, 성종 때 마련

---

① 춘추관   ② 중정대   ③ 사간원
④ 어사대   ⑤ 성균관

51. 다음 중 백정에 대한 설명으로 옳지 않은 것은?

① 고려 시대에는 과거에 응시할 수 있었다.

② 고려 시대에는 일반 농민을 지칭하였다.

③ 조선 시대에는 도축업 종사자를 지칭하였다.

④ 1923년 형평 운동을 일으켰다.

⑤ 갑오개혁으로 사회적 차별이 사라졌다.

52. 다음 정책이 실시되던 시기의 사회 모습으로 옳지 않은 것은?

> 공물 잡부 방식을 토산물을 징수하던 방식에서 토지 결수에 따라 쌀 또는 삼베, 무명, 동전 등으로 납부하도록 변경하였다. 이를 관리하기 위해 선혜청이 설치되었다.

① 해동통보, 삼한통보가 발행되었다.
② 담배, 채소, 고추 등 상품 작물이 재배되었다.
③ 공명첩이 발행되었다.
④ 광산 경영 전문가인 덕대가 등장하였다.
⑤ 만상, 내상 등이 대외 무역에 종사하였다.

53. 다음 설명에 해당하는 왕이 재위하던 시기에 발생한 사건으로 옳은 것은?

> • 여러 차례의 환국이 발생하였으며 무고의 옥 이후 노론이 정국을 주도하였다.
> • 청 관리와 함께 백두산 일대를 답사하여 국경을 확정하고 백두산정계비를 건립하였다.

① 청계천 준설 사업이 이루어졌다.
② 두 차례에 걸쳐 나선 정벌을 하였다.
③ 영정법이 마련되었다.
④ 금위영의 설치로 5군영 체제가 완성되었다.
⑤ 통공 정책이 실시되었다.

54. 다음 내용이 반포되었던 해에 일어난 사건으로 옳은 것은?

> • 제2조 대한국의 정치는 만세불변의 전제 정치이다.
> • 제3조 대한국 대황제는 무한한 군권을 누린다.
> • 제6조 대한국 대황제는 법률을 제정하여 그 반포와 집행을 명하고, 대사, 특사, 감형, 복권 등을 명한다.

① 광혜원이 설치되었다.
② 황국중앙총상회가 조직되었다.
③ 경인선 일부 구간이 처음으로 개통되었다.
④ 〈대한매일신보〉가 창간되었다.
⑤ 덕수궁 석조전이 건립되었다.

55. 다음 (가)에 들어갈 내용으로 옳은 것은?

> **〈○○○○의 활동〉**
> • 독립문, 독립관 건립
> • 만민 공동회, 관민 공동회 개최
> • 프랑스와 독일의 광산 채굴권 요구 저지
> • [(가)   ]

① 러시아의 절영도 조차 요구 저지
② 고종 황제 강제 퇴위 반대 운동 전개
③ 영국의 거문도 점령 규탄
④ 일본의 황무지 개간권 요구 저지
⑤ 만주 삼원보에 독립운동 기지 건설

56. 다음 (가)에 들어갈 인물은 누구인가?

> 임오군란 이후 청의 내정 간섭 심화와 민씨 정권의 개화당 탄압으로 개화 정책은 후퇴하였다. 이때 [(가)]은/는 일본의 차관을 끌어들여 개화 정책의 자금으로 사용하려고 하였으니 실패하였다. 이에 박영효 등은 우정국 개국 축하연을 계기로 갑신정변을 일으켰다.

① 최익현   ② 김옥균   ③ 김홍집

④ 전봉준   ⑤ 박규수

57. 다음 (가)에 들어갈 단체로 옳은 것은?

> 이 지역은 19세기 후반부터 우리 동포들이 많이 이주하여 신한촌과 같은 한인촌이 형성되었다. 1910년 우리의 국권이 완전히 일본에게 넘어가자 성명회를 조직하고 선언서를 발표하였다. 1914년 제1차 세계 대전이 일어났을 때에는 [(가)]을/를 조직하여 독립을 추진하였다.

① 대한민국 임시 정부   ② 조선 청년 독립당

③ 대한인 국민회   ④ 대한 광복군 정부

⑤ 신한 혁명당

58. 다음 중 밑줄 친 이 전쟁에 해당되는 것은?

> 이 전쟁은 훈춘 사건 조작을 계기로 만주로 출동한 일본군에 맞서 북로군정서군, 대한 독립군, 국민회군 등이 연합하여 거둔 것이다. 이후 일본은 이 전쟁의 패배를 보복하기 위해 간도 참변을 일으켰다.

① 청산리 전투   ② 봉오동 전투   ③ 호가장 전투

④ 쌍성보 전투   ⑤ 영릉가 전투

59. 다음 법령이 적용되었던 시기의 상황으로 옳은 것은?

> - **제1조** 국가 총동원이란 전시에 국방 목적을 달성하기 위해 국가의 전력을 가장 유효하게 발휘하도록 인적 및 물적 자원을 운용하는 것을 말한다.
> - **제4조** 정부는 전시에 국가총동원상 필요할 때에는 칙령이 정하는 바에 따라 제국신민을 징용하며 총동원 업무에 종사하게 할 수 있다.

① 동양척식주식회사가 건립되었다.
② 많은 조선민이 강제징용으로 끌려갔다.
③ 토지조사사업이 추진되었다.
④ 일본 상품에 대한 관세가 폐지되었다.
⑤ 경성제국대학이 설립되었다.

60. 다음 (가) ~ (라) 사건을 일어난 순서대로 배열한 것은?

> (가) 새마을 운동 시작
> (나) 유신 헌법 확정
> (다) 7·4 남북 공동 성명 발표
> (라) 브라운 각서 체결

① (가) → (라) → (나) → (다)   ② (나) → (가) → (라) → (다)
③ (나) → (다) → (라) → (가)   ④ (라) → (가) → (다) → (나)
⑤ (라) → (나) → (가) → (다)

평가영역 3 　**영어 [61 ~ 80]**　　20문항

[61 ~ 68] Choose a word or phrase that best fits in the blank.

61.

Your report indicated a _____ change in our company's business strategy.

① timely
② turmoil
③ torrents
④ torrid
⑤ tentatively

62.

The delivery of the package was delayed due to _____ weather.

① beautiful
② primary
③ healthy
④ query
⑤ inclement

63.

_____ computer skills and a good command of foreign language, especially English is necessary for this job.

① Competent
② Common
③ Commutual
④ Considerate
⑤ Conservative

64.

> The production team was praised for completing the order, even though the order was _____ Friday morning.

① exceeded   ② given   ③ met

④ placed   ⑤ start

65.

> The research lab engineers must _____ attention to security policy.

① do   ② take   ③ have

④ has   ⑤ pay

66.

> The new device _____ are very well designed.

① camera   ② controllers   ③ technicians

④ engineers   ⑤ speaker

67.

> The CEO had back problems and decided to try an _____ chair.

① ergonomic   ② economic   ③ luxurious

④ adequate   ⑤ anatomically

68.

Applicants for the engineering position must create their portfolios _____ their resumes.

① always for   ② appropriated to   ③ against

④ aloof   ⑤ along with

[69 ~ 72] Choose the one that is not grammatically correct.

69.

Your feedback will ① help us ② to ③ continually ④ improving the standard ⑤ of facilities.

70.

He ① is really ② going to ③ working ④ at ⑤ the office.

71.

① Chinese are ② more better ③ in ④ their ⑤ technology.

72.

He did not ① lose ② a hope even ③ in ④ difficult ⑤ situations.

[73 ~ 80] In this part, you will read a selection of texts. Each text is followed by several questions. Select the best answer for each question according to the text.

[73 ~ 76]

To : James Sanderson.
From : Noah Baker
Date : July 19, 202X
Subject : Lease and Maintenance Issues

Dear Mr. Sanderson.

We are emailing you to get some clarification on our lease terms on maintenance for the property on Locust Lane. We have experienced some issues with the property. We are aware that we are responsible for some of the issues but according to our (A) reading of the lease, we believe that other issues are within the terms of our property lease agreement. When we first moved in, the HVAC system was working properly but repairs to the system needed to be addressed. We would like for you to come and inspect it so that we can discuss who is responsible for the repairs.

Since We are approaching the hottest days of the summer, there is some urgency with this issue. We would like for you to come to property as soon as possible with the contractor you usually work with. Would tomorrow morning be okay?
Please let us know. We're very anxious to get this situation solved in a timely matter.

Kindest Regards,
Noah Baker

73. What is one of the reasons Noah Baker contacted James Sanderson?

① To schedule a time to inspect the HVAC system

② To confirm the contract for the lease

③ To lease a property on Locust Lane

④ To schedule a move in date

⑤ To ask for help with fixing several HVAC systems

74. Choose the word that is closest in the meaning to (A) <u>reading</u> in the first paragraph of the e-mail.

① diary   ② writing   ③ story

④ letter   ⑤ memory

75. What are the issue(s) mentioned in the e-mail?

① Confirmation about lease terms on maintenance

② The most responsible person for HVAC system repairs

③ Both of the above

④ Neither of the above

⑤ It is unclear what specific issue was mentioned.

76. What is the urgency in repairing the HVAC system?

① The weather will soon turn hot

② The lease agreement that is not clear

③ The lease states that repairs are done in a timely manner

④ The HVAC system worked properly before

⑤ The repairs to the HVAC system can be done on time

[77 ~ 80]

New Horizons Car Rentals
Valued Customers,

(A)

Renting a vehicle has become much easier. (B) We have expanded our fleet of vehicles, so you have almost unlimited choices. (C) Not only that, we have also launched a mobile application available for both IOS and Android devices.

The mobile application does everything our website does but with a friendlier user interface allowing you to easily browse our listing of vehicles. You can select the one that's just right for you. (D) You can also make a reservation for the dates that you select right from your smartphone.

Our search features allow you to limit your search by size, price and feature, and gives you options for coverage options. (E)

Of course, if you do have any questions or suggestions, please contact us by e-mail at Service@NCHR.biz or call us toll-free at 990-645-3821.

77. What is the purpose of the text?

① To boost their online presence

② To give information about where to download a mobile application

③ To allow customers to use an online application for insurance options

④ To introduce a mobile application

⑤ To update their mobile application

78. In which of the positions marked does the following sentence best belong?

> We're confident that you will find this new mobile application convenient and efficient.

① (A)   ② (B)   ③ (C)
④ (D)   ⑤ (E)

79. According to the text, what can you do on the mobile application?

① You can choose the color of your rental vehicle
② You can upload on both IOS and Android phones
③ You can cancel reservations easily
④ You can see optional airport pick-up locations
⑤ You can see insurance options

80. When should customers contact New Horizons Car Rentals?

① When you can email to Service@NCHR.biz
② If you can call toll-free
③ If you have questions or suggestions
④ All of the above
⑤ None of the above

	문항 수	시험시간
직업능력	40문항	
한국사	20문항	80분
영어	20문항	

필기시험
4회

기출예상문제

▶ 정답과 해설 58쪽

평가영역 1 **직업능력 [1 ~ 40]** 40문항

01. ○○공단은 MECE 기법을 활용하여 사업별 전체 고객을 다음과 같이 구분하였다. MECE 기법을 충족시키기 위한 조건으로 옳지 않은 것은? (단, 주어진 조건 이외의 다른 사항은 고려하지 않는다)

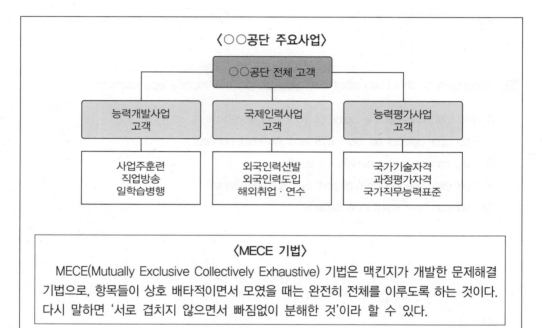

〈○○공단 주요사업〉

○○공단 전체 고객

능력개발사업 고객	국제인력사업 고객	능력평가사업 고객
사업주훈련 직업방송 일학습병행	외국인력선발 외국인력도입 해외취업·연수	국가기술자격 과정평가자격 국가직무능력표준

〈MECE 기법〉

MECE(Mutually Exclusive Collectively Exhaustive) 기법은 맥킨지가 개발한 문제해결 기법으로, 항목들이 상호 배타적이면서 모였을 때는 완전히 전체를 이루도록 하는 것이다. 다시 말하면 '서로 겹치지 않으면서 빠짐없이 분해한 것'이라 할 수 있다.

① 국제인력사업 고객 ∩ 능력평가사업 고객 = ∅
② 능력개발사업 고객 ∩ 국제인력사업 고객 = ∅
③ 능력평가사업 고객 ∪ 능력개발사업 고객 ∩ 국제인력사업 고객 = ∅
④ 능력개발사업 고객 ∩ 능력평가사업 고객 = 국제인력사업 고객
⑤ 능력개발사업 고객 ∪ 국제인력사업 고객 ∪ 능력평가사업 고객 = 전체 고객

02. ○○공단 20X1년 하반기 채용시험에서 4명의 합격자가 선발되었다. 합격자의 각 분야별 점수가 다음과 같을 때, 가중치 적용 환산점수가 가장 높은 2명의 합격자를 1위 영업팀, 2위 관리팀에 각각 한 명씩 배치하려고 한다. 영업팀과 관리팀에 배치될 합격자를 알맞게 짝지은 것은?

구분	이름	각 분야별 점수			
		직무능력평가	컴퓨터활용능력	영어회화	면접
1	전지현	83	75	79	87
2	김종인	81	77	86	81
3	박종필	85	71	82	85
4	조해영	79	87	92	90

〈분야별 가중치 가산 방법〉

- 직무능력평가×1.45
- 컴퓨터활용능력×1.25
- 영어회화×1.2
- 면접×1.1

	영업팀	관리팀		영업팀	관리팀
①	김종인	박종필	②	조해영	김종인
③	전지현	조해영	④	박종필	김종인
⑤	박종필	조해영			

03. P 기업은 원활한 인력수급을 위해 외국인을 선발하려고 한다. 외국인 선발절차는 기능 실기시험과 한국어 면접시험으로 구분되는데 1회당 기능 실기시험은 36분, 한국어 면접시험은 27분이 소요된다. 기능 실기시험은 1회에 6명씩 실시하며, 한국어 면접시험은 1회에 4명씩 진행한다. 기능 실기시험과 한국어 면접시험을 동시에 시작할 때, 기능 실기시험을 12회 진행하는 동안 한국어 면접시험에 참여하는 인원은 몇 명인가? (단, 휴식시간은 고려하지 않는다)

① 56명 ② 60명 ③ 64명
④ 68명 ⑤ 72명

www.gosinet.co.kr gosinet

1회 기출예상
2회 기출예상
3회 기출예상
4회 기출예상
5회 기출예상
인성검사
면접가이드

04. H 공단 국제인력본부는 다음의 〈상황〉에 따른 5단계 문제해결 활동을 구성하였다. 각 단계에 해당하는 내용으로 적절하지 않은 것은?

〈상황〉

• 국제인력본부 외국인력선발 부서는 ㉮국, ㉯국, ㉰국, ㉱국, ㉲국의 외국인력 선발 현황을 조사하였다. 지난 3년간 5개국의 외국인력 선발률은 꾸준히 10% 이상씩 향상되어 왔다. 다만, ㉮국은 항상 전체 평균보다 낮았으며 작년에는 전체 평균보다 10% 낮았다. 작년 조사 결과 5개 국가 중 외국인력 선발률이 가장 높은 국가는 ㉲국이었다.

• 국제인력본부는 ㉮국의 외국인력 선발률이 저조한 원인을 파악하고 문제점을 개선하기 위해 올해 초 자체적으로 TF팀을 구성하였다. TF팀은 5단계 절차를 활용하여 원인 파악 및 문제해결 절차를 수립하였으며, 개선하기 쉬운 문제부터 시작하여 점차 내부 개선활동으로 이끌어 갔다.

〈문제해결 절차〉

• 1단계 – 문제의 구조 파악
• 2단계 – 문제의 해결을 위한 원인요인 파악
• 3단계 – 문제해결 대책방안 마련 및 과제 부여
• 4단계 – 구체적인 실행 계획 수립
• 5단계 – 실행 및 검토

---

① ⅰ) 1단계 : ㉮국과 ㉲국의 외국인력 선발에 영향을 미치는 요인을 비교 및 정리했다.

　ⅱ) 3단계 : 발견한 문제의 구체적 원인을 해결하기 위해 개선방안을 마련했다.

② ⅰ) 1단계 : 팀원이 모두 모여 집단토론을 통해 ㉮국의 외국인력 선발 요소에 대한 의견을 나누었다.

　ⅱ) 4단계 : 구체적 실행(안)을 구성하여 일정계획을 마련하였으며, 정기적인 확인 일자를 일정표에 표시했다.

③ ⅰ) 2단계 : ㉲국과 비교한 후 차이가 큰 요소를 해결하는 데 노력을 집중하기로 하고, 그 원인을 알기 위해 세부 요소별로 데이터를 수집했다.

　ⅱ) 4단계 : 구체적 실행(안)에 대한 담당자를 지정하고 관리하도록 했다.

④ ⅰ) 2단계 : 국가별 외국인력 선발 요소를 파악하고 ㉮국의 각 요소를 ㉲국 수준으로 조정하였을 경우, 외국인력 선발 결과를 향상 시뮬레이션으로 도출했다.

　ⅱ) 5단계 : 실행초기의 과정에서 나온 문제점을 해결하면서 해결안의 완성도를 높였다.

⑤ ⅰ) 3단계 : 문제해결의 개선방안을 실제로 실천할 수 있도록 하는 부서별 과제를 부여하였다.

　ⅱ) 5단계 : ㉮국의 일부 선발직종에 해결방안을 시범 적용한 결과, 선발률이 향상되어 전체 직종으로 확대·적용하기로 하였다.

05. 다음은 국가기술자격 전기기능사 현황에 대한 자료 중 일부이다. 이를 참고할 때, 전기기능사 자격에 대한 설명으로 적절하지 않은 것은?

〈국가기술자격 전기기능사 소계〉

• 자격취득자 수

구분	2018년	2019년	2020년	2021년	2022년
인원	15,262명	16,644명	17,725명	18,138명	19,832명

• 응시자 동향(2022년 기준)

성별	연령대	응시목적
남성 95%, 여성 5%	10대 32%, 20대 23%, 30대 14%, 40대 14%, 50대 12%, 60대 이상 5%	취업·창업·이직 52%, 업무능력·자기개발 34%, 승진·자격수당 5%, 진학·학위 취득 9%

• 자격취득자 워크넷 구인 현황(2021년 기준)

구인건수	평균 채용 제안금액
중소기업 85%, 대기업 15%	200만 원/월

• 자격증 취득방법

필기시험		실기시험		자격취득
전기이론, 전기기기, 전기설비	→	전기설비 작업	→	필기, 실기 각 60점 이상

• 관련 직업 전망

▶ 전기전자 관련직 구인 인원이 '2018년 239천 명 ➡ 2021년 303천 명'으로 꾸준히 증가 추세

▶ 전기장비제조업 중장기 인력수급 전망이 '2018년 260천 명 ➡ 2028년 280천 명'으로 증가 예상

▶ 최근 친환경에너지 설비 수요의 증가로 인해 관련 인력 수요는 더욱 확대될 것으로 전망

① 전기기능사 자격취득자 수는 2018 ~ 2022년 동안 매년 꾸준히 증가하고 있다.

② 2021년 기준 대기업의 전기기능사 자격취득자 구인건수는 중소기업보다 더 적다.

③ 2022년 기준 전기기능사는 20대, 취업준비생들이 취득하는 경우가 가장 많다.

④ 국가기술자격 전기기능사 자격의 수요는 2028년까지 증가할 것으로 예상된다.

⑤ 필기시험과 실기시험에서 모두 60점 이상을 획득하면 전기기능사 자격증을 취득할 수 있다.

[06 ~ 07] 다음은 「남녀고용평등과 일·가정 양립 지원에 관한 법률」에 대한 일부 자료이다. 이어지는 질문에 답하시오(단, 주어진 조건 이외의 사항은 고려하지 않는다).

「남녀고용평등과 일·가정 양립 지원에 관한 법률(남녀고용평등법)」

이 법은 「대한민국 헌법」의 평등이념에 따라 고용에서 남녀의 평등한 기회와 대우를 보장하고 모성 보호와 여성 고용을 촉진하여 남녀고용평등을 실현함과 아울러 근로자의 일과 가정의 양립을 지원함으로써 모든 국민의 삶의 질 향상에 이바지하는 것을 목적으로 한다.

〈차별 금지 영역으로서의 '고용'〉

- 모집·채용에서 근로관계의 종료에 이르는 고용상의 전 과정
- 적용범위를 "근로자*를 사용하는 모든 사업 또는 사업장에 적용한다(제3조)"고 정함.
  * 근로자에는 구직자도 포함함.
- 모집, 채용, 교육, 배치, 승진, 임금 및 임금 외의 금품 지급, 정년, 퇴직, 해고 등을 포함(남녀고용평등법 제2조, 제7조 ~ 제11조)
  ※ 그 밖에 이 법 또는 다른 법률에 따라 적극적 고용개선조치를 하는 경우는 예외임.

〈차별 사유로서의 '성별 등'〉

- 성별, 혼인, 가족 안에서의 지위, 임신 또는 출산 등(남녀고용평등법 제2조 제1호)
- 혼인 : 기혼·미혼·별거·이혼·사별·재혼·사실혼 등(국가인권위원회법 제2조 제3호) – 남녀고용평등법에서는 '사실혼'을 명시하고 있지는 않지만, 법적으로 보호받는 요건을 갖춘 사실혼 상태를 이유로 한 차별이 포함되는 경우도 있음.
- 가족 안에서의 지위 : 가족이란 민법상의 혼인과 같이 혈연관계로만 파악하는 것이 아니라 법률혼, 사실혼에 의한 배우자, 형제자매 등의 친족관계뿐 아니라 인척관계, 입양을 통한 비혈연관계 등 혼인·혈연·입양에 관계없이 형성된 다양한 가족을 포함하는 것으로 해석함(국가인권위원회 차별판단지침연구 태스크포스, 차별판단지침, 국가인권위원회, 2008, 181면).
- 가족에 대한 책임이나 돌봄을 수행해야 한다는 것을 이유로 고용상 차별이 문제되는 경우 – 특히 여성근로자에 대해서는 어린 자녀가 있다는 이유로 채용이 거부되는 등의 고용상 불이익이 가해지는 경우가 있는데, 이는 남녀고용평등법상 '가족 안에서의 지위'를 이유로 하는 차별에 해당함.

---

06. 남녀고용평등법에 따라 회사 인사규정을 정비하려 할 때, 적절하지 않은 것은?

① 배우자의 출산에 따른 10일간의 출산휴가를 신청할 수 있도록 정비한다.

② 근로자에게 휴게시간을 제외하고, 주 40시간의 근로시간을 준수하도록 규정한다.

③ 인공수정, 난임치료 등을 위해 3일간 휴가를 신청할 수 있도록 한다.

④ 1년의 육아휴직에 더하여 1년의 육아기 근로시간 단축을 사용할 수 있도록 한다.

⑤ 코로나19 확산으로 인한 미취학 자녀 돌봄을 위해 월 2회의 돌봄 휴가를 사용하도록 보장한다.

07. 감사실에서 감사 중인 다음의 사례들 중 성차별에 해당하지 않는 것은?

① 경호처 공무직 임금을 여성보다 체력이 우세한 남성에게 더 많이 지급하였다.

② 소방, 안전 분야 등의 채용 시 공통시험을 치른 후 어느 한 성별만 별도로 시험을 추가 실시하였다.

③ 비서직 채용 시 특정 성별과 일정 크기 이상의 신장으로 한정하여 차등평가 점수를 부여하였다.

④ 여성과학인 육성을 위한 「여성과학기술인육성에 관한 법률」에 따라 연구직 채용 시 여성에게 가점을 적용하였다.

⑤ 사내 복무규정에 따라 배우자, 부모, 조부모, 미혼자녀 등을 진료비 감면대상자로 규정하였으나, 이때 기혼 여성 직원인 경우 부모와 조부모는 시가로 한정하였다.

[08 ~ 09] 다음은 ○○공단 본부의 조직도이다. 이어지는 질문에 답하시오(단, 주어진 조건 이외의 사항은 고려하지 않는다).

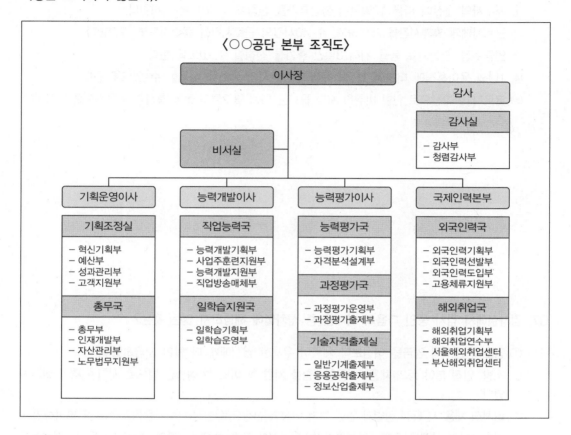

〈○○공단 본부 조직도〉

08. ○○공단 조직도에 대한 설명으로 옳지 않은 것은?

① ○○공단의 본부는 3이사, 1감사, 1본부 체계로 운영한다.
② 각 실·국은 2개 이상의 부서로 구성되어 있다.
③ 가장 많은 실·국 내 부서를 운영하는 곳은 국제인력본부이다.
④ 모든 실·국이 기획과 관련된 부서를 구성할 필요는 없다.
⑤ 감사실은 이사장의 관리에서 벗어나 별도의 조직으로 운영되고 있다.

09. 다음 보도자료를 읽고 협약 내용을 수행하는 사업 부서들끼리 적절하게 묶은 것은?

> ○○공단과 ◇◇발전은 13일 울산 중구 ○○공단에서 공공기관의 사회적 소명을 함께 실천하기 위한 '코로나 극복을 위한 중소기업 일자리창출 공동협력 업무협약'을 체결했다.
>
> 협약에 따라 양 기관은 ▲학습근로자 장학금 지급 ▲협력·관계사 근로자의 직업능력개발훈련 지원 ▲전기·에너지·자원 등 자격 운영의 업무노하우 공유를 위한 협력체계 구축 등의 분야에서 상호 협력할 예정이다.
>
> ○○공단은 이달 중순부터 전국 에너지관련 '일학습병행' 참여 중소기업 대상으로 장학금 수여 대상 학습근로자를 모집·선정하고, ◇◇발전과 함께 내년까지 최대 1억 원의 장학금을 200명의 청년에 지원할 예정이다. ○○공단과 ◇◇발전은 20X9년 시범적으로 울산시의 에너지 기업에 근무하는 일학습병행 교육 수료자들에게 장학금을 지원했으며, 이번 협약을 계기로 전국 단위로 확대하게 됐다.

① 해외취업기획부, 자산관리부
② 사업주훈련지원부, 노무법무지원부
③ 능력개발지원부, 외국인력도입부
④ 일학습기획부, 자격분석설계부
⑤ 일학습운영부, 고용체류지원부

10. ○○공단 능력평가이사 소속 다섯 명의 부장들은 12월 10일 ~ 15일 중 모두가 참석할 수 있는 하루를 정해 간담회를 개최해야 한다. 간담회를 개최할 수 있는 날짜를 모두 고른 것은?

> • 능력개발기획부장은 10일과 12일에는 참석할 수 없다.
> • 자격분석설계부장은 10일, 13일, 15일에만 참석이 가능하다.
> • 과정평가출제부장은 10일과 11일에는 참석할 수 없다.
> • 응용공학출제부장은 13일과 14일에는 참석할 수 없다.
> • 정보산업출제부장은 14일에는 참석할 수 없다.

① 10일
② 12일, 15일
③ 13일
④ 13일, 15일
⑤ 15일

11. 다음의 〈위임전결규정〉에 대한 설명으로 적절한 것은?

〈위임전결규정〉

업무내용	전결권자				이사장
	대리	부장	국장	이사	
가. 공사, 물품구매, 제조, 도급, 용역 계약 기본 계획					
– 추정금액 1억 원 이상				○	
– 추정금액 1억 원 미만			○		
– 추정금액 1,000만 원 이하		○			
나. 공사, 물품구매, 제조, 도급, 용역 계약 체결					
– 예정가격 작성				○	
– 계약체결					
• 계약금액 1억 원 이상				○	
• 계약금액 1억 원 미만			○		
• 계약금액 1,000만 원 이하		○			
다. 입찰					
– 입찰 참가신청, 등록		○			
– 입찰 집행		○			
– 입찰자료 공고게시 및 정보공개 열람	○				
– 재공고 입찰 계약 체결 및 등록		○			

※ 위임전결 : 이사장 또는 소속기관장이 그 결재권한의 업무를 보조기관에 위임하여 처리하게 함.

① 추정금액 1억 원 이상의 용역 입찰신청 및 등록은 부장 전결로 진행할 수 없다.
② 공개입찰 참가자 부족으로 인한 입찰 재공고 등록은 대리 전결사항이다.
③ 이사장 부재 시 계약 계획, 계약 체결, 입찰 등의 절차를 진행할 수 없다.
④ 대리 전결사항으로 입찰 집행, 공고게시, 정보공개 열람 등의 업무를 수행할 수 있다.
⑤ 추정금액이 1억 원 이상이었으나, 계약금액이 1억 원 미만이면 국장 전결로 계약이 가능하다.

12. 다음은 홍보실 주요 업무분장의 일부이다. 현재 진행되고 있는 세부 업무내용에 대한 설명으로 옳은 것은? (단, 주어진 조건 이외의 사항은 고려하지 않는다)

홍보실 주요 업무분장	
1. 기존 홍보현황 관리	2. 지원 사업 통합광고
3. 신문 스크랩 관리(지면 신문)	4. 국·영문 보고서 제작 및 홍보물 관리
5. 언론대응	6. 홈페이지 / SNS 관리

〈세부 업무내용〉

□ 기관장 인터뷰 자료 준비

1) 언론사 및 방송매체에서 기관 소개·기관장 인터뷰 진행을 원하는 경우가 있다. 홍보담당자에게 연락하거나 비서실을 통해 인터뷰 일정이 정해지기도 한다.

2) 인터뷰 내용 및 프로그램 영상을 정확하게 파악하고, 관련 비용이 발생하는지 확인한다 (현재 우리 기관에서는 독자적인 홍보비용이 확정되어 있지 않기 때문에 사전에 양해를 구해야 한다).

3) 인터뷰 일정이 확정되면 담당 PD 및 작가의 연락처를 파악하고 인터뷰 유형에 따라 자료를 준비한다.

　가) 서면 인터뷰 : 서면으로 질문지를 제공받고 기관 내부적으로 작성하여 기관장 확인 후 관련 사진과 함께 제공한다.

　나) TV·라디오 인터뷰 : 생방송 여부를 확인하고 사전 질문지를 작성하여 방송 일정에 차질이 없도록 준비한다. 라디오의 경우 스튜디오 방송인지 외부에서 전화 인터뷰로 진행할 것인지를 확인한다.

　다) 방문 취재 : 기자 및 담당 PD가 내방하여 기관에 대해 인터뷰하는 것을 말한다. 가능하다면 취재 전에 질문지를 미리 받아 둔다.

4) 인터뷰 후에는 송출일 및 기사 게재 날짜를 맞춰서 방송이 원활하게 진행되는지 피드백한다.

> **업무 노하우 및 Tip**
> 1) 인터뷰 자료는 기존에 작성해 두었던 질문지 및 Q&A를 기본적으로 참고하되, 기존 신문 스크랩, 주요 통계는 변경된 사항을 반드시 확인한다.
> 2) 신문·잡지에 사용할 기관장 사진이나 사업관련 행사 사진을 확보해 둔다.

① 세부 업무내용은 기존 홍보현황 관리와 관련된 내용이다.

② 기관장 인터뷰는 비서실을 통해 일정 조율이 가능하다.

③ 홍보실은 국문 홍보자료만 다룬다.

④ 인터뷰는 서면 인터뷰와 TV·라디오 인터뷰로만 구분된다.

⑤ 신문 스크랩 관리 업무는 기관장 인터뷰 준비와는 무관한 업무이다.

13. 다음은 ○○공단의 중소기업 학습조직화 지원사업 모집 공고이다. 갑 ~ 무 기업 중 중소기업 학습조직화 지원사업 신청이 불가능한 기업은?

〈2022년도 중소기업 학습조직화 지원사업 모집 공고〉

　○○공단에서는 중소기업 학습조직화 지원사업에 참여할 역량 있는 중소기업을 아래와 같이 모집하오니 많은 참여 바랍니다.

가. 지원대상 : 고용보험법시행령 제12조에 따른 우선지원대상기업이어야 하며, 일학습병행, 사업주훈련 등 직업훈련실적이 있거나 일터혁신 · 컨설팅 사업 참여기업

　※ 상시근로자수 20인 이상인 기업, 4개조(5 ~ 10인) 운영가능 기관

나. 지원요건

　※ 고용보험료 납입기간이 1년 이상이고, 체납하고 있지 않아야 함(접수마감일 기준으로 휴 · 폐업 중인 경우 지원 불가).

- 사업비는 정부지원금(50%)과 기업부담금(10%)으로 구성되며, 기업부담금은 학습조 활동지원 리더 및 조장 수당, 외부전문가 지원, 우수사례 확산지원, 학습인프라 구축 지원 유형에 한함.

　－ 정부지원금은 사전지원금(60%)과 사후지원금(40%)로 나누어 지급

　※ 사업의 효율적 수행을 위하여 지원기업은 기업부담금과 사후지원금 상당의 금액을 부가세 10%를 포함하여 사전지원금 신청 이전에 전용통장에 입금하여야 함.

　－ 사후지원금과 기업부담금 등에 해당하는 사업비는 기업에서 부담하여 사업을 실시하고 종료 후 사후지원금은 성과평가 결과에 따라 차등지급

다. 선정규모 : 약 30개 기업

---

① 2020년도에 일학습병행 훈련실적이 있는 갑 기업

② 2016년도에 법인설립 후 현재까지 국세 등의 체납기록이 없는 을 기업

③ 현재 상시근로자수가 58명인 병 기업

④ 2019년 1월부터 6월까지 휴업을 한 적이 있는 정 기업

⑤ 사업비 2,000만 원에 대한 지원금 신청을 계획하고 있어, 사전지원금 신청 전에 지원금 전용통장에 200만 원을 예치한 무 기업

14. 다음 보조금 반납조건을 고려하였을 때, △△공단이 ●●부로 반납할 이자액으로 옳은 것은?

〈보조금 반납조건〉

- 보조금으로 발생한 이자는 보조금을 최초 교부받은 때로부터 결산 후 집행잔액을 반납할 때까지 실제로 발생한 모든 이자를 포함한다.
- 반납이자 산정을 위한 금리는 금융기관과 약정한 보통예금 금리를 적용한다.
  ※ △△공단은 금융기관과 보통예금 금리를 연 2%로 약정한다.
- 이자 산정식＝보조금×금리×경과치
  ※ 경과치는 아래 표에 제시된 수치로 가정하여 반납할 이자를 산정한다.

- 2022년 1월 12일 A 보조사업으로 ●●부에서 △△공단으로 1억 원 교부를 결정하고, 1월 20일 보조금을 교부
- △△공단은 보조금사업수행자에게 2월 10일 7천만 원 1차 교부, 7월 1일 3천만 원 2차 교부
- 보조금사업수행자는 11월 1일 보조사업을 종료 및 정산하여 12월 1일 집행잔액 1천만 원을 △△공단으로 반납
- △△공단은 12월 20일, 보조사업을 완료하고 ●●부로 정산

구분	부처 → 공단	공단 → 사업자(1차)	공단 → 사업자(2차)	사업자 → 공단
교부일자	2022. 01. 20.	2022. 02. 10.	2022. 07. 01.	2022. 12. 01.
보조금	1억 원	7천만 원	3천만 원	1천만 원
경과일	1차 교부일 전까지 20일	2차 교부일 전까지 142일	–	부처 만납일까지 20일
경과치	0.08	0.4	–	0.06

① 840,000원   ② 732,000원   ③ 720,000원

④ 620,000원   ⑤ 572,000원

15. 다음 국가직무능력표준(NCS) 분류표에 대한 설명으로 적절하지 않은 것은?

〈국가직무능력표준(NCS) 분류표〉

능력단위분류코드 생성기준 01010101_21V1					
대분류	중분류	소분류	능력단위	개발연도	버전
두 자리	두 자리	두 자리	두 자리	두 자리	V+개정횟수

(단위 : 개)

분류명	대분류		중분류수	소분류수	세분류수	능력단위수
	코드	수	80	261	1,039	12,675
사업관리	01	1	1	2	5	51
경영 · 회계 · 사무	02	1	4	11	27	269
금융 · 보험	03	1	2	9	36	386
교육 · 자연 · 사회과학	04	1	2	3	8	118
법률 · 경찰 · 소방 · 교도 · 국방	05	1	2	4	16	201
보건 · 의료	06	1	1	2	11	127
사회복지 · 종교	07	1	3	6	17	231
문화 · 예술 · 디자인 · 방송	08	1	3	9	61	794
운전 · 운송	09	1	4	8	31	421
영업판매	10	1	3	8	18	210
경비 · 청소	11	1	2	2	4	55
이용 · 숙박 · 여행 · 오락 · 스포츠	12	1	4	12	46	679
음식 서비스	13	1	1	3	10	172
건설	14	1	8	28	132	1,458
기계	15	1	11	35	136	1,564
재료	16	1	2	8	39	591
화학 · 바이오	17	1	4	13	42	612
섬유 · 의복	18	1	3	8	26	310
전기 · 전자	19	1	3	34	110	1,260
정보통신	20	1	3	17	102	1,045
식품가공	21	1	2	4	21	300
인쇄 · 목재 · 가구 · 공예	22	1	2	4	23	351
환경 · 에너지 · 안전	23	1	6	18	64	685
농림 · 어업	24	1	4	13	54	785

① 기계분야의 국가직무능력표준(NCS)이 가장 많이 개발되어 있다.

② 총 12,675개의 능력단위가 개발되어 있다는 것을 알 수 있다.

③ 1개 소분류에 포함된 평균 세분류 수가 가장 적은 분야는 경비·청소 분야이다.

④ 분류코드 '1701020310_18V3'은 금융·보험 분야에 속한다.

⑤ 분류코드 '0301020305_19V1'은 19년도에 개발되었다.

16. H 공단은 코로나19의 확산 방지를 위해 재택근무를 시행하려고 한다. 재택근무에 거부감이 있는 직원들과 이러한 문제의 해결을 위한 대화의 연결이 적절하지 않은 것은?

재택근무 도입 반대의견	문제해결을 위한 대화
ㄱ. 우리는 함께 모여서 협력해야만 해요.	ⓐ 직원들이 각각의 원격지에서 협력적으로 할 수 있는 일은 전혀 없나요?
ㄴ. 우리 조직의 직무 형태가 재택근무에는 부적합해요.	ⓑ 대면 시간을 통하지 않고 직원의 성과와 성장 정도를 측정할 방법으로는 어떤 것들이 있을까요?
ㄷ. 관리자들이 원격지에 있는 부하 직원과 팀을 이끌 준비가 안 돼 있어요.	ⓒ 재택으로 작업하기에 충분한 독립성을 가질 수 있도록, 업무분담이나 매뉴얼을 어떻게 재설계 할 수 있을까요?
ㄹ. 해당 장소에 사람이 없으면 일이 전혀 진행되지 않습니다.	ⓓ 기존에 구성원이 외근이나 출장 등으로 떨어져 있을 때는 어떤 식으로 협력해 왔습니까?
ㅁ. 우리 조직에서 성장하려면, 상사(혹은 고객)와 대면 시간을 갖는 게 중요해요.	ⓔ 재택근무에는 다양한 종류와 정도가 있습니다. 제한된 장소에서 벗어나 시도해 볼 만한 수준의 재택근무가 있을까요?

① ㄱ - ⓐ　　　　　② ㄴ - ⓒ　　　　　③ ㄷ - ⓓ

④ ㄹ - ⓔ　　　　　⑤ ㅁ - ⓑ

[17 ~ 18] 다음은 ○○공단 주요 사업별 현황 중 일부를 발췌한 것이다. 이어지는 질문에 답하시오.

〈주요 사업별 현황〉

구분	사업 목적	20X8년 예산 (단위 : 백만 원)	20X7년 주요 사업실적
평생능력 개발사업 (가)	근로자의 직업능력개발을 촉진·지원하고, 기업의 인적자원 경쟁력을 제고하여 국가 생산성 향상을 도모함.	863,751	• 일학습병행 학습기업 : 15,369명 • 일학습병행 학습근로자 수 : 911,195명 • 사업주 직업능력개발훈련 비용지급 인원 : 3,469,548명
자격검정 사업 (나)	국가자격시험을 효율적으로 운영하여 산업현장의 수요에 적합한 능력평가 체계를 확립함으로써 근로자의 직업능력을 개발하고, 기술인력 및 전문인력의 사회적 지위 향상과 국가의 경제발전에 이바지함.	109,535	• 국가기술자격 취득자 수 : 603,398명 • 과정평가형 취득자 수 : 4,280명
외국인고용 관리사업 (다)	외국인근로자를 체계적으로 도입, 관리함으로써 원활한 인력수급 및 국민경제의 균형 있는 발전을 도모함.	25,066	• 입국인원 : 51,365명 • 사업장 애로해소 지원 : 31,107명 • 한국어능력시험 시행인원 : 310,359명
해외취업 지원사업 (라)	열정과 잠재력을 가진 대한민국 청년들이 세계로 나아가 글로벌 인재로 성장하여 양질의 일자리에서 일할 수 있도록 지원함.	55,064	• 구인인원 : 14,858명 • 연수 취업자 : 2,636명 • 알선 취업자 : 4,180명
숙련기술 장려사업 (마)	국민에게 산업에 필요한 숙련기술의 습득을 장려하고 숙련기술의 향상을 촉진하는 동시에 숙련기술자에 대한 사회적 인식을 높임으로써 숙련기술자의 경제적, 사회적 지위를 향상시키고 산업경쟁력을 높임.	24,381	• 기능경기 참여인원 : 8,588명 • 산업현장교수 활동인원 : 1,507명 • 숙련기술체험캠프 참여인원 : 7,954명 • 예비숙련기술인 전수인원 : 2,872명

17. 주요 사업별 현황에 대한 직원의 반응으로 적절하지 않은 것은?

① 갑 과장 : 사업 예산에서 가장 높은 비중을 차지하는 사업은 평생능력개발사업이야.

② 을 대리 : ○○공단은 국가자격시험을 통해 산업현장 수요에 맞는 기술인력 평가체계를 구축하여 산업인력 양성에 기여하고 있어.

③ 병 대리 : 20X8년 예산규모는 20X7년 사업실적(인원 수)에 비례한다는 것을 알 수 있네.

④ 정 주임 : 숙련기술장려사업에는 숙련기술 전수 및 장려사업뿐만 아니라 기능경기 사업도 포함되어 있어.

⑤ 무 차장 : 20X7년 외국인 입국인원은 5만 명이 넘고, 한국어능력시험 시행인원은 20X7년 국가기술자격 취득자 수의 50% 이상에 해당하는 수치구나.

18. ○○공단은 사업영역 확장을 위하여 신규사업 도입을 검토 중에 있다. 가중치를 고려하였을 때, 우선순위 최상위사업, 최하위사업으로 옳게 짝지어진 것은?

구분			(가) 사업	(나) 사업	(다) 사업	(라) 사업	(마) 사업
사업 도입 가중치	시급성	0.1	8	9	6	7	6
	중요도	0.2	7	5	7	8	8
	지속가능성	0.4	4	3	4	6	7
	예산반영	0.3	6	7	6	5	6
조건			• (라) 사업보다 (가) 사업의 순위가 우선할 수 없다. • (나) 사업이 (다) 사업보다 반드시 우선 고려되어야 한다.				

① 자격검정사업 – 해외취업지원사업

② 자격검정사업 – 평생능력개발사업

③ 숙련기술장려사업 – 자격검정사업

④ 해외취업지원사업 – 외국인고용관리사업

⑤ 숙련기술장려사업 – 외국인고용관리사업

19. 다음은 ○○공단의 숙련기술자 지위체계 구축방안에 대한 연구결과 평가서이다. 다음의 평가서를 통해 알 수 있는 사항으로 옳지 않은 것은?

〈연구결과 평가서〉

▢ 연구과제명 : 숙련기술자 지원체계 구축방안 연구

▢ 연구수행기관 : 한국 K 학회

▢ 책임연구자 : 김△△ 연구원

▢ 연구 결과 : 숙련기술장려법의 일부 개정이 이루어진 바, 대한민국명장 등의 전수 활동 및 우수숙련기술인에 대한 평가, 숙련기술인 정보체계 구축 등에 대한 방안 모색 필요, 이 연구는 우수 숙련기술인의 전수 활동에 대한 사항, 우수숙련기술인의 숙련기술장려활동 평가·지원체계 및 숙련기술인 등의 정보관리 체계 구축·운영방안 등의 제시를 통해 숙련기술인장려법 시행령 등의 개정 방안을 제시함.

▢ 평과결과 :

　하나. 숙련기술장려 정책을 효과적으로 추진하기 위한 숙련기술자 지원체계구축 방안 마련의 일환으로 숙련기술장려활동 평가 및 지원, 숙련기술자 등 정보관리체계의 구축·운영을 목적으로 하였으며, 이에 대한 연구를 수행함.

　둘. 연구목적 및 연구내용에 적절한 자료 조사 및 검토, 관련 유사 제도 사례 조사 및 검토, 숙련기술단체 등 이해관계자 의견 등을 연구방법으로 적절하게 활용함.

　셋. 숙련기술장려활동 평가 및 지원체계에 대한 시행령 등 하위규정 마련과 숙련기술자 등의 정보관리체계 구축 및 운영방안 등을 구체적으로 제시한 바, 직접적으로 정책에 활용 가능함.

　넷. 기타 평가위원 및 과제 담당부서장이 필요하다고 인정하는 사항 평가 등을 직접 수행할 기관의 평가계획 마련에 도움을 줌.

---

① 연구 추진배경　　　　　　　② 연구 조사방법의 적절성
③ 연구 결과의 활용 가능성　　④ 연구 활용 결과의 우수성
⑤ 연구 목적

20. 다음은 ○○공단의 2022년 신규채용 지원자 및 합격자 분포를 수도권과 비수도권으로 정리한 것이다. 이에 대한 설명으로 옳은 것을 〈보기〉에서 모두 고르면?

〈2022년 신규채용 지원자 및 합격자 현황〉

(단위 : 명)

구분	비수도권		수도권		계	
	합격자 수	지원자 수	합격자 수	지원자 수	합격자 수	지원자 수
가 분야	503	817	81	100	584	917
나 분야	325	571	19	26	344	597
다 분야	141	407	128	383	269	790
라 분야	22	373	24	393	46	766
계	991	2,168	252	902	1,243	3,070

보기

a. 각 분야에서 지역에 따른 지원자 대비 합격자 비율은 '가' 분야의 수도권 지역이 가장 높다.
b. 4개 분야 중 경쟁률이 가장 높은 분야는 '가' 분야이다.
c. 지원자 중 비수도권의 비율이 가장 높은 분야는 '나' 분야이다.
d. 합격자 중 수도권의 비율이 가장 높은 분야는 '다' 분야이다.
e. 수도권에서 합격자 대비 지원자 경쟁률이 가장 높았던 분야는 '라' 분야이다.

① a, b
② a, d
③ c, d
④ b, d, e
⑤ a, c, e

21. 다음 기사에서 언급하고 있는 현상을 촉진하기 위한 근무제도 형태로 옳지 않은 것은?

> ○○시는 일-가정이 양립하는 가족친화 직장문화 조성을 위하여 '워라밸데이(Work-Life Balance Day)'를 운영한다. 시에 따르면 매월 마지막 주 목요일을 워라밸데이로 지정하고 무료영화 상영 확대와 스포츠 경기 및 관광명소 입장권 할인, 무료공연 관람 등 다채로운 이벤트를 마련했다. ○○시는 매월 마지막 주 수요일에만 상영하던 무료영화를 매월 마지막 주 목요일 오후 2시와 7시 30분으로 두 차례 확대했다. 또한 모든 연령층이 관람이 가능한 장르의 최신 인기영화로 상영하기로 했다. 매월 마지막 주 목요일에 만 20세 미만의 자녀와 여가를 활용하는 ○○시민에게는 다양한 혜택이 주어진다.
>
> － △△일보 202X년 X월 X일자－

① 임금피크제   ② 정시퇴근제   ③ 시간선택제
④ 탄력근무제   ⑤ 원격근무제

22. ○○공단은 새로운 국가자격제도를 도입하여 기존의 제도와 병행하기로 하였다. 기존의 자격제도와 새 자격제도를 비교한 내용으로 옳은 것은?

구분	기존 자격제도	새 자격제도
명칭	(㉠)	(㉡)
과정	원서접수 ↓ 필기시험 ↓ 실기시험 ↓ 자격증 발급	교육·훈련과정 입학 ↓ NCS기반 교육·훈련 이수 ↓ (㉢) ↓ 자격증 발급
실제 산업현장에서의 실무교육 여부	(㉣)	(㉤)

① ㉠에는 과정 평가형이 들어간다.
② ㉡에는 검정형이 들어간다.
③ ㉢에는 내부 평가 및 외부 평가가 들어간다.
④ ㉣에는 있음, ㉤에는 없음이 들어간다.
⑤ 새 자격제도는 효율성이 높지만 현장 실무능력의 중요성을 제대로 반영하지 못하는 단점 때문에 기존 제도와 병행 시행할 필요가 있다.

23. 다음은 △△공단에서 규정하고 있는 정보공개에 관한 원칙을 설명하는 글이다. 이를 참고할 때, 공개해야 할 정보로 분류할 수 없는 것은?

「제2절 정보공개」

제13조(정보공개 주관부서) 정보공개 주관부서는 본부는 총무팀, 소속기관은 기록물(문서) 관리를 담당하는 부서로 하며, 정보공개 주관부서는 정보공개청구서의 접수 및 해당부서 이송 등 정보공개관련 제반사항을 관장한다.

제14조(정보공개 청구권자) ① 정보공개 청구권자는 모든 국민, 법인·단체, 외국인으로 한다.

② 제1항의 정보공개를 청구할 수 있는 외국인은 다음 각 호와 같다.

1. 국내에 일정한 주소를 두고 거주하거나 학술·연구를 위하여 일시적으로 체류하는 자
2. 국내에 사무소를 두고 있는 법인 또는 단체

제15조(행정정보의 공표) ① 정보공개가 청구되지 아니한 경우에도 공개하여야 하는 다음 각 호에 관한 정보의 범위, 공개의 주기, 시기, 방법을 별도로 정하여 공단 홈페이지 등에 공개하여야 한다.

1. 국민생활에 중요한 영향을 미치는 공단의 주요사업에 관한 정보
2. 대규모의 예산이 투입되는 사업에 관한 정보
3. 행정 감시를 위하여 필요한 정보
4. 기타 이사장이 정하는 정보

② 공단은 제1항에 규정된 사항 이외에도 국민이 알아야 할 필요가 있는 정보를 국민에게 공개하도록 적극적으로 노력하여야 한다.

---

① 공단의 업무가 이해관계자의 생활에 중대한 영향을 미치게 되는 정보

② 특정한 사유로 공단의 이사장이 공개해야 할 필요가 있다고 판단한 정보

③ 검토 과정 중에 있어 공개될 경우 업무 지장을 초래할 것으로 판단되는 정보

④ 공단의 업무와 관련하여 국민의 감시와 관리가 필요하다고 판단할 수 있는 정보

⑤ 일정 규모 이상의 자금이 소요되는 국가적 사업 수행과 관련된 정보

24. 다음은 ○○공단의 유연근무제 운영 매뉴얼의 일부이다. 스마트워크 근무에 대하여 잘못 이해 하고 있는 사람은?

〈스마트워크 근무형〉

- 개념 : VPN(원격지 근무지원시스템) 등 정보통신을 활용하여 소관 업무를 공개적인 장소 (스마트워크센터 등)에서 수행하는 근무제도

- 적용 가능 업무
  - 외부 고객과의 대면 접촉이 거의 없는 업무
  - 현장에서 행정처리가 이루어질 수 있는 업무

- 스마트워크형 근무가 부적합한 경우
  - 해당 업무의 보안대책이 미흡하여 스마트워크 근무 수행 시 심각한 보안 위험이 예상되는 경우
  - 해당 업무의 수행을 위하여 반드시 특정 장소에 항상 위치해야 하거나, 스마트워크 근무 수행 시 현저히 효과성이 저하되는 경우
  - 민원사무의 접수 및 처리 등을 위하여 특정 장소에서 항상 업무를 수행해야 하는 경우
  - 스마트워크 근무로는 행정 목적을 달성하는 것에 심각한 지장이 발생할 수 있는 경우

- A 대리 : 난 이번 주 금요일 서울에 업무가 있는데 스마트워크 근무를 신청하려 해. 당일 저녁 친구 모임이 있어 참석할 수 있겠어.
- B 대리 : A 대리는 서울에서 행정처리가 가능하니 그럴 수 있어 부럽다. 그렇다고 일과 중 사적인 일을 하며 휴대폰으로 업무처리를 하는 것은 허용되지 않으니 조심해.
- C 대리 : 스마트워크 근무는 세계 최고 수준의 정보기술이 발달한 우리나라니까 가능한 일 이야.
- D 대리 : 나도 조만간 스마트워크 근무를 신청할 거야. 내 업무는 일반인들의 인가 · 허가 · 승인을 받는 업무인데 모두 인터넷으로 가능해.
- E 대리 : 내가 맡은 업무는 해킹이 우려되는 일이라서 스마트워크 근무 신청조차 못해.

① A 대리　　　② B 대리　　　③ C 대리
④ D 대리　　　⑤ E 대리

25. 해외기술인력 파견 지원을 담당하는 외국인력총괄팀 김 대리는 관련 업무 협의차 9월 중국 출장을 계획하고 있다. 다음 중 〈조건〉에 따라 김 대리가 중국에 머무르고 있는 날짜는?

조건

㉠ 9월 달력은 다음과 같으며, 김 대리의 출장 기간은 2박 3일이다.

㉡ 중국 현지 업무 협의는 주말에 할 수 없다.

㉢ 9월 둘째 주 수요일은 외국인 비자 관련 업무로 대사관을 방문해야 한다.

㉣ 매주 월요일 외국인력총괄팀 주간회의에는 전 팀원이 참석해야 한다.

㉤ 팀장은 늦어도 9월 29일까지 출장보고서를 결재해야 한다.

〈9월 달력〉

일	월	화	수	목	금	토
				1	2	3
4	5	6	7	8	9	10
11	12	13	14 공휴일	15 공휴일	16 공휴일	17
18	19	20	21	22	23	24
25	26	27	28	29	30	

① 8일   ② 9일   ③ 22일

④ 27일   ⑤ 28일

26. 다음은 ○○공단과 거래 관계에 있는 공급자에 대한 공급업체 윤리행동강령 준수사항이다. 다음 중 공급업체 윤리행동강령의 세부 규정에 포함될 수 없는 사항은?

「공급업체 윤리행동강령」 준수사항

1. 공단 임직원에게 어떠한 형태의 금품이나 향응을 제공하지 않는다.

2. 공단의 공정한 업무수행에 장애가 되는 알선, 청탁을 하지 않는다.

3. 담합 행위와 불법하도급 거래를 하지 않는다.

4. 공단의 내부정보를 유출하거나, 이를 이용하여 영리행위를 하지 않는다.

5. 사업장 내의 환경과 안전 관련 법규를 준수하여야 한다.

6. 공단 임직원의 요구에 의해 금품, 향응 등을 제공한 경우, 그 사실을 반드시 공단에 신고한다.

---

① 공단 임직원에 대한 경조사 관련 금품 등은 공단 임직원 행동강령에서 정한 범위를 초과하여서는 아니 된다.

② 공급업체 임직원은 공단 임직원과 골프 및 사행성 오락(도박 등)을 하여서는 아니 된다.

③ 공급업체 임직원은 법령에 위반하여 특정 정당이나 정치인의 후원회에 가입하는 등 부당하게 정치에 개입하여서는 아니 된다.

④ 공급업체 임직원은 국내법을 위반하여 근로를 제공받아서는 아니 된다.

⑤ 공급업체 임직원은 환경보호에 관한 법률을 준수하여야 한다.

27. 다음 사업주 직업능력개발훈련의 종류 중 훈련의 주체에 따라 구분된 훈련을 모두 고르면?

가. 양성훈련 : 채용예정자, 구직자 등을 대상으로 기초적 직무수행능력을 습득시키기 위하여 실시하는 훈련

나. 향상훈련 : 근로자 등 양성훈련을 받은 사람이나 기초적 직무수행능력을 가지고 있는 사람에게 더 높은 수준의 직무수행능력을 습득시키기 위하여 실시하는 훈련

다. 전직훈련 : 근로자 등에게 종전의 직업과 유사하거나 새로운 직업에 필요한 직무수행능력을 습득시키기 위하여 실시하는 훈련

라. 위탁훈련 : 사업주가 훈련을 직접 실시하지 않고 외부 훈련기관에 위탁하여 실시하는 훈련

마. 현장훈련 : 근로자가 사업장의 실제 근무 장소(일상업무를 수행하는 장소)와 동일한 환경에서 상사 또는 선배(직·반장 등)로부터 직무와 관련되는 지식, 기술 등을 습득하는 훈련

바. 인터넷원격훈련 / 스마트훈련 : 정보통신매체를 활용하여 훈련이 실시되고 훈련생 관리 등이 웹상으로 이루어지는 훈련

사. 자체훈련 : 사업주가 자체적으로 훈련계획을 수립하여 진행하는 훈련

아. 우편원격훈련 : 인쇄매체로 된 훈련교재를 이용하여 훈련이 실시되고 훈련생 관리 등이 웹상으로 이루어지는 훈련

---

① 라, 사

② 가, 다, 사

③ 라, 바, 사, 아

④ 나, 라, 마

⑤ 다, 라, 사

28. ○○공단에서는 불만족 서비스에 대한 시정조치로 보상서비스를 시행하고 있다. 다음을 참고할 때, 세부내용에 해당되는 적절한 사례가 아닌 것은?

<불만족 서비스에 대한 시정조치 및 보상서비스>

• 우리 공단 직원의 불친절한 행동이나 불만족한 서비스를 신고해 주시면 즉시 사실여부를 확인하여 해당 직원을 대상으로 친절교육을 강화하고 향후 재발되는 일이 없도록 하겠습니다.

• 고객님께서 공단으로부터 HRD 서비스를 제공받고 불만족하신 경우, 그 사항이 아래에 해당된다면 일정절차를 거쳐 보상하여 드리겠습니다.

구분	세부내용	보상금액
HRD 서비스 신뢰성	공단의 잘못으로 HRD 서비스를 약속한 기일로부터 사전 고지 없이 3일(휴일 제외) 이내에 제공하지 못한 경우 또는 2회 이상 지연한 경우	건당 10,000원 상당의 상품권 등
업무처리 정확도 보증	공단의 업무처리 잘못으로 고객이 공단을 재방문한 경우	
업무처리 사전고지	공단의 사정으로 고객요청사항의 처리가 기준일정을 초과하였음에도 그 지연사유를 안내하지 못한 경우	
업무처리 절차준수	업무처리 절차(관련 규정, 윤리헌장, 고객서비스 헌장 등) 미준수 등 공정하지 못한 서비스를 제공받는 것을 확인하고 정당한 이의를 제기하였으나 조치를 취하지 않는 경우	
친절 서비스	공단 직원의 고객응대 불친절 내용을 신고하고 잘못이 확인된 경우	

---

① 외국인취업교육 안내에 대한 사항을 일주일째 통보받지 못한 경우
② 교육과정 이수 증명서 내용이 잘못 기재되어 다시 발급받으러 오는 경우
③ 민원업무 처리 지연 내용을 우편으로 통보하였으나 고객의 부재로 적정 기일 내에 통지받지 못한 경우
④ 정보공개 청구 처리 기준을 준수하지 않은 것에 대한 고객의 신고에 대하여 적절한 조치를 취하지 않은 경우
⑤ 고객과의 민원업무 충돌 시 직원이 비속어를 사용한 경우

29. ××공단은 '숙련기술 전수 및 체험' 활성화를 위한 프로그램 개발 방안을 강구하기 위하여 다음 과 같이 현상을 분석하였다. 이를 바탕으로 할 때 프로그램 개발 방안으로 적절하지 않은 것은?

> (가) 우리나라 채용 제도는 학력중심, 서류중심에서 직무역량중심으로 중점이 옮겨지고 있다.
>
> (나) 개인의 학력이나 명문대에 의존하기보다는 능력을 검증받기 위한 업무에 필요한 자격증 을 취득하거나 실무 경력을 쌓아 개인의 역량을 향상시키기 위한 노력이 필요하다.
>
> (다) 대학·연구소를 중심으로 기초과학 및 원천연구를 활발히 진행하여 우리나라가 세계 수 준의 기술역량을 확보해야 한다.
>
> (라) 장기적인 관점으로 투자하여 분야별로 시대에 맞는 기술개발 목표를 차별화해야 한다.
>
> (마) 과거에는 기업의 수명이 길었고 일자리의 안정성도 높았으나 현재는 기술 변화가 워낙 급격하게 일어나고 산업 재편이 빠르게 일어남에 따라 기업이 개인의 일자리를 보장해 줄 수 없다.
>
> (바) 학생들에게 회사를 벗어나서도 일할 수 있는 능력을 길러줘야 하며, 평생 가져갈 수 있는 자기만의 업(業)을 만드는 프로그램을 개발해야 한다.
>
> (사) 21세기 지식정보화의 환경적 변화와 더불어 저출산과 고령화라는 인구구조의 변화 속에 서 여성인력에 대한 투자와 활용은 국가경쟁력 제고를 위한 중요한 과제로 인식된다.
>
> (아) 시장 수요에 기반을 두지 않은 교육훈련프로그램 운영 등으로 인해 여성 취업률은 낮으 며, 여성취업기관에서 요리나 양재 등 전통적 성역할에 기반을 둔 교육훈련프로그램을 운영하여 여성인력의 저임금과 낮은 지위를 야기하고 있다.

① 능력중심사회에 맞는 프로그램 개발
② 지능정보산업의 기반이 되는 연구를 통한 프로그램 개발
③ 학생들에게 직장이 아닌 직업을 찾게 해 주는 프로그램 개발
④ 인구 이동 확대와 다문화주의를 활용할 수 있는 프로그램 개발
⑤ 여성의 취업률을 향상시킬 수 있는 프로그램 개발

30. 물품 구매를 담당하는 H 직원은 두 종류의 물품 A, B를 구매하려고 한다. 주어진 예산으로 A만 구매할 경우 450개, B만 구매할 경우 540개를 구매할 수 있다. B를 180개 구매할 경우 남은 예산으로 구매할 수 있는 A의 최대 개수는? (단, A만 구매하거나 B만 구매했을 때 남는 예산은 없다)

① 290개　　　　　　　② 300개　　　　　　　③ 310개
④ 320개　　　　　　　⑤ 330개

31. 다음은 △△공단에서 추진하고 있는 자격제도이다. (가) ~ (다)에서 설명하는 자격제도 유형을 순서대로 나열한 것은?

> (가) 국가직무능력표준(이하 NCS)을 기반으로 산업현장에서 요구되는 수행능력에 필요한 지식과 기술, 태도 등을 일정한 기준과 절차에 따라 평가 또는 인정하는 직업자격을 말하며, '일－교육훈련－자격'을 연계하는 산업현장 직무 중심 자격이다.
>
> (나) 국가기술자격법 제10조 제1항에 근거하여 NCS에 기반한 교육훈련과정을 충실히 이수한 교육훈련생을 대상으로 내·외부 평가를 통해 국가기술자격을 부여하는 새로운 개념의 국가기술자격이다.
>
> (다) 일과 학습을 병행함에 따라 인정받는 기술, 기능 및 서비스 분야 등의 자격을 말한다. 이 자격을 얻기 위해서는 먼저 NCS에 기반한 훈련과정을 수료해야 한다.

① NCS기반 자격, 일학습병행 자격, 과정평가형 자격
② 일학습병행 자격, 과정평가형 자격, NCS기반 자격
③ NCS기반 자격, 과정평가형 자격, 일학습병행 자격
④ 일학습병행 자격, NCS기반 자격, 과정평가형 자격
⑤ 과정평가형 자격, NCS기반 자격, 일학습병행 자격

32. 다음은 A 기업의 개인성과평가 추진계획 내용이다. 이 기업에 입사한 K 사원의 행동 전략으로 적절하지 않은 것은?

구분	내용
횟수	연말 1회 평가(분기별 면담 / 실적 체크)
대상	실무자만 평가(관리자 제외)
방식	• 부하와 면담 / 코칭 절차 의무화 • 단일 평가단(직급, 직렬 구분 없음) • 절대평가 후 전체 순위 평가 • 기여도 / 다면평가방식 도입
평가지표	계량(60%) / 비계량(40%)
평가항목	• 부서 기여도(20%) • 개인목표(60%) • 업무수행과정(20%)

① 기업의 성과목표에 기여할 수 있는 개인의 목표를 설정한다.

② 성과향상을 위하여 조직 내 자신의 멘토와 정기적인 면담 시간을 확보한다.

③ 평가는 관리자로부터만 받기 때문에 관리자의 의견 및 요청에 충실히 따른다.

④ 1년 단위의 성과 실행 계획을 세운다.

⑤ 개인의 목표달성도뿐만 아니라 업무수행과정 등의 성과도 중요시한다.

[33 ~ 34] K 그룹은 기업 경영상 입찰 업무가 많아 다음과 같은 추정가격에 따른 입찰 심사 기준을 마련하였다. 이어지는 질문에 답하시오.

(단위 : 점)

구분		100억 원 이상 ~ 300억 원 미만	50억 원 이상 ~ 100억 원 미만	30억 원 이상 ~ 50억 원 미만	10억 원 이상 ~ 30억 원 미만	3억 원 이상 ~ 10억 원 미만	2억 원 이상 ~ 3억 원 미만	2억 원 미만
수행능력		44	30	25	30	20	10	10
	시공경험	14	15	15	15	10	5	5
	경영상태	15	15	10	15	10	5	5
	접근성	–	–	–	–	+0.5	+0.5	+0.2
	신인도	+/−1.2	+/−1.2	+/−1.2	–	–	–	–
	특별신인도	–	–	–	–	+1	+1	+1
	기술능력	15	–	–	–	–	–	–
하도급관리계획 적정성		12	10	−3 ~ 5	–	–	–	–
자재 · 인력조달 · 가격적정성		14	10	–	–	–	–	–
입찰가격		30	50	70	70	80	90	90
수행능력상 결격여부		–	−10	−10	−10	−10	−10	−10
총계		100	100	100	100	100	100	100
적격통과점수		92	95	95	95	95	95	95

※ 수행능력상 결격여부 점수는 총계에 포함되지 않는다.

33. 다음 중 K 그룹의 입찰 심사 기준에 대한 적절한 지적이 아닌 것은?

① 동일 배점이 아닌 기업의 추정가격대에 맞는 평가기준을 제시하고 있다.

② 추정가격이 높은 입찰일수록 대체적으로 수행능력을 중요하게 평가하는 기준을 적용하고 있다.

③ 추정가격이 낮은 입찰일수록 입찰가격에 의해 낙찰자가 결정될 가능성이 높다.

④ 추정가격이 높은 입찰일수록 신인도에 따른 추가점수를 부여하려고 한다.

⑤ 추정가격이 10억 원 이상인 입찰부터는 접근성과 특별신인도를 고려하지 않는다.

34. 다음은 입찰 심사 기준의 수행능력 항목 중 경영상태를 평가하는 방법이다. 이를 토대로 〈보기〉의 A ∼ C사의 입찰 심사 기준상의 경영상태 환산 점수는 각각 몇 점인가? (단, 소수점 아래 둘째 자리에서 반올림한다)

(단위 : 점)

공사규모 / 심사항목	100억 원 이상 ~ 300억 원 미만	50억 원 이상 ~ 100억 원 미만	30억 원 이상 ~ 50억 원 미만	10억 원 이상 ~ 30억 원 미만	3억 원 이상 ~ 10억 원 미만	3억 원 미만
부채비율	8	10	7	8	5	5
유동비율	8	10	7	7	5	5
차입금의존도	4	–	–	–	–	–
이자보상배율	4	–	–	–	–	–
매출 순이익률	3	–	–	–	–	–
자산 순이익률	1	–	–	–	–	–
자산대비 현금	2	–	–	–	–	–
자산회전율	3	–	–	–	–	–
영업기간	2	1	1	–	–	–
총계	35	21	15	15	10	10
환산점수 기준	15	15	10	15	10	5

보기

- A사 : 70억 규모, 부채비율 7점, 유동비율 6점, 영업기간 1점
- B사 : 33억 규모, 부채비율 5점, 유동비율 5점, 영업기간 0점
- C사 : 2.5억 규모, 부채비율 4점, 유동비율 3점

	A사	B사	C사			A사	B사	C사
①	9.0점	6.2점	3.5점		②	10.0점	6.7점	3.5점
③	9.5점	6.2점	4.5점		④	10.0점	6.2점	4.5점
⑤	9.0점	6.7점	3.5점					

35. 다음은 H 공단의 휴직제도 운영규칙 중 일부이다. 올바르게 이용하지 못한 직원은?

〈질병휴직〉

- 질병휴직의 요건
  - 신체·정신상의 장애
  - 불임 또는 난임치료가 필요한 경우
- 증빙서류
  - 병명 등이 명시된 진단서(불임치료, 난임치료의 경우 진단서 및 소견서로 갈음)
  - 휴직사유를 증빙할 수 있는 자료
  - 공무상 질병휴직의 경우는 공무상요양비 지급 승인 서류로 함.
- 질병휴직기간의 범위
  - 동일 질병의 경우 1년 이내로 하되, 부득이한 경우 1년의 범위 내 연장(반복) 가능
  - 공무상 질병휴직 기간은 요양급여 결정을 받은 기간 중 공무상 병가를 제외한 기간
- 질병휴직자의 복직
  - 정상적인 근무가 가능하다는 진단서를 제출하여, 정상적인 근무 가능여부를 판단 후에 복직을 명함.

〈육아휴직〉

- 인사기록카드에 육아휴직 기재 시 대상자녀(태아 포함) 명기
- 부부의 경우, 자녀 1인에 대해 각각 휴직을 사용할 수 있음.
- 이혼한 직원의 경우 양육권을 가진 자녀에 한하고, 재혼한 직원의 경우 배우자에게 양육권이 있는 자녀를 포함함.

〈간병휴직〉

- 간병대상자의 범위
  - 양부모·양자녀, 본인 또는 배우자의 부모가 재혼한 경우, 부 또는 모의 배우자도 간병대상에 포함함(다만, 가족관계등록부에 등재된 경우).
  - 이혼한 직원의 경우 양육권을 가진 자녀에 한하고, 재혼한 직원의 경우 배우자에게 양육권이 있는 자녀를 포함함.
- 간병휴직 기간은 총 재직기간 중 3년을 초과할 수 없음.

---

① A 씨는 공적 업무 수행으로 인한 정신상 장애를 치료하기 위하여 질병휴직을 사용하였으며, 이에 따라 요양비 지급을 신청하였다.

② B 씨는 작년에 치료받은 신체적 장애가 재발하여 2개월의 질병휴직을 다시 신청할 계획이다.

③ 동일 직장에 근무 중인 C 씨의 배우자가 이미 자녀 육아휴직을 사용하였으므로 C 씨는 중복 사용에 해당되어 사용할 수 없어 둘째 자녀 출산 시에 육아휴직을 사용할 계획이다.

④ 재혼을 한 D 씨는 배우자의 전 남편에게 양육권이 있지만 실제 D 씨와 함께 거주하는 자녀를 위해 육아휴직을 사용하지 못한다고 판단하였다.

⑤ E 씨는 가족관계등록부에 등재된 재혼한 노모의 간병을 위해 3개월의 간병휴직을 신청할 계획이다.

36. 다음 ○○공단 여비규칙의 일부와 직원들의 출장기록부에 관한 설명으로 옳은 것은?

「여비규칙」

제3조(용어의 정의)

5. "근무지 내 국내 출장"이라 함은 같은 시(특별시 및 광역시를 포함한다. 이하 같다)·군 및 섬(제주특별자치도는 제외한다. 이하 같다) 안에서의 출장이나 시·군·섬을 달리하여도 총 여행거리가 12km 미만인 출장을 말한다.

7. "근무지 내 출장비"라 함은 근무지 내 출장에 소요되는 경비를 말한다.

제11조(근무지 내 출장비 등) 근무지 내 출장의 경우에는 별표1−2에서 정한 근무지 내 여비 지급 기준에 의하여 지급한다. (이하 생략)

〈별표1−2〉 근무지 내 여비지급 기준

구분	지급 기준액
① 감사 및 기능경기 업무수행 출장	일비(2만 원) +식비(2만 원)
② 기타 업무수행을 위한 출장 • 4시간 이상 • 4시간 미만 • 4시간 이상(공용차량 이용 시) • 4시간 미만(공용차량 이용 시)	 2만 원 1만 원 1만 원 미지급

□ 출장기록부

구분	근무지	출장지	수행업무	출장시간
A 대리	울산광역시 중구	울산광역시 남구	시험장 사전준비	13:00 ~ 15:00
B 주임	경기도 수원시	경기도 수원시	일학습병행 외부평가	09:00 ~ 14:00
C 과장	서울특별시 광진구	서울특별시 송파구	기업 모니터링	10:00 ~ 13:00
D 대리	경기도 성남시	경기도 이천시	사업장 방문	10:00 ~ 17:00
E 차장	부산광역시 북구	부산광역시 남구	기능경기 집행	09:00 ~ 18:00

---

① A 대리는 공용차량을 이용한 경우 근무지 내 출장비 1만 원을 지급받을 수 있다.

② B 주임은 대중교통을 이용해 업무를 수행한 경우 근무지 내 출장비 2만 원을 지급받을 수 있다.

③ C 과장은 근무지와 출장지가 달라 근무지 내 출장비 지급 기준을 적용받지 않는다.

④ D 대리는 공용차량을 이용하여 왕복 24km 이상을 이동한 경우 근무지 내 출장비 2만 원을 지급받을 수 있다.

⑤ E 차장은 4시간 이상 업무를 수행하였기 때문에, 대중교통으로 이동하였다면 근무지 내 출장비 2만 원을 지급받을 수 있다.

37. ○○공단 국가직무능력표준원은 〈공공기관 블라인드 채용 가이드라인〉 준수 여부를 확인하고자 다음과 같이 엑셀을 활용하여 공공기관 채용을 모니터링하고 있다. 자료에 관한 설명으로 옳은 것은?

〈공공기관 블라인드 채용 가이드라인〉

(중략)

• 지원자의 실력을 평가하는 데 있어 가족관계, 출신지역, 학벌, 나이, 성별, 신체적 조건 등 차별을 야기할 수 있는 개인정보에 대해 평가 금지

※ 다만, 관계 법령에 의한 정보 취득 예외

(20X1. 10. 18. 모니터링 엑셀 파일)

	A	B	C	D	E	F	G	H
1	공공	수집 여부					준수	비고
2	기관	성별	나이	학벌	가족관계	출신지역	여부	
3	가 기관	✓					1	양성평등법
4	나 기관						1	
5	다 기관						1	
6	라 기관	✓					0	
7	마 기관					✓	1	혁신도시법
8	바 기관						1	
9	사 기관						1	
10	아 기관						1	
11	자 기관		✓				1	고령자촉진법 적용

＊ 양성평등(기본)법 : 남성과 여성의 동등한 참여와 대우를 모든 영역에서 평등한 책임과 권리를 공유함.

＊ 혁신도시법 : 혁신도시를 지역발전 거점으로 육성·발전시키는 데 필요한 사항을 규정함으로써 공공기관의 지방이전을 촉진하고 국가균형발전을 목표함.

＊ 고령자(고용)촉진법 : 고령자의 고용 촉진과 자립 안정을 도모함.

① 국가직무능력표준원은 6가지 항목에 대해 모니터링 하고 있다.

② 블라인드 채용 준수는 '1'로 표기하고 있다.

③ 10월 18일 모니터링 결과 블라인드 채용 준수율은 80%이다.

④ 일부기관의 채용에서 양성평등법에 근거하여 나이를 취합하고 있다.

⑤ 10월 18일 모니터링에서 개인 정보를 취합한 기관은 전체의 10%이다.

38. 다음은 일학습지원국 B 과장의 〈급여 지급명세서〉이다. 이에 대한 설명으로 옳지 않은 것은?

〈급여 지급명세서〉

(단위 : 원)

실수령액 : ( )			
소득내역		공제내역	
보수항목	보수액	공제항목	공제금액
기본급여(연봉월액)	2,408,400	소득세	160,000
직책수당(직무급)	200,000	지방소득세	16,000
시간외수당	220,000	건강보험료	156,420
중식보조비	100,000	국민연금료	148,360
직급보조비	210,000	고용보험료	19,003
		노동조합비	52,531
		카페 이용요금	4,600
		기부금	1,000
		상조회비	5,000
소득총액		공제총액	

※ 실수령액＝소득총액－공제총액

① 기본급여가 소득총액에서 차지하는 비율은 70% 이상이다.

② 공제총액에서 소득세가 차지하는 비율은 소득총액에서 직급보조비가 차지하는 비율의 4배 이상이다.

③ 건강보험료는 고용보험료의 8배 이상이다.

④ 건강보험료, 국민연금료, 고용보험료의 합이 공제총액에서 차지하는 비율은 소득세, 지방소득세의 합이 공제총액에서 차지하는 비율과 25%p 이상 차이난다.

⑤ 건강보험료가 25% 증가하면 공제총액은 65만 원 이상이 된다.

[39 ~ 40] 다음은 임금피크제에 관한 설명이다. 이어지는 질문에 답하시오.

「임금피크제 운영규칙」

제4조(임금피크제 적용대상) 임금피크제의 적용 대상은 정규직 및 무기계약 사원으로 한다. 다만, 임금피크제 적용 직전 급여 중 근로기준법상 최저임금 해당 업무의 총액이 최저임금의 150% 이하인 경우 적용을 제외한다.

제5조(적용시기) 임금피크제의 적용 시기는 다음 각 호와 같이 정한다.

1. 정년퇴직 예정일 3년 전부터 임금피크제를 적용한다.

2. 정년퇴직 예정일이 6월 30일인 경우 3년 전 7월 1일부터, 정년퇴직 예정일이 12월 31일인 경우 3년 전 1월 1일부터 임금피크제를 적용한다.

제6조(피크임금) 임금피크제 대상 직원의 임금 조정을 위한 피크임금은 제5조의 적용 전 1년간의 급여 총액 중 가족수당, 자녀학비보조금, 직무급(직책급 등 이와 유사항목 포함), 경영평가성과급을 제외한 금액에 별표4 피크임금 조정표 조정액을 합산한 금액을 말한다. 단, 선택적 복지비는 해당 직급의 연간 한도액을 기준으로 한다.

제7조(임금피크제 적용 임금의 산정 및 지급)

① 임금피크제 대상 직원에 대해서는 제6조에 따라 산정한 피크임금에서 연봉제 시행규칙 별표9에서 정한 년차별 감액률을 적용하여 지급한다.

② 임금피크제 적용 임금에 대해서는 임금인상 시 공단에서 정한 임금 인상률을 적용하여 당해 연도에 한해 지급한다.

③ 임금피크제 적용 중에는 피크임금을 초과하여 추가적인 수당 등을 지급할 수 없다.

제8조(감액 적용 및 성과급 지급 방법) 피크임금 및 감액률에 따라 정해진 금액을 다음 각 호의 감액 적용 임금항목에 정률로 적용하여 감액한다.

1. 정년보장형(1 · 2급 상당) : 기본연봉, 성과연봉, 자체성과급

2. 정년연장형(3급 상당 이하) : 기본연봉, 가계지원비, 특별성과급, 자체성과급

제9조(퇴직급여 중간 정산) 임금피크제 대상 직원은 임금피크제 적용 전 관련 법령에 의거 퇴직금 중간 정산을 실시한다.

39. 다음 중 위 규칙과 관련한 설명으로 옳은 것은?

① 임금피크제는 모든 정규직 직원에게 동일한 내용으로 적용된다.

② 임금피크제 대상 임금에는 경영평가성과급이 포함된다.

③ 임금피크제 적용 시 수령되는 임금은 공단의 당해 연도 임금 인상률이 반영된다.

④ 임금피크제 적용은 매년 6월 또는 12월에 시작된다.

⑤ 임금피크제 적용 후 퇴직금 중간 정산이 이루어진다.

40. 다음은 별표9에서 정하고 있는 〈임금피크제 적용기간 및 감액률〉과 2021년 직원 A의 급여 내역이다. 이를 바탕으로 계산할 때 내년부터 임금피크제 적용 대상자인 2급 직원 A의 2022년 연봉은 얼마인가?

별표9 〈임금피크제 적용기간 및 감액률〉

정년퇴직 예정일 3년 전	정년퇴직 예정일 2년 전	정년퇴직 예정일 1년 전
15%	20%	25%

〈A 직원의 2021년도 급여 내역〉

(단위 : 천 원)

구분	급여 내역
기본연봉	50,000
성과연봉	24,000
자체성과급(연 1회)	12,000
기관평가성과급(연 1회)	24,000
가족수당 및 학비보조금(월)	400
직무(직책)급(월)	500

※ 임금상승률은 매년 10%로 기본연봉에만 적용되며 모든 성과급은 동일하다.

※ A의 정년퇴직 예정일은 12월 31일이다.

① 99,300천 원   ② 101,350천 원   ③ 111,713천 원

④ 120,650천 원   ⑤ 132,168천 원

평가영역 2 　 한국사 [41 ~ 60] 　 20문항

41. 다음 중 미송리식 토기를 사용하였던 시대의 생활모습으로 적절한 것은?

① 대표적인 도구로 주먹도끼와 슴베찌르개를 제작했다.

② 세형동검과 쟁기나 쇠스랑 같은 철제 농기구를 사용했다.

③ 밭농사 중심의 농경과 목축을 시작하여 식량을 얻었다.

④ 주로 무리생활을 하였으며 동굴이나 막집을 짓고 살았다.

⑤ 계급사회가 형성되었으며 지배층의 무덤으로 고인돌을 만들었다.

42. 〈보기〉에 나타난 풍습을 가진 나라에 대한 설명으로 적절한 것은?

> 보기
>
> 　 국읍에 각각 한 사람씩 세워 천신의 제사를 주관하게 하는데, 이를 천군이라 한다. 나라에는 각각 별읍이 있는데, 이를 소도라 하였다. 큰 나무를 세우고 거기에 방울을 매달아 놓고 귀신을 섬겼는데, 사방에서 도망해 온 사람들은 모두 여기에 모여 돌아가지 않았다.
>
> 　 　 　 　 　 　 　 － 『삼국지』「위서」동이전 －

① 군장이 통치하였으며 족외혼과 책화의 풍습이 있었다.

② 귀족들이 나라의 정책을 논의하던 제가회의가 있었다.

③ 농업에 관련된 제천행사인 5월제, 10월제가 열렸다.

④ 남의 물건을 훔치면 12배로 배상하게 하는 1책 12법이 있었다.

⑤ 토지가 비옥하고 해산물이 풍부하였으며 특산물로 단궁, 반어피, 과하마가 있었다.

43. (가)에 들어갈 신라의 왕호로 적절한 것은?

> (　가　)라는 말은 제17대 내물부터 제22대 지증 4년에 중국이 칭호를 정할 때까지 사용
> 되었다. 『삼국사기』에 인용된 김대문의 설명에 의하면 "방언으로 말뚝을 이름이요, 궐은 함조
> (誠操)의 뜻으로 자리를 정하여 두는 것이니, 왕궐이 주가 되고 신하의 궐은 아래에 배열하는
> 것을 이름한 것"이라고 한다. 한편, 언어학적 설명에 의하면 (　가　)는 '대군장'의 의미를
> 가진다. (　가　)는 신라의 왕권이 신장됨에 따라 왕이 화백회의 사회자로 군림하게 되고,
> 김씨가 독점적으로 왕위 세습이 이루어지게 된 5세기 사회상을 반영한 것이다.

① 읍군　　　　　　　② 차차웅　　　　　　　③ 거서간
④ 마립간　　　　　　⑤ 이사금

44. 고구려 말기 중국 세력의 침입을 막기 위해 부여성에서 비사성까지 축조한 것은?

① 대성산성　　　　　② 만리장성　　　　　　③ 산성자산성
④ 천리장성　　　　　⑤ 집안현성

45. 다음 연보에 해당하는 왕의 업적으로 적절한 것은?

> • 514년 즉위　　　　　　　　• 520년 율령 반포
> • 517년 병부 설치　　　　　　• 527년 불교 공인

① 불국사, 분황사, 영묘사를 건립하였다.
② 관리 선발 제도인 독서삼품과를 시행했다.
③ 건원이라는 독자적인 연호를 사용하기 시작했다.
④ 수양단체인 화랑도를 국가적인 조직으로 개편하였다.
⑤ 중국의 법률제도를 받아들여 경국대전을 완성하였다.

46. 다음은 조선시대 일어난 역사적 사건이다. 발생한 순서대로 바르게 나열한 것은?

가. 병자호란   나. 인조반정
다. 임진왜란   라. 정묘호란
마. 정유재란   바. 경신환국

① 가 - 바 - 나 - 다 - 라 - 마   ② 다 - 마 - 나 - 라 - 가 - 바
③ 바 - 다 - 마 - 라 - 나 - 가   ④ 마 - 나 - 라 - 바 - 가 - 다
⑤ 마 - 라 - 바 - 나 - 가 - 다

47. 고려시대의 최고의 중앙 정치 기구로 문하시중이 수상이 되어 국정을 총괄했던 기관은?

① 삼사   ② 어사대   ③ 상서성
④ 중추원   ⑤ 중서문하성

48. 〈보기〉에 제시된 업적을 세운 왕은?

보기

• 최승로의 시무 28조 채택   • 12목을 설치하고 지방관 파견
• 불교 행사 억제   • 국자감 설치

① 태조   ② 혜종   ③ 경종
④ 성종   ⑤ 정종

49. 고려 의종 때(1170년) 정중부 등 무신들에 의해 일어난 사건으로 의종을 폐위한 후 명종을 옹립하고 정권을 장악한 것은?

① 기묘사화   ② 갑신정변   ③ 이자겸의 난
④ 묘청의 난   ⑤ 무신정변

50. 다음 중 고려시대의 특수 행정 구역인 향·소·부곡에 대한 설명으로 적절하지 않은 것은?

① 주민의 신분은 양민이었다.
② 향과 부곡의 주민들은 대체로 농업에 종사하였다.
③ 행정 사무는 중앙에서 파견된 지방관이 담당했다.
④ 소의 주민들은 수공업이나 광업품의 생산을 주된 생업으로 하였다.
⑤ 일반 농민들에 비해 신분적인 차별을 받았으며 세금 부담은 군현민보다 많았다.

51. 고려 현종 때 개경 부근까지 침입한 소배압의 거란군은 고려의 저항으로 퇴각하던 중 귀주에서 고려군에게 크게 패하였다. 이 전투를 이끈 고려의 장군은?

① 강조   ② 서희   ③ 강감찬
④ 이순신   ⑤ 을지문덕

52. 조선 영조가 실시한 것으로, 군역의 부담을 줄이기 위해 군포를 2필에서 1필로 감해 주었던 정책으로 적절한 것은?

① 방납   ② 공납   ③ 균역법
④ 영정법   ⑤ 대동법

53. 천체의 운행과 그 위치를 측정하기 위해 조선 세종 때 제작한 천문기구로, 만 원권 지폐 뒷면에도 등장하며 선기옥형(璇璣玉衡)이라고도 하는 것은?

① 혼천의   ② 인지의   ③ 농사직설

④ 관천대   ⑤ 앙부일구

54. 다음에서 설명하는 조선 후기의 실학자는?

- 『여유당전서』, 『경세유표』 등 저술
- 정전제, 보민(保民) 주장
- 거중기, 배다리 제작

① 이익   ② 정약용   ③ 유형원

④ 박제가   ⑤ 홍국영

55. 다음 (가) 교육기관에 대한 설명으로 옳은 것은?

『왕세자입학도첩』 중 『입학도』는 효명세자가 (가)에 입학하는 의식을 그린 것이다. 효명세자는 궁을 나와 (가)에 도착하여 먼저 대성전의 공자신위에 술을 올린 후, 명륜당에 가서 스승에게 교육을 받았다.

① 성리학적이며 도학적인 내용을 중심으로 사서오경을 가르쳤다.

② 전국의 부·목·군·현에 하나씩 설립되었다.

③ 장학기금 마련을 위해 양현고를 설치하였다.

④ 7종의 전문강좌를 의미하는 7재가 운영되었다.

⑤ 생원시나 진사시의 합격자에게 입학자격이 주어졌다.

56. 다음 중 조선시대 정조에 대한 설명으로 옳지 않은 것은?

① 국왕의 직속 친위 부대로 장용영을 설치했다.

② 정치적·군사적 목적으로 과학적 기술을 활용하여 화성을 건설했다.

③ 인재를 양성하기 위해 초계문신제를 시행했다.

④ 정책을 뒷받침할 수 있는 정치기구로 규장각을 활용했다.

⑤ 백성들의 억울함을 풀어 주기 위해 신문고를 처음 설치했다.

57. 다음 중 흥선대원군과 관계없는 것은?

① 서원 철폐   ② 호포제 실시   ③ 사창제 실시

④ 의정부 기능 회복   ⑤ 덕수궁 중건

58. 서재필을 중심으로 창립되어 자주국권, 자유민권, 자강개혁에 의한 근대화 운동을 전개한 단체로, 우리나라 최초의 근대적인 사회정치단체는?

① 독립협회   ② 대한협회   ③ 대한자강회

④ 만민공동회   ⑤ 신간회

59. 다음은 일제강점기의 어떤 통치 정책에 대한 내용인가?

> 갑군과 그의 아버지는 경찰서에 가서 새로운 이름을 등록해야 했다. 새 이름은 귀에 설게 들렸다. '이와모토' 새 이름을 입에 담아 보았다. 우리의 새 이름, 나의 새 이름, '이와'-암석(岩), '모토'-토대(本), '이와모토'-岩本. '그래, 이게 우리의 다른 이름, 일본식 이름이야.'
>
> – 재미 동포 리처드 김의 자전적 소설 –

① 토지조사사업   ② 창씨개명   ③ 회사령

④ 황궁요배   ⑤ 조선어 교육 폐지

60. 다음 중 (가) 시기에 있었던 사건으로 적절한 것은?

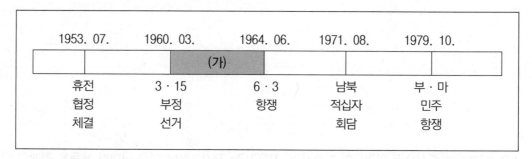

① 5·18 민주화 운동   ② 4·19 혁명   ③ 제1차 남북정상회담

④ 6·10 민주항쟁   ⑤ 금융실명제

평가영역 3 **영어 [61 ~ 80]** 20문항

[61 ~ 68] 빈칸에 들어갈 말로 적절한 것을 고르시오.

61.

Companions are considered one of the most important factors in planning a trip, as the experience could be either amazing or miserable depending on _____ you travel with.

① how　　　　　　　② where　　　　　　　③ who
④ why　　　　　　　⑤ when

62.

He had a headache because he _____ studying since six o'clock in the morning.

① is　　　　　　　② was　　　　　　　③ have been
④ had been　　　　　⑤ had had been

63.

This is something _____ we must meditate.

① on who　　　　　② on which　　　　③ on whom
④ who　　　　　　⑤ which

64.

The Emperor Charlemagne _____ in the year 800.

① crowns

② crowned

③ was crowned

④ had crowned

⑤ is being crowned

65.

Dates are subject to change whenever it is _____ necessary.

① deemed

② expected

③ facilitated

④ generated

⑤ held

66.

The _____ those who can pay do pay, the _____ funds will still be able to access the newsletter.

① more − more

② more − much

③ much − more

④ much − much

⑤ much more − much more

67.

Some recent studies have _____ that COVID-19 may be spread by people who are not showing symptoms.

① suggested   ② administered   ③ applied

④ arranged   ⑤ impacted

68.

For indigenous authors, writing themselves into sci-fi and fantasy narratives isn't just about gaining visibility within popular genres. It is part of an effort to _____ centuries of cultural misrepresentation.

① comprehend   ② comply   ③ obey

④ observe   ⑤ overcome

[69 ~ 70] 다음 글을 읽고 이어지는 질문에 답하시오.

Personal messages sent by email, (SMS) text messages and other social media (such as WhatsApp, Twitter, Tumblr and online chatrooms) are usually much more informal in style than letters on paper. Instead of 'Dear X', they might begin for example 'X, Hi', 'Hi X', 'Hello X', 'Good morning X', or with no salutation at all. Sentence structure may be simplified, for example 'Can't come because work'. Afterthoughts that are added after the signature (or in following messages) are often introduced by PS (AmE P.S.), an abbreviation of the Latin post scriptum (written afterwards). People who have forgotten to include an attachment often send (ㄱ)it in a follow-up message beginning with 'Oops!'.

69. 윗글의 성격으로 알맞은 것은?

① admonishing   ② informative   ③ advertising

④ informal   ⑤ apprehensive

70. 윗글의 밑줄 친 (ㄱ)이 가리키는 것은?

① the personal message   ② the beforesaid sentence

③ the email   ④ post scriptum

⑤ the attachment

[71 ~ 72] 다음 글을 읽고 이어지는 질문에 답하시오.

Every September, HRD Korea organizes the Vocational Competency Month event to spread the awareness that vocational competency determines competitiveness. To garner the interest of various members of the society, the event is designed with four components : (ㄱ), (ㄴ), (ㄷ), and (ㄹ).

The (ㄱ) component includes the Vocational Competency Month ceremony and the best HRD institution accreditation ceremony to increase public awareness in the importance of vocational competency development. The (ㄴ) component consists of the HRD conference and NCS seminar to share the latest global HRD trends and explore new visions. The (ㄷ) component is filled with events aimed at identifying and spreading the best examples of training at SMEs. The events include the best Work-learning dual case competition, the best of NCS-based VET competition, the best qualifications test project competition, the best of CHAMP Day, and National Skills Competition, etc. The (ㄹ) component seeks to foster a positive attitude towards jobs in children and students, and spread excellent skills development examples. The events include My Future Drawing Contest and V-log Contest.

71. 윗글의 밑줄 친 garner와 의미가 가장 유사한 단어는?

① boast   ② gather   ③ adorn

④ afford   ⑤ change

72. 윗글의 빈칸 (ㄱ) ~ (ㄹ)에 들어갈 단어를 순서대로 나열한 것은?

	(ㄱ)	(ㄴ)	(ㄷ)	(ㄹ)
①	Competition	Sharing	Experience	Honor
②	Competition	Experience	Sharing	Honor
③	Honor	Sharing	Competition	Experience
④	Experience	Honor	Sharing	Competition
⑤	Sharing	Competition	Experience	Honor

[73 ~ 75] 다음 글을 읽고 이어지는 질문에 답하시오.

The Harvard Business Review recently reported that multinational corporations are encouraging—or mandating—their employees to speak English. Samsung, Airbus, Microsoft in Beijing and many others now enforce English as the language of their business. Even corporations that are based in foreign countries, like Renault in France and Rakuten in Japan, are mandating English communication for their employees. Back in 2010, Rakuten (Japan's largest online retailer) became an English-only company, encouraging their employees to conduct all businesses in English, including e-mails, memos, and verbal communication.

In 1997, the International Civil Aviation Organization, flight which regulates all international air travel reaffirmed the importance of English as the in-air language of communication. To reduce communication problems, all pilots who fly internationally must speak English. So when a plane is flying from Paris to Madrid, the pilots are required to be proficient in English. In the air, communication is a matter of safety, and in control towers, it's a matter of efficiency.

However, in other realms, the standard language of communication has moved away from English. As we discussed last year, the official language of space is now Russian.

This raises the question : if people communicate better in their native tongue, are you doing them a (ㄱ) <u>disservice</u> by forcing them to use English? Will employees be less creative or innovative if they cannot talk or write in their native language?

---

73. 윗글의 밑줄 친 (ㄱ)의 의미로 알맞은 것은?

① discussion   ② harm   ③ discernment
④ disclosure   ⑤ holding

74. 윗글의 내용과 일치하지 않는 것은?

① 일본 기업인 라쿠텐의 직원들은 비즈니스를 할 때에 일본어를 많이 쓰지 않도록 장려된다.
② 많은 다국적 회사들이 현재는 지역에 따라 여러 가지 언어를 다양하게 쓸 수 있도록 장려 중이다.
③ 항공 조종사들은 승객들에게 기내 방송을 할 때 영어로 말해야 한다.
④ 항공 업체에서 의사소통은 안전과도 관련되기 때문에 더욱이 중요하다.
⑤ 비즈니스가 아닌 영역에서는 영어가 아닌 다른 언어가 주로 쓰이기도 한다.

75. 윗글의 내용 뒤에 나올 질문으로 적절한 것은?

① What languages are the most efficient?
② Do multinational corporations treat workers well?
③ Do you think that businesses should be English-only?
④ Is learning foreign languages beneficial to business?
⑤ Do you understand why communication is important?

[76 ~ 77] 다음 글을 읽고 이어지는 질문에 답하시오.

Philip : So, how many applications (ㄱ) <u>did</u> we get, Marcia?

Marcia : Well, overall we've got over 200!

Philip : That many?

Marcia : Yes, but most of (ㄴ) <u>which</u> we can discard right away … people who don't have the right experience, qualifications, that kind of thing.

Philip : Of course.

Marcia : And then we get the people (ㄷ) <u>who</u> submit ten-page-long C.Vs, or C.Vs in comic book font, or green ink, or … they attach a photo of themselves disco dancing, you know the kind of thing? So, I've whittled down the serious candidates to a shortlist of 12 people.

Philip : And we'll interview all of them?

Marcia : I think we should but, obviously, I'll let you have a look first.

Philip : Great. So, who have we got then?

Marcia : Well, I think we've got some pretty strong candidates. Two in particular.

Philip : They have the right kind of profile?

Marcia : I'd certainly say so. Strong educational background, experience in multinational sales, language skills …

Philip : Good. I look forward (ㄹ) <u>to meeting</u> them.

Marcia : So, I'd say we do the standard interview format.

Philip : Sure.

Marcia : A few general questions, then on to specifics.

Philip : Yes, exactly. I want to hear specific details of when they've solved problems.

Marcia : Yes, and then something about 'vision', as you put it.

Philip : Yes. What do you think about a brief presentation?

Marcia : I think that's a good idea. We could ask them to give a short presentation on (ㅁ) <u>which</u> they see the company going and how they see themselves taking us there.

76. 윗글의 Philip과 Marcia가 논의하고 있는 주된 내용으로 적절한 것은?

① Dismissal　　　　　　　　　　② Interview

③ Job application process　　　　④ Communication

⑤ Job experience

77. 윗글의 밑줄 친 (ㄱ) ~ (ㅁ) 중에서 그 쓰임이 가장 어색한 것은?

① (ㄱ)　　　　　　　② (ㄴ)　　　　　　　③ (ㄷ)

④ (ㄹ)　　　　　　　⑤ (ㅁ)

[78 ~ 80] 다음 글을 읽고 이어지는 질문에 답하시오.

When OPEC and its allies met last month, the energy minister of Saudi Arabia dared oil speculators to test his determination to stabilize global markets.

Now that a resurgent pandemic is threatening demand once again, the moment of reckoning is getting closer.

The coalition of crude producers gathered Monday to assess the state of the market. No supply decisions are expected until Dec. 1 but leading members Saudi Arabia and Russia are already stepping up diplomacy. Russian President Vladimir Putin and Saudi Arabia Crown Prince Mohammed Bin Salman have spoken twice by phone in a week — the first time the countries' leaders have done that since the depths of the oil crisis in April, when they were hashing out a deal to cut supply and bring the price war to an end.

With oil stuck at around $40 per barrel, and more supply coming online from Libya, the cartel is now under pressure to revise its plan to ease those output cuts. It has already relaxed them by about 2 million barrels a day, and is due to add another 1.9 million in January.

While members are publicly sticking with that plan for now, OPEC Secretary—General Mohammad Barkindo acknowledged on Thursday that demand is (ㄱ) "anemic" and the cartel will act to prevent a market "relapse." Its own internal reports pointed out the risk of a new surplus. And in private, delegates admitted that they're open to delaying the increase when a formal decision is made in six weeks.

78. 윗글의 성격으로 가장 알맞은 것은?

① argument ② article ③ advertisement

④ criticism ⑤ review

79. 윗글의 밑줄 친 (ㄱ)의 뜻과 거리가 가장 먼 것은?

① feasible ② feeble ③ frail

④ sickly ⑤ infirm

80. 윗글의 내용과 일치하는 것은?

① OPEC originally wished to have the meeting much earlier than Dec 1.

② Saudi Arabia and Russia recently communicated twice in a week to end the price war.

③ OPEC have not changed its former plan yet.

④ The cartel was originally supposed to decrease the oil production.

⑤ OPEC was not confirming the case of the output cuts.

필기시험
5회

기출예상문제

	문항 수	시험시간
직업능력	40문항	
한국사	20문항	80분
영어	20문항	

▶ 정답과 해설 75쪽

평가영역 1 직업능력 [1 ~ 40] **40**문항

01. H 공단 국가직무능력표준원에서는 민간기업 대상 NCS 기반 채용컨설팅을 지원하고 있다. 다음은 ○○기업에 대한 컨설팅 진행 절차를 도표화한 자료이다. 이를 분석한 내용으로 적절하지 않은 것은?

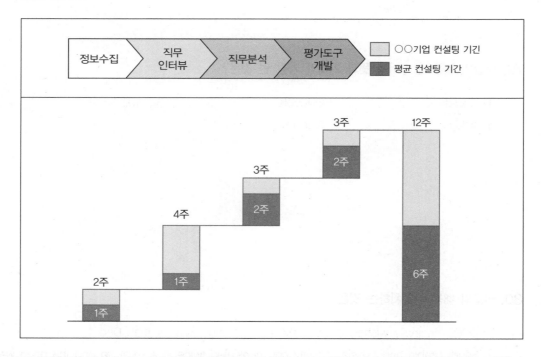

① 민간기업 대상 NCS 기반 채용컨설팅은 크게 정보수집, 직무인터뷰, 직무분석, 평가도구 개발의 순서로 이루어진다.

② 평균적으로 NCS 기반 채용컨설팅은 직무인터뷰에 가장 많은 시간이 소요되며, 내부 조직에 대한 요소, 미래 산업 수요 반영 등에 대한 의견을 파악해야 정확한 직무분석을 할 수 있다.

② ○○기업을 대상으로 한 컨설팅 기간은 평균 컨설팅 기간보다 2배가량 더 소요되었다.

③ ○○기업이 컨설팅을 통해 개선된 채용을 진행하고자 할 때, 12주 후에 NCS 기반의 채용제도를 도입하여 평가할 수 있다.

⑤ ○○기업의 컨설팅 기간과 평균 컨설팅 기간을 비교했을 때, 정보수집 단계는 2배의 시간 차이가 있으며, 직무인터뷰 단계는 4배의 시간 차이가 있다.

02. 다음은 중소기업 HRD역량 강화 지원 사업을 담당하고 있는 한 과장이 민원에 대해 답변한 내용이다. 한 과장의 답변 중 적절하지 않은 것은?

구분	민원 내용	민원 답변
①	지원 사업에 참여하고 싶은데, 신청자격과 준비서류에 대한 정보를 어디에서 얻는지 찾을 수가 없더라고요. 이에 대해 유선으로 정보를 알려 줄 수 있을까요?	우리 공단 사업에 관심 가져 주셔서 감사드립니다. 유선정보 및 통화 가능한 시간을 남겨 주시면 연락드리도록 하겠습니다. 먼저 사업 자료를 붙임과 같이 보내 드리니, 참고하시기 바랍니다.
②	기업 지원에 대한 내용을 좀 더 자세히 알 수 있으면 좋겠습니다. 메일주소는 하단에 기입해 드리겠습니다.	우리 공단 사업에 관심 가져 주셔서 감사드립니다. 신청하신 메일로 기업 지원 내용을 회신 드리며, 관련 추가적인 홍보 등 사항은 아래 홈페이지 링크 연결을 통해 확인하실 수 있습니다.
③	경남지역 HRD 커뮤니티의 운영진입니다. 다음 오프라인 모임에서 공유할 수 있도록 기업 지원과 관련한 팸플릿과 기념품을 200개 정도 받아 보고 싶습니다.	우리 공단 사업에 관심 가져 주셔서 감사드립니다. 공단에는 HRD 관련 다양한 사업이 있으며, 사업별 개괄적인 안내사항은 아래 홈페이지 링크 연결을 통해 확인하실 수 있습니다. 팸플릿과 기념품은 공단 주최 행사에서만 지급해 드리니 양해 부탁드립니다.
④	기업 지원 안내문을 뒤늦게 확인했습니다. 신청 기한은 경과되었지만 지금 바로 보내 드리면 서류를 받아 주실 수 있을까요?	우리 공단 사업에 관심 가져 주셔서 감사드리며, 지정된 신청일에 접수를 못 하신 점 안타깝게 생각합니다. 신청서를 아래 안내된 메일로 내일 정오 전까지 제출해 주시면 처리해 드리도록 하겠습니다.
⑤	사업 설명회에 저희 회사 관계부서 직원들을 여러 명 보내고 싶습니다. 설명회 참석인원에 대한 제한이 있는지요?	우리 공단 사업에 관심 가져 주셔서 감사드립니다. 이번 사업 설명회는 기업별 3명까지 신청 및 참석하실 수 있습니다. 다음 달 10일에도 설명회가 개최될 예정이니 추가 참석하고자 하는 인원이 있을 경우 참고하시기 바랍니다.

[03 ~ 04] 다음은 ○○공단 조직역량 인지도 조사 결과이다. 이어지는 질문에 답하시오.

〈조직역량 인지도 조사 결과〉

(단위 : 점, 100점 만점)

구분	경영기획부문				조직관리부문			인사관리부문		의사소통부문	
	비전·전략인지	혁신수행정도	전략과업무의연계	전략수행인프라	조직효율성	조직유연성	의사결정체계	인사평가제도	동기부여	커뮤니케이션	리더십
A 부서	66.1	61.5	59.4	54.8	58.3	63.9	60.4	50.6	52.8	54.4	61.1
B 부서	68.4	60.5	62.3	53.8	58.6	57.9	61.4	46.4	56.6	53.6	60.0
C 부서	70.0	64.4	63.3	53.3	50.0	66.7	71.1	53.3	43.3	58.3	73.3
D 부서	64.1	62.7	57.8	54.0	55.0	59.4	58.5	45.3	52.1	53.7	59.0
E 부서	75.0	64.2	70.0	63.5	64.7	65.8	70.2	60.0	70.0	61.5	72.1
F 부서	73.7	68.4	69.1	60.6	65.6	62.9	70.0	55.6	58.5	60.9	70.9
G 부서	69.6	63.3	60.8	55.6	55.6	61.7	66.7	49.2	59.2	57.9	71.7
평균	68.1	63.3	62.0	56.2	56.2	61.4	62.7	49.8	56.0	55.9	63.7

03. 다음 중 조직역량 인지도 조사의 결과에 대한 설명으로 적절하지 않은 것은?

① ○○공단은 Top-down의 의사결정체계를 갖고 있으며, 이는 의사결정의 비효율성으로 이어지고 있으므로 체계를 개선하는 것이 필요하다.

② 평균 인지도가 제일 낮은 항목을 개선하기 위해 인사관리 규정을 정리하고 구성원들에게 공유하여 제도를 정확히 인지하도록 하는 것이 필요하다.

③ ○○공단 경영기획부문 인지도 향상을 위해서는 전략을 수행하는 인프라를 우선적으로 보강하고 사업 간 업무와 연계하여 체계적으로 관리할 수 있도록 하는 것이 필요하다.

④ ○○공단 구성원들은 조직이 나아가야 할 방향과 목표달성을 위한 전략을 가장 잘 인지하고 있으며, 지속적으로 적절한 전략을 짤 수 있도록 공유하고 전달하는 것이 필요하다.

⑤ 리더십보다는 커뮤니케이션에 대한 관리가 필요할 것으로 파악되며, 리더-조직원 간 소통채널, 소통방법, 소통주기, 소통내용 등에 대한 교육과 사내시스템을 도입하는 것이 필요하다.

04. ○○공단의 조직역량 인지도 조사 결과에 대한 설명으로 옳은 것을 〈보기〉에서 모두 고르면?

> **보기**
>
> 가. 리더십 항목에서 점수가 가장 높은 부서의 점수는 점수가 가장 낮은 부서의 점수 대비 20% 이상으로 나타났다.
>
> 나. C 부서는 의사소통부문 모든 항목에서 평균 이상의 수준이며, G 부서는 조직관리부문 모든 항목에서 평균 이상의 수준이다.
>
> 다. F 부서는 평균 이상의 조직역량을 갖추었다고 인식하는 반면, D 부서는 조직역량이 평균 이하의 낮은 수준이라고 인식했다.
>
> 라. 부문별 평균값이 높은 순서대로 나열하면 경영기획부문, 조직관리부문, 의사소통부문, 인사관리부문이다.
>
> 마. B 부서는 대부분의 항목에서 평균 이하의 수준으로 인식하고 있으며, 인사평가제도 항목에서 F 부서보다 10점 이상 낮은 것으로 나타났다.

① 가, 나, 다   ② 가, 다, 라   ③ 나, 다, 라

④ 나, 라, 마   ⑤ 다, 라, 마

05. 기계설계산업기사의 과정평가형 자격시험을 위해 지필평가 문항을 출제하고자 한다. 다음 제시된 조건을 모두 고려하였을 때, 서술형의 난이도 상으로 출제 가능한 문항 수로 옳은 것은?

〈지필평가 문항개발 조건〉

총 문항 수(개)	문항 구성	난이도	최소 문항 수(개)
42	서술형	상, 하	1
	단답형	상, 하	1

㉮ 단답형은 난이도 상과 하의 문항 수가 같고, 서술형은 난이도 하의 문항 수가 난이도 상의 문항 수보다 많아야 한다.

㉯ 서술형의 난이도 상의 문항 수는 단답형의 난이도 상의 문항수의 절반 이하여야 한다.

㉰ 서술형의 난이도 하의 문항 수는 단답형의 난이도 하의 문항수와 같아야 한다.

① 5개 ② 6개 ③ 7개
④ 8개 ⑤ 9개

06. H 공단 외국인력도입부에서는 네팔 한국어능력시험 출장자 4명을 선정하고자 한다. 다음 출장대상 선정기준과 조건에 부합하는 사람을 적절하게 나열한 것은? (단, 주어진 조건 외 사항은 고려하지 않는다)

〈출장대상 선정기준 및 조건〉
- 시행규모가 큰 네팔은 관리자인 가 부장이 해외출장 총괄을 위해 반드시 가야 한다.
- 직전시행 한국어능력시험 해외출장자는 네팔 출장대상이 될 수 없다.
- 나 차장은 다 과장과 동시에 출장대상이 되거나, 동시에 출장대상에서 제외된다.
- 라 과장이 출장을 가면, 다 과장은 출장을 가지 못한다.
- 마 대리는 직전 한국어능력시험 시행지인 캄보디아 해외출장을 다녀왔다.
- 바 대리가 출장을 가지 않으면, 가 부장도 출장대상이 될 수 없다.

① 가 부장, 나 차장, 다 과장, 라 과장
② 가 부장, 나 차장, 다 과장, 마 대리
③ 가 부장, 나 차장, 다 과장, 바 대리
④ 나 차장, 다 과장, 라 과장, 바 대리
⑤ 다 과장, 라 과장, 마 대리, 바 대리

07. 다음은 ○○공단 인권선언문이다. ○○공단의 구성원으로서 지켜야 할 인권경영 실천행동으로 적절하지 않은 것은?

〈○○공단 인권선언문〉

우리는 인적자원개발 지원 중심기관으로서, 모든 경영활동에서 인간의 존엄성을 존중하고 보호하여 지속가능한 발전을 이루어 나가기 위해, 인권경영의 기준으로서 다음과 같이 인권선언문의 실천을 다짐한다.

하나, 우리는 세계인권선언 등 인권에 대한 국제기준 및 규범을 지지한다.

하나, 우리는 모든 이해관계자에 대하여 성별, 종교, 장애, 나이, 출생지 등 '다름'을 이유로 차별하지 않는다. 특히 외국인근로자의 인권이 차별받지 않도록 노력한다.

하나, 우리는 결사 및 단체교섭의 자유를 보장하며, 모든 형태의 강제 노동과 아동노동을 허용하지 않는다.

하나, 우리는 직원들에게 안전하고 건강한 근로환경을 제공한다.

하나, 우리는 공단 내부에서부터 인권존중 문화를 이룩하여 협력기관 등 외부에 자연스럽게 전파되도록 노력한다.

하나, 우리는 우리의 사업을 추진하면서 지역주민의 인권을 존중하고 보호한다.

하나, 우리는 현재와 미래세대의 건강하고 쾌적한 삶을 위해 환경보호와 오염방지를 위해 노력한다.

하나, 우리는 사업 수행상 이해관계자의 안전 및 정보보안을 우선적으로 생각하고 이를 지키기 위해 최선을 다한다.

○○공단 임·직원 일동

---

① 외국인근로자 관련 사업 역량 강화를 위해 끊임없이 한국어를 학습하도록 하고 자주 활용하도록 한다.

② 담당하는 업무의 유관기관에서 인권문제가 발생하는지 모니터링하고, 인권문제 발견 시에는 공단 내 관련부서에 알리도록 한다.

③ 평소 안전에 관심을 가지고 사고 위험이 있는 환경에 노출된 것을 발견했을 때 즉시 공단 내 관련부서에 전화하여 조치하도록 한다.

④ 쾌적한 환경을 만들어 가기 위해 사내 불필요한 플라스틱 용기 사용을 자제하고 개인 머그컵을 최대한 활용하도록 한다.

⑤ 개인정보는 개인정보보호법에 의거하여 수집하고, 정확한 절차에 의거하여 문의하도록 한다.

08. 다음은 ○○공단 주요 사업 내용을 홍보하기 위해 발간한 잡지 9월호에 담긴 일부 내용이다. 구독자 의견에 대한 설명으로 옳은 것은? (단, 주어진 조건 이외의 사항은 고려하지 않는다)

	Letter Box
김초록	블라인드 채용 우수사례 기사가 많은 도움이 되었습니다. 신규직원을 보며 '노력'이라는 단어를 다시 한 번 떠올리며 자신을 반성해 봅니다. 축하드립니다. 파이팅!
한파랑	〈신박한 자격〉을 통해 유익한 정보를 얻었습니다. 근로자들이 일과 후나 주말, 휴일을 더욱 유익하고 효율적으로 보낼 수 있도록 여러 프로그램과 방법을 제시해 주세요.
오주황	공단과 K사와의 협약으로 더욱 더 손쉽게 국가자격시험 정보를 접할 수 있게 되어 매우 기쁘네요. 다양한 국가자격시험을 준비 중이다 보니 더욱 더 반가운 소식입니다. 대환영입니다.
박노랑	○○공단 정기간행물에는 자격, 기술, 직무분석, 기업에 대한 소개가 많아서 읽을 때마다 변화에 발맞추기 위한 노력이 필요함을 절감하게 됩니다. 어떤 간행물보다 기업과 사람에게 신뢰를 주는 잡지에서 좋은 사람과 좋은 기업을 연결해 주는 역할도 하면 어떨까 생각해 봅니다.
이보라	청년구직자의 자격증 취득과정이 흥미로웠습니다. 또한, 제가 하는 업무가 수질분야인데 수질환경기사 관련 취득과정이 올라와서 더욱 반가웠습니다. 이처럼 취업이 잘되는 자격증 정보를 꾸준히 올려주면 좋겠습니다.

※ 스마트폰 애플리케이션으로 QR코드를 인식해 의견을 남겨 주시거나, 이메일로 이번 호에 가장 인상 깊었던 부분, 앞으로 다뤘으면 하는 내용 등을 기재해 보내 주세요. 추첨을 통해 모바일 문화상품권(3만 원)을 보내 드리며, 보내 주신 의견은 다음 호(10월)에 게재됩니다.

① ○○공단은 잡지 책자를 통해 구직자와 기업 간 일자리 매칭을 지원하고 있다.
② 한 구직자의 수질환경기사 자격증 취득과정이 잡지 8월호에 소개되었다.
③ ○○공단은 스마트폰을 통해서만 구독자 의견을 남길 수 있다.
④ ○○공단은 청년구직자의 블라인드 채용 취업지원을 위해 K사와 업무협약을 체결하였다.
⑤ QR코드를 활용하여 의견을 남기면 ○○공단이 추첨을 통해 현금 3만 원을 제공한다.

09. 다음은 한국산업인력공단이 주관하는 블라인드 채용 경진대회 입상기관의 인터뷰 내용이다. 이에 대한 설명으로 적절한 것은? (단, 주어진 조건 외 사항은 고려하지 않는다)

〈입상기관 인사담당자 및 신입사원 인터뷰〉

인사 담당자	Q. 블라인드 채용의 가장 큰 장점은 무엇이라고 생각합니까? A. 먼저, 묻지마 지원 형식이 아니라 입사지원자가 직접 직무기술서를 확인하고 입사지원을 하는 형식이 되면서 허수 지원자가 크게 감소했습니다. 그리고 블라인드 채용을 통해 직무능력에 적합하게 채용된 직원들은 직무와 기관에 대한 만족도가 높았습니다. 특히 그동안 구조적 한계와 현장 업무 특성으로 인해 채용되는 여성 직원의 비율이 매우 저조했는데, 블라인드 채용을 도입하고 나서부터 여성의 채용 비율이 증가했습니다.
	Q. 블라인드 채용을 활용하는 과정에서 기억에 남는 에피소드가 있다면 어떤 것입니까? A. 채용된 신입직원은 30대 후반이라는 늦은 나이에서 3번의 도전 끝에 입사를 했습니다. 이 신입직원은 처음에 입사의 장벽이 너무 높았다고 생각했는데, 블라인드 채용을 확대하면서 채용의 문에 가까워질 수 있었다고 합니다. 이러한 신입 직원들의 후기를 들을 때마다 채용 담당자로서 보람을 느끼고 업무에 대한 자부심도 더 높아지고 있습니다.
신입사원	Q. 블라인드 채용을 처음 접했을 때의 느낌은 어땠습니까? A. 공공기관이 아닌 일반 기업에도 취업 지원한 경험이 많이 있습니다. 그때마다 기본적으로 입사지원서에 생년월일, 최종 졸업 학교명, 부모님 직업 등을 작성하도록 되어 있었는데, 블라인드 채용 방식에서는 입사지원서에 필수적인 사항(이름, 비상연락처 등)만 기재하도록 되어 있어 지원자들에 대한 공정한 채용이 이루어지고 있다는 것을 느꼈고, 채용에 있어서 차별적인 요소가 사라졌다는 느낌을 받을 수 있었습니다.
	Q. 블라인드 채용 방식을 평가한다면 어떻게 하시겠습니까? A. 차별적인 요소를 배제한 상태에서 채용을 진행하는 것은 상당히 진보하고 선진화된 채용 방식이라고 생각합니다. 과거에는 개개인의 능력적인 요소보다는 학벌, 외모, 친인척 관계 등 실제 업무와는 관계가 없는 요소들이 합격 당락에 지대한 영향을 주었다고 생각합니다. 하지만 블라인드 채용 방식은 개인의 능력을 중시하다 보니 지원자에게 불필요하고 불편한 과정과 단계를 최소화해서 채용에 대한 부담이 줄어든 것 같습니다.

① 블라인드 채용은 직무에 필요한 직무능력을 평가하는 제도이다.

② 블라인드 채용으로 허수 지원자가 증가하여 지원자 풀(Pool)을 다양하게 확보할 수 있게 되었다.

③ 공공기관과 같이 모든 민간기업도 블라인드 채용을 도입하여 활용하고 있다.

④ 과거에도 구직자의 학벌, 외모, 친인척 관계 등이 취업과정에 미치는 영향은 미미했다.

⑤ 블라인드 채용으로 사회적 취약계층의 채용 비율이 전보다 감소했다.

[10 ~ 11] 다음은 ○○공단 복무규정 중 유연근무제 형태에 대해 발췌한 내용이다. 이어지는 질문에 답하시오(단, 모든 직원의 근무시간은 09:00 ~ 20:00로 한정하며, 휴게시간 1시간은 근로시간에 포함하지 않는다).

〈유연근무제 근무형태〉

구분	세부형태	개념	시행 여부
시간 선택제		주 40시간보다 짧은 시간 근무 ▶ 주 5일, 1일 최소 3시간 이상 근무하되, 주당 15시간 이상 35시간 이하 범위 내 사용 ▶ 주당 20시간 근무형태를 선택할 경우 의무 근로시간으로 오전(09:00 ~ 14:00) 또는 오후(14:00 ~ 18:00) 근무형태 중 선택 가능	시행
탄력 근무제		주 40시간 근무하되, 출퇴근시간 · 근무시간 · 근무일을 자율 조정	부분 시행
	시차출퇴근형	▶ 1일 8시간 근무체제 유지 – 출근시간 자율적으로 조정	시행
	근무시간선택형	▶ 주 5일 근무 ▶ 1일 8시간에 구애받지 않고 근무시간(출퇴근시간)을 자율 조정	시행
	집약근무형	▶ 주 5일 미만 근무 ⓔ 1일 10시간 근무 시 주 4일만 출근	미시행
	재량근무형	▶ 출퇴근 의무 없이 프로젝트 수행으로 주 40시간 인정 * 고도의 전문직 지식과 기술이 필요해 업무수행 방법이나 시간 배분을 담당자의 재량에 맡길 필요가 있는 분야	시행
원격 근무제		특정한 근무장소를 정하지 않고 정보통신망을 이용하여 주 40시간(1일 8시간) 근무	시행
	재택근무형	▶ 사무실이 아닌 재택에서 근무	시행
	스마트워크 근무형	▶ 재택 인근 스마트워크센터 등 별도 사무실에서 근무 ▶ 모바일기기를 이용, 사무실이 아닌 장소에서 근무	시행

※ 12:00 ~ 13:00, 18:00 ~ 19:00는 휴게시간이다.

10. 다음 민수 씨의 상황에서 선택할 수 있는 유연근무제의 형태로 가장 적절한 것은?

> 민수 씨는 평소 학습의지가 높아 A 대학원 회계 · 경제학 석사과정에 지원하여 합격하였다. 학사일정에 따라 내년 3월에 입학하여 학업을 수행해야 하며, 월요일부터 목요일까지 오전 9시부터 정오 12시까지 수업에 참여해야 한다. 매주 금요일은 수업이 없다. 민수 씨는 유연근무제 형태를 선택해 근무시간을 조정하여 공부를 시작하고자 한다.

① 시차출퇴근형
② 시간선택제
③ 집약근무형
④ 근무시간선택형
⑤ 스마트워크 근무형

11. 다음 중 유연근무제 형태에 대해 이해한 내용으로 옳은 것은?

① 시간선택제 전환근무를 원하는 갑 직원은 오전 근무형태를 선택하여 승인받았으며, 본인의 희망에 따라 휴게시간 없이 일하고 오후 1시에 퇴근하였다.

② 시차출퇴근형은 탄력근무제의 한 유형으로, 이를 선택하면 출퇴근시간을 자율적으로 조정하여 근무시간을 단축할 수 있다.

③ 미취학 자녀가 있는 을 직원은 시간선택제 근무로 전환하고자 월요일부터 목요일까지 일 5시간, 주 20시간으로 근무시간을 조정하여 관련부서에 신청하였다.

④ 수요일에 자녀의 학교 행사에 참여해야 하는 병 직원이 오후 2시에 퇴근해야 한다면, 월요일 및 화요일 오전 6시에 출근하여 2시간씩 더 근무하는 근무시간선택형 유연근무제를 활용할 수 있다.

⑤ 남성의 육아분담 장려에 따라 단순 사무직의 재택근무형 유연근무제가 활성화될 것이다.

[12 ~ 13] 다음은 한국산업인력공단에서 시행한 국가기술자격에 대한 연도별 취득자 통계현황이다. 이어지는 질문에 답하오.

〈연도별 국가기술자격 취득 현황〉

(단위 : 명)

구분		검정형 자격			과정평가형 자격		
		20X0년	20X1년	20X2년	20X0년	20X1년	20X2년
계	전체	525,681	533,060	581,486	1,614	2,971	3,948
	남성	364,799	370,426	405,975	875	1,540	2,211
	여성	160,882	162,634	175,511	739	1,431	1,737
기사	전체	80,835	86,331	112,248	1	20	78
	남성	64,090	65,451	85,074	1	18	71
	여성	16,745	20,880	27,174	0	2	7
산업기사	전체	47,983	50,648	56,636	478	1,076	1,730
	남성	38,796	40,716	45,643	406	897	1,398
	여성	9,187	9,932	10,993	72	179	332
기능사	전체	396,863	396,081	412,602	1,135	1,875	2,140
	남성	261,913	264,259	275,258	468	625	742
	여성	134,950	131,822	137,344	667	1,250	1,398

12. 〈연도별 국가기술자격 취득 현황〉에 대한 설명으로 옳지 않은 것은?

① 검정형 자격 취득자 수는 매년 남성이 여성보다 많다.

② 국가기술자격 취득자는 조사기간 동안 지속적으로 증가추세에 있다.

③ 20X0년 대비 20X2년 자격 취득 증가율은 과정평가형 자격이 더 높다.

④ 과정평가형 기사자격 종목 수는 20X0년에 비해 20X2년에 78배 상승하였다.

⑤ 검정형 자격 취득 인원의 증가폭은 매년 남성이 여성보다 크다.

13. 위의 과정평가형 자격 현황에 대한 설명으로 옳은 것은?

① 모든 자격등급에서 남성 자격 취득자가 여성 자격 취득자보다 더 많다.

② 20X0년 대비 20X2년에 모든 자격등급의 전체 자격 취득자가 2배 이상 증가했다.

③ 기능사의 경우, 20X0년 대비 20X2년에 여성 자격 취득자 수의 증가가 남성 자격 취득자 수의 증가보다 더 많다.

④ 20X0년 대비 20X2년 산업기사의 여성 취득 증가율은 400% 이상이다.

⑤ 20X0년과 20X1년 산업기사 남성 취득자의 합보다 기능사 남성 취득자의 합이 크다.

14. H 공단의 울산지사는 매년 1회 정기 재물조사를 실시한다. 다음은 울산지사의 2023년 10월 재물 보유현황이다. 이에 대한 설명으로 옳은 것은? (단, 주어진 조건 이외의 사항은 고려하지 않는다)

<기타 2023년 10월 정기 재물조사 결과>

연번	품목	장부			조사결과	
		수량	단가	구입시기	수량	사유
1	LCD패널 또는 모니터	20개	450,000원	2020년 1월	20개	
2	개인 컴퓨터	20개	150,000원	2020년 1월	20개	
3	개인용 의자	20개	180,000원	2020년 1월	20개	
4	금고	1개	550,000원	2020년 1월	1개	
5	냉난방기	1개	150,000원	2020년 1월	1개	
6	노트북컴퓨터	10개	1,500,000원	2020년 1월	6개	분실
7	다기능복사기	5개	1,000,000원	2019년 12월	4개	분실
8	디지털카메라	5개	150,000원	2019년 12월	2개	분실
9	대형냉장고	1개	405,000원	2019년 12월	1개	
10	다기능프린터	5개	2,000,000원	2019년 12월	5개	
11	레이저프린터	5개	200,000원	2019년 12월	3개	분실
12	책상	20개	250,000원	2018년 5월	20개	
13	보조책상	20개	150,000원	2018년 5월	15개	분실
14	복사기	1개	1,800,000원	2018년 5월	1개	
15	비디오프로젝터	1개	140,000원	2018년 5월	1개	

※ 단, 구입 후 2년이 경과한 시점부터 5%의 비율로 감가상각을 실시한다.

① 분실된 품목의 총 수량은 10개이다.
② 최근 3년간 울산지사에서 보유 중인 재물 품목의 종류가 증가했다.
③ 분실된 재물의 총 금액은 8,600,000원이다.
④ 다기능프린터 구입에 가장 많은 비용이 들었다.
⑤ 장부에 기입되어 관리하는 품목은 총 125개이다.

15. ○○공단은 청년구직자의 해외진출을 돕기 위해 K-Move 사업을 실시하고 있다. 다음 해외 취업에 성공한 청년구직자의 후기를 통해 알 수 있는 내용으로 옳지 않은 것은? (단, 주어진 조건 외의 사항은 고려하지 않는다)

〈해외취업 성공수기〉

K 씨	해외취업을 두 차례 준비할 당시 수도권 지역이 아닌 지방에서 준비했기 때문에 오프라인으로 많은 정보를 얻을 수 없었다. 그래서 대부분의 정보를 온라인을 통해 취득해 왔다. 그중 가장 도움이 된 곳은 월드잡플러스 홈페이지와 네이버 KOTRA 카페였다.
L 씨	우선 이력서를 업데이트하면서 내가 어떤 상황인지에 대해 가장 먼저 정리했다. 내가 쓴 이력서를 컨설팅 받기도 했고, 전반적인 커리어 플랜에 대한 코칭도 받으면서 가닥을 잡을 수 있었다. 참고로 '월드잡플러스'에는 무료로 이력서를 첨삭해 주는 서비스가 있어서 조만간 이용해 볼 생각이다. 그리고 내 이력서를 여러 채널에 등록해서 최대한 노출시키려고 노력했다. 주로 '○○공단 월드잡플러스'와 '링크드인'에 나의 이력서를 등록했고, 동시에 이탈리아 온라인 커뮤니티에 올라오는 구인 공고를 계속해서 확인하며 관심 있는 공고에는 지원을 해 보는 기회도 가졌다.
M 씨	'K-Move 스쿨'은 우리가 원하는 해외 취업에 막대한 지원을 아끼지 않을 뿐만 아니라 방향성과 미래까지 제시해 준다. 해외 취업을 위해서 어느 것부터 시작해야 할지 모르던 나에게 여러 가지 방향성과 계획을 제시해 주었고, 결국 내가 한 것이라고는 원하는 방향으로 가기 위해 'K-Move 스쿨'이 제시한 연수과정을 믿고 따른 것밖에 없다.
J 씨	전역 이후, 학교로 찾아와 진행했던 ○○공단 해외취업 설명회에 참석 후, 처음 드는 생각은 '이런 제도가 있었나?' 정도의 막연한 생각들뿐이었다. 하지만 강의 시간이 지날수록 미래에 대한 걱정에 'K-Move 스쿨 연수 과정'에 대한 긍정적 생각이 차지하는 비율이 늘어났다.

① 청년구직자는 월드잡플러스와 네이버 KOTRA 카페에 동시에 이력서를 등록해야 한다.
② K-MOVE 스쿨은 해외취업 방향성과 연수과정을 제공한다.
③ 월드잡플러스는 이력서 첨삭을 통해 청년구직자의 취업역량 향상을 도모한다.
④ ○○공단은 청년구직자의 해외취업을 지원하기 위해 월드잡플러스 사이트를 운영하고 있다.
⑤ ○○공단은 대학 해외취업 설명회를 개최하여 K-Move 사업을 소개하고 있다.

[16 ~ 17] 다음은 국가직무능력표준원 NCS활용지원부의 업무분장표이다. 이어지는 질문에 답하시오(단, 주어진 조건 이외의 사항은 고려하지 않는다).

〈NCS활용지원부 업무분장〉

구분	담당업무	내선번호
김 부장	1. 국가직무능력표준(NCS) 활용의 대외 협력에 관한 사항	8770
이 차장	1. 부서 경쟁평가 · 실적에 관한 관리 – 경영계획 수립 및 실적보고서 작성, BSC 성과관리 시스템 관리 등 2. 부서 내 예산 관리 및 관련 자료 작성에 관한 사항 3. NCS 활용 및 확산 지원사업 운영규칙 개정	8683

박 과장	1. NCS 기업 활용 채용분야 컨설팅 사업 모니터링 총괄
	   – 운영기관 및 기업 모니터링 계획 수립 및 운영
	   – 지역본부 모니터링 운영 지원 · 관리
	2. 부서 CS 전략 수립 및 고객 관리
	   – 고객만족도 제고 방안 수립 및 운영
	3. 지역본부 KPI관리 총괄
		8718

장 대리	1. 2020년 사업 회계정산 용역
	2. NCS 기업활용 컨설팅 우수사례 경진대회 개최
	   – 경진대회 운영 및 시상식 개최, 우수사례집 제작
	3. 제4차 국가기술자격 제도발전 기본계획 과제 관리
	   – 국가전문자격, 민간자격 NCS 활용 방안에 대한 컨설팅 제공
		8715

우 대리	1. 일반 총무업무
	   – 주간, 월간 회의자료 작성
	   – 문서접수 · 배부 및 구매 · 지출, 직원복무관리
		8720

※ 필수 결재 및 보고, 감독 체제 : 대리, 과장 → 차장(직상감독자) → 부장(차상감독자)

〈금품 및 향응수수에 대한 처분기준표〉

행위	100만 원 미만	100만 원 이상 ~ 200만 원 미만	200만 원 이상 ~ 500만 원 미만	500만 원 이상
수동	감봉 · 정직 · 강등	강등 · 면직 · 파면	면직 · 파면	파면
능동	감봉 · 정직 · 강등	면직 · 파면	파면	

발생횟수	비위행위자	직상감독자	차상감독자
1회	징계	경고 또는 인사조치	주의 또는 경고
2회	징계	경고 또는 인사조치	주의 또는 경고

16. 민간제조업 분야의 (주)○○가전 대표는 NCS와 사내 자격을 연계하여 내부 인사관리 제도를 변경하고자 한다. 이에 대한 지원을 문의하고자 할 때 연락해야 하는 내선번호는?

① 8770   ② 8683   ③ 8718

④ 8715   ⑤ 8720

17. NCS활용지원부 장 대리는 우수사례 경진대회를 운영하던 중 우수사례 선정에 대한 대가로 2회에 걸쳐 120만 원의 금품을 요청하여 수수하였다. 이에 대한 처분으로 옳은 것은?

① 이 차장은 주의와 경고 중 하나의 징계를 받는다.
② 박 과장은 인사조치의 징계를 받는다.
③ 김 부장은 감봉 · 정직 · 강등의 징계를 받는다.
④ 장 대리는 면직 · 파면의 징계를 받는다.
⑤ 김 부장은 인사조치의 징계를 받는다.

18. 중소기업 HRD담당자 김 대리는 기념품 제작을 계획하고 있다. 다음은 동일 제품의 공급업체별 납품제안가격표이다. 이에 따라 구매비용을 산정해 본 내용으로 옳지 않은 것은?

〈기념품 제작 제안가격〉

구분	소매가 (1개 구입)	200개 미만		200개 이상		개별 포장비 (주문수량 별개)
		구매단가	로고인쇄	구매단가	로고인쇄	
가 업체	10,000원	8,500원	200원	6,800원	무료	300원
나 업체	9,500원	7,500원	300원	6,700원	무료	500원
다 업체	9,900원	7,600원	300원	6,700원	200원	400원

※ 단, 기념품은 1개당 로고인쇄와 개별 포장을 필수로 포함하여 구매해야 한다.

① 200개 주문 시 구매단가가 가장 높은 곳은 가 업체이다.
② 500개 대량 주문 시 구매비용이 가장 낮은 곳은 가 업체이다.
③ 100개 주문 시와 200개 주문 시 전체 구매비용 차이가 가장 적은 곳은 가 업체이다.
④ 100개 주문 시 구매비용이 가장 낮은 곳은 가 업체이다.
⑤ 100개 주문 시 소매가와 구매단가의 차이가 가장 적은 곳은 가 업체이다.

19. 20X1년 11월 현재, ○○공단은 다음의 조건을 고려하여 신규채용 목표를 수립하려고 한다. 채용인원 산정 조건에 따라 20X2년 7월 채용할 수 있는 최대 인원은? (단, 주어진 조건 외 사항은 고려하지 않는다)

〈채용인원 산정 조건〉
• ○○공단은 향후 변동되는 정원과 현원을 예측하여 채용시기의 결원(정원－현원)인력만큼 채용인원을 산정해야 한다.
• 20X1년 11월 현재 정부에서 승인받은 ○○공단 정원은 1,900명이고, 현원은 1,889명이다.
• 기획재정부에서 승인받은 2023년 증원인력은 12명이다.
• 20X1년 12월에 정년퇴직하는 인원은 12명이고, 20X2년 6월에 정년퇴직하는 인원은 15명이다.
• 20X2년 채용 시기까지 예상 퇴사자 수는 3명이다.
• 20X2년 인건비 예산은 7월 채용 시 60명까지 수용할 수 있다.

① 11명   ② 27명   ③ 38명
④ 53명   ⑤ 60명

20. 고용노동부는 한국산업인력공단 기획조정실에 긴급한 사업수행요청을 하였다. 다음과 같은 〈상황〉에서 기획조정실 담당자가 주기적으로 검토해야 할 사항으로 적절하지 않은 것은? (단, 주어진 조건 외 사항은 고려하지 않는다)

> **상황**
>
> 기획조정실은 공단 내 다양한 사업들의 실적을 점검하고 올해 사업들을 마무리하는 일로 11월을 보내고 있다. 그러던 도중 공단의 주무부처인 고용노동부가 한국산업인력공단 기획조정실에 올해 연말까지 반드시 결과물이 나와야 한다는 조건으로 긴급사업을 수행해 달라는 요청을 하였다.
> 이 사업은 우리나라 청년구직자의 채용현장에 직접적인 영향을 미칠 수도 있으며, 결과에 따라서 내년에 시행되는 관련 정부정책의 방향에 영향을 줄 수도 있다고 한다. 고용노동부는 반드시 우리 기관에서 이 사업을 수행해 줄 것을 희망하고 있으며, 요청사업을 담당할 수 있는 적합한 기관으로 평가하고 있다.

① 공단 내 사업수행이 가능한 부서가 있는지 검토한다.

② 공단 내 사업수행을 원하는 인력이 있는지 검토한다.

③ 사업수행을 위해 사용할 수 있는 잔여 예산이 있는지와 추가 예산확보가 가능한지 검토한다.

④ 사업수행을 완료하여 결과물을 도출해야 하는 시점이 정확히 언제인지 검토한다.

⑤ 사업수행을 위하여 협업 가능한 유관기관이 있는지 검토한다.

21. 다음은 G 기업의 조직도이다. 이에 관한 설명으로 옳지 않은 것은?

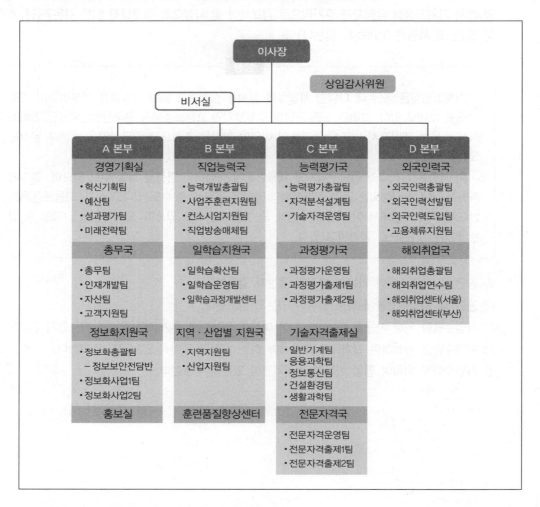

① 이사장 아래 4실, 10국, 1센터로 구성되어 있다.

② A 본부에서 수행하는 업무는 조직을 지원하는 성격이 강하다.

③ 상임감사위원은 이사장으로부터 독립되어 있다.

④ 조직 활동의 목적이 사익을 추구하는 일반 기업과는 다를 것이다.

⑤ G 기업의 감사팀은 모든 본부 산하 조직을 객관적이고 공정하게 감사할 수 있다.

22. 다음 ○○공단의 구인·구직 관련 규정을 이해한 내용으로 적절하지 않은 것은?

제8조(등록자격) 해외취업 구직등록대상자는 18세 이상인 자로 한다. 다만, 18세 미만인 자에 대하여는 보호자의 동의를 받아야 한다.

제9조(구인·구직 등록) ① 구인자·구직자가 구인·구직 신청을 하고자 할 때에는 해외취업사이트에 직접 등록하거나 별지 제1호 서식의 해외구직표 또는 별지 제2호나 별지 제3호 서식의 해외구인표를 작성하여 해외취업알선담당자(이하 "담당자"라 한다)에게 제출하여야 한다.

② 담당자는 제1항의 규정에 의하여 구직표·구인표를 제출받은 때에는 그 내용을 확인 검토하고, 구인·구직자의 인적사항 및 구인·구직 조건을 파악하여 해외취업사이트에 입력, 관리하여야 한다.

제11조(구인업체 확인) ① 공단은 재외공관 또는 현지출장 등을 통하여 구인업체의 존재여부, 규모, 구인사실여부, 취업비자 발급 가능성 등 업체 및 구인 관련 사항을 확인할 수 있다.

② 제1항의 규정에도 불구하고 재외공관을 통하여 접수된 구인요청에 대하여는 구인업체 확인 절차를 생략할 수 있으며, 국내에서 직원을 채용하여 해외 사업장으로 파견할 목적일 경우 사업자등록증 사본으로 업체 확인을 갈음할 수 있다.

③ 제1항 및 제2항의 규정에 의한 확인 결과 허위 사실이 발견된 구인업체에 대하여 공단은 구인요청을 불허한다.

---

① 18세가 되지 않은 청년도 해외 구직을 전혀 할 수 없는 것은 아니구나.

② 해외구직자는 필요 서류를 담당자에게 제출하지 않아도 다른 신청 방법이 있긴 하네.

③ 모든 해외구직 신청자에 대한 관련 사항은 해외취업사이트에 입력이 되는군.

④ 채용은 국내에서 하고 실제 근무를 해외 파견 형식으로 진행할 업체에 대해서는 사업자등록증을 확인하는 것으로 구인업체 확인 절차를 진행할 수 있구나.

⑤ 재외공관을 통하여 구인요청을 한 업체라도 반드시 구인업체의 존재여부를 확인해야 하네.

23. N 전무는 새해를 맞이하여 D 센터에서 제공하는 강의 중 하나를 수강하려 한다. 다음 대화에 따라 비서가 추천할 강의로 적절한 것은?

> 전무 : 새해를 맞아 나도 새로운 것을 좀 배워볼까 해요. 나이 탓인가 자꾸 몸도 뻐근한 것 같고 체력도 자꾸 떨어지는 것 같아서 건강에 도움이 될 만한 것을 배워보고 싶은데 시간이 맞는 강의가 있을까 모르겠네요. 보통 7시쯤 퇴근하니 7시 반 이후에 시작하는 강의가 좋겠어요. 그리고 수업이 너무 자주 있으면 부담스러우니 주 2회 정도면 딱 좋겠어요. 건강을 위해 시작하는 것이니 몸을 좀 쓸 수 있는 프로그램이어야겠지요? 이왕이면 음악에 맞춰 몸을 움직이는 활동적인 강의였으면 해요. 춤 같은 것 말이에요. 요즘은 춤 종류도 아주 다양하더군요. 그리고 나는 이 수업에 그렇게 큰 투자를 하고 싶지는 않으니 사비로 만 원 정도만 보태면 들을 수 있는 강의로 부탁해요. 매달 회사에서 나오는 보조금이 얼마지요?
>
> 비서 : 매달 2만 원씩 지원되는 것으로 알고 있습니다.
>
> 전무 : 아, 그렇군요. 그리고 내가 매주 월요일에는 저녁 8시부터 10시까지 중국어 회화 강의를 듣고 있으니 그날은 수업이 없는 것으로 알아봐 줘요.
>
> 비서 : 네, 알겠습니다.

구분	요일	시간	수강료
벨리댄스	월/수	21:00 ~ 21:50	24,000원
한국무용	화	13:00 ~ 14:20	30,000원
탁구	월/수/금	20:00 ~ 21:20	46,000원
단전호흡(국선도)	월/수/금	14:00 ~ 15:20	42,000원
K-POP 댄스	화/목	21:00 ~ 21:50	24,000원
음악줄넘기	화/목	17:30 ~ 18:50	36,000원
태극권	월/수/금	20:00 ~ 20:50	36,000원
직장인 요가	월/수/금	19:00 ~ 19:50	36,000원
댄스스포츠	화/목	20:00 ~ 21:20	60,000원

① 탁구   ② 태극권   ③ 벨리댄스

④ 댄스스포츠   ⑤ K-POP 댄스

24. 다음 자료는 △△공단의 〈위임전결규칙〉이다. 이에 대한 설명으로 적절하지 않은 것은? (단, 전결권자가 부재중일 경우 차상위자가 전결권을 갖는다)

〈위임전결규칙〉

업무내용	전결권자				이사장
	팀원	팀장	국(실)장	이사	
예산집행에 관한 기본품의 승인					
가. 공사 도급					
－소요예산 3억 원 이상					○
－소요예산 1억 원 이상				○	
－소요예산 1억 원 미만			○		
－소요예산 1,000만 원 이하		○			
나. 물품(비품, 사무용품, 인쇄물 등)의 제조, 구매 및 용역					
－소요예산 3억 원 이상					○
－소요예산 1억 원 이상				○	
－소요예산 1억 원 미만			○		
－소요예산 1,000만 원 이하		○			
다. 자신의 임(대)차 계약					
－소요예산 1억 원 이상					○
－소요예산 1억 원 미만				○	
－소요예산 5,000만 원 미만			○		
라. 물품수리					
－소요예산 500만 원 이상			○		
－소요예산 500만 원 미만		○			
마. 기타 사업비 예산집행 기본품의서					
－소요예산 1,000만 원 이상			○		
－소요예산 1,000만 원 미만		○			

① 국장이 부재중일 경우, 소요예산 5,000만 원인 공사 도급 계약은 팀장이 전결권자가 된다.

② 소요예산이 800만 원인 인쇄물의 구매 건은 팀장의 전결 사항이다.

③ 이사장이 부재중일 경우, 소요예산이 2억 원인 자산 임대차 계약 건은 국장이 전결권자가 된다.

④ 소요예산이 600만 원인 물품수리 건은 이사의 결재가 필요하지 않다.

⑤ 기타 사업비 관련 품의서는 소요예산 2,000만 원 이상일 경우 국장이 전결권자가 된다.

25. 다음은 ○○공단의 신입 직원들이 공단의 「사무관리규칙」에 대해 나눈 대화이다. 자료에 대해 잘못 이해한 사람은?

「사무관리규칙」

제7조(문서의 성립 및 효력발생) ① 문서는 결재권자가 해당 문서에 서명(이하 전자이미지 서명, 전자문서 서명을 포함한 것으로 한다)의 방식으로 결재함으로써 성립한다.

② 문서는 수신자에게 도달(전자문서의 경우는 수신자가 관리하거나 지정한 전자시스템 등에 입력되는 것을 말한다)됨으로써 그 효력이 발생한다. 다만, 공고문서는 그 문서에서 효력발생 시기를 구체적으로 밝히고 있지 않으면 그 고시 또는 공고 등이 있는 날로부터 5일이 경과한 때에 효력이 발생한다.

③ 민원문서를 정보통신망을 이용하여 접수·처리한 경우에는 민원사무처리규칙에서 정한 절차에 따라 접수·처리된 것으로 본다.

박 대리 : 문서는 결재권자가 해당 문서에 전자이미지 서명의 방식으로 결재함으로써 문서로 성립하기도 하지요.

차 대리 : 전자문서는 수신자가 지정한 전자시스템 등에 입력하는 즉시 효력이 발생하는 것입니다.

정 대리 : 공단의 국정과제 관련 문서는 기록보존이 중요하므로 반드시 결재권자가 해당 문서에 자필로 서명하여야 공식문서로 성립하는 것입니다.

김 대리 : 지난주 월요일 공고된 우리 공단의 시험공고는 효력발생시기를 명시하지 않았지만 지금 현재 정상적으로 효력이 발생하고 있다고 봐야 합니다.

이 대리 : e-mail로 민원문서를 접수한 경우도 정상적으로 접수한 것입니다.

① 박 대리 　　② 차 대리 　　③ 정 대리

④ 김 대리 　　⑤ 이 대리

26. 다음은 ○○공단에서 실시하고 있는 직업교육·훈련과 관련한 특정 분야의 지원 사업에 대한 설명이다. 이를 참고할 때, (가)에 들어갈 소제목으로 적절한 것은?

➲ 한국기술교육대학교 운영지원 　　　고용노동부

(가)

- 사업 추진 개요로는 고급 기술·기능인력 수요에 부응하는 이론·실기능력을 겸비한 우수한 직업능력개발 담당자·전문가의 양성과 공공노사관계 교육사업을 운영
- 추진 내용으로는 각종 설비와 기자재의 신축과 보수, 정보화사업 등이 있으며, 고용노동연수원사업이 포함됨.
- 고용노동연수원 사업은 공공부문 노동교육을 실시하며 교육콘텐츠 개발 등의 교육개발사업, 청소년노동교육 강화사업, 공공부문고용교육사업 등을 실시함.
- 이를 통해 NCS 기반 연수과정 운영을 통한 재직훈련교원의 직무능력향상, 직업능력개발담당자 및 전문가 양성, 공공부문노사관계 선진화 교육훈련 등을 시행

---

① 지역 우수기업 탐방, 고교기술인재 사업 등에 활용하며, 특성화·마이스터 고교생 대상 장비실습 및 현장 직무교육 시 지원

② NCS 기반 연수과정 운영을 통한 재직훈련교원의 직무능력향상, 직업능력개발담당자 및 전문가 양성, 공공부문 노사관계 선진화 교육훈련 등 시행 지원

③ 신규 개발 3개, 고도화 15개, 보급 180개소, 활용교육 및 홍보 실시 및 기업일학습시스템 운영, HRD 전문가 포럼, HRD 컨퍼런스 개최 등 실시

④ NCS에 기반한 훈련기준을 적용하여 직업훈련의 산업현장성 강화 및 기업요구 수준에 부합하는 인력을 양성·공급하는 효과를 기대

⑤ NCS 기반 훈련사업인 일학습병행훈련, 지역산업맞춤형 훈련을 포함하여 일반훈련, 대기업유망직종훈련 등 시행 지원

[27 ~ 28] 다음은 ○○공단의 일학습병행제에 참여한 어느 기업의 제품별 수익체계를 정리한 표이다. 〈달력〉과 〈수익체계표〉를 참고하여 이어지는 질문에 답하시오.

〈달력〉

8월						
일	월	화	수	목	금	토
	1	2	3	4	5	6
7	8	9	10	11	12	13
14	15	16	17	18	19	20
21	22	23	24	25	26	27
28	29	30	31			

9월						
일	월	화	수	목	금	토
				1	2	3
4	5	6	7	8	9	10
11	12	13	14	15	16	17
18	19	20	21	22	23	24
25	26	27	28	29	30	

※ 8월 15일은 광복절, 9월 14 ~ 16일은 추석 연휴이다.

〈수익체계표〉

(단위 : 만 원)

구분	A 제품	B 제품	C 제품	D 제품
생산비용	2,000	4,000	2,500	6,500
수익	3,500	5,800	3,800	8,500
발주간격	5일	6일	4일	7일

- 표에 나타난 수익 이외의 수익은 고려하지 않는다.
- 표의 수치는 발주 1회당 생산비용과 수익을 의미한다(생산비용과 발주횟수 기준으로 산정).
- 8월 1일에는 A ~ D 제품 모두 발주가 있었다.
- 발주 일정은 토요일, 일요일 및 공휴일을 제외하고 고려한다. 예를 들어 9월 12일에 발주했고 발주가 5일 간격이면, 다음 22일에 발주하게 된다.

27. 수익에서 생산비용을 뺀 값을 이익이라고 가정하여 한 제품만 생산하려고 할 때, 8 ~ 9월 동안 가장 많은 이익을 낼 수 있는 제품은 무엇인가?

① A 제품   ② B 제품   ③ C 제품

④ D 제품   ⑤ 모두 같다.

28. A 제품과 D 제품의 발주간격이 8일, 6일로 변경되었다. A와 D 제품의 8월 한 달간 발생하는 이익은 총 얼마인가? (단, 발주횟수만큼 모두 이익이 발생한다고 가정한다)

① 5천만 원   ② 1억 2천5백만 원   ③ 2억 1천만 원

④ 3억 2천5백만 원   ⑤ 4억 9천만 원

29. ○○공단에 지원하기 위해서는 〈사업주 직업능력개발훈련〉 내용을 알고 있어야 한다. 다음 중 알맞지 않은 설명은?

〈사업주 직업능력개발훈련〉

가. 직업능력개발훈련의 정의
- 근로자에게 직업에 필요한 직무수행능력을 습득·향상시키기 위하여 실시하는 훈련
  - '직무수행능력'이라 함은 직무를 수행하기 위한 지식·기술·태도 등을 의미함.
  - 취미활동·오락·스포츠 등을 목적으로 하거나 단순한 정보교류활동인 세미나·심포지엄 등은 직업능력개발훈련으로 볼 수 없음.
- 사업주가 소속 근로자, 채용예정자, 구직자 등을 대상으로 직업능력개발훈련을 실시할 경우 직업능력개발훈련 실시에 따라 소요되는 훈련비 등 비용의 일부를 지원함으로써 사업주의 직업능력개발훈련 실시를 촉진

나. 사업주 직업능력개발훈련 실시주체 및 대상
- 훈련실시주체 : 사업주(고용보험법상 직업능력개발사업의 적용을 받는 사업주)
- 훈련실시대상 : 15세 이상의 근로자(재직자, 채용예정자 등)

다. 우선지원대상기업에 대한 혜택 및 지원 강화
1) 우선지원대상기업
   ① 산업별로 상시 사용하는 근로자 수에 따라 고용안정·직업능력개발을 위해 우선적으로 고려되는 기업
   ② 상시근로자 수에 의해 우선지원대상기업에 해당되지 않더라도 「중소기업기본법」에 의한 중소기업은 우선지원대상기업으로 간주
   ③ 우선지원대상기업이 대규모 기업으로 변경될 경우 그 사유가 발생한 연도의 다음 연도부터 5년간 우선지원대상기업으로 간주
      ※ 단, 유예기간은 자동으로 유예처리 되는 것이 아니고 해당 기업의 별도 신청을 통해 근로복지공단에서 유예 여부를 판단하여 결정
   – 위 ①, ②, ③에 해당되더라도 「독점규제 및 공정거래에 관한 법률」 제14조 제1항에 따라 지정된 상호출자제한기업집단 중 자산 총액이 5조 원 이상인 기업집단에 속하는 회사로 통지된 회사는 우선지원대상기업으로 간주하지 않음.
2) 우선지원대상기업 적용시점
   - 훈련비용 신청일 기준이 아니라 훈련시작일을 기준으로 적용
3) 우선지원대상기업 여부 확인
   - 우선지원대상기업은 근로복지공단에서 매년 상시근로자수, 자산규모 등을 토대로 결정
   - 우선지원대상기업 해당 여부 확인 및 이의신청은 관할 근로복지공단 지부·지사에 문의

---

① 사업주 직업능력개발훈련은 사업주가 받는 훈련이 아니다.

② 고용보험에 가입되어 있는 사업장의 근로자 개인이 비용을 부담하는 경우에는 지원이 불가능하다.

③ 2017년 10월 기업 규모가 대기업으로 변경되었을 경우, 2022년까지는 우선지원대상기업으로 간주된다.

④ 법규상으로 중소기업에 해당하나, 상시근로자 수가 기준 규모를 넘을 경우에도 우선지원대상기업 자격을 유지할 수 있다.

⑤ 우선지원대상기업에서 제외된 기업은 5년간 자격재심사가 불가능하다.

30. 다음 H 공단의 가족수당 지급과 관련된 규정을 참고할 때, 가족수당이 지급되는 경우는?

<가족수당>

가. 지급대상 : 부양가족이 있는 모든 직원

나. 부양가족 요건
   - 부양의무를 가진 직원과 주민등록표상 세대를 같이 하여야 한다.
   - 해당 직원의 주소 또는 거소에서 실제로 생계를 같이 하여야 한다.
   - 다만, 취학, 요양 또는 주거의 형편이나 직원의 근무형편에 따라 해당 직원과 별거하고 있는 배우자, 자녀, 주소 또는 생계를 같이 하는 직계존속은 부양가족에 포함한다.

※ 부양가족의 범위
   - 배우자
   - 본인 및 배우자의 60세 이상 직계존속
   - 본인 및 배우자의 19세 미만 직계비속

① 실제 함께 거주하나 주민등록상 주소지가 다른 17세의 자녀

② 실제 함께 거주하지 않고 주민등록상 주소지가 다르나 생계를 함께 하는 64세 본인의 직계존속

③ 실제 함께 거주하는 20세의 직장인 자녀

④ 실질적인 생계를 함께 하며 주소지가 다른 동거 관계인

⑤ 주민등록상 주소지가 다른 배우자의 65세인 직계존속

31. 다음은 사업주 직업능력개발훈련 매뉴얼 중 일부이다. 이를 근거로 할 때, 훈련과정 인정내용을 위반한 사례가 아닌 것은?

---

1. 신청대상 훈련과정
   - 위탁 집체훈련과정
   ※ 위탁훈련 중 채용예정자 과정, 계약학과, 외국인취업교육, 기업맞춤형 훈련 제외

2. 신청자격
   - 근로자직업능력 개발법 시행령 제12조에 따른 시설 또는 기관으로서 근로자 직업능력개발법 제53조(직업능력개발훈련시설 등에 대한 평가)에 의해 평가받은 기관
   - 신청기관은 신청과정과 관련된 법령 및 규정 등에서 요구하는 시설 및 장비기준을 준수하여야 함.

3. 훈련기간 및 시간
   - 훈련기간 : 2일 이상, 훈련시간 : 16시간 이상
     - 우선지원 대상기업 근로자 과정은 1일 이상, 8시간 이상
   - 1일 훈련시간은 8시간을 초과하지 않을 것
     - 단, 한국산업인력공단 지부·지사에서 인정받은 경우에는 초과 가능
   ※ 기준근로시간 외 훈련을 진행할 경우 '시간 외 훈련동의서' 작성하고 자체 보관(근로자직업능력개발법 제9조 제4항)
   - 훈련과정 인정내용을 위반한 사례
     - 훈련내용, 훈련기간, 훈련시간, 훈련방법의 중요사항에 관하여 훈련목적에 위배될 정도로 인정받은 내용을 위반한 경우(인정 취소 및 해당 훈련과정에 대한 1년간의 인정 제한)

---

① 훈련의 목적을 달성하기 위하여 시간 외 훈련동의서를 작성하고 1일 9시간 훈련을 편성하여 실시
② 우선지원 대상기업이 아닌 A사가 2일 16시간 과정을 인정받은 후 실제 2일 14시간 과정으로 훈련을 실시
③ 우선지원 대상기업이 아닌 B사가 2일 16시간 과정을 인정받은 후 실제 1일 16시간 과정으로 훈련을 실시
④ 집체훈련과정을 인정받은 후 인터넷으로 훈련을 실시
⑤ 관리자 대상 '리더십 과정'으로 훈련과정을 인정받은 후 '홍보전략'에 대한 훈련을 실시

32. 다음은 20X6 ～ 20X9년 △△공단 기술자격출제실 부별 출제위원 수당 지출액에 관한 자료이다. 이에 대한 설명으로 옳지 않은 것은?

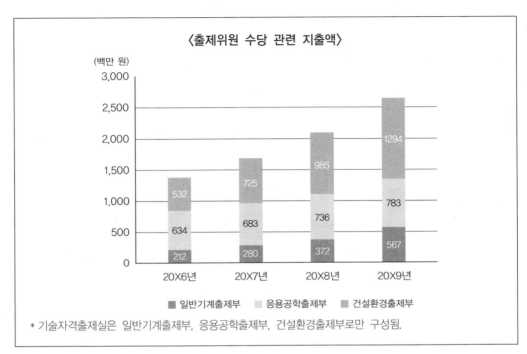

〈출제위원 수당 관련 지출액〉

* 기술자격출제실은 일반기계출제부, 응용공학출제부, 건설환경출제부로만 구성됨.

① 20X7 ～ 20X9년 동안 응용공학출제부 지출액의 전년 대비 증가액이 가장 큰 해는 20X8년이다.

② 20X7 ～ 20X9년 동안 부별 지출액의 전년 대비 증가액은 매년 응용공학출제부가 가장 낮다.

③ 20X9년 부별 지출액의 전년 대비 증가율은 건설환경출제부가 가장 높다

④ 일반기계출제부의 지출액은 매년 건설환경출제부의 지출액보다 낮다.

⑤ 건설환경출제부는 20X9년도에 20X8년 대비 30% 이상 증가하였다.

33. 다음과 같은 공공기관 지역본부의 일반적인 특성으로 옳지 않은 것은?

서울지역본부
• 직업능력개발1팀
• 직업능력개발2팀
• 지역일학습지원팀
• 자격시험1팀
• 자격시험2팀
• 자격시험3팀
• 채점팀

서울동부지사
• 직업능력개발1팀
• 직업능력개발2팀
• 지역일학습지원팀
• 자격시험1팀
• 자격시험2팀

서울남부지사
• 직업능력개발1팀
• 직업능력개발2팀
• 지역일학습지원팀
• 외국인고용지원팀
• 자격시험1팀
• 자격시험2팀

강원지사
• 직업능력개발팀
• 지역일학습지원팀
• 자격시험팀

강원동부지사
• 직업능력개발팀
• 자격시험팀

부산지역본부
• 직업능력개발팀
• 지역일학습지원팀
• 외국인고용지원팀
• 자격시험1팀
• 자격시험2팀
• 자격시험3팀
• 출제발간팀

부산남부지사
• 직업능력개발팀
• 자격시험1팀
• 자격시험2팀

경남지사
• 직업능력개발팀
• 지역일학습지원팀
• 진주일학습지원팀
• 외국인고용지원팀
• 자격시험1팀
• 자격시험2팀

울산지사
• 직업능력개발팀
• 지역일학습지원팀
• 자격시험팀

대구지역본부
• 직업능력개발팀
• 지역일학습지원팀
• 외국인고용지원팀
• 자격시험1팀
• 자격시험2팀

경북지사
• 직업능력개발팀
• 지역일학습지원팀
• 구미일학습지원팀
• 자격시험팀

경북동부지사
• 직업능력개발팀
• 자격시험팀

① 지역별 순환 보직을 기본으로 한다.

② 구성원의 출신 및 지역적 배경을 가급적 고려하나 발령근무지와 개인적 연고지가 항상 일치하는 것은 아니다.

③ 각 본부는 본사와 독립적인 조직이기 때문에 본사의 지침을 따를 의무가 없다.

④ 지역본부별 본부장을 중심으로 한 책임경영이 이루어진다.

⑤ 지역본부별 조직과 기능이 유사하게 표준화되어 있다.

34. 다음은 「사업주 직업능력개발훈련 업무매뉴얼」의 훈련과정인정 신청기한 및 처리기간에 관한 사항이다. A 기업이 자체훈련으로 202X년 11월 1일에 훈련을 시작한다면, 본 훈련과정의 과정 인정 신청기한은 언제까지인가?

- 신청기한
  - 자체훈련은 훈련 시작 5일 전까지, 위탁훈련은 훈련 시작 7일 전까지 신청해야 함.
  - 자체훈련인 경우는 토요일과 일요일을 산입하지 않고, 위탁훈련인 경우는 일요일을 산입 하지 않음.

- 처리기간
  - 접수 후 자체훈련은 5일 이내, 위탁훈련은 7일 이내에 인정 또는 불인정하거나 반려 처리함.
  - 처리기간이 5일 이하인 경우는 토요일과 일요일을 산입하지 않고, 6일 이상인 경우는 일 요일을 산입하지 않음.

일	월	화	수	목	금	토
10/20	10/21	10/22	10/23	10/24	10/25	10/26
10/27	10/28	10/29	10/30	10/31	11/1	
					훈련 시작	

① 10월 22일   ② 10월 23일   ③ 10월 24일

④ 10월 25일   ⑤ 10월 28일

35. △△공단은 다음과 같이 외국인 고용지원 사업을 시행하고 있다. 이 사업에 해당되는 외국인 산 업인력 직종이 아닌 것은?

사업 정의	「외국인근로자의 고용 등에 관한 법률」에 의거, 외국인 고용허가제의 운영을 위해 공단에 위탁된 외국인력 선발, 출입국지원, 고용체류지원, 송출국 협력 등의 업무 수행
사업 목표	산업수요에 부응하는 외국인근로자의 체계적인 선발, 도입, 체류 지원으로 국내 중소기업의 안정적인 외국인력 활용 지원
주요 내용	외국인근로자 고용 사업주 및 외국인근로자 지원 등을 통해 중소기업과 외국인근로자의 동반 성장을 지원(단, 외국인력 도입 허용 업종은 제조업, 건설업, 어업, 농축산업으로 한정되어 있음)

① 금속가공직   ② 섬유제작직   ③ 일류차운전직

④ 관광통역직   ⑤ 연근해어업직

[36 ~ 37] 다음은 ○○공단의 **차량관리규칙**의 일부이다. 이어지는 질문에 답하시오.

제8조(차량의 수리) 차량의 정기점검·수리는 각 차량소속기관별로 자동차종합정비사업장 또는 소형자동차정비사업장에서 수리를 해야 하며 계약을 할 수 없을 때와 경미한 수리는 관리부서장 이 지정하는 자동차부분정비사업장에서 수리를 할 수 있다.

제9조(차량운행) 차량운행관리부서에서는 차량운행을 다음 각 호와 같이 한다.

1. 이사장·감사 전용차를 제외한 전 차량은 집중관리부서의 배차승인 결정에 따라 운행하여야 한다.

2. 공휴일 및 일과 시간 후의 차량운행은 금지한다. 다만, 공무로 운행할 필요가 있을 때는 사용 자가 일과시간 내에 차량관리부서에 허가를 득하여 사용하여야 하며 허가를 득하지 않고 사 용 시 발생하는 제반사고 및 경비에 대하여는 사용자가 책임을 져야 한다.

제10조(주차관리) 차량의 주차는 훼손 또는 도난방지를 위하여 청사 내 지정주차장에 하여야 하 며, 업무수행상 부득이한 경우, 기관장이 별도로 지정하는 주차장에 주차할 수 있다.

제11조(유류지급) 유류지급은 예산의 범위 내에서 지급한다. 다만, 타 기관 및 공단 관련 협회 등 에 차량을 지원하는 경우에는 유류를 지급하지 아니한다.

제12조(배차신청 및 승인) ① 차량을 사용하고자 하는 부서는 다음 각 호의 사항을 명시하여 차량 관리부서에 배차신청을 하여야 한다.

1. 사용차량 / 사용일시

2. 용무 / 행선지(경유지 포함)

3. 운전자 / 탑승인원

② 집중관리부서는 제1항의 규정에 의하여 차량배차 요청사항에 대해 사용신청 순위 및 업무의 경중과 완급, 공동 사용할 수 있도록 검토하여 승인하여야 한다.

③ 승합차량 배차 시 탑승인원 및 운반 물품 등 차량이용 목적에 부합하여야 한다.

④ 각 소속기관 및 부설기관, 전담관리부서는 배차신청 및 차량 운행일지를 본 규칙에서 정한 양식에 준하여 변경하여 기록할 수 있다.

제13조(차량운행일지 기록) 차량 운전자는 일일운행 기록을 차량 반납 이전에 차량운행일지에 기 록·유지하여야 한다.

제14조(근무시간 후 차량관리) ① 근무시간 후에는 운전자는 차량을 지정 주차장에 입고한 후 차 량 열쇠를 당직실 및 소속기관의 경우 운영관리자가 별도 지정하는 곳에 보관한다.

② 당직책임자는 차량별 열쇠의 보관 상태를 확인하고 당직 중 차량운행허가 등 선량한 차량관 리 의무를 다하여야 한다.

제15조(차량 대여) 타 기관 및 관련 협회가 공단차량을 사용하고자 할 때는 차량 사용일 7일 전까지 배차신청을 하여야 하며, 본 규칙을 준수해야 한다.

36. 다음 중 위의 차량관리규칙을 올바르게 이해한 것은?

① 차량배차 요청이 있을 경우 집중관리부서는 즉시 승인을 해 주어야 한다.

② 공단 직원이 아닌 타 기관에 차량을 지원하는 경우 유류지원을 포함한다.

③ 경미한 수리인 경우에는 관리부서장이 지정하는 정비사업장에서 수리할 수 있다.

④ 차량 사용 시간, 사용 인원, 행선지 등 사용 내역과 관련된 사항은 차량 반납 시 보고하여야 한다.

⑤ 공휴일에 공무로 인한 차량 사용 시 미리 승인을 얻지 못한 경우, 사용 경비 등은 사후 보고를 통하여 공단에서 지급하게 된다.

37. 공단 홍보실에서 근무하는 신입사원 승연 씨는 업무상 차량 배차신청을 할 일이 많아 배차실 권 대리를 찾아가 다음과 같은 질문을 하였다. 권 대리의 답변으로 옳지 않은 것은?

Q. 권 대리님, 배차신청 시 사용 내역을 명시해야 한다고 알고 있는데요, 탑승인원까지는 명시할 필요 없겠죠?

A. ① 그렇지, 운전자와 행선지 등 운행과 관련된 사항만 명시하면 돼.

Q. 업무상 타 기관에 차량을 지원해 줘야 할 일이 있는데요, 그런 경우엔 어떻게 해야 하나요?

A. ② 그런 경우에는 차량 사용 7일 이전에 배차신청을 해야 하고, 우리 공단의 차량 규칙을 준수해야 한다고 알려주어야 하지.

Q. 근무시간 이후 차량 사용이 완료되면 차량을 다음날 아침에 가져오면 되는 건가요?

A. ③ 아니야, 근무시간 이후에도 당직자가 있으니 주차장에 차량을 입고시키고 열쇠를 당직자에게 반납하면 돼.

Q. 차량 사용 용도가 특수한 경우 차량 운행일지 양식이 좀 안 맞는 경우도 가끔 있던데요, 그럴 땐 어떻게 하지요?

A. ④ 차량 운행일지는 차량관리규칙을 기준으로 하여 변경하여 기재할 수도 있어.

Q. 내방객 일정이 유동적이라서 차량을 주차장 이외의 장소에 잠시 주차해야 할 상황이 생겨도 반드시 지정 주차장에만 주차해야 하는 건가요?

A. ⑤ 반드시 그렇진 않아. 부득이한 경우에는 기관장 지정 장소에 주차할 수도 있지.

38. H 공단 국제인력본부에서는 최 상무와 박 대리가 지난달 미국으로 3박 4일간 출장을 다녀왔으며, 남 차장과 홍 사원은 이번 달에 아프리카로 5박 6일간 출장을 다녀올 예정이다. 다음 출장비 지급 규정을 참고할 때, 지난달과 이번 달의 출장비 지급 총액은? (단, 출장비는 숙박비와 일당만 고려한다)

〈지역별 / 직급별 출장비 지급 규정〉

(단위 : 만 원)

구분	갑지			을지			병지			일본		
	숙박	일당	계	숙박	일당	계	숙박	일당	계	숙박	일당	계
사장 / 부사장	18	12	30	17	11	28	16	10	26	22	14	36
전무 ~ 이사	17	11	28	16	10	26	15	9	24	20	12	32
이사부장 / 부장	16	10	26	15	8	23	14	7	21	17	10	27
차장 ~ 과장	14	9	23	14	7	21	13	6	19	15	9	24
대리 ~ 사원	13	8	21	13	6	19	12	5	17	13	8	21

* 출발과 도착 당일에도 일당이 지급된다.
* 지역 구분
  • 갑지 : 노르웨이, 핀란드, 스웨덴
  • 을지 : 대만, 홍콩 / 갑지를 제외한 유럽 전 지역 / 아메리카 전 지역 / 오세아니아 전 지역
  • 병지 : 일본, 갑지, 을지를 제외한 전 지역

① 342만 원   ② 338만 원   ③ 330만 원
④ 326만 원   ⑤ 315만 원

39. K 공단은 주요업무를 기획운영이사, 능력개발이사, 능력평가이사 등 3명의 이사 소속 조직과 국제인력본부가 나누어 담당하고 있다. 다음에 열거된 업무를 담당하는 이사(또는 본부)와 해당 산하 조직명이 올바르게 짝지어진 것은?

  • 자격제도 및 국가자격 효용성에 관한 연구 · 조사 · 분석 · 개선 등에 관한 사항
  • 능력평가이사 소관 조사 · 분석 과제 등에 관한 사항
  • 국가역량체계(NQF) 도입 · 운영에 관한 사항(NQF−SQF 연계 및 실행에 관한 사항 포함)
  • 산업동향 조사 · 분석 등 자격 관련 연구개발 총괄에 관한 사항
  • 국가기술자격제도발전 기본계획에 관한 사항
  • NCS 기반 자격 개편에 관한 사항
  • 국가기술자격 효용성 평가 체계 구축에 관한 사항
  • 자격시험 통계, 수험자 기초통계 및 동향분석, 통계연보 발간 등 자격정보 제공에 관한 사항

① 능력개발이사, 일학습기획부　　　　② 기획운영이사, 정보화사업부

③ 국제인력본부, 고용체류지원부　　　④ 능력평가이사, 자격분석설계부

⑤ 능력개발이사, 능력개발지원부

40. 다음은 어느 회사의 중장기 경영 4대 전략목표 및 12대 전략과제이다. 12대 전략과제와 이를 실행하기 위한 실행계획이 바르게 연결되지 않은 것은?

4대 전략목표	12대 전략과제
1. 청년일자리 지원 강화	㉠ 청년 조기취업 기회 확대 및 역량 강화
	청년 해외취업 시스템 고도화
	숙련기술을 통한 취업능력 향상 지원
2. 중소기업 미래성장 동력 강화	㉡ 신기술 훈련확대를 통한 중소기업 성장 견인
	㉢ 지역산업 맞춤형 인력양성사업 강화
	우수 외국인근로자 도입 및 체류지원 강화
3. 현장중심 HRD 인프라 구축	NCS 개발 활용 확산
	㉣ 자격의 효용성 강화
	직업방송, HRD 콘텐츠 확산을 통한 일자리 정보 플랫폼 구축
4. 사회적 가치를 실현하는 책임경영	고객중심 지속가능경영 구현
	혁신지향 열린 조직운영
	㉤ 스마트 경영환경 조성

① ㉠ – 국내 대학과 중소기업 간 인턴십을 연결한다.

② ㉡ – 4차 산업혁명 기술 연수 프로그램을 제공한다.

③ ㉢ – 지방자치단체, 대학, 산업 간 연계와 협업을 위하여 예산을 확보한다.

④ ㉣ – 채용 시 자격증 보유자와 비보유자 간 차등을 해소한다.

⑤ ㉤ – 본사 및 지역본부 또는 지역본부 간 화상회의를 위한 비디오콘퍼런스 시스템을 도입한다.

평가영역 2   한국사 [41 ~ 60]   20문항

41. 다음 중 근초고왕의 업적이 아닌 것은?

① 평양성을 공격하여 고구려의 고국원왕을 전사시켰다.

② 마한의 잔여 세력을 복속시킴으로써 전라도 지역을 확보하였다.

③ 지방의 거점에 22담로를 설치하고 지방관을 파견하였다.

④ 백제 왕실의 역사를 정리한 『서기』를 편찬하였다.

⑤ 중국의 동진과 외교 관계를 수립하였다.

42. 다음 자료에 드러난 사상과 가장 관련이 깊은 것은?

> 삼가 생각하건대 기자께서 우리 조선에 들어오시어 그 백성을 비루한 오랑캐로 여기지 않
> 고 후하게 양육하고 힘써 가르쳐 주시어 머리를 틀어 얹는 오랑캐의 풍속을 변화시켜 제나라
> 와 노나라 같은 나라로 만들어 주셨다. 그리하여 백성이 지금에 이르도록 그 은혜를 받아 예악
> 의 습속이 왕성하게 계속되고 쇠퇴함이 없었으니, 우리 동방은 기자의 발자취에 대하여 집집
> 마다 읽고 사람마다 익혀야 할 것이다.
>
> ―기자실기(箕子實記)―

① 친명배금   ② 의리명분론   ③ 척화론

④ 실학   ⑤ 동학

43. 조선 정조가 시행한 다음 정책들의 공통된 목적은 무엇인가?

> • 규장각 설치   • 수원화성 축조   • 장용영 설치

① 왕권 강화   ② 인재 육성   ③ 기득권 타파

④ 군사 정비   ⑤ 영토확장

44. 다음 중 저자와 그 저작물을 잘못 연결한 것은?

① 유득공 – 〈발해고〉
② 안정복 – 〈동사강목〉
③ 정약용 – 〈동국지도〉
④ 김종서 – 〈고려사절요〉
⑤ 이긍익 – 〈연려실기술〉

45. 다음 중 무신집권기에 고려를 침략한 국가(민족)는?

① 여진
② 거란
③ 송나라
④ 몽골
⑤ 일본

46. 다음 중 조선의 유향소에 대한 설명으로 옳은 것을 모두 고르면?

> ㉠ 조선 후기 때 경재소로 명칭이 변경되었다.
> ㉡ 고려의 사심관 제도에서 유래하였다.
> ㉢ 지방의 풍기를 단속하는 등 지방자치의 기능을 맡았다.
> ㉣ 직접 세금 납부와 관련된 업무를 맡았다.

① ㉠, ㉡
② ㉠, ㉢
③ ㉡, ㉢
④ ㉡, ㉣
⑤ ㉢, ㉣

47. 다음 중 1910년에 있었던 사건으로 옳은 것은?

① 일본은 한국의 경찰권과 사법권을 강탈하였다.
② 합병조약에 의해 대한제국의 국권이 일본제국에 의해 박탈되었다.
③ 일본의 식민지 지배에 저항하여 전국적으로 만세 운동이 일어났다.
④ 일본통치에 조직적으로 항거하기 위하여 대한민국 임시정부를 수립하였다.
⑤ 일제가 우리나라의 교육과정을 식민지 정치에 맞게 바꾼 1차 조선교육령이 공포되었다.

48. 다음에서 설명하는 단체와 관련이 깊은 신문은?

> 1907년 안창호, 양기탁, 신채호 등의 인사들이 국권을 회복하는 데 목적을 두고 조직한 항일 비밀 결사 단체이다. 문화적, 경제적 실력 양성 운동을 펼치는 동시에 삼원보, 한흥동, 신한촌 등의 해외 독립 운동 기지를 건설하였으나 일제가 날조한 '데라우치 총독 암살 음모 사건'에 휘말리며 와해되었다.

① 대한매일신보
② 독립신문
③ 한성순보
④ 황성신문
⑤ 제국신문

49. 다음 (가)에 들어갈 정부의 대책으로 옳은 것은?

> 이현과 칠패가 성황을 이루고 서민들이 행상으로 생계를 잇고 있었지만 당시 이것은 모두 불법이었다. 그러다 보니 행상들은 피해를 입어도 어디에 하소연할 데가 없었다. 무뢰배들이 삼삼 오오 작당을 하고 길목에 잠복했다가 행상들의 물건을 싸게 사서 비싸게 넘기는 일이 많았다. 싸게 팔려고 하지 않으면 난전(亂廛)이라면서 붙잡아 형조나 한성부에 넘기곤 하였기 때문에 울며 겨자 먹기로 물건을 넘기지 않을 수 없었다. 이에 정부는 ___(가)___ 하였다.
> – 한국 생활사 박물관 –

① 대동법을 시행
② 청해진을 설치
③ 호포제를 실시
④ 금난전권을 폐지
⑤ 신문고를 부활

50. 다음 선언에 대한 설명으로 옳은 것을 〈보기〉에서 모두 고르면?

> '내정 독립'이나 '참정권'이나 '자치'를 운동하는 자 누구이냐? …… 강도 일본이 또 우리의 독립운동을 완화시키려고 매국노를 시켜 이따위 미친 소리를 외치게 하는 것이니…… 문화 운동을 부르는 자 누구이냐? …… 강도의 비위에 거스르지 아니할 만한 언론이나 주창하여 이것을 문화 발전의 과정으로 본다 하면 그 문화 발전이 도리어 조선의 불행인가 하노라.

보기

㉠ 외교 독립 노선을 비판하였다.
㉡ 의열단의 활동 내용을 지지하였다.
㉢ 일제의 민족 말살 통치에 대항하여 발표하였다.
㉣ 대한민국 임시정부의 건국 강령에 영향을 주었다.

① ㉠, ㉡   ② ㉠, ㉢   ③ ㉡, ㉢
④ ㉡, ㉣   ⑤ ㉢, ㉣

51. 다음 사료와 관련된 주제로 적절한 것은?

> • 문무왕 13년(673), 백제 사람에게 관직을 주었으며 그 관등은 본국(백제)에서 재직하였던 관직에 버금가게 대우하였다.
> • 신문왕 6년(686), 고구려인들에게 관직을 주었는데 그 본국(고구려)의 관품에 헤아려 주었다.
> • 문무왕 10년(670), 고구려의 왕족인 안승을 고구려의 왕으로 봉하였다. …… 문무왕 20년(680), 보덕왕 안승에게 예물을 주고 왕의 여동생의 딸을 아내로 삼게 하였다.
> — 삼국사기 —

① 군사 제도의 개편   ② 민족 통합 정책의 추진
③ 지방 세력에 대한 통제   ④ 진골 귀족 세력의 강화
⑤ 불교 사상의 확산

52. 다음 설명에 해당하는 기구는 아래 표의 (가) ~ (마) 중 무엇에 해당하는가?

> - 건국 초기에는 사헌대라고 하였지만 성종 14년에 그 명칭을 고쳤다.
> - 정치의 잘잘못을 논하고 관리 감찰과 풍기 단속을 실시하였다.
> - 낭사와 함께 대간으로 불렸으며, 간쟁·서경·봉박 등의 권한을 행사하였다.

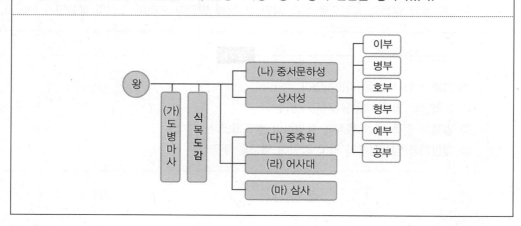

① (가) ② (나) ③ (다)
④ (라) ⑤ (마)

53. 다음 왕에 대한 설명으로 옳은 것은?

> - 왕 16년, 북한산을 순행하여 국경을 정하였다.
>   18년, 신주를 없애고 북한산주를 설치하였다.
>   29년, 북한산주를 없애고 남천주(南川州)를 설치하였다.
> - 왕이 크게 인민을 얻어 … 이리하여 관경(管境)을 순수(巡狩)하면서 민심을 □□하고 노고를 위로하고자 한다. … 남천군주(南川軍主)는 … 사탁(沙喙) 굴정차(屈丁次) 나(奈) □이다.

① 왕호를 이사금에서 마립간으로 바꾸었다.
② 우산국을 복속시켜 영토로 편입하였다.
③ 율령을 반포하여 통치 질서를 확립하였다.
④ 화랑도를 만들어 내세웠다.
⑤ 고령의 대가야를 정복하여 낙동강 유역을 확보하였다.

54. 다음 풍습이 있었던 나라에서 볼 수 있었던 모습은?

> 해마다 5월이면 씨뿌리기를 마치고 귀신에게 제사를 지낸다. 떼를 지어 모여서 노래와 춤을 즐기며 술 마시고 노는데 밤낮을 가리지 않는다. …… 10월에 농사일을 마치고 나서도 이렇게 한다.

① 소도에서 제사를 주관하는 천군 ② 고인돌을 만드는 데 동원된 백성
③ 고구려에 공물을 바치러 가는 사절단 ④ 형이 죽은 후 형수를 아내로 삼는 동생
⑤ 남자 집에 미리 가서 살다 결혼하는 여자

55. 밑줄 친 '이 문서'에 대한 설명으로 옳은 것은?

> 일본 도다이 사의 쇼소인에서 발견된 이 문서는 서원경(청주) 부근 4개 촌락의 경제 상황을 보여 주는 기록이다. 4개 촌의 이름과 촌의 영역은 물론 호구 수, 소와 말의 수, 토지 면적, 유실수의 수와 그 3년 동안의 변동 내용이 기록되어 있다.

① 세금을 거두려는 목적으로 작성되었다.
② 신라 말기 호족들이 성장하는 데 기여하였다.
③ 관리들에게 토지에 대한 수조권을 지급하였다.
④ 강화도를 점령한 프랑스군에 의해 약탈당했다.
⑤ 한강유역을 순수한 것을 기념으로 만들어졌다.

56. 다음 자료와 관련된 국왕의 업적으로 옳은 것은?

> • 명주의 장군 순식이 드디어 큰아들 수원을 보내어 귀순하니, '왕'이라는 성(姓)을 내려주고 집과 토지도 내려 주었다.
> • 신라 경순왕 김부가 항복하자 신라국을 없애고 경주라 하였다. 김부로 하여금 경주의 사심이 되어 부호장 이하의 직(職)을 관장하게 하였다.
>
> — 고려사 —

① 향리 제도를 마련하였다. ② 초조대장경을 제작하였다.
③ 전민변정도감을 설치하였다. ④ 지방을 5도 양계로 정비하였다.
⑤ 북진 정책을 추진하였다.

57. 다음 정책이 실시된 배경으로 옳은 것은?

> 신돈은 왕에게 전민변정도감을 설치할 것을 청원하고 스스로 판사가 되어 각처에 포고문을 붙였다. "근래에 기강이 파괴되어 …… 공전과 사전을 권세가들이 강탈하였다. …… 스스로 토지를 반환하는 자는 과거를 묻지 않는다."라고 공포하였다.

① 금이 고려에 사대 관계를 요구하였다.
② 묘청이 서경 천도 운동을 전개하였다.
③ 급진 개혁파가 이성계를 왕으로 추대하였다.
④ 친원 세력이 불법적으로 농장을 확대하였다.
⑤ 정중부의 난이 발생하였다.

58. (가) 대통령 재위 시기의 일로 옳은 것은?

> (가)는 여소야대 국회 형성으로 인한 정국 운영의 어려움을 극복하고자 두 야당과의 통합을 통해 민주자유당을 창당하고 14대 대통령 선거에서 대통령으로 당선되었다. 당선 이후에는 세계화를 내세워 경제협력개발기구(OECD)에 가입하고 시장 개방 정책을 추진하였으나, 임기 말 외환 위기를 맞아 국제통화기금(IMF)에 지원을 요청하였다.

① 두발과 교복자율화 조치가 이루어졌다.
② 대통령선거인단에서 대통령을 선출하였다.
③ 대통령 3회 연임 허용 개헌안이 통과되었다.
④ 전직 대통령이 반란 및 내란죄로 구속되었다.
⑤ 88 서울올림픽이 성공적으로 개최되었다.

59. 다음 사건의 영향으로 옳은 것은?

> 1932년 4월 29일에는 윤봉길이 중국 상하이의 홍커우 공원에서 열린 일왕의 생일과 상하이 사변 승전 기념식에서 일본인들을 향해 폭탄을 던졌다. 이로 인해 상하이 파견 일본군 총사령관 시라카와 육군 대장 등 고관들이 죽거나 중상을 입었다.

① 의열단이 결성되었다.
② 청산리 전투가 발생하였다.
③ 만주에서 한중 연합 작전이 전개되었다.
④ 중국 국민당 정부는 대한민국 임시정부를 적극적으로 지원하였다.
⑤ 「시일야방성대곡」이 게재되었다.

60. 다음 내용을 주장한 인물에 대한 설명으로 옳은 것은?

> 나라는 없어질 수 있으나 역사는 없어질 수 없으니 그것은 나라의 형체이고 역사는 정신이기 때문이다. … 정신이 보존되어 없어지지 않으면 형태는 부활할 때가 있을 것이다.

① 『독사신론』을 연재하여 민족주의 사학의 발판을 마련하였다.
② 『5천 년간 조선의 얼』이라는 글을 동아일보에 연재하여 민족정신을 고취하였다.
③ 대동사상을 수용한 유교구신론을 주장하였다.
④ 『조선사회경제사』를 저술하여 세계사적 보편성 속에서 한국사를 해석하였다.
⑤ 한말 최대의 민족지인 『대한매일신보』를 발행하였다.

[61 ~ 63] Choose a word or phrase that best fits in the blank.

61.

> I believe I will die (　　) natural causes. : Do not accuse yourself (　　) that.

① in   ② for   ③ by
④ of   ⑤ to

62.

> Their stories are being shared online, in traditional media and among their friends and loved ones of passengers (　　) the Boeing 777, which was shot down over Ukraine on Thursday.

① abroad   ② among   ③ amid
④ aboard   ⑤ along

63.

> In the middle of global economic hardship, many people (　　) their jobs, pushing the unemployment rate higher.

① losing   ② lost   ③ lose
④ loses   ⑤ loose

[64 ~ 66] Choose the one that is closest in meaning to the underlined word.

64.

> You must comply with the terms of the covenant.

① obey   ② conclude   ③ acclaim

④ confuse   ⑤ compliment

65.

> We have great admiration for his work.

① belief   ② wonder   ③ criticism

④ disorder   ⑤ question

66.

> When the onion is transparent, add the remaining ingredients.

① momentous   ② consistent   ③ clear

④ entire   ⑤ indistinct

[67 ~ 68] Choose the one that is not grammatically correct.

67.

① <u>Over</u> the past 8 years, Hong Kong movies on subjects contrary to China's censorship regulations have become less frequent. Exacerbating the problems ② <u>are</u> the rise in the number of co-productions involving the Chinese mainland, ③ <u>which</u> avoids controversial themes. So, we have seen ④ <u>fewer</u> of those distinctive Hong Kong movies ⑤ <u>renowned</u> for their gritty crime dramas and action-packed violence.

68.

The competitive nature of democratic societies ① <u>breeds</u> a desire for social distinction, a yearning to rise above the crowd. But ② <u>given</u> the fact that those who do make it to the top in ③ <u>socially</u> mobile societies have often ④ <u>rising</u> from the lower ranks, they still ⑤ <u>look</u> like everyone else.

[69 ~ 70] Choose the one that would best fill in the blank ⓐ.

69.

> Note that about 85 percent of bachelor's degrees in engineering and computer information sciences are awarded to males, whereas 94 percent of bachelor's degrees in library science are awarded to females. Other majors _____ⓐ_____ by women include education, health professions, and public administration and social services. Approximately 80 percent of all bachelor's degrees awarded in these fields go to women.

① avoided   ② ignored   ③ dominated
④ discriminated   ⑤ released

70.

> Regarding the next book we will study, Holocaust fiction is a troubling genre. I don't refer to its subject matter so much as the hazy borderline between testimony and literature you encounter, despite being a literary topic that demands truth perhaps more intensely than any other. It is extremely disrespectful to distort the Holocaust in a written work. _____ⓐ_____, you will find writers have done this often, fabricating scenes or, in the case of Wiesel and Levi on Auschwitz, altering accounts to appeal to a wider readership.

① Similarly   ② As a result   ③ For instance
④ Yet   ⑤ Therefore

[71 ~ 72] Read the passages and answer the questions that follow.

With 100 million first–grade–aged children worldwide having no access to schooling, the One Laptop Per Child organization is trying something new in two remote Ethiopian villages – simply dropping off tablet computers with preloaded programs and seeing what happens. Their goal is to see if illiterate kids can learn how to read all by themselves by experimenting with the tablet and its preloaded alphabet–training games, e–books, movies, cartoons, paintings, and other programs.

The devices involved are Motorola Xoom tablets – used together with a solar charging system, which Ethiopian technicians had taught adults in the village to use. Once a week, a technician visits the villages and swaps out memory cards so that researchers can study how the machines were actually used. After several months, the kids in both villages were still heavily engaged in using and recharging the machines, and had been observed reciting the "alphabet song," and even spelling words. One boy, exposed to literacy games with animal pictures, opened up a paint program and wrote the word "Lion."

In an interview after his talk at MIT Technology Review's Em Tech conference last week, Nicholas Negroponte, OLPC's founder, said that while the early results are promising, reaching conclusions about whether children can learn to read by themselves this way would require more time. "If it gets funded, it would need to continue for another a year and a half to two years to come to a conclusion that the scientific community would accept," Negroponte said. "We'd have to start with a new village and make a clean start."

71. Which of the following is the most appropriate title of the passage?

① Ushering Ethiopia into the Modern Era

② Potentials for Self Learning through Technology

③ Combatting Illiteracy One Village at a Time

④ OLPC's Outreach Program Bears Fruit

⑤ The Convenience of Motorola Xoom

72. Which of the following is not true about the experiment?

① It was conducted in multiple rural locations.

② The devices used were solar-powered Motorola Xoom tablets.

③ Once a week, researchers visited the villages and studied how the machines were used.

④ Early results were encouraging although more time is needed for a scientific conclusion.

⑤ Using tablets for education can be useful.

[73 ~ 80] In this part you will read a selection of texts. Each text is followed by several questions. Select the best answer for each question according to the text.

[73 ~ 76]

Artificial Intelligence(AI) has entered our everyday lives. What brought us to this technology and what can it do for us? (A)

The beginnings of the programmable computer in the 1940s inspired scientists to discuss the possibility of building an electronic brain. These scientists and others who later joined the field discovered how difficult this would be. (B) It was not until the 21st century that the reality of sophisticated AI started to become reachable.

In 1997, Deep Blue became the first computer to beat a world chess champion. (C) In 2005, a Stanford University car drove autonomously for 131miles (210km) on desert terrain and in 2007, a Carnegie Mellon University car drove autonomously in city streets for 55 miles (88km). In 2016, AlphaGo beat South Korean Go master, Lee Sedol, 4 to 1 in a Go match.

Though we cannot see it, AI is in the everyday lives of regular people. (D) For many of us, we encounter it when we go online. Every time we do an Internet search, AI is in the background helping us find what we want to see. When we order something online, websites give us recommendations on what we might be interested in buying next.

What's next in the AI world? We'll have to wait and see. (E)

73. What is the main topic of this text?

① How an electronic brain was built

② How long it took to develop AI

③ The beginnings and current reality of AI

④ How AI can play games

⑤ How AI can make self-driving cars possible

74. In which of the positions marked does the following sentence best belong?

It would take several decades to make any substantial progress.

① (A) ② (B) ③ (C)
④ (D) ⑤ (E)

75. What helped scientists start to think about AI?

① The inspiration of scientists to build a computer
② The discussion of building a human brain
③ The difficulty in building an electronic brain
④ The first computer to do things only humans can do
⑤ The development of a programmable computer

76. In which area or areas do common people come in contact with AI?

① when searching for something offline
② when seeing online product recommendations
③ while playing board games with friends
④ All of the above
⑤ None of the above

[77 ~ 80]

Koreans say "Kimchi" instead of "Cheese" when smiling for the camera. (A) Does kimchi make people happy?

Kimchi is most commonly a fermented cabbage dish made with a mix of garlic, salt, chile peppers, and other spices. (B)

Kimchi is a good source of fiber and packed with Vitamin A, B, and C. More importantly, Kimchi contains "healthy bacteria" called Lactobacilli. (C) This is the same type of bacteria found in yogurt and other fermented foods and helps with digestion. It may also help stop and even prevent yeast infections. (D) Recent studies have even shown that fermented cabbage may prevent the growth of cancer.

Does Kimchi make people happy? It might not make you happy but the benefits of eating Kimchi can keep you healthier. Wouldn't that make you happier? (E)

77. What is the main topic of this text?

① Why Koreans say "Kimchi" instead of "Cheese" when smiling for the camera
② How often Kimchi is served with a meal
③ Comparing yogurt and Kimchi
④ Why Kimchi helps in digestion
⑤ The health benefits of Kimchi

78. In which of the positions marked does the following sentence best belong?

It is a side dish served in almost every Korean meal.

① (A)   ② (B)   ③ (C)
④ (D)   ⑤ (E)

79. How does Kimchi help with digestion?

① It ferments the food that you eat.

② It is a type of yogurt.

③ It contains Lactobacilli which is a "healthy bacteria".

④ All of the above

⑤ None of the above

80. What are the health benefits of Kimchi?

① It promotes cancer growth.

② Its fibers contain vitamin packs.

③ It digests yeast.

④ All of the above

⑤ None of the above

한국산업인력공단

파트 2 인성검사

01 인성검사의 이해

1 인성검사, 왜 필요한가?

채용기업은 지원자가 '직무적합성'을 지닌 사람인지를 인성검사와 NCS기반 필기시험을 통해 판단한다. 인성검사에서 말하는 인성(人性)이란 그 사람의 성품, 즉 각 개인이 가지는 사고와 태도 및 행동 특성을 의미한다. 인성은 사람의 생김새처럼 사람마다 다르기 때문에 몇 가지 유형으로 분류하고 이에 맞추어 판단한다는 것 자체가 억지스럽고 어불성설일지 모른다. 그럼에도 불구하고 기업들의 입장에서는 입사를 희망하는 사람이 어떤 성품을 가졌는지 정보가 필요하다. 그래야 해당 기업의 인재상에 적합하고 담당할 업무에 적격한 인재를 채용할 수 있기 때문이다.

지원자의 성격이 외향적인지 아니면 내향적인지, 어떤 직무와 어울리는지, 조직에서 다른 사람과 원만하게 생활할 수 있는지, 업무 수행 중 문제가 생겼을 때 어떻게 대처하고 해결할 수 있는지에 대한 전반적인 개성은 자기소개서를 통해서나 면접을 통해서도 어느 정도 파악할 수 있다. 그러나 이것들만으로 인성을 충분히 파악할 수 없기 때문에 객관화되고 정형화된 인성검사로 지원자의 성격을 판단하고 있다.

채용기업은 필기시험을 높은 점수로 통과한 지원자라 하더라도 해당 기업과 거리가 있는 성품을 가졌다면 탈락시키게 된다. 일반적으로 필기시험 통과자 중 인성검사로 탈락하는 비율이 10% 내외가 된다고 알려져 있다. 물론 인성검사를 탈락하였다 하더라도 특별히 인성에 문제가 있는 사람이 아니라면 절망할 필요는 없다. 자신을 되돌아보고 다음 기회를 대비하면 되기 때문이다. 탈락한 기업이 원하는 인재상이 아니었다면 맞는 기업을 찾으면 되고, 경쟁자가 많았기 때문이라면 자신을 다듬어 경쟁력을 높이면 될 것이다.

2 인성검사의 특징

우리나라 대다수의 채용기업은 인재개발 및 인적자원을 연구하는 한국행동과학연구소(KIRBS), 에스에이치알(SHR), 한국사회적성개발원(KSAD), 한국인재개발진흥원(KPDI) 등 전문기관에 인성검사를 의뢰하고 있다.

이 기관들의 인성검사 개발 목적은 비슷하지만 기관마다 검사 유형이나 평가 척도는 약간의 차이가 있다. 또 지원하는 기업이 어느 기관에서 개발한 검사지로 인성검사를 시행하는지는 사전에 알 수 없다. 그렇지만 공통으로 적용하는 척도와 기준에 따라 구성된 여러 형태의 인성검사지로 사전 테스트를 해 보고 자신의 인성이 어떻게 평가되는가를 미리 알아보는 것은 가능하다.

인성검사는 필기시험 당일 직무능력평가와 함께 실시하는 경우와 직무능력평가 합격자에 한하여 면접과 함께 실시하는 경우가 있다. 인성검사의 문항은 100문항 내외에서부터 최대 500문항까지 다양하다. 인성검사에 주어지는 시간은 문항 수에 비례하여 30 ~ 100분 정도가 된다.

문항 자체는 단순한 질문으로 어려울 것은 없지만 제시된 상황에서 본인의 행동을 정하는 것이 쉽지만은 않다. 문항 수가 많을 경우 이에 비례하여 시간도 길게 주어지지만 단순하고 유사하며 반복되는 질문에 방심하여 집중하지 못하고 실수하는 경우가 있으므로 컨디션 관리와 집중력 유지에 노력하여야 한다. 특히 같거나 유사한 물음에 다른 답을 하는 경우가 가장 위험하다.

 3 인성검사 척도 및 구성

1 미네소타 다면적 인성검사(MMPI)

MMPI(Minnesota Multiphasic Personality Inventory)는 1943년 미국 미네소타 대학교수인 해서웨이와 매킨리가 개발한 대표적인 자기 보고형 성향 검사로서 오늘날 가장 대표적으로 사용되는 객관적 심리검사 중 하나이다. MMPI는 약 550여 개의 문항으로 구성되며 각 문항을 읽고 '예(YES)' 또는 '아니오(NO)'로 대답하게 되어 있다.

MMPI는 4개의 타당도 척도와 10개의 임상척도로 구분된다. 500개가 넘는 문항들 중 중복되는 문항들이 포함되어 있는데 내용이 똑같은 문항도 10문항 이상 포함되어 있다. 이 반복 문항들은 응시자가 얼마나 일관성 있게 검사에 임했는지를 판단하는 지표로 사용된다.

구분	척도명	약자	주요 내용
타당도 척도 (바른 태도로 임했는지, 신뢰할 수 있는 결론인지 등을 판단)	무응답 척도 (Can not say)	?	응답하지 않은 문항과 복수로 답한 문항들의 총합으로 빠진 문항을 최소한으로 줄이는 것이 중요하다.
	허구 척도 (Lie)	L	자신을 좋은 사람으로 보이게 하려고 고의적으로 정직하지 못한 답을 판단하는 척도이다. 허구 척도가 높으면 장점까지 인정받지 못하는 결과가 발생한다.
	신뢰 척도 (Frequency)	F	검사 문항에 빗나간 답을 한 경향을 평가하는 척도로 정상적인 집단의 10% 이하의 응답을 기준으로 일반적인 경향과 다른 정도를 측정한다.
	교정 척도 (Defensiveness)	K	정신적 장애가 있음에도 다른 척도에서 정상적인 면을 보이는 사람을 구별하는 척도로 허구 척도보다 높은 고차원으로 거짓 응답을 하는 경향이 나타난다.
임상척도 (정상적 행동과 그렇지 않은 행동의 종류를 구분하는 척도로, 척도마다 다른 기준으로 점수가 매겨짐)	건강염려증 (Hypochondriasis)	Hs	신체에 대한 지나친 집착이나 신경질적 혹은 병적 불안을 측정하는 척도로 이러한 건강염려증이 타인에게 어떤 영향을 미치는지도 측정한다.
	우울증 (Depression)	D	슬픔·비관 정도를 측정하는 척도로 타인과의 관계 또는 본인 상태에 대한 주관적 감정을 나타낸다.
	히스테리 (Hysteria)	Hy	갈등을 부정하는 정도를 측정하는 척도로 신체 증상을 호소하는 경우와 적대감을 부인하며 우회적인 방식으로 드러내는 경우 등이 있다.
	반사회성 (Psychopathic Deviate)	Pd	가정 및 사회에 대한 불신과 불만을 측정하는 척도로 비도덕적 혹은 반사회적 성향 등을 판단한다.
	남성–여성특성 (Masculinity– Feminity)	Mf	남녀가 보이는 흥미와 취향, 적극성과 수동성 등을 측정하는 척도로 성에 따른 유연한 사고와 융통성 등을 평가한다.

편집증 (Paranoia)	Pa	과대 망상, 피해 망상, 의심 등 편집증에 대한 정도를 측정하는 척도로 열등감, 비사교적 행동, 타인에 대한 불만과 같은 내용을 질문한다.	
강박증 (Psychasthenia)	Pt	과대 근심, 강박관념, 죄책감, 공포, 불안감, 정리정돈 등을 측정하는 척도로 만성 불안 등을 나타낸다.	
정신분열증 (Schizophrenia)	Sc	정신적 혼란을 측정하는 척도로 자폐적 성향이나 타인과의 감정 교류, 충동 억제불능, 성적 관심, 사회적 고립 등을 평가한다.	
경조증 (Hypomania)	Ma	정신적 에너지를 측정하는 척도로 생각의 다양성 및 과장성, 행동의 불안정성, 흥분성 등을 나타낸다.	
사회적 내향성 (Social introversion)	Si	대인관계 기피, 사회적 접촉 회피, 비사회성 등의 요인을 측정하는 척도로 외향성 및 내향성을 구분한다.	

2 캘리포니아 성격검사(CPI)

CPI(California Psychological Inventory)는 캘리포니아 대학의 연구팀이 개발한 성격사로 MMPI와 함께 세계에서 가장 널리 사용되고 있는 인성검사 툴이다. CPI는 다양한 인성 요인을 통해 지원자가 답변한 응답 왜곡 가능성, 조직 역량 등을 측정한다. MMPI가 주로 정서적 측면을 진단하는 특징을 보인다면, CPI는 정상적인 사람의 심리적 특성을 주로 진단한다.

CPI는 약 480개 문항으로 구성되어 있으며 다음과 같은 18개의 척도로 구분된다.

구분	척도명	주요 내용
제1군 척도 (대인관계 적절성 측정)	지배성(Do)	리더십, 통솔력, 대인관계에서의 주도권을 측정한다.
	지위능력성(Cs)	내부에 잠재되어 있는 내적 포부, 자기 확신 등을 측정한다.
	사교성(Sy)	참여 기질이 활달한 사람과 그렇지 않은 사람을 구분한다.
	사회적 자발성(Sp)	사회 안에서의 안정감, 자발성, 사교성 등을 측정한다.
	자기 수용성(Sa)	개인적 가치관, 자기 확신, 자기 수용력 등을 측정한다.
	행복감(Wb)	생활의 만족감, 행복감을 측정하며 긍정적인 사람으로 보이고자 거짓 응답하는 사람을 구분하는 용도로도 사용된다.
제2군 척도 (성격과 사회화, 책임감 측정)	책임감(Re)	법과 질서에 대한 양심, 책임감, 신뢰성 등을 측정한다.
	사회성(So)	가치 내면화 정도, 사회 이탈 행동 가능성 등을 측정한다.
	자기 통제성(Sc)	자기조절, 자기통제의 적절성, 충동 억제력 등을 측정한다.
	관용성(To)	사회적 신념, 편견과 고정관념 등에 대한 태도를 측정한다.
	호감성(Gi)	타인이 자신을 어떻게 보는지에 대한 민감도를 측정하며, 좋은 사람으로 보이고자 거짓 응답하는 사람을 구분한다.
	임의성(Cm)	사회에 보수적 태도를 보이고 생각 없이 적당히 응답한 사람을 판단하는 척도로 사용된다.

제3군 척도 (인지적, 학업적 특성 측정)	순응적 성취(Ac)	성취동기, 내면의 인식, 조직 내 성취 욕구 등을 측정한다.
	독립적 성취(Ai)	독립적 사고, 창의성, 자기실현을 위한 능력 등을 측정한다.
	지적 효율성(Le)	지적 능률, 지능과 연관이 있는 성격 특성 등을 측정한다.
제4군 척도 (제1~3군과 무관한 척도의 혼합)	심리적 예민성(Py)	타인의 감정 및 경험에 대해 공감하는 정도를 측정한다.
	융통성(Fx)	개인적 사고와 사회적 행동에 대한 유연성을 측정한다.
	여향성(Fe)	남녀 비교에 따른 흥미의 남향성 및 여향성을 측정한다.

3 SHL 직업성격검사(OPQ)

OPQ(Occupational Personality Questionnaire)는 세계적으로 많은 외국 기업에서 널리 사용하는 CEB 사의 SHL 직무능력검사에 포함된 직업성격검사이다. 4개의 질문이 한 세트로 되어 있고 총 68세트 정도 출제되고 있다. 4개의 질문 안에서 '자기에게 가장 잘 맞는 것'과 '자기에게 가장 맞지 않는 것'을 1개씩 골라 '예', '아니오'로 체크하는 방식이다. 단순하게 모든 척도가 높다고 좋은 것은 아니며, 척도가 낮은 편이 좋은 경우도 있다.

기업에 따라 척도의 평가 기준은 다르다. 희망하는 기업의 특성을 연구하고, 채용 기준을 예측하는 것이 중요하다.

척도	내용	질문 예
설득력	사람을 설득하는 것을 좋아하는 경향	– 새로운 것을 사람에게 권하는 것을 잘한다. – 교섭하는 것에 걱정이 없다. – 기획하고 판매하는 것에 자신이 있다.
지도력	사람을 지도하는 것을 좋아하는 경향	– 사람을 다루는 것을 잘한다. – 팀을 아우르는 것을 잘한다. – 사람에게 지시하는 것을 잘한다.
독자성	다른 사람의 영향을 받지 않고, 스스로 생각해서 행동하는 것을 좋아하는 경향	– 모든 것을 자신의 생각대로 하는 편이다. – 주변의 평가는 신경 쓰지 않는다. – 유혹에 강한 편이다.
외향성	외향적이고 사교적인 경향	– 다른 사람의 주목을 끄는 것을 좋아한다. – 사람들이 모인 곳에서 중심이 되는 편이다. – 담소를 나눌 때 주변을 즐겁게 해 준다.
우호성	친구가 많고, 대세의 사람이 되는 것을 좋아하는 경향	– 친구와 함께 있는 것을 좋아한다. – 무엇이라도 얘기할 수 있는 친구가 많다. – 친구와 함께 무언가를 하는 것이 많다.
사회성	세상 물정에 밝고 사람 앞에서도 낯을 가리지 않는 성격	– 자신감이 있고 유쾌하게 발표할 수 있다. – 공적인 곳에서 인사하는 것을 잘한다. – 사람들 앞에서 발표하는 것이 어렵지 않다.

겸손성	사람에 대해서 겸손하게 행동하고 누구라도 똑같이 사귀는 경향	− 자신의 성과를 그다지 내세우지 않는다. − 절제를 잘하는 편이다. − 사회적인 지위에 무관심하다.
협의성	사람들에게 의견을 물으면서 일을 진행하는 경향	− 사람들의 의견을 구하며 일하는 편이다. − 타인의 의견을 묻고 일을 진행시킨다. − 친구와 상담해서 계획을 세운다.
돌봄	측은해 하는 마음이 있고, 사람을 돌봐 주는 것을 좋아하는 경향	− 개인적인 상담에 친절하게 답해 준다. − 다른 사람의 상담을 진행하는 경우가 많다. − 후배의 어려움을 돌보는 것을 좋아한다.
구체적인 사물에 대한 관심	물건을 고치거나 만드는 것을 좋아하는 경향	− 고장 난 물건을 수리하는 것이 재미있다. − 상태가 안 좋은 기계도 잘 사용한다. − 말하기보다는 행동하기를 좋아한다.
데이터에 대한 관심	데이터를 정리해서 생각하는 것을 좋아하는 경향	− 통계 등의 데이터를 분석하는 것을 좋아한다. − 표를 만들거나 정리하는 것을 좋아한다. − 숫자를 다루는 것을 좋아한다.
미적가치에 대한 관심	미적인 것이나 예술적인 것을 좋아하는 경향	− 디자인에 관심이 있다. − 미술이나 음악을 좋아한다. − 미적인 감각에 자신이 있다.
인간에 대한 관심	사람의 행동에 동기나 배경을 분석하는 것을 좋아하는 경향	− 다른 사람을 분석하는 편이다. − 타인의 행동을 보면 동기를 알 수 있다. − 다른 사람의 행동을 잘 관찰한다.
정통성	이미 있는 가치관을 소중히 여기고, 익숙한 방법으로 사물을 대하는 것을 좋아하는 경향	− 실적이 보장되는 확실한 방법을 취한다. − 낡은 가치관을 존중하는 편이다. − 보수적인 편이다.
변화 지향	변화를 추구하고, 변화를 받아들이는 것을 좋아하는 경향	− 새로운 것을 하는 것을 좋아한다. − 해외여행을 좋아한다. − 경험이 없더라도 시도해 보는 것을 좋아한다.
개념성	지식에 대한 욕구가 있고, 논리적으로 생각하는 것을 좋아하는 경향	− 개념적인 사고가 가능하다. − 분석적인 사고를 좋아한다. − 순서를 만들고 단계에 따라 생각한다.
창조성	새로운 분야에 대한 공부를 하는 것을 좋아하는 경향	− 새로운 것을 추구한다. − 독창성이 있다. − 신선한 아이디어를 낸다.
계획성	앞을 생각해서 사물을 예상하고, 계획적으로 실행하는 것을 좋아하는 경향	− 과거를 돌이켜보며 계획을 세운다. − 앞날을 예상하며 행동한다. − 실수를 돌아보며 대책을 강구하는 편이다.

치밀함	정확한 순서를 세워 진행하는 것을 좋아하는 경향	– 사소한 실수는 거의 하지 않는다. – 정확하게 요구되는 것을 좋아한다. – 사소한 것에도 주의하는 편이다.
꼼꼼함	어떤 일이든 마지막까지 꼼꼼하게 마무리 짓는 경향	– 맡은 일을 마지막까지 해결한다. – 마감 시한은 반드시 지킨다. – 시작한 일은 중간에 그만두지 않는다.
여유	평소에 릴랙스하고, 스트레스에 잘 대처하는 경향	– 감정의 회복이 빠르다. – 분별없이 함부로 행동하지 않는다. – 스트레스에 잘 대처한다.
근심 · 걱정	어떤 일이 잘 진행되지 않으면 불안을 느끼고, 중요한 일을 앞두면 긴장하는 경향	– 예정대로 잘되지 않으면 근심 · 걱정이 많다. – 신경 쓰이는 일이 있으면 불안하다. – 중요한 만남 전에는 기분이 편하지 않다.
호방함	사람들이 자신을 어떻게 생각하는지를 신경 쓰지 않는 경향	– 사람들이 자신을 어떻게 생각하는지 그다지 신경 쓰지 않는다. – 상처받아도 동요하지 않고 아무렇지 않은 태도를 취한다. – 사람들의 비판에 크게 영향받지 않는다.
억제력	감정을 표현하지 않는 경향	– 쉽게 감정적으로 되지 않는다. – 분노를 억누른다. – 격분하지 않는다.
낙관적	사물을 낙관적으로 보는 경향	– 낙관적으로 생각하고 일을 진행시킨다. – 문제가 일어나도 낙관적으로 생각한다.
비판적	비판적으로 사물을 생각하고, 이론 · 문장 등의 오류에 신경 쓰는 경향	– 이론의 모순을 찾아낸다. – 계획이 갖춰지지 않은 것이 신경 쓰인다. – 누구도 신경 쓰지 않는 오류를 찾아낸다.
행동력	운동을 좋아하고, 민첩하게 행동하는 경향	– 동작이 날렵하다. – 여가를 활동적으로 보낸다. – 몸을 움직이는 것을 좋아한다.
경쟁성	지는 것을 싫어하는 경향	– 승부를 겨루게 되면 지는 것을 싫어한다. – 상대를 이기는 것을 좋아한다. – 싸워 보지 않고 포기하는 것을 싫어한다.
출세 지향	출세하는 것을 중요하게 생각하고, 야심적인 목표를 향해 노력하는 경향	– 출세 지향적인 성격이다. – 곤란한 목표도 달성할 수 있다. – 실력으로 평가받는 사회가 좋다.
결단력	빠르게 판단하는 경향	– 답을 빠르게 찾아낸다. – 문제에 대한 빠른 상황 파악이 가능하다. – 위험을 감수하고도 결단을 내리는 편이다.

4 인성검사 합격 전략

1 포장하지 않은 솔직한 답변

"다른 사람을 험담한 적이 한 번도 없다.", "물건을 훔치고 싶다고 생각해 본 적이 없다."

이 질문에 당신은 '그렇다', '아니다' 중 무엇을 선택할 것인가? 채용기업이 인성검사를 실시하는 가장 큰 이유는 '이 사람이 어떤 성향을 가진 사람인가'를 효율적으로 파악하기 위해서이다.

인성검사는 도덕적 가치가 빼어나게 높은 사람을 판별하려는 것도 아니고, 성인군자를 가려내기 위함도 아니다. 인간의 보편적 성향과 상식적 사고를 고려할 때, 도덕적 질문에 지나치게 겸손한 답변을 체크하면 오히려 솔직하지 못한 것으로 간주되거나 인성을 제대로 판단하지 못해 무효 처리가 되기도 한다. 자신의 성격을 포장하여 작위적인 답변을 하지 않도록 솔직하게 임하는 것이 예기치 않은 결과를 피하는 첫 번째 전략이 된다.

2 필터링 함정을 피하고 일관성 유지

앞서 강조한 솔직함은 일관성과 연결된다. 인성검사를 구성하는 많은 척도는 여러 형태의 문장 속에 동일한 요소를 적용해 반복되기도 한다. 예컨대 '나는 매우 활동적인 사람이다'와 '나는 운동을 매우 좋아한다'라는 질문에 '그렇다'고 체크한 사람이 '휴일에는 집에서 조용히 쉬며 독서하는 것이 좋다'에도 '그렇다'고 체크한다면 일관성이 없다고 평가될 수 있다.

그러나 일관성 있는 답변에만 매달리면 '이 사람이 같은 답변만 체크하기 위해 이 부분만 신경 썼구나'하는 필터링 함정에 빠질 수도 있다. 비슷하게 보이는 문장이 무조건 같은 내용이라고 판단하여 똑같이 답하는 것도 주의해야 한다. 일관성보다 중요한 것은 솔직함이다. 솔직함이 전제되지 않은 일관성은 허위 척도 필터링에서 드러나게 되어 있다. 유사한 질문의 응답이 터무니없이 다르거나 양극단에 치우치지 않는 정도라면 약간의 차이는 크게 문제되지 않는다. 중요한 것은 솔직함과 일관성이 하나의 연장선에 있다는 점을 명심하자.

3 지원한 직무와 연관성을 고려

다양한 분야의 많은 계열사와 큰 조직을 통솔하는 대기업은 여러 사람이 조직적으로 움직이는 만큼 각 직무에 걸맞은 능력을 갖춘 인재가 필요하다. 그래서 기업은 매년 신규채용으로 입사한 신입사원들의 젊은 패기와 참신한 능력을 성장 동력으로 활용한다.

기업은 사교성 있고 활달한 사람만을 원하지 않는다. 해당 직군과 직무에 따라 필요로 하는 사원의 능력과 개성이 다르기 때문에, 지원자가 희망하는 계열사나 부서의 직무가 무엇인지 제대로 파악하여 자신의 성향과 맞는지에 대한 고민은 반드시 필요하다. 같은 질문이라도 기업이 원하는 인재상이나 부서의 직무에 따라 판단 척도가 달라질 수 있다.

4 평상심 유지와 컨디션 관리

역시 솔직함과 연결된 내용이다. 한 질문에 오래 고민하고 신경 쓰면 불필요한 생각이 개입될 소지가 크다. 이는 직관을 떠나 이성적 판단에 따라 포장할 위험이 높아진다는 뜻이기도 하다. 긴 시간 생각하지 말고 자신의 평상시 생각과 감정대로 답하는 것이 중요하며, 가능한 건너뛰지 말고 모든 질문에 답하도록 한다. 300 ~ 400개 정도 문항을 출제하는 기업이 많기 때문에, 끝까지 집중하여 임하는 것이 중요하다.

특히 적성검사와 같은 날 실시하는 경우, 적성검사를 마친 후 연이어 보기 때문에 신체적 · 정신적으로 피로한 상태에서 자세가 흐트러질 수도 있다. 따라서 컨디션을 유지하면서 문항당 7 ~ 10초 이상 쓰지 않도록 하고, 문항 수가 많을 때는 답안지에 바로바로 표기하자.

02 인성검사 유형 연습

🔍 1 인성검사의 대표 출제유형

인성검사는 기업이 추구하는 인재상에 적합한 인재를 찾기 위해 가치관과 태도를 측정하는 것이다. 응시자 개인의 사고와 태도·행동 특성 및 유사 질문의 반복을 통해 거짓말 척도 등으로 기업의 인재상에 적합한지를 판단하므로 특별하게 정해진 답은 없다. 실시하는 유형은 다음의 두 가지 타입이 대표적이다.

TYPE A

1 '가장 가깝다(M)' 또는 '가장 멀다(L)' 선택형＋개별 항목 체크형

4개 내외의 A 문항 군으로 구성된 검사지에 자신이 동의하는 정도에 따라 '매우 그렇지 않다 ~ 매우 그렇다' 중 해당되는 것을 표시한 후, 체크한 문항들 중 자신과 가장 가까운 것과 가장 먼 것 하나를 선택하는 유형이다.

2 문항군 개별 항목 체크형

구성된 검사지에 자신이 동의하는 정도에 따라 '① 매우 그렇지 않다 ~ ⑤ 매우 그렇다' 중 해당되는 것을 표시한다. 문항 수가 많으면 일관된 답변이 어려울 수도 있으므로 최대한 꾸밈없이 자신의 가치관과 신념을 바탕으로 솔직하게 답하도록 노력한다.

3 가까운 항목 선택형

각 문항에 제시된 A, B 두 개의 문장을 읽고 자신에게 해당된다고 생각하는 것을 골라 기입하는 형태이다.

TYPE B

'예' 또는 '아니오' 선택형

구성된 검사지에 해당한다고 생각하면 '예', 해당하지 않는다면 '아니오'를 골라 기입하는 유형이다. 같은 문항이 반복되는 경향이 있으므로 일관성 유지에 유의해야 한다.

TYPE A

유형 1 '가장 가깝다(M)' 또는 '가장 멀다(L)' 선택형 + 개별 항목 체크형

|01~14| • 다음의 4문항 중 자신의 모습과 가장 멀다(L)고 생각되는 문항과 가장 가깝다(M)고 생각되는 문항을 각각 1개씩 표시하여 주십시오. 또한 각각의 문항에 대해서 자신과 가까운 정도를 1점에서 5점으로 표시하여 주십시오.
• 1(매우 그렇지 않다) ~ 5(매우 그렇다) : 오른쪽 [답안체크 예시]를 참조해 주세요.

01
1.1 나는 운동화를 좋아한다.
1.2 나는 꽃을 좋아한다.
1.3 나는 콜라를 좋아한다.
1.4 나는 비를 좋아한다.

L 가장 멀다 / M 가장 가깝다
1(매우 그렇지 않다) / 5(매우 그렇다)

	L	M	1	2	3	4	5
1.1	○	○	○	○	○	○	○
1.2	○	○	○	○	○	○	○
1.3	○	○	○	○	○	○	○
1.4	○	○	○	○	○	○	○

[답안체크 예시]

	L	M	1	2	3	4	5
1.1	○	○	○	○	○	○	●
1.2	○	●	○	○	○	○	●
1.3	○	○	○	○	●	○	○
1.4	●	○	○	●	○	○	○

01
1.1 내 분야에서 전문성에 관한 한 동급 최강이라고 생각한다.
1.2 규칙적으로 운동을 하는 편이다.
1.3 나는 사람들을 연결해 주거나 연결해 달라는 부탁을 주변에서 많이 받는 편이다.
1.4 다른 사람들이 생각하기에 관련 없어 보이는 것을 통합하여 새로운 아이디어를 낸다.

L 가장 멀다 / M 가장 가깝다
1(매우 그렇지 않다) / 5(매우 그렇다)

	L	M	1	2	3	4	5
1.1	○	○	○	○	○	○	○
1.2	○	○	○	○	○	○	○
1.3	○	○	○	○	○	○	○
1.4	○	○	○	○	○	○	○

02
2.1 모임을 주선하게 되는 경우가 자주 있다.
2.2 나는 학창시절부터 리더역할을 많이 해 왔다.
2.3 새로운 아이디어를 낸다.
2.4 변화를 즐기는 편이다.

L 가장 멀다 / M 가장 가깝다
1(매우 그렇지 않다) / 5(매우 그렇다)

	L	M	1	2	3	4	5
2.1	○	○	○	○	○	○	○
2.2	○	○	○	○	○	○	○
2.3	○	○	○	○	○	○	○

03 3.1 혼자서 생활해도 밥은 잘 챙겨 먹고 생활리듬이 많이 깨지 않는 편이다.

3.2 다른 나라의 음식을 시도해 보는 것이 즐겁다.

3.3 나 스스로에 대해서 높은 기준을 제시하는 편이다.

3.4 "왜?"라는 질문을 자주 한다.

| 2.4 | ○ | ○ | ○ | ○ | ○ | ○ | ○ |

L 가장 멀다 / M 가장 가깝다
1 (매우 그렇지 않다) / 5 (매우 그렇다)

	L	M	1	2	3	4	5
3.1	○	○	○	○	○	○	○
3.2	○	○	○	○	○	○	○
3.3	○	○	○	○	○	○	○
3.4	○	○	○	○	○	○	○

04 4.1 대화를 주도한다.

4.2 하루에 1~2시간 이상 자기 계발을 위해 시간을 투자한다.

4.3 나 스스로에 대해서 높은 기준을 세우고 시도해 보는 것을 즐긴다.

4.4 나와 다른 분야에 종사하는 사람들을 만나도 쉽게 공통점을 찾을 수 있다.

L 가장 멀다 / M 가장 가깝다
1 (매우 그렇지 않다) / 5 (매우 그렇다)

	L	M	1	2	3	4	5
4.1	○	○	○	○	○	○	○
4.2	○	○	○	○	○	○	○
4.3	○	○	○	○	○	○	○
4.4	○	○	○	○	○	○	○

05 5.1 주변으로부터 자신감 넘친다는 평가를 듣는다.

5.2 다른 사람들의 눈에는 상관없어 보일지라도 내가 보기에 관련이 있으면 활용할 수 있는 일에 대해서 생각해 본다.

5.3 다른 문화권 중 내가 잘 적응할 수 있다고 생각하는 곳이 있다.

5.4 한 달 동안 사용한 돈이 얼마인지 파악할 수 있다.

L 가장 멀다 / M 가장 가깝다
1 (매우 그렇지 않다) / 5 (매우 그렇다)

	L	M	1	2	3	4	5
5.1	○	○	○	○	○	○	○
5.2	○	○	○	○	○	○	○
5.3	○	○	○	○	○	○	○
5.4	○	○	○	○	○	○	○

06 6.1 내 분야의 최신 동향 혹은 이론을 알고 있으며, 항상 업데이트 하려고 노력한다.

6.2 나는 설득을 잘하는 사람이다.

6.3 현상에 대한 새로운 해석을 알게 되는 것이 즐겁다.

6.4 새로운 기회를 만들기 위해서 다방면으로 노력을 기울인다.

L 가장 멀다 / M 가장 가깝다
1 (매우 그렇지 않다) / 5 (매우 그렇다)

	L	M	1	2	3	4	5
6.1	○	○	○	○	○	○	○
6.2	○	○	○	○	○	○	○
6.3	○	○	○	○	○	○	○
6.4	○	○	○	○	○	○	○

1회 기출예상

2회 기출예상

3회 기출예상

4회 기출예상

5회 기출예상

인성검사

면접가이드

07 7.1 한 달 동안 필요한 돈이 얼마인지 파악하고 있다.

7.2 업무나 전공 공부에 꼭 필요한 분야가 아니더라도 호기심이 생기면 일정 정도의 시간을 투자하여 탐색해 본다.

7.3 어디가서든 친구들 중에서 내가 제일 적응을 잘하는 편이다.

7.4 대개 어떤 모임이든 나가다 보면 중심 멤버가 돼 있는 경우가 많다.

L 가장 멀다 / M 가장 가깝다
1 (매우 그렇지 않다) / 5 (매우 그렇다)

	L	M	1	2	3	4	5
7.1	○	○	○	○	○	○	○
7.2	○	○	○	○	○	○	○
7.3	○	○	○	○	○	○	○
7.4	○	○	○	○	○	○	○

08 8.1 어떤 모임에 가서도 관심사가 맞는 사람들을 금방 찾아낼 수 있다.

8.2 모르는 것이 있으면 전문서적을 뒤져서라도 알아내야 직성이 풀린다.

8.3 나와 함께 일하는 사람들을 적재적소에서 잘 이용한다.

8.4 상대방의 욕구를 중요하게 생각하며 그에 맞추어 주려고 한다.

L 가장 멀다 / M 가장 가깝다
1 (매우 그렇지 않다) / 5 (매우 그렇다)

	L	M	1	2	3	4	5
8.1	○	○	○	○	○	○	○
8.2	○	○	○	○	○	○	○
8.3	○	○	○	○	○	○	○
8.4	○	○	○	○	○	○	○

09 9.1 극복하지 못할 장애물은 없다고 생각한다.

9.2 생활패턴이 규칙적인 편이다.

9.3 어디에 떨어트려 놓아도 죽진 않을 것 같다는 소리를 자주 듣는다.

9.4 내 분야에서 전문가가 되기 위한 구체적인 계획을 가지고 있다.

L 가장 멀다 / M 가장 가깝다
1 (매우 그렇지 않다) / 5 (매우 그렇다)

	L	M	1	2	3	4	5
9.1	○	○	○	○	○	○	○
9.2	○	○	○	○	○	○	○
9.3	○	○	○	○	○	○	○
9.4	○	○	○	○	○	○	○

10 10.1 누구보다 앞장서서 일하는 편이다.

10.2 내 기분이 처져 있을 때 무엇을 하면 전환되는지 잘 알고 있다.

10.3 일어날 일에 대해서 미리 예상하고 준비하는 편이다.

10.4 동문회에 나가는 것이 즐겁다.

L 가장 멀다 / M 가장 가깝다
1 (매우 그렇지 않다) / 5 (매우 그렇다)

	L	M	1	2	3	4	5
10.1	○	○	○	○	○	○	○
10.2	○	○	○	○	○	○	○
10.3	○	○	○	○	○	○	○
10.4	○	○	○	○	○	○	○

11 11.1 알고 싶은 것이 생기면 다양한 방법을 동원해서 궁금증을 풀어 보려 노력한다.

11.2 같은 과 친구들을 만나면 행동만으로도 기분을 눈치 챌 수 있다.

11.3 혼자서 일하는 것보다 팀을 이루어서 일하는 것이 더 좋다.

11.4 예상외의 일이 생겨도 상황에 적응하고 즐기는 편이다.

L 가장 멀다 / M 가장 가깝다
1 (매우 그렇지 않다) / 5 (매우 그렇다)

	L	M	1	2	3	4	5
11.1	○	○	○	○	○	○	○
11.2	○	○	○	○	○	○	○
11.3	○	○	○	○	○	○	○
11.4	○	○	○	○	○	○	○

12 12.1 내 분야에 관한 한 전문가가 되기 위해 따로 시간투자를 한다.

12.2 일단 마음먹은 일은 맘껏 해 봐야 직성이 풀리는 편이다.

12.3 상대방의 기분을 세심하게 살핀다.

12.4 위기는 기회라는 말에 동의한다.

L 가장 멀다 / M 가장 가깝다
1 (매우 그렇지 않다) / 5 (매우 그렇다)

	L	M	1	2	3	4	5
12.1	○	○	○	○	○	○	○
12.2	○	○	○	○	○	○	○
12.3	○	○	○	○	○	○	○
12.4	○	○	○	○	○	○	○

13 13.1 팀 내에서 업무적인 대화만큼 개인적인 고민에 대한 대화 역시 필요하다.

13.2 컨디션이 좋지 않아도 계획한 일은 예정대로 하는 편이다.

13.3 내 몸의 컨디션에 대해서 잘 파악하는 편이다.

13.4 내가 주선하는 모임에는 사람들의 출석률이 높은 편이다.

L 가장 멀다 / M 가장 가깝다
1 (매우 그렇지 않다) / 5 (매우 그렇다)

	L	M	1	2	3	4	5
13.1	○	○	○	○	○	○	○
13.2	○	○	○	○	○	○	○
13.3	○	○	○	○	○	○	○
13.4	○	○	○	○	○	○	○

14 14.1 나는 계획을 세울 때면 그것을 잘 실행할 수 있을 것이라는 확신이 넘친다.

14.2 교통질서를 잘 지킨다.

14.3 내가 무엇을 하면 즐거워지는지 정확하게 알고 있다.

14.4 다른 나라의 문화에 대해서 알게 되는 것은 즐거운 일이다.

L 가장 멀다 / M 가장 가깝다
1 (매우 그렇지 않다) / 5 (매우 그렇다)

	L	M	1	2	3	4	5
14.1	○	○	○	○	○	○	○
14.2	○	○	○	○	○	○	○
14.3	○	○	○	○	○	○	○
14.4	○	○	○	○	○	○	○

유형 2 문항군 개별 항목 체크형

|01~15| 다음 내용을 잘 읽고 본인에게 해당되는 부분에 표시해 주십시오.
① 매우 그렇지 않다   ② 그렇지 않다   ③ 보통이다   ④ 그렇다   ⑤ 매우 그렇다

01 나는 항상 사람들에게 정직하고 솔직하다.

① ② ③ ④ ⑤

02 창피를 당할까 봐 사람들 앞에 나서는 것이 두렵다.

① ② ③ ④ ⑤

03 여러 사람들이 어울리는 장소에서 매우 불편하다.

① ② ③ ④ ⑤

04 쉽게 기분이 나쁘다.

① ② ③ ④ ⑤

05 이유 없이 몸이 아플 때가 많다.

① ② ③ ④ ⑤

06 기분이 좋지 않으면 소화가 잘 되지 않거나 토하기도 한다.

① ② ③ ④ ⑤

07 이런저런 이유로 몸이 자주 아프다.

① ② ③ ④ ⑤

08 무책임한 사람을 보았을 때 짜증이 난다.

① ② ③ ④ ⑤

09 나 스스로에 대한 통제를 잃을까 두렵다.

① ② ③ ④ ⑤

10 숨이 막혀서 죽을 것 같은 느낌을 종종 경험한다.

① ② ③ ④ ⑤

11 종종 지각을 하거나 약속을 지킬 수 없게 만드는 습관을 가지고 있다.

① ② ③ ④ ⑤

12 나 스스로에 대해서 자신이 없다.

① ② ③ ④ ⑤

13 다른 사람들이 비난하거나 나를 거부할 것이 두렵다.

① ② ③ ④ ⑤

14 최근 2주 동안 우울한 기분이 대부분이었다.

① ② ③ ④ ⑤

15 대부분의 사람들은 그들이 실제로 그러는 것보다 좀 더 다른 사람들을 걱정하는 척하는 면이 있다.

① ② ③ ④ ⑤

| 16~23 | 본인에게 다음 항목을 성취하는 것이 얼마나 중요합니까?
① 중요하지 않다 ② 약간 중요하다 ③ 중요하다 ④ 상당히 중요하다 ⑤ 매우 중요하다

16 안정적인 직장 및 경제적 안정   ① ② ③ ④ ⑤

17 자기 분야에서의 실질적인 공헌 및 성취   ① ② ③ ④ ⑤

18 사회적 성공   ① ② ③ ④ ⑤

19 자율적이고 독립적으로 일하는 것   ① ② ③ ④ ⑤

20 봉사 및 지역사회 공헌   ① ② ③ ④ ⑤

21 주변 사람들의 인정을 받는 것   ① ② ③ ④ ⑤

22 좋은 부모가 되는 것   ① ② ③ ④ ⑤

23 즐길 수 있는 삶   ① ② ③ ④ ⑤

| 24~30 | 다음 요인들이 회사를 선택하는 데 얼마나 중요했습니까?
① 중요하지 않다 ② 약간 중요하다 ③ 중요하다 ④ 상당히 중요하다 ⑤ 매우 중요하다

24 회사의 지명도   ① ② ③ ④ ⑤

25 업무의 성격(본인 관심 분야)   ① ② ③ ④ ⑤

26 경제적 보상   ① ② ③ ④ ⑤

27 회사의 복지정책   ① ② ③ ④ ⑤

28 회사의 조직문화   ① ② ③ ④ ⑤

29 업무의 전망   ① ② ③ ④ ⑤

30 기업의 사회적 공헌 및 윤리성   ① ② ③ ④ ⑤

유형 3 가까운 항목 선택형

| 01~08 | 당신은 어떠한 분위기를 가지는 조직을 선호합니까?
* 두 가지의 물음 중 가까운 문항을 선택하시기 바랍니다.

01 ① 의사결정 및 정보교류가 소수의 사람 중심으로 이루어지는 조직
② 의사결정 및 정보교류가 다수의 사람 중심으로 이루어지는 조직

| ① | ② |

02 ① 다른 조직과의 교류가 활발하고 외부 환경을 많이 고려하는 조직
② 내부 응집력이 강하고 내부 환경을 많이 고려하는 조직

| ① | ② |

03 ① 규정을 준수하고 신뢰감 있게 행동하는 것을 더 강조하는 조직
② 창의적이고 창조적으로 행동하는 것을 더 강조하는 조직

| ① | ② |

04 ① 경험과 현재의 현실에 근거한 단계적인 변화를 선호하는 조직
② 통찰력과 미래 전망에 근거한 혁신적인 변화를 선호하는 조직

| ① | ② |

05 ① 합리적이고 이성적인 것을 더 강조하는 조직
② 인간적이고 감성적인 것을 더 강조하는 조직

| ① | ② |

06 ① 상호작용이 주로 업무를 통한 정보 교환을 중심으로 이루어지는 조직
② 상호작용이 주로 개인적 인간관계를 통해 이루어지는 조직

| ① | ② |

07 ① 혼란을 막기 위해 매사를 분명히 결정하는 조직
② 차후에 더 나은 결정을 내리기 위해 최종 결정을 유보하는 조직

| ① | ② |

08 ① 세부일정까지 구체적으로 짜 놓은 계획에 따라 움직이는 조직
② 상황에 따라 변할 수 있도록 융통성 있게 일정을 짜고 움직이는 조직

| ① | ② |

| 09~16 | 다음을 잘 읽고 본인이 상대적으로 더 해당된다고 생각되는 쪽에 표시해 주십시오.

09 ① 외향적인 성격이라는 말을 듣는다.

① ②

② 내성적인 편이라는 말을 듣는다.

10 ① 의견을 자주 표현하는 편이다.

① ②

② 주로 남의 의견을 듣는 편이다.

11 ① 정해진 틀이 있는 환경에서 주어진 과제를 수행하는 일을 하고 싶다.

① ②

② 새로운 아이디어를 활용하여 변화를 추구하는 일을 하고 싶다.

12 ① 실제적인 정보를 수집하고 이를 체계적으로 적용하는 일을 하고 싶다.

① ②

② 새로운 아이디어를 활용하여 변화를 추구하는 일을 하고 싶다.

13 ① 냉철한 사고력이 요구되는 일이 편하다.

① ②

② 섬세한 감성이 요구되는 일이 편하다.

14 ① 사람들은 나에 대해 합리적이고 이성적인 사람이라고 말한다.

① ②

② 사람들은 나에 대해 감정이 풍부하고 정에 약한 사람이라고 말한다.

15 ① 나는 의사결정을 신속하고 분명히 하는 것을 선호하는 편이다.

① ②

② 나는 시간이 걸려도 여러 측면을 고려해 좋은 의사결정을 하는 것을 선호하는 편이다.

16 ① 계획을 세울 때 세부일정까지 구체적으로 짜는 편이다.

① ②

② 계획을 세울 때 상황에 맞게 대처할 수 있는 여지를 두고 짜는 편이다.

1회 기출예상
2회 기출예상
3회 기출예상
4회 기출예상
5회 기출예상
인성검사
면접가이드

TYPE B

[01~50] 모든 문항에는 옳고 그른 답이 없습니다. 문항의 내용을 읽고 평소 자신의 생각 및 행동과 유사하거나 일치하면 '예', 다르거나 일치하지 않으면 '아니오'로 표시해 주십시오.

| 주의사항 | 자신의 모습 그대로 솔직하게 응답하십시오. 솔직하고 성의 있게 응답하지 않을 경우 결과가 무효 처리됩니다.

1	나는 수줍음을 많이 타는 편이다.	○ 예	○ 아니오
2	나는 과거의 실수가 자꾸만 생각나곤 한다.	○ 예	○ 아니오
3	나는 사람들과 서로 일상사에 대해 이야기하는 것이 쑥스럽다.	○ 예	○ 아니오
4	내 주변에는 나를 좋지 않게 평가하는 사람들이 있다.	○ 예	○ 아니오
5	나는 가족들과는 합리적인 대화가 잘 안 된다.	○ 예	○ 아니오
6	나는 내가 하고 싶은 일은 꼭 해야 한다.	○ 예	○ 아니오
7	나는 개인적 사정으로 타인에게 피해를 주는 사람을 이해할 수 없다.	○ 예	○ 아니오
8	나는 많은 것을 성취하고 싶다.	○ 예	○ 아니오
9	나는 변화가 적은 것을 좋아한다.	○ 예	○ 아니오
10	나는 내가 하고 싶은 일과 해야 할 일을 구분할 줄 안다.	○ 예	○ 아니오
11	나는 뜻대로 일이 되지 않으면 화가 많이 난다.	○ 예	○ 아니오
12	내 주변에는 나에 대해 좋게 얘기하는 사람이 있다.	○ 예	○ 아니오
13	요즘 세상에서는 믿을 만한 사람이 없다.	○ 예	○ 아니오
14	나는 할 말은 반드시 하고야 마는 사람이다.	○ 예	○ 아니오
15	나는 변화가 적은 것을 좋아한다.	○ 예	○ 아니오
16	나는 가끔 부당한 대우를 받는다는 생각이 든다.	○ 예	○ 아니오
17	나는 가치관이 달라도 친하게 지내는 친구들이 많다.	○ 예	○ 아니오
18	나는 새로운 아이디어를 내는 것이 쉽지 않다.	○ 예	○ 아니오
19	나는 노력한 만큼 인정받지 못하고 있다.	○ 예	○ 아니오
20	나는 매사에 적극적으로 참여한다.	○ 예	○ 아니오
21	나의 가족들과는 어떤 주제를 놓고도 서로 대화가 잘 통한다.	○ 예	○ 아니오
22	나는 사람들과 어울리는 일에서 삶의 활력을 얻는다.	○ 예	○ 아니오
23	학창시절 마음에 맞는 친구가 없었다.	○ 예	○ 아니오

24	특별한 이유 없이 누군가를 미워한 적이 있다.	○ 예	○ 아니오
25	내가 원하는 대로 일이 되지 않을 때 화가 많이 난다.	○ 예	○ 아니오
26	요즘 같은 세상에서는 누구든 믿을 수 없다.	○ 예	○ 아니오
27	나는 여행할 때 남들보다 짐이 많은 편이다.	○ 예	○ 아니오
28	나는 상대방이 화를 내면 더욱 화가 난다.	○ 예	○ 아니오
29	나는 반대 의견을 말하더라도 상대방을 무시하는 말을 하지 않으려고 한다.	○ 예	○ 아니오
30	나는 학창시절 내가 속한 동아리에서 누구보다 충성도가 높은 사람이었다.	○ 예	○ 아니오
31	나는 새로운 집단에서 친구를 쉽게 사귀는 편이다.	○ 예	○ 아니오
32	나는 다른 사람을 챙기는 태도가 몸에 배여 있다.	○ 예	○ 아니오
33	나는 항상 겸손하여 노력한다.	○ 예	○ 아니오
34	내 주변에는 나에 대해 좋지 않은 이야기를 하는 사람이 있다.	○ 예	○ 아니오
35	나는 가족들과는 합리적인 대화가 잘 안 된다.	○ 예	○ 아니오
36	나는 내가 하고 싶은 일은 꼭 해야 한다.	○ 예	○ 아니오
37	나는 스트레스를 받으면 몸에 이상이 온다.	○ 예	○ 아니오
38	나는 재치가 있다는 말을 많이 듣는 편이다.	○ 예	○ 아니오
39	나는 사람들에게 잘 보이기 위해 마음에 없는 거짓말을 한다.	○ 예	○ 아니오
40	다른 사람을 위협적으로 대한 적이 있다.	○ 예	○ 아니오
41	나는 부지런하다는 말을 자주 들었다.	○ 예	○ 아니오
42	나는 쉽게 화가 났다가 쉽게 풀리기도 한다.	○ 예	○ 아니오
43	나는 할 말은 반드시 하고 사는 사람이다.	○ 예	○ 아니오
44	나는 터질 듯한 분노를 종종 느낀다.	○ 예	○ 아니오
45	나도 남들처럼 든든한 배경이 있었다면 지금보다 훨씬 나은 위치에 있었을 것이다.	○ 예	○ 아니오
46	나는 종종 싸움에 휘말린다.	○ 예	○ 아니오
47	나는 능력과 무관하게 불이익을 받은 적이 있다.	○ 예	○ 아니오
48	누군가 내 의견을 반박하면 물러서지 않고 논쟁을 벌인다.	○ 예	○ 아니오
49	남이 나에게 피해를 입힌다면 나도 가만히 있지 않을 것이다.	○ 예	○ 아니오
50	내가 인정받기 위해서 규칙을 위반한 행위를 한 적이 있다.	○ 예	○ 아니오

한국산업인력공단

파트 3 면접가이드

NCS 면접의 이해

※ 능력중심 채용에서는 타당도가 높은 구조화 면접을 적용한다.

1 면접이란?

　일을 하는 데 필요한 능력(직무역량, 직무지식, 인재상 등)을 지원자가 보유하고 있는지를 다양한 면접기법을 활용하여 확인하는 절차이다. 자신의 환경, 성취, 관심사, 경험 등에 대해 이야기하여 본인이 적합하다는 것을 보여 줄 기회를 제공하고, 면접관은 평가에 필요한 정보를 수집하고 평가하는 것이다.

- 지원자의 태도, 적성, 능력에 대한 정보를 심층적으로 파악하기 위한 선발 방법
- 선발의 최종 의사결정에 주로 사용되는 선발 방법
- 전 세계적으로 선발에서 가장 많이 사용되는 핵심적이고 중요한 방법

2 면접의 특징

　서류전형이나 인적성검사에서 드러나지 않는 것들을 볼 수 있는 기회를 제공한다.

- 직무수행과 관련된 다양한 지원자 행동에 대한 관찰이 가능하다.
- 면접관이 알고자 하는 정보를 심층적으로 파악할 수 있다.
- 서류상의 미비한 사항과 의심스러운 부분을 확인할 수 있다.
- 커뮤니케이션, 대인관계행동 등 행동·언어적 정보도 얻을 수 있다.

3 면접의 평가요소

1 인재적합도

해당 기관이나 기업별 인재상에 대한 인성 평가

2 조직적합도

조직에 대한 이해와 관련 상황에 대한 평가

3 직무적합도

직무에 대한 지식과 기술, 태도에 대한 평가

🔍 4 면접의 유형

구조화된 정도에 따른 분류

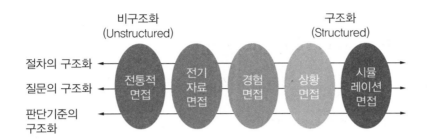

비구조화 (Unstructured) ← → 구조화 (Structured)

절차의 구조화
질문의 구조화
판단기준의 구조화

전통적 면접 ↔ 전기자료 면접 ↔ 경험 면접 ↔ 상황 면접 ↔ 시뮬레이션 면접

1 구조화 면접(Structured Interview)

사전에 계획을 세워 질문의 내용과 방법, 지원자의 답변 유형에 따른 추가 질문과 그에 대한 평가역량이 정해져 있는 면접 방식(표준화 면접)

- 표준화된 질문이나 평가요소가 면접 전 확정되며, 지원자는 편성된 조나 면접관에 영향을 받지 않고 동일한 질문과 시간을 부여받을 수 있음.
- 조직 또는 직무별로 주요하게 도출된 역량을 기반으로 평가요소가 구성되어, 조직 또는 직무에서 필요한 역량을 가진 지원자를 선발할 수 있음.
- 표준화된 형식을 사용하는 특성 때문에 비구조화 면접에 비해 신뢰성과 타당성, 객관성이 높음.

2 비구조화 면접(Unstructured Interview)

면접 계획을 세울 때 면접 목적만 명시하고 내용이나 방법은 면접관에게 전적으로 일임하는 방식(비표준화 면접)

- 표준화된 질문이나 평가요소 없이 면접이 진행되며, 편성된 조나 면접관에 따라 지원자에게 주어지는 질문이나 시간이 다름.
- 면접관의 주관적인 판단에 따라 평가가 이루어져 평가 오류가 빈번히 일어남.
- 상황 대처나 언변이 뛰어난 지원자에게 유리한 면접이 될 수 있음.

02 NCS 구조화 면접 기법

※ 능력중심 채용에서는 타당도가 높은 구조화 면접을 적용한다.

1 경험면접(Behavioral Event Interview)

면접 프로세스

안내
지원자는 입실 후, 면접관을 통해 인사말과 면접에 대한 간단한 안내를 받음.

질문
지원자는 면접관에게 평가요소(직업기초능력, 직무수행능력 등)와 관련된 주요 질문을 받게 되며, 질문에서 의도하는 평가요소를 고려하여 응답할 수 있도록 함.

세부질문
• 지원자가 응답한 내용을 토대로 해당 평가기준들을 충족시키는지 파악하기 위한 세부질문이 이루어짐.
• 구체적인 행동·생각 등에 대해 응답할수록 높은 점수를 얻을 수 있음.

• **방식**
  해당 역량의 발휘가 요구되는 일반적인 상황을 제시하고, 그러한 상황에서 어떻게 행동했었는지(과거경험)를 이야기하도록 함.

• **판단기준**
  해당 역량의 수준, 경험 자체의 구체성, 진실성 등

• **특징**
  추상적인 생각이나 의견 제시가 아닌 과거 경험 및 행동 중심의 질의가 이루어지므로 지원자는 사전에 본인의 과거 경험 및 사례를 정리하여 면접에 대비할 수 있음.

• **예시**

지원분야		지원자		면접관		(인)

경영자원관리
조직이 보유한 인적자원을 효율적으로 활용하여, 조직 내 유·무형 자산 및 재무자원을 효율적으로 관리한다.

주질문

A. 어떤 과제를 처리할 때 기존에 팀이 사용했던 방식의 문제점을 찾아내 이를 보완하여 과제를 더욱 효율적으로 처리했던 경험에 대해 이야기해 주시기 바랍니다.

세부질문

[상황 및 과제] 사례와 관련해 당시 상황에 대해 이야기해 주시기 바랍니다.
[역할] 당시 지원자께서 맡았던 역할은 무엇이었습니까?
[행동] 사례와 관련해 구성원들의 설득을 이끌어 내기 위해 어떤 노력을 하였습니까?
[결과] 결과는 어땠습니까?

기대행동	평점
업무진행에 있어 한정된 자원을 효율적으로 활용한다.	① ― ② ― ③ ― ④ ― ⑤
구성원들의 능력과 성향을 파악해 효율적으로 업무를 배분한다.	① ― ② ― ③ ― ④ ― ⑤
효과적 인적/물적 자원관리를 통해 맡은 일을 무리 없이 잘 마무리한다.	① ― ② ― ③ ― ④ ― ⑤

척도해설

1 : 행동증거가 거의 드러나지 않음	2 : 행동증거가 미약하게 드러남	3 : 행동증거가 어느 정도 드러남	4 : 행동증거가 명확하게 드러남	5 : 뛰어난 수준의 행동증거가 드러남
관찰기록 :				
총평 :				

※ 실제 적용되는 평가지는 기업/기관마다 다름.

2 상황면접(Situational Interview)

면접 프로세스

안내 지원자는 입실 후, 면접관을 통해 인사말과 면접에 대한 간단한 안내를 받음.

▼

질문
- 지원자는 상황질문지를 검토하거나 면접관을 통해 상황 및 질문을 제공받음.
- 면접관의 질문이나 질문지의 의도를 파악하여 응답할 수 있도록 함.

▼

세부질문
- 지원자가 응답한 내용을 토대로 해당 평가기준들을 충족시키는지 파악하기 위한 세부질문이 이루어짐.
- 구체적인 행동·생각 등에 대해 응답할수록 높은 점수를 얻을 수 있음.

- **방식**
  직무 수행 시 접할 수 있는 상황들을 제시하고, 그러한 상황에서 어떻게 행동할 것인지(행동의도)를 이야기하도록 함.
- **판단기준**
  해당 상황에 맞는 해당 역량의 구체적 행동지표
- **특징**
  지원자의 가치관, 태도, 사고방식 등의 요소를 평가하는 데 용이함.

- 예시

지원분야		지원자		면접관	(인)

유관부서협업
타 부서의 업무협조요청 등에 적극적으로 협력하고 갈등 상황이 발생하지 않도록 이해관계를 조율하며 관련 부서의 협업을 효과적으로 이끌어 낸다.

주질문
당신은 생산관리팀의 팀원으로, 2개월 뒤에 제품 A를 출시하기 위해 생산팀의 생산 계획을 수립한 상황입니다. 그러나 원가가 곧 실적으로 이어지는 구매팀에서는 최대한 원가를 줄여 전반적 단가를 낮추려고 원가절감을 위한 제안을 하였으나, 연구개발팀에서는 구매팀이 제안한 방식으로 제품을 생산할 경우 대부분이 구매팀의 실적으로 산정될 것이므로 제대로 확인도 해보지 않은 채 적합하지 않은 방식이라고 판단하고 있습니다. 당신은 어떻게 하겠습니까?

세부질문
[상황 및 과제] 이 상황의 핵심적인 이슈는 무엇이라고 생각합니까?
[역할] 당신의 역할을 더 잘 수행하기 위해서는 어떤 점을 고려해야 하겠습니까? 왜 그렇게 생각합니까?
[행동] 당면한 과제를 해결하기 위해서 구체적으로 어떤 조치를 취하겠습니까? 그 이유는 무엇입니까?
[결과] 그 결과는 어떻게 될 것이라고 생각합니까? 그 이유는 무엇입니까?

척도해설

1 : 행동증거가 거의 드러나지 않음	2 : 행동증거가 미약하게 드러남	3 : 행동증거가 어느 정도 드러남	4 : 행동증거가 명확하게 드러남	5 : 뛰어난 수준의 행동증거가 드러남
관찰기록 :				
총평 :				

※ 실제 적용되는 평가지는 기업/기관마다 다름.

3 발표면접(Presentation)

면접 프로세스

안내
- 입실 후 지원자는 면접관으로부터 인사말과 발표면접에 대해 간략히 안내받음.
- 면접 전 지원자는 과제 검토 및 발표 준비시간을 가짐.

발표
- 지원자들이 과제 주제와 관련하여 정해진 시간 동안 발표를 실시함.
- 면접관은 발표내용 중 평가요소와 관련해 나타난 가점 및 감점요소들을 평가하게 됨.

질문응답
- 발표 종료 후 면접관은 정해진 시간 동안 지원자의 발표내용과 관련해 구체적인 내용을 확인하기 위한 질문을 함.
- 지원자는 면접관의 질문의도를 정확히 파악하여 적절히 응답할 수 있도록 함.
- 응답 시 명확하고 자신있게 전달할 수 있도록 함.

1회 기출예상

2회 기출예상

3회 기출예상

4회 기출예상

5회 기출예상

인성검사

면접가이드

- 방식

  지원자가 특정 주제와 관련된 자료(신문기사, 그래프 등)를 검토하고, 그에 대한 자신의 생각을 면접관 앞에서 발표하며, 추가 질의응답이 이루어짐.

- 판단기준

  지원자의 사고력, 논리력, 문제해결능력 등

- 특징

  과제를 부여한 후, 지원자들이 과제를 수행하는 과정과 결과를 관찰 · 평가함. 과제수행의 결과뿐 아니라 과제수행 과정에서의 행동을 모두 평가함.

4 토론면접(Group Discussion)

면접 프로세스

안내
- 입실 후, 지원자들은 면접관으로부터 토론 면접의 전반적인 과정에 대해 안내받음.
- 지원자는 정해진 자리에 착석함.

토론
- 지원자들이 과제 주제와 관련하여 정해진 시간 동안 토론을 실시함(시간은 기관별 상이).
- 지원자들은 면접 전 과제 검토 및 토론 준비시간을 가짐.
- 토론이 진행되는 동안, 지원자들은 다른 토론자들의 발언을 경청하여 적절히 본인의 의사를 전달할 수 있도록 함. 더불어 적극적인 태도로 토론면접에 임하는 것도 중요함.

마무리 (5분 이내)
- 면접 종료 전, 지원자들은 토론을 통해 도출한 결론에 대해 첨언하고 적절히 마무리 지음.
- 본인의 의견을 전달하는 것과 동시에 다른 토론자를 배려하는 모습도 중요함.

- 방식

  상호갈등적 요소를 가진 과제 또는 공통의 과제를 해결하는 내용의 토론 과제(신문기사, 그래프 등)를 제시하고, 그 과정에서의 개인 간의 상호작용 행동을 관찰함.

- 판단기준

  팀워크, 갈등 조정, 의사소통능력 등

- 특징

  면접에서 최종안을 도출하는 것도 중요하나 주장의 옳고 그름이 아닌 결론을 도출하는 과정과 말하는 자세 등도 중요함.

5 역할연기면접(Role Play Interview)

- 방식
  기업 내 발생 가능한 상황에서 부딪히게 되는 문제와 역할을 가상적으로 설정하여 특정 역할을 맡은 사람과 상호작용하고 문제를 해결해 나가도록 함.
- 판단기준
  대처능력, 대인관계능력, 의사소통능력 등
- 특징
  실제 상황과 유사한 가상 상황에서 지원자의 성격이나 대처 행동 등을 관찰할 수 있음.

6 집단면접(Group Activity)

- 방식
  지원자들이 팀(집단)으로 협력하여 정해진 시간 안에 활동 또는 게임을 하며 면접관들은 지원자들의 행동을 관찰함.
- 판단기준
  대인관계능력, 팀워크, 창의성 등
- 특징
  기존 면접보다 오랜 시간 관찰을 하여 지원자들의 평소 습관이나 행동들을 관찰하려는 데 목적이 있음.

03 면접 최신 기출 주제

1회 기출예상

2회 기출예상

3회 기출예상

4회 기출예상

5회 기출예상

인성검사

면접가이드

한국산업인력공단의 면접

한국산업인력공단의 면접은 다대다 토론면접과 인성면접으로 이루어진다. 토론면접은 5명 내외로 구성된 지원자들이 약 10분 정도의 시간동안 준비 시간을 가진 뒤 30분 정도 찬반 토론을 진행하는 형식의 면접이다. 인성면접은 해당 직무에 대한 필요 지식 또는 직무수행능력태도에 대해 묻거나 자기소개서를 기반으로 인성을 평가하는 형식의 면접이다.

본인이 담당하고 싶은 사업과 그 내용에 대한 질문이 매해 빠짐없이 출제되고 있으므로, 자신이 지원한 직무와 관련된 사업을 깊게 공부하고 가는 것이 중요하다.

1 2023년 면접 실제 기출 주제

1 다대다 토론 면접

1. 고령화 인구 고용을 늘리기 위해 공단이 나아가야 할 방향과 함께 실천방안을 제시하시오.

2. K-MOVE와 같은 해외 취업지원 사업을 활성화할 수 있는 방안을 말해 보시오.

2 인성 면접

1. 1분 자기소개

2. 한국산업인력공단 홈페이지를 방문해본 적이 있는가, 있다면 개선해야 할 점을 말해 보시오.

3. 자사에서 진행하고 있는 사업 중 하나를 소개해 보시오.

4. 다른 기업이 아닌 한국산업인력공단을 지원한 이유를 말해 보시오.

5. 지원한 지사에 발생할 것 같은 민원을 제시하고 해당 민원 해결방법을 말해 보시오.

6. 일과 학습 병행제의 단점과 그에 따른 개선방안을 말해 보시오.

7. 자기소개서에 언급한 사업에 대한 발전 방향을 제시할 수 있는가?

8. 자기소개서에 언급한 경험 외에 다른 경험이 있는가, 있다면 말해 보시오.

9. 전공과 지원한 분야가 다른데 지원한 이유가 무엇인가?

10. 파견 근무를 하게 되어도 괜찮은가?

2 2022년 면접 실제 기출 주제

1 다대다 토론 면접

1. 자격시험을 CBT로 전환할 경우 디지털 소외계층을 포용하는 방안은?

2. 4차 산업을 위해 기업이 가져야할 비전과 한국산업인력공단이 할 수 있는 일은?

2 인성 면접

1. 1분 자기소개

2. 자기소개서에 작성한 관심 사업에 대해 설명하시오.

3. 자신보다 뒤처지는 친구를 도와준 경험

4. 지키기 어려웠던 직업윤리를 말하고 그 이유를 설명하시오.

5. 고객 요구를 응대하는 본인만의 방법이 있다면 설명하시오.

6. 주도적으로 상황을 해결한 경험

7. 일을 하면서 가장 화가 났던 순간과 그 사건을 통해 배운 점을 말하시오.

8. 업무를 수행할 때 본인만의 강점이 있는가?

9. 자신을 세 단어로 설명하시오.

10. 힘들었던 일을 극복한 경험

3 2021년 면접 실제 기출 주제

1 다대다 토론 면접

1. 유연(단축)근무제가 도입될 수 있는 문화와 제도, 사회적 방안은?

2. 공공부문의 AI활용에 대한 찬반

2 인성 면접

1. 1분 자기소개

2. 한국산업인력공단의 존재 이유

3. 한국산업인력공단이 현재 진행하고 있는 사업 중 관심있는 사업에 대해 설명하시오.

4. 본인의 직업관

5. 본인이 생각하는 학교생활과 직장생활의 차이점

6. 직무와 연관된 자기개발경험

7. 디지털 시대에 맞춰 변화해야한다고 생각하는 산업인력공단의 부서 2가지를 말하시오.

8. 내키지 않은 업무를 했던 경험은?

9. 주변 사람은 나를 어떤 사람으로 생각하는지?

10. 손해를 감수하면서도 원칙을 지킨 적이 있는가?

1회 기출예상

2회 기출예상

3회 기출예상

4회 기출예상

5회 기출예상

인성검사

면접가이드

4 2020년 면접 실제 기출 주제

1 다대다 토론 면접

1. 학교 폭력 예방을 위해 교실 내 CCTV를 설치하는 것에 대한 찬반

2. 민간자격증을 확대하는 것에 대한 찬반

2 인성 면접

1. 1분 자기소개

2. 오고 싶은 부서와 오고 싶은 이유

3. 본인이 리더형인지, 팔로워형인지? 그 사례는?

4. 단순하고 반복적인 작업을 한 적이 있는가? 그때 마인드 컨트롤을 어떻게 했는가?

5. 자신이 관심 있는 사업은? 코로나가 그 사업에 미칠 1차적 영향과 2차적 영향은?

6. 자신이 다른 사람과 잘 친해지는 노하우가 있다면?

7. 지원 동기를 3가지로 요약한다면?

8. 가고 싶은 부서는 어디인가?

9. 개인정보 처리 절차에 대해 어떻게 수행할 것인가?

10. 꼼꼼한 상사와 널널한 상사 중 어떤 유형의 상사에게 기안을 낼 것인가?

5 역대 면접 실제 기출 주제

1. 조직이 갖춰야 할 덕목 중 중요하다고 생각하는 3가지를 말하고, 이 중 가장 중요하다고 생각하는 덕목은 무엇인지 말하라.

2. 일을 할 때 자유성을 중시하는 상사와 꼼꼼한 상사 중 누구와 함께 일하고 싶은가?

3. 다른 부서에서 시험출제자의 개인정보를 넘겨달라고 했다면 어떻게 할 것인가?

4. 어느 사업에 투입되어 근무하고 싶은가?

5. 다음 해의 기안을 짤 때 고려해야할 것은?

6. 직장을 선택하는 나만의 기준은?

7. 본사가 아닌 지사의 역할은 무엇인가?

8. 같은 동기에게는 과도한 업무량을 주는데 본인에게는 업무를 맡기지 않을 경우 어떻게 할 것인지?

9. 고객만족과 규범 중 어떤 것을 더 우선시해야한다고 생각하는지?

10. 자신이 생각하는 단점과 그 이유, 그리고 극복방안은?

11. 한국산업인력공단의 사업들이 제대로 홍보됐는지, 홍보를 위해 필요한 것은 무엇이 있나?

12. 공단이 갖춰야 할 역량이 있다면?

13. 친구들에게 주로 듣는 말은 무엇인가?

14. 민원 대처 경험이 있나?

15. 직무 수행 시 가장 중요한 자질이 무엇이라고 생각하나?

16. 기업의 비전과 관련하여 어떤 직원이 되고 싶은가?

17. 어디까지 승진하고 싶은가?

18. 친해지기 어려운 유형의 사람은 어떤 사람인가?

19. 타 공단 인턴 경험이 있는데 타 공단은 채용 시 인턴 가산점이 있는가? 그런데 왜 굳이 한국산업인력공단에 지원했는가?

20. 한국산업인력공단의 경쟁사는 어디라고 생각하는가?

21. 외국인 근로자와 사업자와의 소통을 위해 자신이 할 수 있는 것은?

22. 국민이 공직자에게 원하는 것은 무엇이라고 생각하나?

23. 직무지식/역량/태도 중 가장 중요하다고 생각하는 것과 그 이유는?

24. 직업기초능력 중 가장 중요한 것은 무엇이고 그 이유는?

25. 공단의 외부환경 위협요인과 위협요인을 극복하기 위한 방안은?

26. 꼰대를 어떻게 정의하는가? 만약 상사가 꼰대라면?

Memo

미래를 창조하기에 꿈만큼 좋은 것은 없다.
오늘의 유토피아가 내일 현실이 될 수 있다.

There is nothing like dream to create the future.
Utopia today, flesh and blood tomorrow.
빅토르 위고 Victor Hugo

문번	답란	문번	답란	문번	답란	문번	답란
	직업능력				한국사		영어
1	① ② ③ ④ ⑤	21	① ② ③ ④ ⑤	41	① ② ③ ④ ⑤	61	① ② ③ ④ ⑤
2	① ② ③ ④ ⑤	22	① ② ③ ④ ⑤	42	① ② ③ ④ ⑤	62	① ② ③ ④ ⑤
3	① ② ③ ④ ⑤	23	① ② ③ ④ ⑤	43	① ② ③ ④ ⑤	63	① ② ③ ④ ⑤
4	① ② ③ ④ ⑤	24	① ② ③ ④ ⑤	44	① ② ③ ④ ⑤	64	① ② ③ ④ ⑤
5	① ② ③ ④ ⑤	25	① ② ③ ④ ⑤	45	① ② ③ ④ ⑤	65	① ② ③ ④ ⑤
6	① ② ③ ④ ⑤	26	① ② ③ ④ ⑤	46	① ② ③ ④ ⑤	66	① ② ③ ④ ⑤
7	① ② ③ ④ ⑤	27	① ② ③ ④ ⑤	47	① ② ③ ④ ⑤	67	① ② ③ ④ ⑤
8	① ② ③ ④ ⑤	28	① ② ③ ④ ⑤	48	① ② ③ ④ ⑤	68	① ② ③ ④ ⑤
9	① ② ③ ④ ⑤	29	① ② ③ ④ ⑤	49	① ② ③ ④ ⑤	69	① ② ③ ④ ⑤
10	① ② ③ ④ ⑤	30	① ② ③ ④ ⑤	50	① ② ③ ④ ⑤	70	① ② ③ ④ ⑤
11	① ② ③ ④ ⑤	31	① ② ③ ④ ⑤	51	① ② ③ ④ ⑤	71	① ② ③ ④ ⑤
12	① ② ③ ④ ⑤	32	① ② ③ ④ ⑤	52	① ② ③ ④ ⑤	72	① ② ③ ④ ⑤
13	① ② ③ ④ ⑤	33	① ② ③ ④ ⑤	53	① ② ③ ④ ⑤	73	① ② ③ ④ ⑤
14	① ② ③ ④ ⑤	34	① ② ③ ④ ⑤	54	① ② ③ ④ ⑤	74	① ② ③ ④ ⑤
15	① ② ③ ④ ⑤	35	① ② ③ ④ ⑤	55	① ② ③ ④ ⑤	75	① ② ③ ④ ⑤
16	① ② ③ ④ ⑤	36	① ② ③ ④ ⑤	56	① ② ③ ④ ⑤	76	① ② ③ ④ ⑤
17	① ② ③ ④ ⑤	37	① ② ③ ④ ⑤	57	① ② ③ ④ ⑤	77	① ② ③ ④ ⑤
18	① ② ③ ④ ⑤	38	① ② ③ ④ ⑤	58	① ② ③ ④ ⑤	78	① ② ③ ④ ⑤
19	① ② ③ ④ ⑤	39	① ② ③ ④ ⑤	59	① ② ③ ④ ⑤	79	① ② ③ ④ ⑤
20	① ② ③ ④ ⑤	40	① ② ③ ④ ⑤	60	① ② ③ ④ ⑤	80	① ② ③ ④ ⑤

한국산업인력공단

2회 기출예상문제

감독관 확인란

영어

문번	답란
61	① ② ③ ④ ⑤
62	① ② ③ ④ ⑤
63	① ② ③ ④ ⑤
64	① ② ③ ④ ⑤
65	① ② ③ ④ ⑤
66	① ② ③ ④ ⑤
67	① ② ③ ④ ⑤
68	① ② ③ ④ ⑤
69	① ② ③ ④ ⑤
70	① ② ③ ④ ⑤
71	① ② ③ ④ ⑤
72	① ② ③ ④ ⑤
73	① ② ③ ④ ⑤
74	① ② ③ ④ ⑤
75	① ② ③ ④ ⑤
76	① ② ③ ④ ⑤
77	① ② ③ ④ ⑤
78	① ② ③ ④ ⑤
79	① ② ③ ④ ⑤
80	① ② ③ ④ ⑤

한국사

문번	답란
41	① ② ③ ④ ⑤
42	① ② ③ ④ ⑤
43	① ② ③ ④ ⑤
44	① ② ③ ④ ⑤
45	① ② ③ ④ ⑤
46	① ② ③ ④ ⑤
47	① ② ③ ④ ⑤
48	① ② ③ ④ ⑤
49	① ② ③ ④ ⑤
50	① ② ③ ④ ⑤
51	① ② ③ ④ ⑤
52	① ② ③ ④ ⑤
53	① ② ③ ④ ⑤
54	① ② ③ ④ ⑤
55	① ② ③ ④ ⑤
56	① ② ③ ④ ⑤
57	① ② ③ ④ ⑤
58	① ② ③ ④ ⑤
59	① ② ③ ④ ⑤
60	① ② ③ ④ ⑤

직업능력

문번	답란
21	① ② ③ ④ ⑤
22	① ② ③ ④ ⑤
23	① ② ③ ④ ⑤
24	① ② ③ ④ ⑤
25	① ② ③ ④ ⑤
26	① ② ③ ④ ⑤
27	① ② ③ ④ ⑤
28	① ② ③ ④ ⑤
29	① ② ③ ④ ⑤
30	① ② ③ ④ ⑤
31	① ② ③ ④ ⑤
32	① ② ③ ④ ⑤
33	① ② ③ ④ ⑤
34	① ② ③ ④ ⑤
35	① ② ③ ④ ⑤
36	① ② ③ ④ ⑤
37	① ② ③ ④ ⑤
38	① ② ③ ④ ⑤
39	① ② ③ ④ ⑤
40	① ② ③ ④ ⑤

문번	답란
1	① ② ③ ④ ⑤
2	① ② ③ ④ ⑤
3	① ② ③ ④ ⑤
4	① ② ③ ④ ⑤
5	① ② ③ ④ ⑤
6	① ② ③ ④ ⑤
7	① ② ③ ④ ⑤
8	① ② ③ ④ ⑤
9	① ② ③ ④ ⑤
10	① ② ③ ④ ⑤
11	① ② ③ ④ ⑤
12	① ② ③ ④ ⑤
13	① ② ③ ④ ⑤
14	① ② ③ ④ ⑤
15	① ② ③ ④ ⑤
16	① ② ③ ④ ⑤
17	① ② ③ ④ ⑤
18	① ② ③ ④ ⑤
19	① ② ③ ④ ⑤
20	① ② ③ ④ ⑤

성명표기란

수험번호

⓪ ① ② ③ ④ ⑤ ⑥ ⑦ ⑧ ⑨

(주민등록 앞자리 생년제외) 월일

⓪ ① ② ③ ④ ⑤ ⑥ ⑦ ⑧ ⑨

수험생 유의사항

※ 답안은 반드시 컴퓨터용 수성사인펜으로 보기와 같이 바르게 표기해야 합니다.
〈보기〉 ① ② ③ ❹ ⑤

※ 성명표기란 위 칸에는 성명을 한글로 쓰고 아래 칸에는 성명을 정확하게 ● 표기하십시오.
(단, 성과 이름은 붙여 씁니다)

※ 수험번호 표기란에는 아라비아 숫자로 쓰고 아래 칸에는 숫자와 일치하게 ● 표기하십시오.

※ 출생월일은 반드시 본인 주민등록번호의 생년을 제외한 월 두 자리, 일 두 자리를 표기하십시오.
오. (예) 1994년 1월 12일 → 0112

감독관
확인란

성명표기란

수험번호

수험생 유의사항

※ 답안은 반드시 컴퓨터용 수성사인펜으로 보기의 ①②③❹⑤과 같이 바르게 표기해야 합니다.
〈보기〉 ① ② ③ ❹ ⑤
※ 성명표기란 위 칸에는 성명을 한글로 쓰고 아래 칸에는 성명을 정확하게 ● 표기하여야 합니다.
(단, 성과 이름은 붙여 씁니다.)
※ 수험번호 표시란에는 숫자와 일치하게 ● 표기하시오.
※ 출생월일은 반드시 본인 주민등록번호의 생년월일 두 자리, 월 두 자리를 표기하시오.
오. (예) 1994년 1월 12일 → 0112

(주민등록 앞자리 생년제외) 월일

문벉	답란	문벉	답란	문벉	답란	문벉	답란
			직업능력		한국사		영어
1	① ② ③ ④ ⑤	21	① ② ③ ④ ⑤	41	① ② ③ ④ ⑤	61	① ② ③ ④ ⑤
2	① ② ③ ④ ⑤	22	① ② ③ ④ ⑤	42	① ② ③ ④ ⑤	62	① ② ③ ④ ⑤
3	① ② ③ ④ ⑤	23	① ② ③ ④ ⑤	43	① ② ③ ④ ⑤	63	① ② ③ ④ ⑤
4	① ② ③ ④ ⑤	24	① ② ③ ④ ⑤	44	① ② ③ ④ ⑤	64	① ② ③ ④ ⑤
5	① ② ③ ④ ⑤	25	① ② ③ ④ ⑤	45	① ② ③ ④ ⑤	65	① ② ③ ④ ⑤
6	① ② ③ ④ ⑤	26	① ② ③ ④ ⑤	46	① ② ③ ④ ⑤	66	① ② ③ ④ ⑤
7	① ② ③ ④ ⑤	27	① ② ③ ④ ⑤	47	① ② ③ ④ ⑤	67	① ② ③ ④ ⑤
8	① ② ③ ④ ⑤	28	① ② ③ ④ ⑤	48	① ② ③ ④ ⑤	68	① ② ③ ④ ⑤
9	① ② ③ ④ ⑤	29	① ② ③ ④ ⑤	49	① ② ③ ④ ⑤	69	① ② ③ ④ ⑤
10	① ② ③ ④ ⑤	30	① ② ③ ④ ⑤	50	① ② ③ ④ ⑤	70	① ② ③ ④ ⑤
11	① ② ③ ④ ⑤	31	① ② ③ ④ ⑤	51	① ② ③ ④ ⑤	71	① ② ③ ④ ⑤
12	① ② ③ ④ ⑤	32	① ② ③ ④ ⑤	52	① ② ③ ④ ⑤	72	① ② ③ ④ ⑤
13	① ② ③ ④ ⑤	33	① ② ③ ④ ⑤	53	① ② ③ ④ ⑤	73	① ② ③ ④ ⑤
14	① ② ③ ④ ⑤	34	① ② ③ ④ ⑤	54	① ② ③ ④ ⑤	74	① ② ③ ④ ⑤
15	① ② ③ ④ ⑤	35	① ② ③ ④ ⑤	55	① ② ③ ④ ⑤	75	① ② ③ ④ ⑤
16	① ② ③ ④ ⑤	36	① ② ③ ④ ⑤	56	① ② ③ ④ ⑤	76	① ② ③ ④ ⑤
17	① ② ③ ④ ⑤	37	① ② ③ ④ ⑤	57	① ② ③ ④ ⑤	77	① ② ③ ④ ⑤
18	① ② ③ ④ ⑤	38	① ② ③ ④ ⑤	58	① ② ③ ④ ⑤	78	① ② ③ ④ ⑤
19	① ② ③ ④ ⑤	39	① ② ③ ④ ⑤	59	① ② ③ ④ ⑤	79	① ② ③ ④ ⑤
20	① ② ③ ④ ⑤	40	① ② ③ ④ ⑤	60	① ② ③ ④ ⑤	80	① ② ③ ④ ⑤

한국산업인력공단

4회 기출예상문제

성명표기란

수험번호

주민등록 앞자리 생년제외 월일

수험생 유의사항

※ 답안은 반드시 컴퓨터용 수성사인펜으로 보기와 같이 바르게 표기해야 합니다.
　〈보기〉 ① ② ③ ● ⑤
※ 성명표기란 위 칸에는 성명을 한글로 쓰고 아래 칸에는 성명을 정확하게 ● 표기하십시오.
　(단, 성과 이름은 붙여 씁니다)
※ 수험번호 표기란에는 아라비아 숫자로 쓰고 아래 칸에는 숫자와 일치하게 ● 표기하십시오.
※ 출생월일은 반드시 본인 주민등록번호의 생년을 제외한 월 두 자리, 일 두 자리를 표기하십시오.
　오. (예) 1994년 1월 12일 → 0112

직업능력		직업능력		한국사		영어	
문번	답란	문번	답란	문번	답란	문번	답란
1	① ② ③ ④ ⑤	21	① ② ③ ④ ⑤	41	① ② ③ ④ ⑤	61	① ② ③ ④ ⑤
2	① ② ③ ④ ⑤	22	① ② ③ ④ ⑤	42	① ② ③ ④ ⑤	62	① ② ③ ④ ⑤
3	① ② ③ ④ ⑤	23	① ② ③ ④ ⑤	43	① ② ③ ④ ⑤	63	① ② ③ ④ ⑤
4	① ② ③ ④ ⑤	24	① ② ③ ④ ⑤	44	① ② ③ ④ ⑤	64	① ② ③ ④ ⑤
5	① ② ③ ④ ⑤	25	① ② ③ ④ ⑤	45	① ② ③ ④ ⑤	65	① ② ③ ④ ⑤
6	① ② ③ ④ ⑤	26	① ② ③ ④ ⑤	46	① ② ③ ④ ⑤	66	① ② ③ ④ ⑤
7	① ② ③ ④ ⑤	27	① ② ③ ④ ⑤	47	① ② ③ ④ ⑤	67	① ② ③ ④ ⑤
8	① ② ③ ④ ⑤	28	① ② ③ ④ ⑤	48	① ② ③ ④ ⑤	68	① ② ③ ④ ⑤
9	① ② ③ ④ ⑤	29	① ② ③ ④ ⑤	49	① ② ③ ④ ⑤	69	① ② ③ ④ ⑤
10	① ② ③ ④ ⑤	30	① ② ③ ④ ⑤	50	① ② ③ ④ ⑤	70	① ② ③ ④ ⑤
11	① ② ③ ④ ⑤	31	① ② ③ ④ ⑤	51	① ② ③ ④ ⑤	71	① ② ③ ④ ⑤
12	① ② ③ ④ ⑤	32	① ② ③ ④ ⑤	52	① ② ③ ④ ⑤	72	① ② ③ ④ ⑤
13	① ② ③ ④ ⑤	33	① ② ③ ④ ⑤	53	① ② ③ ④ ⑤	73	① ② ③ ④ ⑤
14	① ② ③ ④ ⑤	34	① ② ③ ④ ⑤	54	① ② ③ ④ ⑤	74	① ② ③ ④ ⑤
15	① ② ③ ④ ⑤	35	① ② ③ ④ ⑤	55	① ② ③ ④ ⑤	75	① ② ③ ④ ⑤
16	① ② ③ ④ ⑤	36	① ② ③ ④ ⑤	56	① ② ③ ④ ⑤	76	① ② ③ ④ ⑤
17	① ② ③ ④ ⑤	37	① ② ③ ④ ⑤	57	① ② ③ ④ ⑤	77	① ② ③ ④ ⑤
18	① ② ③ ④ ⑤	38	① ② ③ ④ ⑤	58	① ② ③ ④ ⑤	78	① ② ③ ④ ⑤
19	① ② ③ ④ ⑤	39	① ② ③ ④ ⑤	59	① ② ③ ④ ⑤	79	① ② ③ ④ ⑤
20	① ② ③ ④ ⑤	40	① ② ③ ④ ⑤	60	① ② ③ ④ ⑤	80	① ② ③ ④ ⑤

직업능력		한국사		영어

직업능력

문번	답란	문번	답란
1	① ② ③ ④ ⑤	21	① ② ③ ④ ⑤
2	① ② ③ ④ ⑤	22	① ② ③ ④ ⑤
3	① ② ③ ④ ⑤	23	① ② ③ ④ ⑤
4	① ② ③ ④ ⑤	24	① ② ③ ④ ⑤
5	① ② ③ ④ ⑤	25	① ② ③ ④ ⑤
6	① ② ③ ④ ⑤	26	① ② ③ ④ ⑤
7	① ② ③ ④ ⑤	27	① ② ③ ④ ⑤
8	① ② ③ ④ ⑤	28	① ② ③ ④ ⑤
9	① ② ③ ④ ⑤	29	① ② ③ ④ ⑤
10	① ② ③ ④ ⑤	30	① ② ③ ④ ⑤
11	① ② ③ ④ ⑤	31	① ② ③ ④ ⑤
12	① ② ③ ④ ⑤	32	① ② ③ ④ ⑤
13	① ② ③ ④ ⑤	33	① ② ③ ④ ⑤
14	① ② ③ ④ ⑤	34	① ② ③ ④ ⑤
15	① ② ③ ④ ⑤	35	① ② ③ ④ ⑤
16	① ② ③ ④ ⑤	36	① ② ③ ④ ⑤
17	① ② ③ ④ ⑤	37	① ② ③ ④ ⑤
18	① ② ③ ④ ⑤	38	① ② ③ ④ ⑤
19	① ② ③ ④ ⑤	39	① ② ③ ④ ⑤
20	① ② ③ ④ ⑤	40	① ② ③ ④ ⑤

한국사

문번	답란
41	① ② ③ ④ ⑤
42	① ② ③ ④ ⑤
43	① ② ③ ④ ⑤
44	① ② ③ ④ ⑤
45	① ② ③ ④ ⑤
46	① ② ③ ④ ⑤
47	① ② ③ ④ ⑤
48	① ② ③ ④ ⑤
49	① ② ③ ④ ⑤
50	① ② ③ ④ ⑤
51	① ② ③ ④ ⑤
52	① ② ③ ④ ⑤
53	① ② ③ ④ ⑤
54	① ② ③ ④ ⑤
55	① ② ③ ④ ⑤
56	① ② ③ ④ ⑤
57	① ② ③ ④ ⑤
58	① ② ③ ④ ⑤
59	① ② ③ ④ ⑤
60	① ② ③ ④ ⑤

영어

문번	답란
61	① ② ③ ④ ⑤
62	① ② ③ ④ ⑤
63	① ② ③ ④ ⑤
64	① ② ③ ④ ⑤
65	① ② ③ ④ ⑤
66	① ② ③ ④ ⑤
67	① ② ③ ④ ⑤
68	① ② ③ ④ ⑤
69	① ② ③ ④ ⑤
70	① ② ③ ④ ⑤
71	① ② ③ ④ ⑤
72	① ② ③ ④ ⑤
73	① ② ③ ④ ⑤
74	① ② ③ ④ ⑤
75	① ② ③ ④ ⑤
76	① ② ③ ④ ⑤
77	① ② ③ ④ ⑤
78	① ② ③ ④ ⑤
79	① ② ③ ④ ⑤
80	① ② ③ ④ ⑤

한국산업인력공단

기출예상문제_연습용

성명표기란

수험번호

(주민등록 앞자리 생년제외) 월일

영어

문번	답란
61	① ② ③ ④ ⑤
62	① ② ③ ④ ⑤
63	① ② ③ ④ ⑤
64	① ② ③ ④ ⑤
65	① ② ③ ④ ⑤
66	① ② ③ ④ ⑤
67	① ② ③ ④ ⑤
68	① ② ③ ④ ⑤
69	① ② ③ ④ ⑤
70	① ② ③ ④ ⑤
71	① ② ③ ④ ⑤
72	① ② ③ ④ ⑤
73	① ② ③ ④ ⑤
74	① ② ③ ④ ⑤
75	① ② ③ ④ ⑤
76	① ② ③ ④ ⑤
77	① ② ③ ④ ⑤
78	① ② ③ ④ ⑤
79	① ② ③ ④ ⑤
80	① ② ③ ④ ⑤

한국사

문번	답란
41	① ② ③ ④ ⑤
42	① ② ③ ④ ⑤
43	① ② ③ ④ ⑤
44	① ② ③ ④ ⑤
45	① ② ③ ④ ⑤
46	① ② ③ ④ ⑤
47	① ② ③ ④ ⑤
48	① ② ③ ④ ⑤
49	① ② ③ ④ ⑤
50	① ② ③ ④ ⑤
51	① ② ③ ④ ⑤
52	① ② ③ ④ ⑤
53	① ② ③ ④ ⑤
54	① ② ③ ④ ⑤
55	① ② ③ ④ ⑤
56	① ② ③ ④ ⑤
57	① ② ③ ④ ⑤
58	① ② ③ ④ ⑤
59	① ② ③ ④ ⑤
60	① ② ③ ④ ⑤

직업능력

문번	답란
21	① ② ③ ④ ⑤
22	① ② ③ ④ ⑤
23	① ② ③ ④ ⑤
24	① ② ③ ④ ⑤
25	① ② ③ ④ ⑤
26	① ② ③ ④ ⑤
27	① ② ③ ④ ⑤
28	① ② ③ ④ ⑤
29	① ② ③ ④ ⑤
30	① ② ③ ④ ⑤
31	① ② ③ ④ ⑤
32	① ② ③ ④ ⑤
33	① ② ③ ④ ⑤
34	① ② ③ ④ ⑤
35	① ② ③ ④ ⑤
36	① ② ③ ④ ⑤
37	① ② ③ ④ ⑤
38	① ② ③ ④ ⑤
39	① ② ③ ④ ⑤
40	① ② ③ ④ ⑤

문번	답란
1	① ② ③ ④ ⑤
2	① ② ③ ④ ⑤
3	① ② ③ ④ ⑤
4	① ② ③ ④ ⑤
5	① ② ③ ④ ⑤
6	① ② ③ ④ ⑤
7	① ② ③ ④ ⑤
8	① ② ③ ④ ⑤
9	① ② ③ ④ ⑤
10	① ② ③ ④ ⑤
11	① ② ③ ④ ⑤
12	① ② ③ ④ ⑤
13	① ② ③ ④ ⑤
14	① ② ③ ④ ⑤
15	① ② ③ ④ ⑤
16	① ② ③ ④ ⑤
17	① ② ③ ④ ⑤
18	① ② ③ ④ ⑤
19	① ② ③ ④ ⑤
20	① ② ③ ④ ⑤

수험생 유의사항

※ 답안은 반드시 컴퓨터용 수성사인펜으로 보기와 같이 바르게 표기해야 합니다.
   〈보기〉 ① ② ③ ● ⑤

※ 성명표기란 위 칸에는 성명을 한글로 쓰고 아래 칸에는 성명을 정확하게 ● 표기하십시오.
   (단, 성과 이름은 붙여 씁니다)

※ 수험번호 표기란에는 아라비아 숫자로 쓰고 아래 칸에는 숫자와 일치하게 ● 표기하십시오.

※ 출생월일은 반드시 본인 주민등록번호의 생년을 제외한 월 두 자리, 일 두 자리를 표기하십시오.
   오. (예) 1994년 1월 12일 → 0112

대기업 · 금융

저마다의 일생에는,

특히 그 일생이 동터 오르는 여명기에는

모든 것을 결정짓는 한 순간이 있다.

그 순간을 다시 찾아내는 것은 어렵다.

그것은 다른 수많은 순간들의 퇴적 속에

깊이 묻혀있다.

- 장 그르니에, 섬 LES ILES

2024 | 한국산업인력공단 | NCS

고시넷
공기업

한국산업인력공단 6급
NCS + 한국사 + 영어
기출예상모의고사

5회

정답과 해설

gosinet
(주)고시넷

스마트폰에서 검색 고시넷

고시넷 공기업

모듈형/피듈형
NCS 베스트셀러

350여 공공기관
및 출제사
최신 출제유형

NCS 완전정복 초록이 시리즈

산인공 모듈형 + 응용모듈형
필수이론, 기출문제 유형

고시넷 NCS
초록이 ① 통합기본서

고시넷 NCS
초록이 ② 통합문제집

2024 | 한국산업인력공단 | NCS

고시넷
공기업

한국산업인력공단 6급
NCS + 한국사 + 영어
기출예상모의고사
5회

정답과 해설

gosinet
(주)고시넷

1회 직업능력

문제 20쪽

01	③	02	①	03	②	04	③	05	②
06	⑤	07	⑤	08	④	09	⑤	10	⑤
11	①	12	①	13	②	14	②	15	①
16	⑤	17	③	18	③	19	④	20	②
21	②	22	⑤	23	③	24	③	25	④
26	⑤	27	③	28	②	29	①	30	⑤
31	③	32	⑤	33	⑤	34	①	35	⑤
36	③	37	⑤	38	④	39	⑤	40	③

01 도표분석능력 자료의 수치 분석하기

|정답| ③

|해설| 방향 6에서 가장 높은 월 수익은 2개월 차의 700만 원이며, 6개의 사업 방향 중 가장 높은 월 수익이 포함된 것은 3개월 차에 750만 원을 기록한 방향 5이다.

|오답풀이|

① 방향 1에서 가장 높은 비용은 3개월 차의 500만 원이며, 방향 2에서 가장 높은 비용은 2개월 차의 400만 원이다.

② 방향 4는 1개월 차부터 3개월 차까지 월 비용이 250만 원으로 일정하며, 3개월 차 이후의 매달 월 비용도 3개월 차의 월 비용과 항상 동일하다.

④ 방향 3은 2개월 차에서 월 수익이 600만 원에서 300만 원으로 감소하였다가 3개월 차에서 400만 원으로 증가하는 추세를 보인다.

⑤ 방향 1 ~ 6 모두 사업 시작 이후 첫 세 달 동안의 월 수익이 일정하지 않고 변한다.

02 도표분석능력 자료의 수치 계산하기

|정답| ①

|해설| 첫 세 달 동안의 순수익은 해당 기간 동안의 월 수익의 합에서 월 비용의 합을 뺀 값과 같다. 이를 기준으로 각 사업 방향의 첫 세 달동안의 순수익을 구하면 다음과 같다.

- 방향 1 : $(500+600+650)-(250+300+500)$
  $=700$(만 원)
- 방향 2 : $(400+400+600)-(300+400+300)$
  $=400$(만 원)
- 방향 3 : $(600+300+400)-(500+300+250)$
  $=250$(만 원)
- 방향 4 : $(650+400+300)-(250+250+250)$
  $=600$(만 원)
- 방향 5 : $(200+300+750)-(100+200+500)$
  $=450$(만 원)
- 방향 6 : $(550+700+400)-(600+250+300)$
  $=500$(만 원)

따라서 첫 세 달 동안의 순수익의 합이 가장 높은 사업 방향은 방향 1이다.

03 도표분석능력 자료의 수치 계산하기

|정답| ②

|해설| 사업 시작 3개월 차 이후의 매달 월 수익 및 비용은 3개월 차의 월 수익 및 비용과 동일하다고 하였다. 그러므로 사업 시작 첫 해의 2/4분기, 즉 사업 시작 4 ~ 6개월 차의 순수익이 가장 높은 사업 방향은 사업 시작 3개월 차에서의 월 순수익이 가장 높은 사업 방향이다. 각 사업 방향의 3개월 차의 월 순수익을 구하면 다음과 같다.

- 방향 1 : $650-500=150$(만 원)
- 방향 2 : $600-300=300$(만 원)
- 방향 3 : $400-250=150$(만 원)
- 방향 4 : $300-250=50$(만 원)
- 방향 5 : $750-500=250$(만 원)
- 방향 6 : $400-300=100$(만 원)

따라서 사업 시작 첫 해 2/4분기의 순수익이 가장 높은 사업 방향은 방향 2이다.

www.gosinet.co.kr **gosinet**

1회 기출예상

2회 기출예상

3회 기출예상

4회 기출예상

5회 기출예상

04 예산관리능력 성과급 계산하기

| 정답 | ③

| 해설 | 월급보다 성과급을 더 많이 받기 위해서는 성과등급 기준에 따라 성과급 제공 비율이 월급의 100%를 초과하는 S 등급 혹은 A 등급을 받아야 한다. 제시된 직원 가 ~ 마의 실적을 기준으로 각 직원들의 성과등급을 측정한 결과는 다음과 같다.

(단위 : 등급)

구분	가	나	다	라	마
사업주훈련 프로그램 참여 횟수	C	B	A	B	B
제작참여 직업방송 국민 시청률	B	B	B	B	A
기회참여 HRD 컨퍼런스 참가인원	A	A	A	S	B
전체 성과등급	B	B	A	B	B

따라서 전체 성과등급으로 A 등급을 받은 다 과장이 월급의 150%의 성과급을 지급받아 월급보다 성과급이 더 많게 된다.

05 예산관리능력 성과급 계산하기

| 정답 | ②

| 해설 | 04의 표를 참고하여 각 직원들에게 지급해야 할 성과급을 구하면 다음과 같다.

• 가 대리(B 등급) : 320만 원
• 나 주임(B 등급) : 250만 원
• 다 과장(A 등급) : 430×1.5＝645(만 원)
• 라 대리(B 등급) : 320만 원
• 마 부장(B 등급) : 500만 원

따라서 성과금의 총액은 320＋250＋645＋320＋500＝2,035 (만 원)이다.

06 업무이해능력 청탁금지법 이해하기

| 정답 | ⑤

| 해설 | 의례를 목적으로 전달하는 경조사비로 축의금과 화환을 함께 보내는 경우에는 그 가액의 합산이 10만 원을 초과해서는 안 되며, 가액 범위를 각각 초과해서는 안 된다. 따라서 3만 원 상당의 화환은 [별표 1]에서 정하는 조화의 가액 범위인 10만 원 이내에는 해당하나, 축의금 7만 원은 가액 범위인 5만 원을 초과하므로 이는 허용되지 않는다.

| 오답풀이 |

① 제8조 제3항 제3호의 사적 거래로 인한 채무의 이행에 해당한다.

② D 국장은 C 차장의 상급 공직자이므로 제8조 제3항 제1호의 상급 공직자가 위로의 목적으로 하급 공직자에게 제공하는 금품 등에 해당하여 수수 금지 대상에 포함되지 않는다.

③ 제8조 제3항 제5호에서 공직자 등과 관련된 동호인회로 친분관계를 맺고 있는 자가 질병·재난으로 어려운 처지에 있는 경우에 제공하는 금품에 해당하여 수수 금지 대상에 포함되지 않는다.

④ 의례의 목적으로 조의금과 조화를 함께 보내는 경우 그 가액을 합산한 금액이 10만 원 이내일 경우에 허용된다. 조의금 5만 원과 조화 5만 원은 합산 금액이 10만 원 이내이면서 각각의 가액 범위를 초과하지 않으므로 허용된다.

07 기초통계능력 평균값 활용하기

| 정답 | ⑤

| 해설 | 제시된 연봉 현황 표를 참고하여 직급별 평균 연봉을 구하면 다음과 같다.

• 인턴 : 2,000만 원

• 주임 5명이 받는 연봉의 평균을 x만 원이라고 하면 주임 5명이 받는 연봉의 합은 $5x$만 원이다. 인턴 10명이 받는 연봉의 합은 20,000만 원, 주임 이하 직급이 받는 연봉의 평균이 3,000만 원이므로 $\dfrac{20,000+5x}{15}=3,000$(만 원)이 성립한다. 따라서 주임 5명의 평균 연봉 $x=5,000$(만 원)이다.

• 대리 3명이 받는 연봉의 평균을 y만 원이라고 하면 대리 3명이 받는 연봉의 합은 $3y$만 원이다. 인턴과 주임이 받은 연봉의 합은 $3,000×15=45,000$(만 원), 대리 이하 직급이 받는 연봉의 평균은 3,750만 원이므로 $\dfrac{45,000+3y}{18}=3,750$이 성립한다. 따라서 대리 3명의 평균 연봉 $y=7,500$(만 원)이다.

• 과장 2명이 받는 연봉의 평균을 z만 원이라고 하면 과장 2명이 받는 연봉의 합은 $2z$만 원이다. 대리 이하 직급이 받는 연봉의 합은 $3,750 \times 18 = 67,500$(만 원), 과장 이하 직급이 받는 연봉의 평균은 4,875만 원이므로 $\dfrac{67,500 + 2z}{20} = 4,875$(만 원)이 성립한다. 따라서 과장 2명의 평균 연봉 $z = 15,000$(만 원)이다.

• 이사장이 받는 연봉을 a만 원이라고 하면 과장 이하 직급이 받는 연봉의 합은 $4,875 \times 20 = 97,500$(만 원), 전체 임직원의 평균 연봉이 6,000만 원이므로 $\dfrac{97,500 + a}{21} = 6,000$(만 원)이 성립한다. 따라서 이사장의 연봉 $a = 28,500$(만 원)이다.

ㄴ. 대리 3명이 받는 평균 연봉은 7,500만 원으로 7,000만 원 이상이다.

ㄷ. 주임 5명이 받는 연봉의 합은 $5,000 \times 5 = 25,000$(만 원), 과장 2명이 받는 연봉의 합은 $15,000 \times 2 = 30,000$(만 원)이므로 과장 2명이 받는 연봉의 합이 더 크다.

| 오답풀이 |

ㄱ. 이사장의 연봉은 2억 8,500만 원으로 3억 원 미만이다.

08 체제이해능력 조직도 파악하기

| 정답 | ④

| 해설 | 예산부는 기획조정국 소속이므로 예산부 직원의 결재에 대한 결재는 예산부장－기획조정국장－기획운영이사－이사장 순서로 이루어지며, 상위 결재자가 자리를 비운 경우 그 위의 결재자가 결재권을 가진다고 정하고 있다. 직급 순서상 기획조정국의 상위 직급자는 기획운영이사이므로, 기획조정국장이 부재 시 그에 대한 결재권은 예산부장이 아닌 기획운영이사가 가진다.

| 오답풀이 |

① 〈조직도〉를 보면 기획운영이사 아래에 3개의 국과 각 국별로 4개의 부서가 있다.

② 자산 관리는 경영지원국의 주요 업무이며, 자산운영부에서 담당함을 추론할 수 있다.

③ 〈기관별 주요 업무〉 자료를 통해 알 수 있다.

⑤ 인사관리는 경영지원국의 주요 업무이므로 경영지원국장의 결재를 받아야 한다.

09 도표분석능력 자료의 수치 분석하기

| 정답 | ⑤

| 해설 | ㄷ. C 직원의 성과평가 종합점수는

$\dfrac{64 + 76 + 72 + 74 + 78}{5} = 72.8$(점)으로 A ~ E 직원 중 가장 낮다.

ㄹ. 마 평가자가 D 직원에게 부여한 점수를 d라고 했을 때 $\dfrac{71 + 72 + 85 + 74 + d}{5} = 77$이므로 $d = 83$이다. 또한 마 평가자가 E 직원에게 부여한 점수를 e라고 했을 때 $\dfrac{71 + 72 + 79 + 85 + e}{5} = 78$이므로 $e = 83$이다. 따라서 마 평가자는 D 직원과 E 직원에게 동일하게 83점을 부여하였다.

| 오답풀이 |

ㄱ. 다 평가자가 A 직원에게 부여한 성과평가 점수를 a라고 했을 때 $\dfrac{91 + 87 + a + 89 + 95}{5} = 89$이므로 $a = 83$이다. 따라서 다 평가자가 A 직원에게 부여한 성과평가 점수는 A 직원의 종합점수인 89점보다 낮다.

ㄴ. 마 평가자가 B 직원에게 부여한 성과평가 점수를 b라고 했을 때 $\dfrac{89 + 86 + 90 + 88 + b}{5} = 89$이므로 $b = 92$이다. 따라서 B 직원이 받은 성과평가 점수 중 가장 높은 점수는 마 평가자가 부여한 92점이다.

10 인적자원관리능력 인사규정 이해하기

| 정답 | ⑤

| 해설 | 제29조 제2항 제3호에 따라 승진소요기간에서 자녀의 양육을 위한 휴직기간을 포함함에 있어서 자녀 1명에 대한 휴직기간인 경우에는 최대 1년까지를 포함할 수 있으나, 셋째 자녀부터는 휴직기간이 1년을 초과하더라도 이를 전부 승진소요기간에 포함할 수 있으므로, 자녀의 수에 따라 휴직기간의 승진소요기간 포함 기준이 달라진다.

| 오답풀이 |

① 제29조 제1항의 제2호에 따라 일반직·연구직·상시검정직 3급의 최저년수는 3년으로 동일하다.

② 제29조 제2항 제2호로 알 수 있다.

③ 제29조 제2항 제1호로 알 수 있다.

④ 제29조 제1항 제1호로 알 수 있다.

11 도표분석능력 자료의 수치 분석하기

| 정답 | ①

| 해설 | 먼저, 세 번째 조건에 따라 각 권역별로 합격자 수가 가장 많은 해와 가장 적은 해의 합격자 수 차이를 구하면 다음과 같다.

- (가) 권역 : 69−49=20(명)
- (나) 권역 : 83−49=34(명)
- (다) 권역 : 93−83=10(명)
- (라) 권역 : 99−70=29(명)

따라서 (나) 권역과 (라) 권역은 각각 광주권역 혹은 대전권역에 해당한다. 이때, 네 번째 조건에 따라 (나), (라) 권역의 20X1년 대비 20X7년 합격률 감소폭을 구하면 다음과 같다.

- (나) 권역 : $\frac{57}{68} \times 100 - \frac{68}{107} \times 100 ≒ 20.2(\%p)$

- (라) 권역 : $\frac{76}{85} \times 100 - \frac{97}{214} \times 100 ≒ 44.1(\%p)$

따라서 (나) 권역은 대전권역, (라) 권역은 광주권역이다. 그리고 두 번째 조건에 따라 남은(가), (다) 권역의 20X7년 합격률이 각각 $\frac{49}{92} \times 100 ≒ 53.3(\%)$, $\frac{83}{148} \times 100 = 56.1$(%)이므로 (가) 권역이 부산권역, (다) 권역은 서울권역이다. 이때, 두 권역의 응시인원이 가장 많은 해는 모두 20X7년인데, 이때의 합격률이 제시된 해 중에서 가장 낮으므로 첫 번째 조건과도 부합한다.

12 도표분석능력 자료의 수치 분석하기

| 정답 | ①

| 해설 | 직접지원 항목을 구성하는 출연금과 보조금 모두 20X3년까지는 감소하다가 이후 증가하는 모습을 보이고 있다.

| 오답풀이 |
② 기타 항목은 수입의 경우 20X1년부터 20X5년까지 모두 0으로 기록하고 있다는 점에서 기타 수입이 없거나 10억 원 미만임을 추론할 수 있다.
③ ○○공단의 수입은 크게 정부직접지원, 차입금, 기타 수입으로 구분할 수 있다.

④ 용어설명에서 수입 중 간접지원에 해당하는 수입 중 사업수입, 위탁수입, 독점수입은 모두 법령 또는 정관에 규정된 내용에서의 수입을 의미하는 반면, 부대수입은 법령 또는 정관에 근거한다는 표현 없이 정부의 간접지원액의 이자 등의 운용 수익으로 규정하고 있다.
⑤ 용어설명에는 지출에 해당하는 인건비, 경상운영비, 사업비, 차입상환금에 대한 내용이 제시되어 있지 않다.

13 도표분석능력 자료의 수치 계산하기

| 정답 | ②

| 해설 | 각 연도별로 경상운영비를 1이라고 했을 때의 인건비의 비를 구하면 다음과 같다.

- 20X1년 : $\frac{87}{6} = 14.5$

- 20X2년 : $\frac{98}{6} ≒ 16$

- 20X3년 : $\frac{108}{6} = 18$

- 20X4년 : $\frac{118}{8} = 14.75$

- 20X5년 : $\frac{121}{7} ≒ 17.3$

따라서 소수점 이하 자릿수를 버린다고 할 때, 20X2년 인건비 대 경상운영비의 비는 16 : 1이다.

14 도표분석능력 자료의 수치 계산하기

| 정답 | ②

| 해설 | ㉠ 20X4년의 전년 대비 간접지원 수입 소계의 증감률이므로 $\frac{119-104}{104} \times 100 ≒ 14(\%)$이다.

| 오답풀이 |
㉡ 20X5년의 전년 대비 간접지원 수입 소계의 증감률은 $\frac{130-119}{119} \times 100 ≒ 9(\%)$이다.
㉢ 20X2년의 전년 대비 간접지원 수입 소계의 증감률은 약 5%이므로, 20X2년의 간접지원 수입 소계는 20X1년의 $115 \times 1.05 = 120.75$이 되어, 125십억 원이 아니다.

1회 기출예상
2회 기출예상
3회 기출예상
4회 기출예상
5회 기출예상

15 문제처리능력 | 자료 해석하기

| 정답 | ①

| 해설 | ㄱ. 제18호 ~ 제20호 심의안건에 모두 동의한 소속
기관은 서울지역본부, 울산지사, 경북동부지사, 광주
지역본부, 전북지사, 대전지역본부로 총 6개이다.

| 오답풀이 |

ㄴ. 제18호 심의안건에 부동의한 소속기관은 5개, 제19호
는 6개, 제20호는 4개로 심의안건에 부동의한 소속기
관은 제18호보다 제19호가 더 많다.

ㄷ. 제시된 자료에 나타난 ○○기관의 소속기관은 총 16개
로, 전체 기관의 $\frac{2}{3}$ 이상, 즉 11개 이상의 기관의 동의
가 있어야 심의안건이 의결된다. 제19호 심의안건은
16개 기관 중 10개 기관이 동의하였으므로 제19호 심
의안건은 의결되지 못한다.

16 도표분석능력 | 자료의 수치 분석하기

| 정답 | ⑤

| 해설 | 전남지사와 광주지역본부를 비교하면 다음과 같이
2021 ~ 2022년의 에너지 사용량, 용수 사용량, 폐기물 발
생량 모두 광주지역본부가 더 높은 사용량을 기록하였다.

구분	에너지 사용량 (TJ)		용수 사용량 (ton)		폐기물 발생량 (ton)	
	2021년	2022년	2021년	2022년	2021년	2022년
전남지사	1.48	1.38	318	407	10.36	17.67
광주 지역본부	1.64	1.88	1,219	1,424	20.89	23.86

| 오답풀이 |

① 제시된 자료에서 지역본부의 수는 6개, 지사의 수는 9
개로 지역본부보다 지사의 수가 더 많다.

② 2022년 부산지역본부의 전년 대비 용수 사용량 증감률
은 $\frac{2,284-1,710}{1,710} \times 100 ≒ 33.6(\%)$, 폐기물 발생량의

증감률은 $\frac{10-8.23}{8.23} \times 100 ≒ 21.5(\%)$로 용수 사용량
의 증감률이 더 크다.

③ 2021 ~ 2022년 동안의 경기북부지사의 용수 사용량은
375+408=783(ton), 경기동부지사는 642+684=1,326

(ton)으로 약 $\frac{1,326}{783} ≒ 1.7$배 차이가 난다.

④ 대전지역본부의 용수 사용량은 2021년 2,426ton에서
2,283ton으로 감소하였다.

17 도표작성능력 | 그래프로 변환하기

| 정답 | ③

| 해설 | 제시된 지사들의 2021년 ~ 2022년 용수 사용량에
서 2021년의 비율을 구하면, 경북동부지사의 경우 $\frac{608}{608+411}$
$\times 100 ≒ 59.7(\%)$로 2021년의 비율이 40%가 아닌 60%에
가깝게 표시되어야 한다.

| 오답풀이 |

① 강원동부지사의 2021년 용수 사용량 누적비율은
$\frac{302}{302+447} \times 100 ≒ 40.3(\%)$이므로 적절하다.

② 경남지사의 2021년 용수 사용량 누적비율은
$\frac{2,920}{2,920+3,000} \times 100 ≒ 49.3(\%)$이므로 적절하다.

④ 경북지사의 2021년 용수 사용량 누적비율은
$\frac{627}{627+538} \times 100 ≒ 53.8(\%)$이므로 적절하다.

⑤ 전북지사의 2021년 용수 사용량 누적비율은
$\frac{1,782}{1,782+1,354} \times 100 ≒ 56.8(\%)$이므로 적절하다.

18 도표분석능력 | 자료의 수치 분석하기

| 정답 | ③

| 해설 | 제시된 기간 중 월 최고기온과 월 최저기온의 차이
가 가장 작았던 시기는 34.5-21.5=13(℃)를 기록한
20X4년 8월이다.

| 오답풀이 |

① 6월의 A 지역 평균기온은 20X3년 22.5℃에서 20X4년
23.9℃로 상승하였다.

② 20X1년 7월의 월 평균기온은 26.9℃, 8월의 월 평균기
온은 25.9℃로 7월이 더 높은 평균기온을 기록하였다.

④ 제시된 기간 중 월 최고기온이 가장 높았던 시기는 39.
6℃를 기록한 20X2년 8월이다.

⑤ 20X1년 월별 일 평균 최고기온은 7월이 30.4℃, 8월이 29.7℃로 7월에서 더 높게 기록되었다.

19 도표분석능력 자료의 수치 계산하기

| 정답 | ④

| 해설 | 20X3년 6월부터 8월까지의 월 최저기온의 평균은 $\frac{14.1+19.3+18.5}{3}=17.3$(℃)이다.

20 도표분석능력 자료의 수치 분석하기

| 정답 | ②

| 해설 | 20X4년 천연가스 수입량의 전년 대비 증가량은 $44,015-37,537=6,478$(천 ton)으로 20X7년 천연가스 수입량의 전년 대비 증가량인 $45,938-39,982=5,956$(천 ton)보다 크다.

| 오답풀이 |

① 20X7년 석탄에서 유연탄이 차지하는 비율은 $\frac{93,044}{117,038}\times100 ≒ 79.5$(%)로, 같은 해 석유에서 원유가 차지하는 비율인 $\frac{960,147}{1,352,464}\times100 ≒ 71.0$(%)보다 더 크다.

③ 한국의 석유제품 수출량은 20X1년 477,425천 배럴에서 시작해서 20X4년 531,563천 배럴까지 증가하다가 20X7년까지 446,559천 배럴로 감소하였다.

④ 20X6년 석유제품 수입량의 전년 대비 증감률은 $\frac{347,376-352,147}{352,147}\times100 ≒ -1.35$(%)로 절댓값이 가장 작다.

⑤ 20X4년 석탄의 수입량은 148,677천 ton에서 149,171천 ton으로 증가한 반면, 원자력 원료는 1,012ton U에서 723ton U로 감소하였다.

21 도표작성능력 그래프로 변환하기

| 정답 | ②

| 해설 | ㉠에 들어갈 값은 20X5년 석탄 수입에서 가장 큰 부분을 차지하는 유연탄의 수입량에 해당하는 값인 117,667

이다. 그리고 ㉡은 20X6년 석탄 수입에서 두 번째로 큰 부분을 차지하는 무연탄의 수입량에 해당하는 값인 16,286이다.

22 예산관리능력 여비규칙 이해하기

| 정답 | ⑤

| 해설 | 여비지급등급표에서 소속기관장은 부장과 같은 4호로 분류된다.

23 예산관리능력 여비규칙 이해하기

| 정답 | ③

| 해설 | 국외여비지급표에 따르면 여비지급등급에서 3호에 해당하는 직원은 출장지역과 관계없이 일비로 35만 원을 지급받게 되므로, A 지역으로 출장을 간 직원의 일비가 35만 원이라면 해당 직원의 여비지급등급은 3호에 해당한다.

24 예산관리능력 여비규칙 적용하기

| 정답 | ③

| 해설 | 우선 국외여비를 지급받을 임직원의 직위가 감사이므로 여비지급등급 2호를 기준으로 한다. 항공운임의 경우에는 비즈니스석, 자동차 운임비는 실비로 지급하게 된다. 출장지가 C 지역이므로 체재비를 최대치로 사용하기 위해 숙박비를 상한액만큼 사용하였다고 하면 출장기간인 3일을 기준으로 체재비의 합은 $(40+72+162)\times3=822$(달러)이다. 여기에 자동차 운임비 20달러와 비즈니스석 왕복 운임 40달러를 더하면 국외여비는 총 $822+20+40=882$(달러)이다.

25 업무이해능력 사내 규정 이해하기

| 정답 | ④

| 해설 | 제29조 제2항에서 학점이 부여되는 시기는 해당 학점을 부여하는 교육과정이 종료되는 날을 기준으로 한다고 명시하고 있다.

| 오답풀이 |

① 제30조 제2항에 따라 연간 의무 이수학점을 취득하지 않은 자는 승진 자격에서 제외되고 해외연수 기회가

부여되지 않는 등의 불이익을 받게 할 수 있다고 설명하고 있다.

② 제27조에 따라 교육이수학점제는 2급 상당 이하의 직원을 대상으로 시행한다.

③ 제28조 제1항에서 교육이수학점제의 운영에 관한 심의를 위한 기관인 교육훈련심의위원회를 두고 있다.

⑤ 제30조 제1항에서 직급별 연간 의무적으로 이수해야 하는 학점에 관한 기준은 [별표 11]에서 정하고 있다고 규정하고 있으므로 연간 의무적으로 이수해야 하는 학점을 알기 위해서는 추가자료로 이를 정하고 있는 [별표 11]이 필요하다.

26 업무이해능력 사내 규정 적용하기

| 정답 | ⑤

| 해설 | 교육과정별 학점부여 기준에 따라 각각의 경우에 부여되는 학점은 다음과 같다.

① 사이버교육 4개월 : 사이버교육 3 ~ 5개월 미만에 해당하므로 3학점

② 해외연수 12일 : 해외연수 11 ~ 30일에 해당하므로 4학점

③ 어학교육 30시간 : 어학교육 20 ~ 30시에 해당하므로 1학점

④ 위탁교육 10시간 : 위탁교육 8 ~ 14시간에 해당하므로 2학점

⑤ 석사학위 취득 : 5학점

따라서 선택지 중 석사학위 취득이 가장 높은 학점을 부여받게 된다.

27 업무이해능력 사내 규정 적용하기

| 정답 | ③

| 해설 | 직원 A의 직급은 6급이므로 연간 이수학점으로 총 8학점을 요구하는데, 직원 A가 현재 보유하고 있는 학점은 정보화교육 40시간 이수로 부여받은 3학점과 공동논문 게재로 부여받은 2학점을 합하여 총 5학점이다. 따라서 직원 A의 연간 이수학점인 8학점을 채우기 위해서는 3학점 이상이 부여되는 교육과정을 이수해야 하며, 학술지 게재 단독

논문 1개는 5학점이 부여되므로 교육내용 중복으로 공동논문이 인정되지 않더라도 8학점을 충족하게 된다.

| 오답풀이 |

① 자체교육으로 학점을 취득하기 위해서는 최소 4시간 이상의 자체교육을 이수해야 하므로 자체교육 2시간으로는 학점이 부여되지 않으며, 해외연수 2일로는 1학점이 부여된다.

② 사회복지단체 봉사활동시간이 연간 16시간 이상이라면 1학점이 부여된다.

④ 사내 경진대회 입상은 2학점이 부여되며, 어학교육 10시간은 최소 학점부여 기준인 20시간을 충족하지 않아 학점이 부여되지 않는다.

⑤ 1년 이상의 장기교육과정이 아닌 단기교육과정 수료는 학점부여 기준에 해당되지 않는다.

28 문서이해능력 세부 내용 이해하기

| 정답 | ②

| 해설 | 우수연구개발 혁신제품 지정 신청은 국민장터 홈페이지에 조달업체로 등록하여 물품식별번호를 발급받은 후에 국민장터 홈페이지가 아닌 중소기업역량개발시스템에 구비서류들을 온라인으로 접수해야 한다.

| 오답풀이 |

① 신청자격에서 타 부처 우수연구개발 혁신제품, 조달청 혁신 시제품 등으로 이미 지정된 제품으로는 지원할 수 없다고 설명하고 있다.

③ 신청기간은 7월 1일부터 31일까지이며, 31일 18시에 마감된다.

④ 필수적으로 제출해야 하는 구비서류들은 기술성 평가 신청서, 정보 수집·조회 및 활용 동의서, 제품 소개서, 제품 규격서로 총 4종이다.

⑤ 우수연구개발 혁신제품 선정은 1단계 5배수 선발 → 2단계 2배수 선발 → 3단계 최종 확정의 세 단계를 거친다.

29 문서이해능력 자료를 바탕으로 추론하기

| 정답 | ①

| 해설 | 4년 전 ◇◇부 소관 R&D 최종평가 결과 60점 이상을 획득하여 사업 완료를 받아 선정자격을 충족하고 있으며,

www.gosinet.co.kr **gosi**net

1회 기출예상

2회 기출예상

3회 기출예상

4회 기출예상

5회 기출예상

필수적으로 제출해야 하는 기술성 평가 신청서, 정보 수집·조회 및 활용 동의서, 제품 소개서, 제품 규격서를 모두 갖추고 있으므로 1단계를 통과할 수 있다.

| 오답풀이 |

② 우수연구개발 혁신제품으로 지정되기 위해서는 접수마감일 기준으로 5년 이내에 ◇◇부 소관 R&D 사업 완료 후 사업화한 제품일 것을 요구하나, 접수마감일 기준으로 기한인 5년을 초과하였으므로 1단계를 통과할 수 없다.

③, ④, ⑤ 2단계를 통과하기 위해서는 대면평가항목에서 평점 합계가 75점 이상인 제품일 것을 요구한다. ③은 29+15+30=74(점), ④는 18+17+22=57(점), ⑤는 20+23+29=72(점)으로 모두 75점 미만이 되어 2단계를 통과하지 못한다.

---

30 문서이해능력 세부 내용 이해하기

| 정답 | ⑤

| 해설 | 본선심사에서는 입상대상 14개 팀을 선정한 후, 이 중 결선에 진출할 상위 6개 팀을 결정한다. 이때 결선에 진출하지 못한 8개 팀이 장려상을 수상하게 되므로 장려상 수상자는 결선이 아닌 본선심사에서 결정된다.

| 오답풀이 |

② 지역예선은 신청자를 대상으로 7월 9일부터 13일까지 통합 비대면 심사로 진행된다고 설명하고 있다.

③ 지역예선 이후 제품 제작 절차에서는 지역랩별로 기기 제작장비를 이용하거나 제작지원금을 지원한다고 설명하고 있다.

④ 결선에서 제작된 제품으로 심사를 받는다는 설명은 직접 제시되어 있지는 않으나, 지역예선을 통과한 팀을 대상으로 제품 제작 기간을 제공하고 그 이후에 결선을 진행한다는 점에서 제품 제작 기간 중에 제작된 제품으로 심사를 받음을 추론할 수 있다.

---

31 문서이해능력 자료를 바탕으로 추론하기

| 정답 | ③

| 해설 | ② 팀 유형이 기업이므로 해당 팀에게 최우수상을 시상할 경우 상금으로 500만 원이 주어진다.

| 오답풀이 |

㉠ 충북지역은 디지털 오픈랩과 정보통신기술 디바이스랩이 운영되는 6개 신청지역에 포함된다.

㉡, ㉢ 정보통신기술 신기술을 활용한 혁신상품을 공모하는 공모전의 목적에 부합한다.

---

32 예산관리능력 합리적 선택하기

| 정답 | ⑤

| 해설 | 제시된 조건에 따라 각 학교별로 평가점수를 산정하면 다음과 같다.

(단위 : 점)

학교명	교실 수	접근성	대여료	총점
A 학교	4	4	2	10
B 학교	2	4	5	11
C 학교	1	5	4	10
D 학교	4	1	2	7
E 학교	5	4	4	13

따라서 총점이 가장 높은 E 학교가 선정된다.

---

33 예산관리능력 합리적 선택하기

| 정답 | ⑤

| 해설 | 사전답사 여부와 정수기 여부의 가산점을 포함하여 평가점수를 산정하면 다음과 같다.

(단위 : 점)

학교명	교실 수	접근성	대여료	사전답사 여부	정수기 여부	총점
A 학교	4	4	2	0	1	11
B 학교	2	4	5	2	0	13
C 학교	1	5	4	2	0	12
D 학교	4	1	2	0	1	8
E 학교	5	4	4	0	0	13

따라서 B 학교와 E 학교의 점수의 합이 동일하므로, 교실 수가 더 많은 E 학교가 선정된다.

34 예산관리능력 합리적 선택하기

|정답| ①

|해설| 대여료 조건을 삭제하고 감독관 수 조건을 추가하여 평가점수를 산정하면 다음과 같다.

(단위 : 점)

학교명	교실 수	접근성	사전답사 여부	정수기 여부	감독관 수	총점
A 학교	4	4	0	1	5	14
B 학교	2	4	2	0	4	12
C 학교	1	5	2	0	4	12
D 학교	4	1	0	1	2	8
E 학교	5	4	0	0	2	11

따라서 총점이 가장 높은 A 학교가 선정된다.

35 시간관리능력 시간관리 매트릭스 이해하기

|정답| ⑤

|해설| 업무가 수신되는 시각과 업무를 처리하는 시간, 우선순위를 기준으로 각 시간대별로 업무를 처리하는 과정을 정리하면 다음과 같다.

- 10시 D 업무를 수신하여 11시까지 1시간 동안 처리하여 완료
- 11시에 A 업무와 C 업무를 동시에 수신하므로 우선순위가 더 높은 C 업무를 13시까지 2시간 동안 처리하여 완료
- 13시에 B 업무를 수신하여 대기 중인 A 업무보다 우선순위가 더 높은 B 업무를 14시까지 1시간 동안 처리하여 완료
- 14시에 남은 A 업무를 17시까지 3시간 동안 처리하여 완료

따라서 D-C-B-A 순서로 업무를 처리하게 된다.

36 시간관리능력 시간관리 매트릭스 이해하기

|정답| ③

|해설| 12시부터 13시까지의 점심시간을 포함하여 업무가 수신되는 시각을 기준으로 시간대별로 업무를 처리하는 과정을 정리하면 다음과 같다.

- 10시에 E 업무를 수신하여 12시까지 2시간 동안 처리
- 12시부터 13시까지 점심시간
- 13시에는 F, G, H 업무가 모두 수신되어 있으므로 E 업무는 잠시 멈추고 우선순위가 가장 높은 F 업무를 16시까지 3시간 동안 처리하여 완료
- 16시에 그 다음 우선순위에 있는 G 업무를 18시까지 2시간 동안 처리하여 완료
- 18시에 멈춰 두었던 E 업무를 19시까지 1시간 동안 처리하여 완료
- 19시에 H 업무를 20시까지 1시간 동안 처리하여 완료

따라서 업무 G를 끝낼 당시의 시각은 18시이다.

37 시간관리능력 시간관리 매트릭스 이해하기

|정답| ⑤

|해설| 업무가 수신되는 시각을 기준으로 시간대별로 업무를 처리하는 과정을 정리하면 다음과 같다.

- 09시에 K 업무를 수신하여 10시까지 1시간 동안 업무를 처리
- 10시에 I 업무를 수신하여, 12시까지 2시간 동안 업무를 처리(11시에 L 업무를 수신하나 우선순위가 더 높은 I 업무를 우선)
- 12시에 J 업무를 수신. 이때 I 업무를 계속 하는 것과 J 업무부터 시작하는 것 모두 15시에 끝나므로 하던 업무인 I 업무를 마저 처리하여 완료(13시에 M 업무를 수신하나 우선순위가 더 높은 I 업무를 우선)
- 15시에 L, M 업무보다 우선순위가 더 높은 J 업무를 18시까지 3시간 동안 처리하여 완료
- L, M 업무 중 업무 처리시간이 짧은 L 업무를 우선하므로 18시에 L 업무를 20시까지 2시간 동안 처리하여 완료
- 20시에 M 업무를 24시까지 처리하여 완료

따라서 가장 마지막에 끝낼 업무는 M 업무가 된다.

38 물적자원관리능력 비품 관리하기

|정답| ④

|해설| 각 팀별 A4용지의 최소 수량은 5묶음이며, 이를 충족하지 못한 팀은 영업팀과 홍보팀이다. 디자인팀은 최소

www.gosinet.co.kr **gosi**net

1회 기출예상

2회 기출예상

3회 기출예상

4회 기출예상

5회 기출예상

수량의 2배인 10묶음을 넘는 12묶음을 보유하고 있으며, A4용지를 빌려주고 난 후에도 최소 수량의 2배 이상을 보유하고 있어야 하므로 다른 팀에게 최대 2묶음을 빌려줄 수 있다. 이때 디자인팀에게 A4용지를 빌리는 팀은 영업팀과 홍보팀 중 보유 수량이 더 적은 영업팀이 된다. 이에 따라 A4용지의 경우 기획팀은 2묶음, 영업팀은 3묶음, 홍보팀은 2묶음을 구매하며, 디자인팀은 A4용지를 추가로 구매하지 않는다.

| 오답풀이 |

① 기획팀은 A4용지는 2묶음을 구매하며, 가위는 정해진 최소 수량 없이 팀의 결정에 따라 구매하므로 필요 수량 3개를 채우기 위해 2개를 추가로 구매한다.

② 영업팀은 추가로 필요로 하는 A4용지 5묶음 중 2묶음을 디자인팀에게 빌리게 되므로 3묶음을 추가로 구매한다. 가위는 필요 수량 2개를 채우기 위해 2개를 추가로 구매한다.

③ 홍보팀은 디자인팀에게 A4용지를 빌릴 수 없으므로 A4용지 2묶음을 구매하며, 가위는 별도로 구매하지 않는다.

⑤ 공용 물품인 수첩은 구매팀에서 각 팀에서 요청한 총수량의 2배수만큼 구매하므로 총 $(15+20+8+12) \times 2 =$ 110(개)를 구매한다.

39 물적자원관리능력 비품 관리하기

| 정답 | ⑤

| 해설 | 팀별 물품인 파일철은 팀별로 최소 수량 20개의 4배인 80개까지 보유할 수 있으므로, 기획팀이 현재 보유 중인 파일철 10개에서 최대 보유 수량인 80개를 채우기 위해서는 추가로 70개를 구매해야 한다.

| 오답풀이 |

① 배너 거치대는 구매 요청을 하는 팀이 두 팀 이상인 경우에 한하여 추가로 구매하나, 배너 거치대 구매를 요청한 팀이 홍보팀뿐이므로 구매하지 않는다.

② 문구류는 팀에서 요청하는 수량의 2배수로 구매하므로, 인사팀이 요청한 볼펜은 20개의 2배인 40개를 구매한다.

③ 노트북은 인사팀, 영업팀, 기획팀 총 세 팀에서 구매를 요청하였으므로 구매 요건을 충족한다. 인사팀에서 20대, 영업팀에서 3대, 기획팀에서 6대로 총 29대를 요청

하고 있으며, 현재 보유 중인 노트북 30대 중 3개월 계약직 직원 15명에게 이미 노트북을 지급한 상황이므로 남은 노트북 수는 15대이다. 따라서 추가로 구매해야 하는 노트북의 수는 총 $29-15=14$(대)이다.

④ 노트북을 추가로 14대를 구매하게 되므로 노트북 구매 후 보유하게 되는 노트북의 수는 44대이다. 이에 따라 보유하는 모니터의 수는 사내 보유 노트북 수의 $\frac{1}{2}$ 인 22대가 되어야 하므로, 추가로 구매해야 하는 모니터의 수는 총 $22-15=7$(대)이다.

40 도표분석능력 자료의 수치 분석하기

| 정답 | ③

| 해설 | 산업안전 분야 필기시험의 남성 응시인원은 $29,937-2,053=27,884$(명), 전기 분야 실기시험 전체 응시인원은 $26,124+1,374=27,498$(명)으로, 산업안전 분야 필기시험의 남성 응시인원이 더 많다.

| 오답풀이 |

① 산업안전 분야와 전기 분야의 실기시험 전체 합격률은 $\frac{15,150+20,053}{34,342+27,498} \times 100 ≒ 57$ (%)로 55% 이상이다.

② 산업안전 분야 필기시험의 전체 합격률은 $\frac{13,490}{29,937} \times 100 ≒ 45$ (%), 산업안전 분야 실기시험의 여성 합격률은 $\frac{1,603}{3,355} \times 100 ≒ 47.8$ (%)로 실기시험 여성 합격률이 더 높다.

④ 산업안전 분야 실기시험의 여성 합격률은 47.8%, 산업안전 분야 전체 실기시험 합격률은 $\frac{15,150}{34,342} \times 100 ≒$ 44.1 (%)로 산업안전 분야 실기시험 여성 합격률이 더 높다.

⑤ 전기 분야 전체 실기시험 응시 인원은 27,498명이므로 전기 분야 자격증 필기시험과 실기시험 응시인원의 합은 $48,440+27,498=75,938$(명)이다. 한편, 산업안전 분야 필기시험과 실기시험 응시인원의 합은 $29,937+34,342=64,279$(명)이므로, 전기 분야 필기시험과 실기시험 응시인원의 합은 산업안전 분야의 $\frac{75,938}{64,279} ≒ 1.18$ (배)로 1.3배 미만이다.

1회 한국사

문제 58쪽

41	①	42	③	43	③	44	④	45	④
46	②	47	⑤	48	④	49	④	50	①
51	③	52	②	53	②	54	③	55	①
56	②	57	④	58	⑤	59	①	60	③

41

| 정답 | ①

| 해설 | (가)는 청동기 시대, (나)는 신석기 시대이다. 두 시대 모두 대개 반지하 형태의 움집을 지어 주거하였으며 움집 중앙에 취사와 난방을 위한 화덕을 설치하였다. 막집이나 동굴에서의 생활은 구석기 시대의 주거 특징이다.

| 오답풀이 |

②, ③ 잉여 생산물과 사유재산 제도의 발생으로 계급 사회가 형성되었고 지배층의 무덤으로 고인돌을 만들었던 시대는 청동기 시대이다.

④ 밭농사 중심의 농경과 목축이 시작된 시대는 신석기 시대이다.

⑤ 가락바퀴는 옷을 짓는 실을 만들 때 사용한 도구로, 신석기 시대부터 사용하기 시작해 청동기 시대 유적에서도 발견된다.

42

| 정답 | ③

| 해설 | 동예는 무천(舞天)이라는 제천행사를 음력 10월에 개최하였다. 제천행사는 농경사회 추수감사제의 일종으로 한 해의 생산 활동을 마감하고 정리하며 다음 해의 풍요를 기원한다는 종교적 목적을 가지고 있다.

| 오답풀이 |

② 고구려의 제천행사는 동맹은 10월에 개최되었다.

④ 부여의 제천행사는 영고는 12월에 개최되었다.

⑤ 삼한의 제천행사는 5월 수릿날과 10월 계절제로 1년에 두 차례 개최되었다.

43

| 정답 | ③

| 해설 | ㉠의 왕은 백제의 근초고왕이다. 근초고왕은 왕실의 정통성과 역사성을 확보하여 왕권을 강화하기 위해 박사 고흥에게 명하여 백제의 사적을 정리하고 국사인 「서기(書記)」를 편찬하게 하였다.

| 오답풀이 |

① 백제 침류왕의 업적이다.

② 백제 무령왕의 업적이다.

④ 백제 고이왕의 업적이다.

⑤ 백제 성왕의 업적이다.

44

| 정답 | ④

| 해설 | 삼국사기는 고구려, 백제, 신라의 역사를 서술한 책으로 12세기 인종 대에 인종의 명을 받아 관료 김부식의 주도 아래 편찬되었다. 고려인의 역사의식을 고취시키기 위해 유교적 합리주의에 입각하였으며 신라사를 중심으로 서술하며 신라 계승 의식을 반영하였다. 또한 현존하는 우리나라 역사책 중 가장 오래된 것으로 기전체 방식을 채택하여 본기, 지, 표, 열전 등 총 50권으로 구성되었다.

원 간섭기였던 충렬왕 대에 승려 일연이 편찬한 역사서는 「삼국유사」이다.

45

| 정답 | ④

| 해설 | (가)는 918년(태조 1)에 왕건이 고려의 태조로 즉위한 사건이며 (나)는 935년(태조 18)에 왕위 계승 문제로 장자 신검에 의해 금산사에 유폐되었던 견훤이 탈출하여 고려에 투항한 사건이다. (다)는 927년(태조 10)에 견훤과 왕건이 팔공산 일대에서 벌였던 공산전투이다. 그리고 (라)는 889년(진성여왕 3)에 신라 사벌주에서 일어난 농민 봉기인 원종과 애노의 난이다. 따라서 발생한 순서는 (라)-(가)-(다)-(나)이다.

46

| 정답 | ②

| 해설 | 제시된 자료는 도병마사의 변천을 나타내고 있다.

도병마사는 고려시대 국방 문제 등 국가적인 주요 의제를 협의하던 재상들의 협의체이다. 주로 변경 지역의 국방과 군사 문제를 다루던 협의 기관이었는데 시간이 지날수록 국사 전반에 걸쳐 합의하는 기관으로 개편되었다. 도병마사는 도당, 도평의사사로 확대 및 개편되었다가 조선 초 의정부가 설치되면서 폐지되었다.

| 오답풀이 |
① 어사대 : 관리 감찰과 풍기 단속 등을 담당하였다. 또한 왕과 관리의 잘못을 지적(간쟁), 관리 임명에 동의권(서경), 왕의 정책에 대한 거부권(봉박)을 행사할 수 있었다.
③ 중추원 : 왕명 전달과 군사 기밀, 궁궐의 숙위를 담당하였던 기구로 추밀과 승선으로 구성되었다.
④ 식목도감 : 대내적인 제도와 격식을 관장하던 협의 기관으로 관리 등용에 있어서 신분 제한 문제 등을 주로 논의하였다.
⑤ 2성 6부 : 고려의 성종이 개편한 중앙 정치조직으로 최고 중앙 관부인 중서문하성과 상서성의 2성과 실무기관인 이부·병부·호부·형부·예부·공부의 6부로 이루어졌다.

47
| 정답 | ⑤

| 해설 | 신라촌락문서는 일본 도다이지 쇼소인 중창에서 발견된 통일신라 서원경(지금의 충청북도 청주)에 근접한 4개 촌락의 장적이다. 촌락문서는 촌주가 3년마다 변동사항을 조사하여 기록하였다. 문서의 내용을 보면 인구는 남자와 여자를 연령별로 각각 6등급으로 나누어 기재하였고 호구는 상상에서 하하까지 나누는 9등호(등급)제를 시행하여 노동력에 따라 등급을 평가하고 기록하였다. 이와 같이 호구를 상세히 파악하여 기록한 까닭은 토지 등의 생산자원과 노동력을 편제하고 관리하여 농민으로부터 조세, 공물, 부역을 징발하고자 함에 있었다.

48
| 정답 | ④

| 해설 | 주자감은 발해에서 유학 교육을 목적으로 설립한 국립 대학이다. 그 대상은 주로 왕족과 귀족 자제였으므로 계급적 특색이 강한 교육 기관이라 할 수 있다. 그 관제는 당의 국자감을 그대로 본떴다. 또한 발해와 당의 교류가 활발하여 당의 유학생도 다수 있었으며 주자감에서 배출한 발해의 유학자가 당에 유학하여 과거에 합격하기도 하였다.

| 오답풀이 |
① 국학은 신라의 국립 교육 기관이다.
② 경당은 고구려의 일반 백성을 대상으로 하는 교육 기관이다.
③ 성균관은 고려와 조선의 국립 교육 기관이다.
⑤ 태학은 고구려의 국립 교육 기관이다.

49
| 정답 | ④

| 해설 | (가)는 시정전시과, (나)는 개정전시과, (다)는 경정전시과에 해당한다. 고려의 집권 체제가 정비되면서 976년(경종 1)에 전시과가 처음 제정되었고 이를 일반적으로 시정전시과라 한다. 이후 몇 차례의 개정을 거치며 개정전시과와 경정전시과로 정비되었다. 전시과는 전·현직 관리에게 토지로부터 조세를 받을 수 있는 권리인 수조권을 지급하는 제도이며 전국 토지를 대상으로 시행되었다. 시정전시과의 경우 관품과 인품을 기준으로 수조권을 나누어 전·현직 관료에게 지급하였다. 998년(목종1) 개정된 개정전시과는 전대인 성종 대에 정비된 관료제를 바탕으로 실제 관직만을 고려하여 수조권을 지급하기 시작했다. 그러나 관료에게 지급할 토지가 부족해지자 1076년(문종 30)에 또다시 경정전시과로 개정되면서 토지 지급량을 줄이고 지급 대상을 현직 관료로 제한하였다.

경기 8현의 토지만을 한정적으로 지급한 제도는 고려 후기 붕괴된 전시과를 대신하여 시행되었던 녹과전이다.

50
| 정답 | ①

| 해설 | 고려시대 양천제에 입각하여 천민의 대부분을 차지하던 노비는 성씨를 가질 수 없었고 소유주의 재산으로 취급되어 매매·증여·상속의 대상이 되었다. 국역의 의무를 지지는 않았지만 권리도 없었으며 부모 중 한쪽이 노비이면 그 자식도 노비가 되는 일천즉천(一賤則賤)의 원칙을 따랐다.

반면에 향·부곡과 같은 특수 행정 구역의 주민은 일반 행정 구역의 주민에 비해 차별을 받았지만 신분상 양민으로 천민인 노비와 차이를 보였다.

51

|정답| ③

|해설| ㉠은 조선의 영조로, 영조는 사형수에 대한 삼심제를 엄격하게 시행하였다. 삼심제란 한 사건에 대하여 3심을 원칙으로 하는 사형죄처결법이다.

|오답풀이|

① 상평통보는 조선시대 숙종에 의해 본격적으로 발행되기 시작하여 숙종 말기부터 전국적으로 확대 유통되었다.

② 조선시대 태조에 의해 고려의 수도였던 개경에서 한양으로 천도하였다.

④ 6조 직계제는 조선시대 태종과 세조에 의해 시행된 제도이다.

⑤ 통일신라시대 장보고에 의해 완도에 청해진이 설치되었다.

52

|정답| ②

|해설| 문관의 경우 소과라 불리는 생원과와 진사과를 합격한 사람에게는 백패를 지급하였고 대과를 합격한 사람에게는 홍패를 지급하였다.

53

|정답| ②

|해설| 노비안검법은 956년(광종 7)에 본래 양인에서 노비가 된 사람을 다시 양인으로 만들기 위해 고려 광종이 실시한 정책이다. 광종은 노비안검법을 실시하여 공신과 호족의 경제적, 군사적 기반인 노비를 풀어줌으로써 공신 및 호족의 세력을 약화시키고 왕권을 강화하였다.

54

|정답| ③

|해설| (가)의 사설이란 '천주교'를 지칭하는 말이다. 천주교는 17세기에 중국 베이징을 다녀온 조선의 사신들에 의해

서학이라는 학문으로 처음 소개되었다. 18세기 후반에 본격적으로 신앙으로 받아들여졌으며 평등사상, 내세신앙 등의 교리가 백성의 공감을 얻어 그 교세가 확장되었다.

|오답풀이|

① 도참사상에 대한 설명이다.

②, ④, ⑤ 동학에 대한 설명이다.

55

|정답| ①

|해설| 의금부는 왕의 직속 사법 기관으로서 왕의 명령을 받들어 중죄인을 재판하는 업무를 담당하였다. 특히, 삼강오륜을 범한 강상범죄 및 반역 사건에 대해서는 엄중하게 다루어졌다. 일체의 반란, 음모 등의 사건을 처리하였으며 강상죄인의 처벌을 전담하였다.

|오답풀이|

② 장례원은 노비와 관련된 분쟁을 처리하는 일을 관장하던 관청이다.

③ 사헌부는 관리에 대한 감찰과 탄핵 업무를 담당하는 한편 정치 전반에 대한 언론 기능을 수행했다.

④ 한성부는 조선시대 수도인 한양(한성)을 관할하는 관청이다.

⑤ 형조는 육조 중 하나로 사법과 관련된 일을 총괄했다.

56

|정답| ②

|해설| (가)는 1904년 8월 제1차 한일협약, (나)는 1910년 한일병합조약의 내용이다. 제1차 한일협약은 같은 해 2월 23일에 조인된 한·일의정서의 내용을 근거로 대한제국의 내정을 바로잡는다는 명목 아래 체결되었다. 이 협약으로 한국은 외교권과 재정권을 박탈당하였다. 그리고 1910년 8월 22일 한일병합조약이 일본에 의해 강제로 체결되고 같은 달 29일 공표되면서 대한제국은 식민지로서 일본에 병합되어 국권을 상실하였다.

|오답풀이|

① 1905년 7월에 가쓰라·태프트 밀약이 체결되었다.

③ 1907년 헤이그 특사 사건에 대한 설명이다.

④ 1909년 7월에 체결된 기유각서의 내용이다.

⑤ 1907년 7월에 체결된 한일신협약(제3차 한일협약)에 대한 설명이다.

57

| 정답 | ④

| 해설 | 〈조례〉는 대한민국 임시정부에서 부족한 재정을 충당하기 위해 제정, 공포한 「독립공채조례」이다. 대한민국 임시정부는 독립운동에 관한 사실을 보도하는 독립신문이라는 이름의 기관지를 간행하였으며 국제연맹회의에 우리 민족의 독립을 요청하기 위해 「한·일 관계 사료집」을 편찬하였다. 또한 국내 항일 세력과의 업무 연락을 위해 연통제를 실시하였으며 미국 워싱턴에 임시정부 외교담당 기관인 구미 위원부를 설치하여 외교 활동을 전개하였다.

58

| 정답 | ⑤

| 해설 | 1904년 독립협회와 동학의 일부 관계자를 중심으로 친일, 반정부를 표방하며 결성한 단체이다. 대한제국의 근대적인 문명개혁을 주장하였지만 일관된 친일적 입장을 보였으며 일제의 침략정책에 적극 협력하였다. 이러한 노선 덕분에 일본군이나 통감부 등으로부터 재정적인 지원을 받으며 정치적 기득권을 확보할 수 있었고 각종 친일행위로 인해 당시 각계각층으로부터 규탄의 대상이 되었다. 1910년 일제가 한국을 강제병합한 뒤 해체되었다.

| 오답풀이 |

① 헌정연구회(1905) : 입헌정치를 연구하고 국민을 계몽하기 위해 설립된 애국 계몽 단체이다.

② 보안회(1904) : 토지 약탈을 목적으로 한 일본의 황무지 개간권 요구에 대항하기 위해 송수만 등을 중심으로 서울에서 결성된 항일 단체이다.

③ 대한자강회(1906) : 실력양성을 통하여 자강독립을 실현하는 것을 목표로 결성된 애국 계몽 단체이다.

④ 신민회(1907) : 안창호, 양기탁, 이동녕, 이동휘, 박은식, 신채호 등 사회 각계 각층의 인사를 망라하여 조직된 비밀 결사 단체이다. 국권 회복과 공화정체의 국민 국가 수립을 궁극적인 목표로 표면적으로는 문화적·경제적 실력 양성 운동을 전개하면서 내면적으로 독립군 기지 건설에 의한 군사적 실력 양성을 기도하여 해외 독립운동 기지를 건설하였다. 그러나 일제가 날조한 105인 사건으로 조직이 와해되고 말았다.

59

| 정답 | ①

| 해설 | 제시된 〈전개 과정〉은 4·19 혁명의 전개 과정이다. 3·15 부정선거를 규탄하는 시위에 참여했다가 행방불명된 마산상고 학생 김주열의 시체가 눈에 최루탄이 박힌 채 바다에서 발견되자, 이에 분노한 시민들에 의해 1960년 4월 19일 시위가 전국으로 확산되었다. 이는 결국 이승만 대통령의 하야로 이어졌다.

| 오답풀이 |

② 1980년 5월 18일부터 27일까지 광주 시민들과 전라도 민들이 중심이 되어 계엄령 철폐와 전두환 퇴진 등을 요구하며 일어난 운동이다.

③ 1987년 6월 10일부터 29일까지 전국에서 일어난 반독재·민주화 시위를 말한다. 6월 9일 이한열 군이 시위 과정에서 부상을 입고 사경을 헤매게 되면서 산발적이던 민주화 투쟁이 전국적으로 확산되었다.

④ 1964년 3월 24일부터 6월 3일까지 일어난 한일회담 반대항쟁을 말한다. 한일국교 정상화에 반대하던 대학생들의 시위로 시작된 항쟁은 6월 3일 시민들의 가세로 절정에 이르렀다.

⑤ 1979년 10월 16일부터 20일까지 경상남도 부산, 마산 지역에서 일어난 유신정권에 대항한 반정부 항쟁으로 유신정권의 부당성과 모순에 대한 적극적인 항거를 보여준 민주항쟁이다.

60

| 정답 | ③

| 해설 | 5·10 총선거는 제헌 국회를 구성할 2년 임기의 국회의원을 선출하기 위한 선거로서 선거권이 만 21세 이상의 모든 국민에게 부여되었으며 우리나라 최초의 민주적인 보통선거라는 점에서 의의를 가진다. 하지만 선거 이전에 열린 남북협상이 아무 성과 없이 끝나면서 북한의 불참으로 남한에서만 선거가 치러졌으며 당시 남북협상에 참가했던 김구와 김규식 등의 세력이 선거에 참여하지 않았다.

1회 영어

문제 67쪽

61	②	62	①	63	③	64	⑤	65	⑤
66	②	67	①	68	③	69	⑤	70	⑤
71	③	72	⑤	73	②	74	①	75	③
76	④	77	③	78	②	79	④	80	④

61

| 정답 | ②

| 해석 | 그 병원은 가능한 한 최선의 의료를 제공하는 데 책임이 있다.

| 해설 | provide : 제공하다 / offer : 제공하다

| 어휘 | ① demand : 요구하다 / ③ enforce : 집행하다, 강요하다 / ④ impel : ~ 해야만 하게 하다 / ⑤ sanction : 허가하다

62

| 정답 | ①

| 해석 | 자발적으로 구성될 그 팀은 계획 수립 및 이벤트 비용 결정을 담당할 것이다.

| 해설 | determination : 결정 / decision : 결정

| 어휘 | ② examination : 조사 / ③ application : 적용 / ④ explanation : 설명 / ⑤ requirement : 필요, 요건

63

| 정답 | ③

| 해석 | 아시다시피, 우리는 최근에 북미 지역에 온라인 게임을 홍보하기 위해 미국 PR 컨설턴트를 고용했습니다.

| 해설 | promote : 홍보하다, 승진하다 / advertise : 광고하다

| 어휘 | ① attract : 끌어들이다 / ② authorize : 권한을 부여하다 / ④ deteriorate : 악화되다 / ⑤ aggravate : 악화시키다

64

| 정답 | ⑤

| 해석 | 그는 직업에 필요한 지식을 갖추고 있었다.

| 해설 | vocation : 천직, 소명 / occupation : 직업

| 어휘 | ① facility : 시설, 기능 / ② contract : 계약 / ③ incident : 사건 / ④ certification : 증명

65

| 정답 | ⑤

| 해석 | 몇몇 교사들은 변화에 의해 공교육의 중요성이 강화될 것이라는 사실을 반기고 있지만, 그들은 한국의 교육 엘리트주의가 다루어지지 않는다면 사교육은 계속 번창할 것이라고 말한다.

| 해설 | thrive : 번창하다 / prosper : 번영하다

| 어휘 | ① bust : 부수다 / ② avert : 피하다 / ③ involve : 수반하다, 포함하다 / ④ hinder : 방해하다

66

| 정답 | ②

| 해석 | 매장 방침은 환불을 해드리지 않는 것인데 영수증과 원래 포장을 함께 갖고 오시면 다른 것으로 바꿔 드리겠습니다.

| 해설 | '환불해 주다'는 'give a refund' 혹은 'give refunds'라는 표현을 사용한다.

67

| 정답 | ①

| 해석 | 자체 개발 기술을 보유하고 있는 그 독일 회사는 내년 매출이 2조 달러에 이를 것으로 예상된다고 밝혔다.

| 해설 | 앞에 the German company라는 선행사가 있고 뒤에 주어가 없는 불완전한 절이 오므로 which가 들어가는 것이 적절하다.

| 오답풀이 |

② where은 뒤에 완전한 절이 오므로 적절하지 않다.

③ what은 앞에 선행사가 필요 없으므로 적절하지 않다.

④ whose는 소유의 관계를 나타내며 뒤에 완전한 절이 오므로 적절하지 않다.

www.gosinet.co.kr gosinet

1회 기출예상

2회 기출예상

3회 기출예상

4회 기출예상

5회 기출예상

68

| 정답 | ③

| 해석 | 장비와 인력 부족으로 실종자 수색이 지연되고 있다.

| 해설 | 'missing'은 형용사로서 '사라진', '실종된'이라는 뜻을 가진다.

| 오답풀이 |

④ '놓친'이라는 의미의 형용사로 주로 교통수단을 놓쳤을 때 사용된다.

69

| 정답 | ⑤

| 해설 | arrive는 '~ 에 도착하다'라는 의미로 쓰일 때 'arrive +at / in+명사'의 형태로 온다. 따라서 'The customers arrived in Busan on Wednesday.'가 되어야 한다.

| 오답풀이 |

① 뒤에 herself라는 목적어가 있으므로 타동사인 seat이 오는 것이 적절하다.

② discuss는 타동사로 뒤에 전치사가 오지 않기 때문에 적절한 문장이다.

③ all+복수명사+복수동사의 형태이며 equal은 man의 목적격 보어이기 때문에 형용사가 와야 하므로 적절한 문장이다.

70

| 정답 | ⑤

| 해설 | know는 '알다'라는 의미이고 be known은 수동태로 '알려지다'라는 의미이다. 따라서 사람이 친구에 의해 알려지는 것이므로 know가 아니라 is known이 와야 한다. company는 회사라는 뜻도 있지만 직장동료나 친구라는 의미도 있다.

| 어휘 | ① A as well as B는 A에 수일치 시켜야 하므로 적절한 문장이다.

③ read가 자동사로서 '적혀 있다'라고 쓰인 경우이다.

71

| 정답 | ③

| 해석 | ① A : 송장 언제 보내셨나요?

B : 어제인 것 같아요.

② A : 이 달의 매출 보고서는 어디에 있나요?

B : 이 씨가 지금 작업 중입니다.

③ A : 이 프로젝터 설치하는 것 좀 도와주실 수 있나요?

B : 모든 것이 회의를 위해 준비되어 있습니다.

④ A : 새로운 생산 시설은 어디에 지어질 예정입니까?

B : 아직 발표되지 않았습니다.

⑤ A : 지출 보고서와 함께 영수증을 제출해야 하나요?

B : 꼭 그렇게 하지 않아도 돼요.

| 해설 | 프로젝터 설치하는 것을 도와달라고 했으므로 대답으로는 승낙 혹은 거절의 내용이 오는 것이 적절하다.

72

| 정답 | ⑤

| 해석 | ① A : 제가 관리자와 얘기해 볼까요?

B : 괜찮아요. 어차피 제가 그를 봐야 해요.

② A : 직원들에게 언제 공지해야 하나요?

B : 다음 회의 때요.

③ A : 저를 위해 회의하는 동안 메모해주실 수 있나요?

B : 죄송합니다. 제가 오후에는 여기 없을 거예요.

④ A : 왜 김 씨는 하루 종일 전화를 받지 않나요?

B : 그는 아침부터 세미나에 있어요.

⑤ A : 프로젝트를 끝내는 데 시간이 얼마나 필요합니까?

B : 제가 생각한 것보다 괜찮았어요.

| 해설 | 프로젝트를 끝내는 데 시간이 얼마나 필요한지 물었으므로 이에 대한 대답으로는 시간에 대한 내용이 오는 것이 적절하다.

| 오답풀이 |

③ take notes는 '메모하다'라는 의미이다.

④ answer the phone은 '전화를 받다'라는 의미이다.

73

| 정답 | ②

| 해석 | A : 실례합니다. 여기가 해밀턴 빌딩인가요?

B : 네, 그렇습니다. 무엇을 도와드릴까요?

A : 마케팅부 박 씨와 두 시에 면접이 있습니다. 사실 면접 시간까지 10분밖에 안 남았어요. _____?

B : 회의실 옆 508호실 5층에 있습니다. 제가 그녀에게 전화해 여기 오셨다는 것을 전해드리겠습니다.

|해설| 면접이 예정되어 있는 상황이고 A의 물음에 B는 508호실 5층에 있다고 위치를 알려주고 있다. 따라서 A가 위치를 물었음을 알 수 있고, B가 박 씨에게 전화해 A가 온 것을 알려주겠다고 한 것으로 보아 박 씨의 사무실 위치를 물어보는 내용이 들어가는 것이 적절하다.

|오답풀이|

① 회의가 몇 층에서 열리고 있나요

③ 몇 층에서 회의 자료를 찾을 수 있을까요

④ 면접 시간을 다시 잡을 수 있을까요

⑤ 박 씨에게 제가 도착했다는 것을 알려 주시겠습니까

74

|정답| ①

|해석| A : 김 씨, 자동차 부품이 발송되었을까요? 지난번 배송이 늦어져서 이번에는 모두 제시간에 가게에 도착하도록 하고 싶은데요.

B : 사실 기계 한 대에 문제가 조금 있었습니다. 어젯밤에 생산 라인이 멈췄는데 지금은 모두 정상적으로 작동하고 있습니다. 부품은 오늘 오후 늦게 공장을 떠날 예정입니다.

A : 빠르지 않네요. 배달을 서둘러야 해요.

|해설| 배송이 왜 지연됐는지를 찾는 문제이다. B의 말에서 '사실 기계 한 대에 문제가 조금 있었습니다. 어젯밤에 생산 라인이 멈췄는데'을 통해 기계가 고장 났기 때문임을 알 수 있다.

|오답풀이|

② 날씨 상태가 악화되었다.

③ 부품이 잘못 배송되었다.

④ 결함이 있는 부품이 확인되었다.

⑤ 발송 문서에서 오류가 발견되었다.

75

|정답| ③

|해석| A : 이 전화 시스템을 사용하는 방법에 대해 설명해

드리겠습니다. 발신자를 대기시키고 싶다면 점멸등 옆에 있는 버튼을 누르면 됩니다.

B : 알겠습니다. 그런데 발신자에게로 돌아가고 싶으면 어떻게 해야 하나요?

A : 같은 버튼을 다시 누르면 됩니다. 또한 가장 많이 사용하는 30개의 번호와 그중 20개의 자동 다이얼을 저장할 수 있습니다.

B : 좋은데요. 그렇게 하면 특정 내선번호와 통화하고 싶을 때 전화번호부를 찾아보지 않아도 되겠네요.

|해설| 제시된 글의 전화 시스템이 몇 개의 내선번호를 저장할 수 있는지 찾는 문제이다. A의 두 번째 말을 보면 가장 많이 사용하는 30개의 번호를 저장할 수 있고 그중 20개를 자동 다이얼로 저장할 수 있는 것이므로 총 30개인 내선번호를 저장할 수 있다.

76

|정답| ④

|해설| 한국인은 언제나 자연과 조화를 이루며 사는 것을 추구해 왔다. 이러한 자연에 대한 사랑은 예술작품에서뿐만 아니라 모든 한국인의 일상에도 표현돼 있다. 한국의 전통적인 정원이 좋은 예다. 중국과 일본의 정원이 매우 꾸며진 풍경의 아름다움에 집중하는 (A)_____ 한국의 정원은 인공적인 장식이라고 할 만한 것은 거의 사용하지 않는다. 이것은 자연과 동화되기를 원하는 한국인의 바람을 반영한다. (B)_____ 담양 소쇄원의 벽들은 경관을 해치지 않도록 자연 하천이 바윗돌 아래로 흘러내리도록 지어졌다. 결과적으로 정원이 원래부터 주변 자연의 한 부분인 것처럼 보인다.

|해설| (A)와 이어지는 문장에서 중국, 일본의 정원에 대한 특성을 언급한 후 그에 대비되는 한국의 정원에 대한 특성을 비교하고 있으므로 '반면에'라는 뜻을 가진 접속사 While이 오는 것이 적절하다.

(B)의 앞부분에서 자연과 동화되기를 원하는 한국인의 바람을 언급하고 뒷부분에서는 담양 소쇄원의 사례가 나오므로 예시를 들어주는 접속부사 For example이 오는 것이 적절하다.

|어휘| seek : 추구하다 / harmony : 조화 / fabricate : 꾸미다 / unite : 통합시키다 / flow down : 흘러내리다

77

| 정답 | ③

| 해석 | 여러분 이전에 세상을 살았던 사람들은 여러분이 경험하는 것을 이해하고 설명하는 자연스러운 방식이 형편없기 때문에 과학을 발명했다. 증거가 없을 때, 모든 가정은 기본적으로 동등하다. 여러분은 결과보다는 원인을, 소음 속에서 신호를, 무작위 속에서 패턴을 보는 것을 더 선호한다. 여러분은 이해하기 쉬운 이야기를 선호해서 복잡한 문제가 쉬워질 수 있도록 삶의 모든 것을 이야기로 전환한다. 과학자들은 이야기를 강화(→제거)하려고, 즉 그것을 증발시켜 오로지 가공하지 않은 사실만 남기려고 노력한다. 그러한 자료들은 무방비 상태로 노출된 채로 있어서 새로운 방문자들에 의해 숙고되고 재조정될 수 있다. 과학자들과 비전문가들은 그 자료를 이용하여 새로운 이야기를 생각해 내게 될 것이고, 그들은 논쟁하게 되겠지만 그 자료는 꿈쩍도 하지 않을 것이다. 그것들은 심지어 백 년 이상이 지나도 이해되지 않을 수도 있지만 과학적 방법 덕분에 편견과 오류가 가득한 그 이야기들은 사실과 충돌하고 역사 속으로 물러날 것이다.

| 해설 | 앞부분은 사람들은 복잡한 문제를 이야기로 전환하려고 한다는 내용이고, 과학자들은 이야기를 증발시켜 가공하지 않은 사실만 남기려고 노력한다고 했으므로 이야기를 강화하는 것이 아닌 제거하려 하는 것이 내용상 적절하다. 따라서 reinforce가 remove로 수정되어야 적절한 문장이 된다.

| 어휘 | assumption : 추정, 가정 / reflect upon : ~을 숙고하다 / rearrange : 재조정하다 / layperson : 비전문가 / bias : 편견, 편향 / fallacy : 오류 / recede : 물러나다

78

| 정답 | ②

| 해설 | 대부분의 역사가들과 철학자들은 근대적 사고가 시작되게 하고 감정과 건강 사이의 아주 오래된 관계를 풀기 시작한 것은 바로 17세기 프랑스 철학자인 르네 데카르트의 가르침이었다는 것에 동의한다. 종교 전쟁과 그로 인한 그의 성인기 대부분의 기간 동안 유럽 전역에 퍼진 혼란에 대한 반응으로, 데카르트는 근대 과학의 기본 원칙이 될 합리주의와 가시적 증거의 필요성이라는 개념을 만들어 냈다. 그 시대에 감정은 마법 같은 것이어서 그 당시의 과학 체계에서는 순식간에 지나가 정의할 수 없는 것처럼 보였다. 데카르트가 세상을 합리적인 것과 비합리적인 것으로, 즉 입증할 수 있는 것과 입증할 수 없는 것으로 질서정연하게 구분했을 때, 감정과 그것의 건강과 질병에 대한 관계는 분명히 후자의 영역에 있게 되었다. 그리고 그러한 범주화에 이의를 제기할 정도로 충분히 강력한 과학 도구가 그것들을 구출할 수 있을 때까지 그것들은 거기에 남아 있었다.

| 해설 | '그 시대에 감정은 마법 같은 것이어서 그 당시의 과학 체계에서는 순식간에 지나가 정의할 수 없는 것처럼 보였다'고 하였으며 '데카르트가 세상을 합리적인 것과 비합리적인 것으로, 즉 입증할 수 있는 것과 입증할 수 없는 것으로 질서정연하게 구분했을 때, 감정과 그것의 건강과 질병에 대한 관계는 분명히 후자의 영역에 있게 되었다'에서 감정과 건강, 질병의 관계는 후자 즉, 입증할 수 없는 것에 속하기 때문에 이를 입증하기 위해서 눈에 보이는 증거가 필요했음을 알 수 있다. 따라서 'visible(가시적인)'이 들어가는 것이 적절하다.

| 어휘 | usher in : 시작되게 하다 / unravel : 풀다 / formulate : 만들어 내다 / fleeting : 순식간에 지나가는 / undefinable : 정의할 수 없는 / framework : 체계, 틀 / rational : 합리적인 / provable : 입증할 수 있는 / categorization : 범주화

79

| 정답 | ④

| 해석 | 이이남은 비디오 아트의 선구자인 백남준의 작품에서 영감을 받은 세계적으로 유명한 한국의 미디어 예술가이다. 이이남은 레오나르도 다 빈치의 '모나리자', 에두아르 마네의 '풀밭 위의 점심식사'와 같이 잘 알려진 유럽의 회화작품들을 독창적으로 재창조하는 것으로 잘 알려져 있다. 그의 손길을 거쳐 모나리자의 미소는 좀 더 커지고 마네 그림들의 배경은 한국의 산수로 바뀐다. 회화작품 속 등장인물들과 배경은 끊임없이 생동감 있는 움직임을 만들어내며 시각적 착시효과를 창조해 원래 작품의 인상은 그대로 유지하되 정통 회화를 상호 작용하는 작품으로 바꿔놓는다. 그는 현대 예술을 대중들에게 좀 더 친근하게 만들기 위해 고전 회화 위에 그림을 그린다고 말한다. 이것이 바로 많은 그의 작품들이 한국의 전통 회화작품에 기반을 두고 있는 이유이며, 그것들은 그의 독창적인 상상을 통해 새로운 생명을 얻는다.

|해설| 이이남은 인물과 배경에 생동감 있는 움직임을 만들어내며 원래 작품의 인상은 그대로 유지하면서 시각적 착시효과를 창조하지 원작의 인상을 바꾸지는 않는다.

|어휘| owe ~ to ... : ~ 은 ... 덕분이다 / pioneer : 선구자 / be transformed into : ~ 로 변형시키다 / contemporary : 현대의

80

|정답| ④

|해석| 본질적으로 기계인 카메라에 의해 만들어짐에도 불구하고 초기의 사진들은 선원근법에 따라 세상을 표현했기 때문에 소묘와 회화를 닮았다. 암상자는 서양 회화 기준에 따라 형태를 압축하고 색조에 따른 질량감을 강조함으로써 자동적으로 장면을 수정했기 때문에 예술가들 사이에서 인기가 있었다. 카메라는 새로운 보는 방식을 촉발시키기 위한 혁명적인 장치로서 고안된 것이 아니라 공식과 절차를 고려한 미리 정해진 모습을 만들어 내도록 진화했다. 표현되고 있는 것은 변형되지 않은 그대로였다. 이것은 이미지를 정의하는 데에 있어 카메라의 중요성을 감소시키지 않는다. 대부분의 발명품처럼 예측하지 못한 뜻하지 않은 결과가 의도하지 않은 변화를 만든다. 이미지를 만드는 사람들이 보다 정교해지면서 그들은 이미지를 만들기 위해 일상적으로 특정 카메라와 렌즈를 사용했고, 아는 것이 많은 관람자들은 종종 카메라나 렌즈와 그 결과로 나온 사진 사이의 연관성을 추적해 낼 수 있다.

|해설| 주어진 문장은 '이것은 이미지를 정의하는 데에 있어 카메라의 중요성을 감소시키지 않는다'라는 뜻으로, 카메라의 특성을 설명하는 문장 다음에 옴으로써 해당 특성이 카메라의 중요성에 영향을 미치지 않는다는 내용으로 이어져야 자연스럽다. 따라서 카메라가 이미지를 어떤 식으로 표현하는지를 설명하는 문장 다음인 ④에 들어가는 것이 적절하다.

|어휘| linear perspective : 선원근법 / modify : 수정하다 / compress : 압축하다 / pictorial : 회화의 / unleash : 촉발시키다, 불러일으키다 / predefine : 미리 정하다 / unforeseen : 예측하지 못한 / sophisticated : 정교한 / knowledgeable : 아는 것이 많은

2회 직업능력

문제 76쪽

01	②	02	②	03	④	04	③	05	④
06	⑤	07	⑤	08	③	09	②	10	①
11	④	12	⑤	13	③	14	④	15	①
16	⑤	17	⑤	18	③	19	①	20	⑤
21	⑤	22	③	23	⑤	24	④	25	①
26	③	27	⑤	28	①	29	③	30	④
31	⑤	32	③	33	①	34	⑤	35	②
36	①	37	④	38	⑤	39	③	40	⑤

01 시간관리능력 근무시간 구하기

|정답| ②

|해설| 직원 D의 7일부터 9일까지의 근무시간을 구하면 다음과 같다.

• 7일 : 9시부터 18시까지, 점심시간 1시간 제외 → 총 8시간
• 8일 : 9시 56분부터 19시 10분까지, 점심시간 1시간 제외 → 총 8시간 14분
• 9일 : 정규 출근 시간인 9시부터 20시 15분까지, 점심시간 1시간 제외 → 총 10시간 15분

따라서 총 근무시간은 26시간 29분이다.

02 시간관리능력 초과근무수당 구하기

|정답| ②

|해설| 각 직원별로 초과근무수당을 구하면 다음과 같다.

• 직원 A : 10,000원
  – 7일 : 7시 20분 퇴근, 7시 이후 20분 추가근무이므로 초과근무수당 없음.
  – 8일 : 지각이므로 당일 초과근무수당 없음.
  – 9일 : 8시 퇴근, 7시 이후 1시간 추가근무이므로 초과근무수당은 5,000×2=10,000(원)이다.
• 직원 B : 25,000원
  – 7일 : 정시 출퇴근으로 초과근무수당 없음.
  – 8일 : 8시 10분 퇴근, 7시 이후 1시간 10분 추가근무이므로 초과근무수당은 5,000×2=10,000(원)이다.

– 9일 : 8시 34분 퇴근, 7시 이후 1시간 34분 추가근무이
므로 초과근무수당은 5,000×3＝15,000(원)이다.

• 직원 C : 10,000원

– 7일 : 7시 이전 퇴근으로 초과근무수당 없음.

– 8일 : 8시 01분 퇴근, 7시 이후 1시간 01분 추가근무이
므로 초과근무수당은 5,000×2＝10,000(원)이다.

– 9일 : 정시 출퇴근으로 초과근무수당 없음.

• 직원 D : 10,000원

– 7일 : 정시 출퇴근으로 초과근무수당 없음.

– 8일 : 지각이므로 당일 초과근무수당 없음.

– 9일 : 8시 15분 퇴근, 7시 이후 1시간 15분 추가근무이
므로 초과근무수당은 5,000×2＝10,000(원)이다.

• 직원 E : 0원

– 7일 : 지각이므로 초과근무수당 없음.

– 8일 : 지각이므로 초과근무수당 없음.

– 9일 : 7시 이전 퇴근으로 초과근무수당 없음.

따라서 초과근무수당이 가장 많은 직원은 B이다.

03 예산관리능력 항목별 예산 구하기

| 정답 | ④

| 해설 | 20X1년 5 ～ 8월에는 COVID-19 상황 악화로 5 ～
8월에 예정이었던 시험이 전면 취소되었으므로 1차와 2차
시험일이 모두 취소되지 않은 자격시험은 컴퓨터응용선반
기능사와 정밀측정산업기사뿐이다. 이 두 자격시험의 시험
비용 예산 합계를 구하면 다음과 같다.

• 컴퓨터응용선반기능사 : (50＋55)＋(8＋9)×5＋(45＋
50)＋(3＋9)＋(16＋20)＝333(만 원)

• 정밀측정산업기사 : (35＋40)＋(8＋10)×3＋(65＋35)＋
(5＋9)＋(24＋25)＝292(만 원)

따라서 시험비용 예산의 합계가 가장 큰 시험은 컴퓨터응
용선반기능사이다.

04 예산관리능력 항목별 예산 구하기

| 정답 | ③

| 해설 | 20X1년 5월 ～ 8월 시행 예정인 자격시험을 제외한
시험 운영 계획은 다음과 같다. 시험감독 인건비를 산출할

때 시험 감독원은 3명, 컴퓨터 관련 기능사의 경우 5명이
배치되며, 컴퓨터응용가공산업기사는 컴퓨터 관련 '기능사'
에 해당하지 않으므로 시험 감독원이 5명이 아닌 3명임에
유의해야 한다.

(단위 : 만 원)

자격 시험	시험일 (예정)	시험 장소 대여비	시험 감독 인건비	시험 자료 인쇄비	시험장 방역비	시험 폐기물 처리비
컴퓨터 응용가공 산업기사	1차 3/6	50	24	35	5	10
컴퓨터 응용선반 기능사	1차 3/7	50	40	45	3	16
	2차 9/18	55	45	50	9	20
컴퓨터 응용밀링 기능사	2차 9/25	25	40	40	8	24
정밀측정 산업기사	1차 4/16	35	24	65	5	24
	2차 12/8	40	30	35	9	25
기계설계 산업기사	2차 9/17	30	27	40	7	20
사출금형 산업기사	2차 12/9	55	33	25	5	30
합계		ⓐ340	ⓒ263	ⓓ335	ⓑ51	ⓔ169

따라서 비용의 계산이 잘못된 항목은 ⓒ 시험감독 인건비
이다.

05 체제이해능력 조직도 파악하기

| 정답 | ④

| 해설 | 부서 간 업무조정에 관한 사항은 기획조정실 소속
디지털혁신기획부의 업무이며, 해당 업무는 기획운영이사
가 전결권을 가진다.

| 오답풀이 |

① 조직도에서 이사장과 감사는 점선으로 연결되어 있으므
로 이사장과 감사는 상호 독립적이고 대등한 관계이다.

② 조직도에서 이사장 산하에 비서실이 위치하고 있으나,
이사장과 독립적 위치에 있는 감사에는 비서실을 별도
로 두고 있지 않다.

③ 국가자격 운영을 총괄하는 부서는 능력평가국 소속 능력평가기획부의 업무에 해당한다.

⑤ 자격관련 법령 모니터링에 관한 사항은 능력평가국 소속 자격분석설계부의 업무에 해당한다.

06 업무이해능력 부서의 업무 파악하기

|정답| ⑤

|해설| 사업목적에서 ESG 경영 차원에서의 청년고용 지원 프로그램이라는 내용을 통해 해당 사업은 직업능력국 소속 능력개발지원부의 업무인 청년친화형 기업 ESG 지원 사업에 해당함을 알 수 있다.

07 업무이해능력 결재 순서 파악하기

|정답| ⑤

|해설| 능력평가기획부는 능력평가이사가 총괄하는 능력평가국 소속 부서이며, 해당 부서가 담당하는 업무 중 이사 내 예산편성에 대한 최종 결재권은 이사장이 가진다. 따라서 최종 결재 전 감사의 결재를 받아야 하므로, 이사 내 예산편성에 관한 문서의 결재 순서는 능력평가기획부장－능력평가국장－능력평가이사－감사－이사장 순이다.

08 문제처리능력 자료 분석하기

|정답| ③

|해설| 주 40시간 미만을 근무하는 단시간근로자는 1주 12시간 한도로 휴일근로가 가능하다.

|오답풀이|

① 휴직 중인 직원은 시간외근로와 휴일근로 모두 불가능하다.

② 임신 중인 직원은 평일과 토요일 시간외근로가 불가능하다.

④ 주 40시간 미만을 근무하는 단시간근로자는 원칙적으로는 평일 시간외근로가 불가능하다. 다만, 교육 및 워크숍 등의 사유로 불가피할 경우에 한하여 연 20시간, 1주 12시간 한도 내에 예외적으로 평일 시간외근로가 가능하다.

⑤ 출산 후 1년 미만에 해당하는 직원은 평일과 토요일에 각각 1일 2시간, 1주 6시간, 1년 130시간 한도로 시간외근로가 가능하다.

09 예산관리능력 연차휴가비 구하기

|정답| ②

|해설| 직원의 직책을 기준으로 총 연차일수에서 남은 연차일수를 제해서 사용한 연차일수를 산출하고, 이를 바탕으로 연차휴가비를 구하면 다음과 같다. 이때 전년도에 사용하지 않은 연차는 동일한 직책에 한하여 다음 연도로 계속 이월되므로, 각 직원별 총 연차일수는 현재 직책에서 1년에 받는 연차일수에 각 직원별 근무연수를 곱한 값과 같다.

(단위 : 일, 만 원)

이름	직책/연차	총 연차일수	남은 연차일수	사용 연차일수	연차 휴가비
박○○	부장/1년	25	2	23	115
임○○	대리/6년	90	11	79	158
최○○	대리/3년	45	1	44	88
조○○	부장/5년	125	100	25	125
방○○	대리/3년	45	2	43	86

따라서 연차휴가비를 가장 많이 지급받은 직원은 임○○이다.

10 예산관리능력 연차휴가비 구하기

|정답| ①

|해설| 각 직원별 직책과 연차를 기준으로 총 연차일수과 남은 연차일수를 구하면 다음과 같다.

(단위 : 일)

이름	직책/연차	총 연차일수	남은 연차일수	사용 연차일수
김○○	주임/2년	20	10	10
이○○	과장/1년	20	13	7
박○○	부장/1년	25	2	23
최○○	대리/3년	45	1	44
정○○	주임/3년	30	0	30
황○○	과장/2년	40	15	25
조○○	부장/5년	125	100	25
임○○	대리/6년	90	11	79
방○○	대리/3년	45	2	43
송○○	과장/1년	20	0	20

따라서 연차를 두 번째로 많이 소진한 직원은 총 44일을 소진한 최○○, 두 번째로 적게 소진한 직원은 총 10일을

소진한 김○○이다. 대리인 최○○의 연차휴가비는 44×2 =88(만 원), 주임인 김○○의 연차휴가비는 10×1=10(만 원)이므로 두 직원의 연차휴가비의 합은 98만 원이다.

11 예산관리능력 소송위임보수 구하기

| 정답 | ④

| 해설 | 최소로 지출 가능한 소송위임보수를 구하는 것이므로 착수금의 상향한도와 승소사례금의 추가 증액 여부는 고려하지 않는다. 중요 사건에 대한 행정심판은 승소사례금을 지급하지 않으므로 착수금 1,000만 원만, 일반 사건에 대한 헌법소송은 착수금과 승소사례금이 각각 800만 원으로 총 1,600만원이다. 따라서 최소로 지출 가능한 소송위임보수는 1,000+1,600=2,600(만 원)이다.

12 예산관리능력 소송위임보수 구하기

| 정답 | ⑤

| 해설 | 착수금과 승소사례금을 합하여 최대로 지출 가능한 소송위임보수를 구하는 것이므로 착수금의 경우 상향한도를 기준으로, 승소사례금의 경우 추가 증액까지를 포함하여 총 소송위임보수를 구해야 한다. 민사 본안 행정소송의 소가 2억 원 이상 5억 원 미만 사건에 대한 소송의 착수금 상향 한도는 1,750만 원이며, 승소비율이 20%이므로 승소사례금은 $1,750 \times \frac{20}{100} = 350$(만 원)에 50%를 추가 증액하여 350×1.5=525(만 원)이 된다. 따라서 최대로 지출 가능한 소송위임보수는 총 1,750+525=2,275(만 원)이다.

13 도표분석능력 자료의 수치 분석하기

| 정답 | ③

| 해설 | 광주의 상시 수요 조사비용과 기타 조사비용을 합한 금액은 14,300+43,000=57,300(원)으로 55,000원을 초과한다.

| 오답풀이 |

① 충남의 공급 조사비용은 19,405원으로 경남의 공급 조사비용인 15,000원보다 크다.

② 대전/세종, 강원, 전남의 용역계약서 비용은 총합계 비용보다 더 크다.

④ 울산의 정기 수요 조사비용과 기타 조사비용의 합은 140,000+4,505=144,505(원)으로, 용역계약서 비용인 145,600원보다 작다.

⑤ 서울과 인천의 용역계약서 비용의 합은 165,000+184,500=349,500(원)으로 전북과 경북의 조사비용 총합계의 합인 169,365+176,500=345,865(원)보다 크다.

14 도표분석능력 자료의 수치 계산하기

| 정답 | ④

| 해설 | 부산과 경기, 제주의 정기수급조사 비용의 합은 150,000+187,900+175,000=512,900(원), 대전/세종과 충북, 충남의 조사비용 총합계의 합은 149,160+134,300 +173,840=457,300(원)이므로, 이 둘의 차이는 512,900 −457,300=55,600(원)이다.

15 문제처리능력 정보 추론하기

| 정답 | ①

| 해설 | 연금 기적립액이 많을수록 은퇴 후에 연금수령액이 증가하게 되지만 소득대체율이 낮으면 기존의 소득과 연금수령액의 차이가 크게 되어 여유롭게 지내기 어려울 수 있다.

| 오답풀이 |

② 예상 투자수익률과 소득상승률이 하락한다면 노후에 연금 수령액이 줄어들게 되므로 은퇴 후 연간 예상 생활비를 낮춰야 한다.

③ 은퇴 예상 연령이 높다는 것은 연금 적립액이 늘어난다는 것이며 연평균 소득이 많아진다는 것 또한 연금적립액이 늘어나는 요인이므로 연금수령 시 연금 소진 속도는 감소하게 된다.

④ 기적립액이 증가하게 되므로 연금수령액을 높일 수 있는 방법이 된다.

⑤ 의료수준의 향상은 의료비 지출의 감소를 가져올 수 있는 반면, 기대 수명의 향상으로 연금수령이 필요한 기간이 길어져 기적립액으로 향후의 의료비가 모두 충당되지 못할 수도 있다. 따라서 연금수령액으로 생활하는 데에 영향을 주는 중요한 요인이라고 볼 수 있다.

16 문제처리능력 시뮬레이션 화면 구성하기

|정답| ⑤

|해설| 〈시뮬레이션 화면 구성 시 고려할 사항〉의 항목 중 은퇴 후 연령별 시뮬레이션 결과에 관한 내용은 상세 결과 화면에서 찾을 수 없다.

17 도표분석능력 자료의 수치 분석하기

|정답| ⑤

|해설| 2024년도에 1996년생이 29세라고 할 때 25세는 2000년생이므로, 2021년도에의 25세는 1997년생이다. 따라서 2021년도에 25세 이하의 한국어 시험 응시자 수는 $10,824+4,398+1,273=16,495$(명)이다.

|오답풀이|

① 2022년도 한국어 시험 응시자 수는 1991년생이 30,120명으로 가장 많다.

② 1985년생 한국어 시험 응시자 수는 2019년 3,469명부터 2024년 15,398명까지 매년 증가하였다.

③ 1992년생과 1994년생의 2020년부터 2024년까지의 응시자 수 증감 추이는 양쪽 다 2020년, 2021년과 2023년에는 증가, 2022년과 2024년에는 감소하였다.

④ 2019년부터 2024년까지의 1986년생 한국어 시험 응시자 수의 합은 $3,500+5,090+10,200+13,910+13,270+17,330=63,300$(명)이다.

18 도표분석능력 자료의 수치 계산하기

|정답| ③

|해설| 2020년도에 1997년생이 24세라면 34세는 1987년생, 31세는 1990년생이다. 따라서 2020년도 34세 이상의 한국어 시험 응시자 수는 $4,872+5,090+5,478=15,440$(명), 31세의 한국어 시험 응시자 수는 7,123명이다. 따라서 31세의 한국어 시험 응시자 수를 1이라고 했을 때의 응시자 수의 비율은 $2.2(≒\frac{15,440}{7,123}):1$이다.

19 문제처리능력 블라인드 채용 지침 이해하기

|정답| ①

|해설| 지역인재 채용을 위해서는 최종학교명이 아니라 최종학교 소재지를 요청해야 한다고 명시되어 있다.

20 문제처리능력 블라인드 채용 지침 이해하기

|정답| ⑤

|해설| 제시된 그래프를 보면 블라인드 채용 도입 이후 K기관의 신입사원 가운데 수도권 대학 출신이 차지하는 비중은 $100-50.2=49.8$(%)로 나타났다. 이는 공공기관 전체의 평균인 $100-43.2=56.8$(%)보다 낮은 수치이다.

21 문제처리능력 자료 분석하기

|정답| ⑤

|해설| 본선 대회 심사기준의 항목 (4)에서 용어 사용의 적절성, 진행의 형식적 요건 충족 여부를 심사함을 알 수 있다.

|오답풀이|

① 참가 대상자로 전국 대학교(원) 및 법학전문대학원 학생으로 제한하고 있다.

② 1차 평가에서 개별 항목 점수가 배점의 40% 미만인 경우 탈락한다고 규정하고 있으므로 1차 평가의 항목 (1)에서 해당 규정으로 탈락하기 위해서는 $20×\frac{40}{100}=8$(점) 미만을 받아야 한다. 따라서 항목 (1)에서 8점을 받은 참가자는 해당 규정을 이유로 탈락하지 않는다.

③ 제출된 자료에 대한 표절 검사는 1차 평가 이전에 진행되며, 피심인 의견서 최종안에 대해서는 표절 검사가 진행되지 않는다.

④ 본선 대회 심사기준의 항목 (3)에서 심사위원의 질의에 대한 설득력 있는 답변에 대한 평가배점은 최대 20점임을 알 수 있다.

22 문제처리능력 자료를 바탕으로 일정 확인하기

| 정답 | ③

| 해설 | 1차 평가 자료는 8월 11일까지 우편이 아닌 E-mail로 제출하여야 한다.

| 오답풀이 |

② 1차 평가 자료에 대한 평가기준으로 소재의 시사성과 참신성이 포함되어 있다.

⑤ 본선 대회 자료는 심사보고서와 피심인 의견서를 포함하여 8월 24일까지 제출하여야 한다.

23 문제처리능력 자료를 바탕으로 평가하기

| 정답 | ⑤

| 해설 | 기타 사항에서 자료작성 시 작성 기준 중 글씨체, 글자크기 두 가지 기준을 준수하지 않았으므로 소속 대학 엠블럼이 포함되어 있는지 여부와 관계없이 접수할 수 없다.

| 오답풀이 |

② 1차 평가의 항목 (2)에서 4점을 받은 경우 항목 (2)의 배점의 40% 미만에는 해당하지 않으나, 1차 평가의 총점수가 8+4+9=21(점)으로 총점 기준에 미달하여 탈락하게 된다.

③ 1차 평가 전 자료의 중복률이 11%라면 1차 평가에서 2점이 감점되므로, 1차 평가에서의 총점은 8+5+9-2=20(점)으로 총점 기준에 미달하여 탈락하게 된다.

④ 1차, 2차 평가에서 받을 수 있는 최고점을 받은 항목은 15점 만점에 15점을 받은 2차 평가의 항목 (1)이다.

24 인적자원관리능력 역량평가표 분석하기

| 정답 | ④

| 해설 | 피평가자수가 10명인 경우 C 등급 2명, D 등급 1명으로 평가할 수 있으며, 만일 D 등급에 해당하는 자가 없는 경우 C 등급에 합산하여 C 등급 3명, D 등급 0명으로 평가할 수 있다.

| 오답풀이 |

① 피평가자수가 4명인 경우 한 명씩 S, A, B, C 등급으로 평가할 수 있는데, 만일 S 등급에 맞는 피평가자가 없다고 판단되어 하위 등급인 A 등급에 합산하여 평가 등급을 부여할 경우 A 등급이 2명이 될 수 있다.

② 피평가자수가 2명일 때 S 등급와 C 등급에 한 명씩 평가하는 방법을 선택할 경우, 만일 S 등급에 맞는 피평가자가 없다고 판단된다면 그 하위 등급인 A 등급에 합산하는 방법으로 A 등급 1명, C 등급 1명으로 평가할 수 있게 된다.

③ 피평가자수가 5명인 경우 S 등급부터 D 등급까지 각각 한 명씩 평가할 수 있다. 가장 높은 등급인 S 등급은 다른 등급과 합산되지 않으므로 S 등급은 최대 1명까지 부여할 수 있다.

⑤ 피평가자수가 3명일 때 S 등급과 A 등급, C 등급에 한 명씩 평가하는 방법을 선택할 경우, 만일 A 등급에 맞는 피평가자가 없다고 판단된다면 그 하위 등급인 B 등급에 합산하는 방법으로 S 등급 1명, B 등급 1명, C 등급 1명으로 평가할 수 있다.

25 문제처리능력 자료 분석하기

| 정답 | ①

| 해설 | 교육훈련비 지급은 교육 주관부서에서 집행하되, 예산 운용 여건상 부득이한 경우 예외적으로 사업부서 및 소속기관이 예산 범위 내에서 집행할 수 있다고 규정하고 있다.

| 오답풀이 |

② 위촉수당 지급기준에 따르면 위촉수당 비용의 상한은 강의 1시간, 기고 1건 기준으로 동일한 금액으로 책정하고 있다.

③ ○○공사 임직원이 공사 업무에 관한 교육에 위촉될 경우 규칙으로 정하는 소정의 실비 이외의 위촉수당은 지급되지 않는다.

④ 최대 위촉수당 비용은 1시간 수당의 4배 이상을 초과할 수 없으므로, 스피치 전문 강사의 위촉수당의 상한은 시간당 200,000원을 기준으로 4시간 수당인 800,000원이 된다.

⑤ 공무원 1명이 1시간 동안 강의를 진행한 경우의 위촉수당의 상한은 300,000원, 기업체 대표가 2시간 동안 강의를 진행한 경우의 위촉수당의 상한은 600,000원이므로 최대 900,000원의 위촉수당이 교육 주관부서를 통해 지급된다.

26 문제처리능력 자료를 바탕으로 금액 산출하기

| 정답 | ③

| 해설 | 각급 학급 교직원의 위촉수당 비용의 상한은 시간당 900,000원, 강의 시간과 관계없이 1시간 수당의 2배를 초과할 수 없으므로 3시간 강의에 따른 최대 위촉수당 비용은 1,800,000원이다. 또한 실비(교통비, 숙박비, 식비)는 위촉수당과 별도로 지급되므로, 이는 위촉수당 비용의 상한 기준에 포함되지 않는다. 따라서 지급 받을 수 있는 최대 금액은 실비 40,000원을 포함하여 최대 1,840,000원이 된다.

27 문제처리능력 자료 분석하기

| 정답 | ⑤

| 해설 | 학점은 평균 학습시간을 기반으로 구성하여 9시간 동안 학습했을 때 이룰 수 있는 학습성과를 1학점으로 산정한 것이다. 절차적 프로그래밍(B003)에 배정된 학점은 6학점이므로, 해당 교육과정의 목표 달성에 필요한 평균 학습시간은 9×6=54(시간)이다.

| 오답풀이 |

① 데이터 분석가 국가기술자격을 취득하기 위해 필요한 최소 학점은 121학점이고 필수 과목은 총 80학점이므로, 121학점을 이수하기 위해서는 선택 과목에서 추가로 최소 41학점을 이수해야 한다.

② 데이터 분석가 국가기술자격의 필수 과목은 A001부터 A005까지 총 다섯 과목이다.

③ ZA 수준이 8 이상인 교육과정은 A001 ~ 004, B001 ~ B005, B007로 총 10과목이다.

④ 교육과정을 모두 이수할 경우 필수 과목은 80학점, 선택 과목은 56학점으로 총 136학점을 이수하게 된다.

28 문제처리능력 직장 내 괴롭힘 방지법 이해하기

| 정답 | ①

| 해설 | 제6조 제6항에 의해 고충상담 외부 전문가를 선임하거나 고충상담창구 업무를 외부 전문기관에 위탁할 수 있다.

| 오답풀이 |

② 제6조 제3항에 의해 본부의 고충상담원은 총 4인 이상으로 임명하며, 부설기관 및 소속기관의 고충상담원은 총 2인 이상으로 임명한다.

③ 제6조 제7항에 의해 고충상담원으로 신규 임명된 경우 3개월 이내에 고충 상담 및 처리에 관한 전문교육을 이수해야 한다.

④ 제6조 제1항에 의해 본부와 소재지가 동일한 부설기관의 고충 상담 및 처리 업무는 본부의 고충상담창구에서 처리할 수 있다.

⑤ 제6조 제2항에 의해 고충상담원은 남성 및 여성이 반드시 각 1인 이상이 포함되어야 한다.

29 예산관리능력 장소 선정하기

| 정답 | ⑤

| 해설 | 각 후보지의 선정기준에 따라 순위를 점수로 환산하면 다음과 같다.

(단위 : 점)

구분	거리	비용	선호도	최소 수용인원	경영상태	총점
가	5	2	1	5	2	15
나	1	5	3	2	2	13
다	2	4	3	2	5	16
라	4	1	4	5	3	17
마	3	3	5	3	5	19

따라서 총점이 가장 높은 마 후보지가 워크숍 장소로 선정된다.

30 예산관리능력 추가비용을 반영하여 장소 선정하기

| 정답 | ④

| 해설 | 〈보기〉의 첫 번째 조건에 따라 워크숍 장소의 최대 수용 인원이 80명 미만인 나 후보지를 제외한다. 그리고 참여 인원 1명당 추가비용을 포함한 총비용을 구하고, 이를 기준으로 다시 순위를 점수로 환산하면 다음과 같다.

장소	가	다	라	마
초과 인원	0명	20명	0명	10명
추가 비용	0원	200,000원	0원	150,000원
총 비용	350,000원	450,000원	370,000원	450,000원

(단위 : 점)

구분	거리	비용	선호도	최소 수용인원	경영상태	총점
가	5	5	2	5	2	19
다	2	3	3	2	5	15
라	4	4	4	5	3	20
마	3	3	5	3	5	19

따라서 총점이 가장 높은 라 후보지가 워크숍 장소로 선정된다.

31 도표분석능력 자료의 수치 분석하기

| 정답 | ⑤

| 해설 | 이메일을 선택한 20대가 아이핀, 공인인증서를 모두 선택했다면 이 외에 아이핀을 선택한 20대의 비율은 11.9%이다. 따라서 신용카드를 선택한 20대(16.9%) 모두가 아이핀을 동시에 선택할 수 없다.

| 오답풀이 |

① 30대와 40대의 순위는 1위 공인인증서, 2위 휴대폰 문자인증, 3위 아이핀이다.

② 전체 응답자 퍼센트를 더하면 252.9%이다. 따라서 선호 인증수단 세 개를 선택한 응답자 수는 최소 52.9%이다.

③ 신용카드를 선택한 남성 수는 바이오인증을 선택한 남성 수의 $21.2 \div 9.9 \risingdotseq 2.1$(배)이다.

④ 20대와 50대의 선호도 차이가 가장 큰 인증수단은 공인인증서이다.

구분	20대(%)	50대(%)	선호도 차이(%p)
휴대폰 문자인증	73.7	71.9	73.7-71.9=1.8
공인인증서	67.4	79.4	79.4-67.4=12
아이핀(I-PIN)	36.0	25.7	36.0-25.7=10.3
이메일	24.1	21.1	24.1-21.1=3
전화인증	25.6	21.2	25.6-21.2=4.4
신용카드	16.9	26.0	26.0-16.9=9.1
바이오 인증	9.4	9.4	0

32 도표분석능력 자료의 수치 분석하기

| 정답 | ③

| 해설 | 20X8년, 20X9년 국가기술자격 기술사 등급 취득자의 전년 대비 증가율을 구하면 다음과 같다.

- 20X8년 : $\dfrac{1,350-1,079}{1,079} \times 100 \risingdotseq 25.12(\%)$
- 20X9년 : $\dfrac{1,624-1,350}{1,350} \times 100 \risingdotseq 20.30(\%)$

따라서 20X8년, 20X9년 국가기술자격 기술사 등급 취득자의 증가율은 다르다.

| 오답풀이 |

① 최근 5년간 전체 국가기술자격 취득자는 20X6년에 소폭 감소한 이후 점차 증가하고 있음을 알 수 있다.

② 첫 번째 그래프를 보면 여성 국가기술자격 취득자의 수는 20X7년 이후 2년 연속 감소하고 있음을 알 수 있다.

④ 20X7년 대비 20X9년 남성 국가기술자격 취득자의 증가율과 전체 국가기술자격 취득자의 증가율은 다음과 같다.

- 전체 국가기술자격 취득자 : $\dfrac{677,686-647,673}{647,673} \times$ $100 \risingdotseq 4.63(\%)$

- 남성 국가기술자격 취득자 : $\dfrac{434,081-395,473}{395,473} \times$ $100 \risingdotseq 9.76(\%)$

⑤ 국가기술자격 기술사 등급 취득자의 수는 20X5년 이후 감소하다가 20X8년에 1,350명으로 늘어나 거의 20X5년 수준으로 회복하였다.

33 인적자원관리능력 지원자 배정하기

| 정답 | ①

| 해설 | 각 지원자별 선정기준에 따른 순위 등을 점수로 환산하면 다음과 같다.

(단위 : 점)

지원자	나이	어학점수	학점	관련 자격증	총점
A	5	15	2	0	22
B	4	18.5	3	3	28.5
C	2	17.5	1	6	26.5
D	3	13	4	3	23
E	1	10	5	0	16

따라서 총점이 가장 높은 B는 희망 국가인 호주에 배정되고, 다음으로 점수의 합이 높은 C는 희망 국가에 배정되지

못한다. D는 희망 국가인 독일에 배정되고 A는 독일에 배정되지 못하며, 마지막으로 E는 튀르키예에 배정된다. 마지막으로, 희망 국가에 배정되지 못한 C와 A 중 환산 점수의 합이 더 높은 C는 미국에, A는 프랑스에 배정된다.

34 인적자원관리능력 지원자 배정하기

|정답| ⑤

|해설| 각 국가별 인턴 자격 기준에 충족하는 지원자는 다음과 같다.

• 독일 : A, B, D
• 호주 : B
• 튀르키예 : 없음.

따라서 호주를 희망한 C와 튀르키예를 희망한 E는 희망 국가에 배정되지 못한다.

35 인적자원관리능력 지원자 배정하기

|정답| ②

|해설| 추가된 기준에 따라 순위 등을 점수로 환산하면 다음과 같다.

지원자	나이	어학점수	학점	관련자격증	기타사항	총점
A	5	30	4	0	+4	43
B	4	37	6	2		49
C	2	35	2	4		43
D	3	26	8	2		39
E	1	20	10	0	×1.3	40.3

따라서 환산한 점수의 합이 가장 높은 지원자는 B이다.

36 시간관리능력 최단 경로 계산하기

|정답| ①

|해설| 오전 8시에 본사에서 C 지사까지 가기 위한 경로로는 A 지사를 경유하는 방법과 B 지사를 경유하는 방법 두 가지가 있다. 각각의 방법을 기준으로 가장 시간이 적게 걸리는 경로를 구하면 다음과 같다.

• A 지사를 경유하는 방법
  – 본사→A 지사 : 택시 50분, 버스 50분, 지하철 40분이므로 지하철을 선택
  – A 지사→C 지사 : 택시 30분, 버스 1시간 초과, 지하철 40분이므로 택시를 선택
• B 지사를 경유하는 방법
  – 본사→B 지사 : 택시 30분, 버스 1시간 초과, 지하철 40분이므로 택시를 선택
  – B 지사→C 지사 : 택시 40분, 버스 50분, 지하철 50분이므로 택시를 선택

따라서 두 방법 모두 최소 시간으로 이동할 경우 총 70분이 소요되므로, 각각의 비용을 비교한다.

• A 지사를 경유하는 방법 : 1,350+5,000=6,350(원)
• B 지사를 경유하는 방법 : 6,000+8,000=14,000(원)

따라서 비용이 적은 A 지사를 경유하는 방법을 선택하게 되므로 박 과장이 지불해야 할 교통 요금의 합은 6,350원이다.

37 시간관리능력 최단 경로 계산하기

|정답| ④

|해설| 이동시간이 가장 적은 경로를 기준으로 박 과장의 이동 경로를 구하면 다음과 같다.

• 본사→B 지사
  – 이동시간이 30분으로 가장 짧은 택시를 선택하여 8시 30분에 B 지사에 도착
  – 1시간 20분 동안 업무를 한 뒤 9시 50분에 C 지사로 이동
• B 지사→C 지사
  – 택시 40분, 버스 1시간(대기시간 10분+이동시간 50분), 지하철 50분이므로 택시를 선택하여 10시 30분에 C 지사에 도착
  – 1시간 30분 동안 업무를 한 뒤 12시에 본사로 이동
• C 지사→본사
  – 도착지에서 출발지로 이동할 때도 소요시간이 동일하므로, C 지사에서 본사까지 이동하는 데 총 70분이 소요되어 13시 10분에 도착

따라서 박 과장은 본사로 13시 10분에 복귀한다.

www.gosinet.co.kr **g**osinet

1회 기출예상
2회 기출예상
3회 기출예상
4회 기출예상
5회 기출예상

38 물적자원관리능력 물품 수량 관리하기

|정답| ⑤

|해설| E 부 부장이 담당하는 5시험장에는 서류 봉투가 6개가 아닌 5개가 남아 있다.

39 물적자원관리능력 물품 수량 관리하기

|정답| ③

|해설| 각 시험장별로 추가로 구매해야 할 물품의 수를 구하면 다음과 같다.

시험장	최대 수용 인원(명)	추가 구매물품(개)				합계 (개)
		컴퓨터용 사인펜	흑색 플러스펜	서류 봉투	생수 300mL	
1	150	40	0	4	100	144
2	180	95	80	8	100	283
3	130	100	0	0	60	160
4	200	40	20	3	20	83
5	100	50	30	5	60	145
합계(개)		325	130	20	340	

따라서 흑색 플러스펜은 총 130개를 추가로 구매해야 한다.

40 물적자원관리능력 물품 수량 관리하기

|정답| ⑤

|해설| **39**의 해설을 바탕으로 각 시험장별 구매가 필요한 물품을 구매 단위를 기준으로 파악하면 다음과 같다.

• 1시험장 : 컴퓨터용 사인펜 1단위, 서류봉투 1단위, 생수 4단위
• 2시험장 : 컴퓨터용 사인펜 1단위, 흑색 플러스펜 1단위, 서류 봉투 1단위, 생수 4단위
• 3시험장 : 컴퓨터용 사인펜 1단위, 생수 2단위
• 4시험장 : 컴퓨터용 사인펜 1단위, 흑색 플러스펜 1단위, 서류 봉투 1단위, 생수 1단위
• 5시험장 : 컴퓨터용 사인펜 1단위, 흑색 플러스펜 1단위, 서류 봉투 1단위, 생수 2단위

즉, 구매해야 할 물품의 총합은 컴퓨터용 사인펜 5단위, 흑색 플러스펜 3단위, 서류봉투 4단위, 생수 13단위이다.

따라서 총 금액은 $(30,000 \times 5) + (45,000 \times 3) + (500 \times 4) + (12,500 \times 13) = 449,500$(원)에 부가세 10%를 포함하여 494,450원이다.

2회 한국사 문제 113쪽

41	③	42	⑤	43	④	44	⑤	45	④
46	①	47	③	48	⑤	49	③	50	①
51	④	52	③	53	①	54	⑤	55	⑤
56	③	57	⑤	58	②	59	③	60	②

41

|정답| ③

|해설| 주먹도끼는 구석기 시대에 사용했던 도구이다.

|오답풀이|

① 고인돌은 청동기 시대부터 만들어진 무덤이다.

② 신석기 시대에는 가락바퀴와 뼈바늘을 사용해 가내 수공업이 이루어졌다.

④ 반달돌칼은 청동기 시대부터 주로 사용했던 도구이다.

⑤ 신석기 시대부터 성행했던 원시적인 종교의식인 토테미즘에 대한 설명이다.

42

|정답| ⑤

|해설| (마)는 동예에 대한 설명으로 책화는 부락간의 경계를 중시하는 데에서 비롯한 풍속이다. 단궁, 과하마(키가 작은 말), 반어피(바다표범 가죽)는 동예의 특산물로 유명했다.

|오답풀이|

① 12월에 영고라는 제천행사를 열었던 나라는 부여이다. (가)는 옥저에 대한 설명이다.

② 읍군, 삼로라는 군장이 부족을 다스렸던 나라는 옥저이다. (나)는 고구려에 대한 설명이다.

③ 만주 송화강 유역 평야지대를 중심으로 성장한 나라는 부여이다. (다)는 삼한에 대한 설명이다.

④ 제가회의는 고구려 초기에 주요 정책을 결정하거나 중대한 범죄자를 재판하던 정치회의이다. (라)는 부여에 대한 설명이다.

43

|정답| ④

|해설| 정전제(丁田制)는 성덕왕에 의해 시작된 신라의 토지제도로, 국가가 농민의 토지 소유를 인정해주고 토지에서 난 작물에 대한 세금을 거두어 가는 제도이다. 이를 통해 늘어난 조세량은 국가 재정의 안정을 가져왔다.

|오답풀이|

① 마전은 신라시대에 공물을 마련하기 위해 촌락 공동으로 삼(麻)을 재배하던 토지이다

② 녹읍은 신라시대 때 일반 관료에게 직무의 대가로 지급한 논밭이다.

③ 식읍은 삼국시대부터 조선 초기까지 왕족이나 공신들에게 지급한 논밭이다. 식읍은 녹읍에 비해 규모와 면적이 훨씬 컸다.

⑤ 관료전은 신라 중기에 중앙과 지방 관리들에게 지급한 논밭이다. 관료전을 지급받는 관리들은 토지로부터 조세만 걸을 수 있었고 지배할 권한은 없었다. 또한 관리가 관직에서 물러나면 관료전을 반납해야 했다.

44

|정답| ⑤

|해설| 영락은 고구려 광개토대왕이 사용했던 연호로, 399년 백제, 가야, 왜 연합군이 신라를 침공하자 신라 내물왕의 요청으로 기병과 보병 5만을 원군으로 보내 왜를 가야지역까지 추격하여 궤멸시켰다. 이로써 한반도 남부까지 고구려의 영향력을 확대하였고 이후 금관가야가 위축되었다.

|오답풀이|

① 고국천왕(194년) 시기에 해당한다.

② 미천왕(331년) 시기에 해당한다.

③ 장수왕(427년) 시기에 해당한다.

④ 소수림왕(372년) 시기에 해당한다.

45

|정답| ④

|해설| 정당성은 발해의 귀족들이 모여 정치적 합의를 하는 기구이다.

|오답풀이|

① 국학은 신라시대의 교육기관이다.

② 발해의 관리 감찰 기구는 중정대이다. 사정부는 신라시대의 관리 감찰 기구이다.

③ 9주 5소경은 통일신라의 지방 행정 제도이다.

⑤ 9서당 10정은 통일신라의 군사 제도이다.

46

|정답| ①

|해설| 고려시대의 지방호족들은 중앙과 독립적인 위치에서 지방을 자치적으로 다스렸다. 중앙에서는 임시 출장관인 조장이나 전운사 등이 지방을 순회하며 조세 수납 등의 임무를 수행했다.

|오답풀이|

② 5도 양계는 양광도, 경상도, 전라도, 서해도, 교주도, 북계, 동계로 구성된 지방구획으로 현종 때 정비된 제도이다.

③ 3경은 개경, 서경, 동경이었으나 고려 후기에 동경 대신 남경이 들어갔다.

④, ⑤ 5도에는 행정적 조직으로 안찰사를 파견했고, 북계와 동계로 구성된 양계에는 군사적 조직으로 병마사를 파견했다.

47

|정답| ③

|해설| 웅진은 백제의 두 번째 수도였고 현 공주시의 옛 명칭이다. 망이 · 망소이의 난(1176년)은 고려 명종 때 신분제 타파를 목적으로 충남 공주를 중심으로 일어난 농민과 소민들의 봉기이다. 우금치 전투(1894년)는 동학농민운동 당시 농민군과 조선, 일본 연합군이 공주 우금치에서 벌인 전투이다.

48

| 정답 | ⑤

| 해설 | 음서는 고려시대 문벌귀족에게 주어진 정치적 특권으로, 5품 이상 관리의 자제가 무시험으로 관리가 될 수 있는 제도였다.

| 오답풀이 |

(가) 고려시대 과거제 중 잡과에 대한 설명이다.

(나) 무과에 대한 설명으로 예종 때 잠깐 실시했으나 바로 폐지되었고 공양왕 때 정식으로 시행되었으나 곧 고려가 멸망해 큰 실효성은 없었다.

(다) 고려시대 과거제 중 승과에 대한 설명이다. 승과는 조선시대까지 이어진 제도이다.

(라) 고려시대 과거제 중 문과에 대한 설명이다.

49

| 정답 | ③

| 해설 | 가야는 풍부한 철의 생산과 해상교통을 이용하여 낙랑과 왜의 규슈지방을 연결하는 중계무역이 발달하였다.

50

| 정답 | ①

| 해설 | 제시된 왕은 고려의 태조로, 호족들을 견제하기 위해 사심관 제도와 기인 제도를 시행하였다.

| 오답풀이 |

② 고려의 성종은 당의 제도를 참고해 고려의 실정에 맞게 도병마사와 식목도감이라는 정치 기구를 설치했다.

③ 고려 광종은 쌍기의 건의를 받아들여 과거제를 도입하였다.

④ 고려 경종 때 전시과 제도를 처음 마련하였다.

⑤ 고려 현종은 거란에게 강동 6주의 반환을 요구하며 침입을 전개하였다.

51

| 정답 | ④

| 해설 | (가)는 청나라와 맞서 싸울 것을 주장하는 척화에 반대하고, 사직과 백성을 보호하며 뒷날을 도모하기 위해 청나라와 화친을 할 것을 주장한 주화론이다. 주화파의 대표 학자에는 최명길이 있다. (나)는 명나라와의 의리를 지키고 청나라와 싸워야 한다고 주장한 척화론(주전론)이다. 척화파의 대표 학자에는 김상헌이 있다.

(가)는 명과의 의리보다는 나라의 실익을 중요시했기 때문에 대의명분과 거리가 멀다. 따라서 ④가 옳지 않다.

52

| 정답 | ③

| 해설 | 조선시대의 언론기관이며 왕권을 제약했던 삼사는 (D), (E), (F)이다. 조선시대는 언론 기능을 담당하는 삼사를 두어 권력의 독점과 부정을 방지하려 하였다.

(D) 사헌부는 풍속 교정, 관리에 대한 감찰과 탄핵 등을 관리하던 관청이고 (E) 사간원은 언론을 담당했던 기관으로 왕에 대한 간쟁과 논박을 담당했다. (F) 홍문관은 궁중 경서와 사적을 관리하고 왕의 자문에 응하는 일을 맡던 관청이다. 한편, (G) 춘추관은 모든 공사(公事)를 기록하는 기관으로 지금의 국가기록원, 국사편찬위원회 등과 비슷한 역할을 했다.

| 오답풀이 |

① (A) 의정부는 시기적으로 차이는 있지만 대체로 삼의정이 모여 합의하며 정사를 처리하던 곳이다.

② (B) 승정원은 임금의 비서 기관으로 왕명을 신하들에게 전달하는 역할을 했고, (C) 의금부는 왕의 명령을 받들어 중죄인을 신문하는 일을 맡았던 관아이다.

④ (H) 한성부는 조선시대 서울의 행정 일반을 맡았던 관청이다.

⑤ (I) 이조, 호조, 예조, 병조, 형조, 공조로 구성된 육조는 각 조마다 소속된 아문을 두어 사무를 보게 했다.

53

| 정답 | ①

| 해설 | 「조선왕조실록」은 태조(1392년)부터 철종(1863년)까지 25대에 걸친 472년간 조선 왕조의 역사적 사실을 연월일순에 따라 편년체로 기술한 역사서로, 1997년 10월 1일 유네스코에 세계기록유산으로 등록되었다.

『고종황제실록』, 『순종황제실록』같은 경우는 일제 강점기 일본인들의 지시를 받으며 편찬되었기 때문에 사실 왜곡이 심해 실록의 가치를 손상하여, 일반적인 견해에 따라 조선왕조실록은 태조실록부터 철종실록까지를 의미한다.

54

| 정답 | ③

| 해설 | 제시된 글은 유성룡의 건의로 설치된 군영인 훈련도감에 대한 설명으로 ㉠에 들어갈 말은 '훈련도감'이다. 효종 때 북벌 정책을 추진할 때 수도방어와 북벌을 담당했던 군은 어영청이다.

| 오답풀이 |

⑤ 훈련도감은 고종 때 군제 개혁으로 별기군이 설치되면서 폐지되었다.

55

| 정답 | ⑤

| 해설 | 시전에서의 불법적인 상행위를 통제하기 위해 경시서를 설치하였고, 이는 세조 때 평시서로 개칭되었다.

56

| 정답 | ③

| 해설 | 〈보기〉는 임오군란으로 생긴 양국 간의 문제를 처리하기 위해 조선과 일본이 맺은 불평등조약인 제물포조약이다.

보충 플러스+

제물포조약

1. 지금으로부터 20일을 기해 조선국은 흉도를 포획하고 수괴를 가려내 중벌로 다스릴 것
2. 일본국 관리로 피해를 입은 자는 조선국이 융숭한 예로 장사지낼 것
3. 조선국은 5만 원을 지불해 일본국 관리 피해자의 유족 및 부상자에 지급할 것
4. 흉도의 폭거로 인해 일본국이 받은 손해 및 공사를 호위한 육·해 군비 중에서 50만 원을 조선이 부담하며, 매년 10만 원씩 지불해 5년에 완납 청산할 것
5. 일본공사관에 병사를 두어 경비하게 하며, 병여의 설치·수선은 조선국이 책임을 지고, 만약 조선국의 병사와 백성이 법률을 지킨 지 1년 후에 일본공사가 경비를 필요하지 않다고 인정할 때에는 병사를 철수해도 무방함.
6. 조선국은 대관을 특파하고 국서를 보내어 일본국에 사죄할 것

57

| 정답 | ⑤

| 해설 | 제시된 신문 제목에 해당하는 사건은 1932년 4월 29일에 일어난 윤봉길 의사의 홍커우공원 의거이다. 일본이 상해사변을 일으켜 상해를 점령한 뒤 그 기념식을 상해 홍커우공원에서 거행했는데 이때 한인애국단 단원인 윤봉길이 사열대 위에 폭탄을 투척하여 일본군의 주요 인물을 폭살시켰다.

한국광복군은 1919년 말 상하이에 무관학교를 설립하고 만주 지역 독립군을 관할에 두려고 하였으나 지역적·재정적 어려움으로 실현하지 못하였으나, 윤봉길 의거를 계기로 중국 정부의 지원과 협조를 받게 되면서 한국광복군을 창설하는 기반을 마련할 수 있었다.

| 오답풀이 |

① 3·1 운동을 전후로 국내외 7개의 임시정부가 수립되었으나, 상해를 거점으로 1919년 9월에 개헌형식으로 통합되어 대한민국임시정부가 되었다.

② 신민회는 1911년 일제가 조작한 105인 사건을 계기로 드러나고 국내에 남아 있던 세력이 탄압 받으면서 조직이 무너졌다. 신민회는 독립군 양성 운동을 진행하며 무장독립전쟁으로 운동노선을 전환하면서 만주와 중국에서 일어난 독립군전쟁의 실질적인 밑거름이 되었다.

③ 3·1 운동 후 우리 민족의 거센 저항을 경험한 일본은 태도를 바꾸어 1920년대부터 조선 지배 정책을 무단통치에서 문화통치로 바꾸어 내세웠다.

④ 의병들은 국내 투쟁이 불가해지자 한반도를 떠나 간도, 연해주 지역에 정착했다. 이들이 이끄는 독립군은 1920년대 독립전쟁으로 이어졌다.

58

| 정답 | ②

| 해설 | 〈보기〉는 당백전에 대한 그림과 설명이다. 당백전은 조선 정부의 재정 약화를 극복하기 위해 주조된 화폐이다. 흥선대원군이 실추된 왕실의 권위를 회복하기 위해 경복궁 중건 사업을 무리하게 강행한 것을 해결하고 서구 열강들이 조선의 문호개방을 요구하면서 국방 정책을 강화하기 위해 당백전을 발행했다.

당백전은 상평통보의 백배의 명목 가치를 부여한 화폐로 해당 화폐를 다량 주조하고 발행해 일시적으로는 거액의 이득을 국가 재정에 충당할 수 있었다. 그러나 시중에 유통되자 화폐 질서가 큰 혼란에 빠져 물가가 폭등하게 되었고 상인들은 당백전 사용을 꺼리게 되었다. 결국 당백전은 일 년도 안돼서 주조를 중단하고 유통도 금지되었다.

| 오답풀이 |

① 백동화는 조선 말기에 널리 쓰였던 화폐로 개항 이후 급증하는 재정 수요와 재정 궁핍에서 벗어나기 위해서 1892년부터 1904년까지 주조해 유통했다.

③ 조선통보는 조선 전기 세종 때, 그리고 조선 중기 인조 때 주조하고 유통되었던 주화이다.

④ 건원중보는 관에서 주조한 우리나라 최초의 화폐로 철전과 동전의 두 종류가 있다. 건원중보는 원래 당나라 숙종 때 발행된 화폐인데 고려에서 이를 모방해 앞면에는 '건원중보'라고 화폐명을 새기고, 뒷면에는 '동국(東國)'이라는 고려를 의미하는 글자를 새겨 주조했다.

⑤ 상평통보는 1678년부터 조선 말기까지 사용되었던 전 근대적 화폐이다.

59

| 정답 | ③

| 해설 | 원산학사는 1883년 민간에 의해 함경남도 원산에 설립된 우리나라 최초의 근대학교이다.

| 오답풀이 |

① 배재학당은 1885년 우리나라에 최초로 외국인이 설립한 사립학교이다.

② 육영공원은 1886년에 세워진 우리나라 최초의 관립 근대학교이다.

④ 이화학당은 1886년 서울에 설립된 사립여성교육기관이다.

⑤ 대성학교는 1908년 안창호가 평양에 설립한 중등 교육기관이다.

60

| 정답 | ②

| 해설 | 제시된 자료는 1987년 6월 29일 당시 민주정의당 노태우 대표의 "6.29 민주화선언"의 일부이다. 6.29 선언을 통해 대통령 직선제를 약속한 후, 국민투표에서 찬성을 얻어 1988년 2월 25일부터 5년 단임제와 대통령 직선제가 포함된 9차 개헌이 시행되었다.

보충 플러스+

대한민국헌법 개정사
• 제헌헌법 제정(1948. 7. 17.)
• 1차 개정(1952. 7. 7.) 이승만 재선을 위한 직선제, 양원제
• 2차 개정(1954. 11. 29.) (이승만) 3선 연임을 위한 개헌, 국민투표제
• 3차 개정(1960. 6. 15.) 4.19 혁명 후 의원내각제 실시, 기본권 보장 확대
• 4차 개정(1960. 11. 29.) 반민주행위 처벌법 개정
• 5차 개정(1962. 12. 26.) 5.16 군사반란 후 (박정희) 대통령 권한 강화, 헌법재판소 폐지
• 6차 개정(1969. 10. 21.) (박정희) 3선 연임을 위한 개헌
• 7차 개정(1972. 12. 27.) 유신헌법(박정희 영구집권을 위한 개헌), 기본권 침해, 긴급조치 조항, 국회의원의 1/3을 대통령이 임명, 대통령 체육관 간접선거
• 8차 개정(1980. 10. 27.) 전두환 신군부 영구집권을 위한 개헌, 대통령 7년 단임제 간접선거, 대통령 체육관 간접선거
• 9차 개정(1987. 10. 29.) 대통령 직선제, 현행 헌법

2회 영어

문제 123쪽

61	⑤	62	④	63	②	64	①	65	②
66	②	67	④	68	①	69	②	70	②
71	③	72	②	73	②	74	①	75	④
76	②	77	⑤	78	④	79	⑤	80	⑤

61

|정답| ⑤

|해석| 그 계획은 위원회의 공식 승인을 받기 위해 제출될 것이다.

|해설| '찬성, 승인'이라는 뜻의 approval과 가장 가까운 의미의 단어는 permission이다.

|오답풀이|

① refusal : 거절, 거부

② dismissal : 해고, 묵살, 기각

③ access : 입장, 접근

⑤ variation : 변화, 변형

62

|정답| ④

|해석| 이 분야의 전문가로서, 쇼핑몰에 대한 투자 계획을 진행하길 추천하십니까?

|해설| '추천하다'의 뜻의 recommend와 가장 가까운 의미의 단어는 '지지하다'는 뜻의 advocate이다.

|오답풀이|

① impose : 도입하다, 시행하다

② disclose : 밝히다, 폭로하다

③ supervise : 감독하다

⑤ command : 명령하다, 지시하다

63

|정답| ②

|해석| 그들은 참가자들에게 휴대전화를 통해 웹으로 다양한 업무를 수행하도록 하였다.

|해설| '수행하다'는 뜻의 carry out과 가장 가까운 의미의 단어는 perform이다.

|오답풀이|

① modify : 수정하다, 수식하다

③ specify : 명시하다

④ enroll : 등록하다, 입학하다

⑤ demonstrate : 입증하다, 보여주다

64

|정답| ①

|해석| 회사는 최근 불경기로 백 명 이상의 직원을 해고하였다.

|해설| '불황, 불경기'라는 뜻의 recession과 가장 가까운 의미의 단어는 '우울함, 불경기'라는 뜻의 depression이다.

|오답풀이|

② progression : 진행, 진전

③ illegality : 불법, 불법행위

④ recovery : 회복

⑤ consequence : 결과

65

|정답| ②

|해석| 데이터를 전달하는 사람들은 주가, 질병의 위험성, 기상 예보 등의 수적 데이터들을 의사결정에 유용함을 이유로 이를 일반 대중들과 공유하지만, 동일한 데이터에 대해 그 수신자에 따라 아주 다양한 해석과 판단이 생겨난다. 최근 연구에 따르면 수적 감각이 부족한 사람들은 수적 감각이 높은 사람에 비해 예상 가능성에 대한 해석 등에서 매우 다른 의미를 도출하는 경향을 보였다.

|해설| lay public은 '일반 대중'이라는 뜻으로, 여기서의 lay는 '전문 지식이 없는, 문외한의'라는 의미의 형용사로

사용되었다고 볼 수 있다. 따라서 해당 단어와 가장 가까운 의미의 단어는 '비전문적인'이라는 뜻의 inexpert이다.

| 오답풀이 |

① facetious : 경박한

③ skilled : 능숙한

④ analogous : 유사한

⑤ credentialed : 자격을 갖춘

66

| 정답 | ②

| 해석 | 관리인은 모든 고객 서비스 상담원들에게 고객 불만에 대처하는 방법을 가르쳐야 한다.

| 해설 | representative는 '대표자, 대리인'이라는 뜻의 단어로, 문제에서 customer service representative는 '고객 서비스 상담원'이라는 뜻이다.

| 오답풀이 |

④ '모든'이라는 의미의 every는 의미상으로는 복수의 대상을 가지나, 단수 명사를 수식한다.

67

| 정답 | ④

| 해석 | 이사회는 포항에 새로운 지사를 여는 것을 내년까지 연기하였다.

| 해설 | '미루다'는 뜻의 postpone은 동명사를 목적어로 취한다.

68

| 정답 | ①

| 해석 | 대학원에서 화학을 전공하기 전 Bruce는 애리조나 주립 대학에서 웹 디자인을 전공하였다.

| 해설 | take a course는 '경로로 진행하다, 강의를 받다'는 의미로, Bruce가 대학원에서 공학을 전공하기 이전에 웹 디자인 강의를 들었다는 뜻이 되기 위해서는 take의 대과거형인 had taken을 사용하거나, 이미 before를 통해 시간의 전후관계가 제시되었으므로 take의 과거시제인 took을 사용할 수도 있다.

69

| 정답 | ②

| 해설 | '(장소에) 도착하다'는 의미의 reach는 타동사로 뒤의 to가 오지 않는다. to와 함께 자동사로 사용하는 reach to는 '어느 지점까지 뻗어나가다'는 의미로 사용된다.

70

| 정답 | ②

| 해석 | 시제품은 콘셉트나 프로세스를 테스트하거나 복제되거나 학습된 것으로 작동하도록 제작된 제품의 초기 샘플, 모델 또는 발매품이다. 이는 디자인, 전자 공학 및 소프트웨어 프로그래밍을 비롯한 다양한 상황에서 사용되는 용어이다. 시제품은 시스템 분석가와 사용자가 정밀도를 높이기 위해 새로운 디자인을 테스트하고 시도하도록 설계된다.

| 해설 | 등위접속사에 연결되는 병치법에 관한 문제이다(목적 표현의 부사적 용법에 해당하는 두 개의 부정사들의 병치). 등위 접속사는 원칙적으로 문법적 특성이 대등한 단어, 구, 절을 연결한다. 따라서 등위 접속사 'or'가 연결해주고 있는 빈칸의 형태는 선행된 'to test'와 같은 형태인 'to act'가 적절하다.

| 어휘 | prototype : 원형, 기본형, 시제품 / release : 공개(물), 발매(품), 공개[발표]하다 / replicate : 복제하다 / semantics : 의미론 / electronics : 전자 공학 / enhance : (좋은 점·가치·지위를) 늘리다, 향상시키다

71

| 정답 | ③

| 해석 | ① A : 박람회는 어디서 열리나요?

　　　B : 제가 알아볼게요.

② A : 고지서는 확인해보셨나요?

　　　B : 이미 확인했습니다.

③ A : 언제쯤 들르실 건가요?

　　　B : 저희는 지사에 들를 것입니다.

④ A : 계약서는 누가 검토하나요?

　　　B : 본사에서 온 Ben입니다.

⑤ A : 오늘은 무엇에 관한 회의인가요?

　 B : 전 들은 게 없습니다.

|해설| stop by는 '들르다, 잠시 방문하다'는 의미로, A는 언제 들를 것인지를 물었으므로 이에 대한 대답으로는 시간에 대한 내용이 오는 것이 적절하다.

72

|정답| ②

|해석| ① A : 이 보고서의 마감일은 언제죠?

　 B : 1주일 뒤입니다.

② A : 발표에 대해 어떻게 생각하시나요?

　 B : 제 생각엔 고장난 것 같네요.

③ A : 새 프로젝트는 누가 담당하고 있나요?

　 B : 마케팅팀에서 담당하고 있습니다.

④ A : 올해 Jacob이 승진할 수 있을까요?

　 B : 제가 알기로는 아닙니다.

⑤ A : 무슨 일로 고객들에게 이메일을 보냈죠?

　 B : 수정된 일정을 보내기 위해서입니다.

|해설| out of order는 '(기계 등이) 고장난'이라는 의미로, 인물 등을 대상으로 할 때는 주로 '제멋대로인'으로 해석한다.

|오답풀이|

③ in charge of는 '~를 맡아서, 담당해서'라는 의미이다.

④ Not that I know of는 확실하지 않은 부정의 의미로 '내가 알기로는 아니다' 등으로 해석할 수 있다.

73

|정답| ②

|해석| A : 다음 주 직원회의 있는 거 잊지 마세요.

B : 상기시켜줘서 고맙습니다. 혹시 제가 준비해야 할 게 있을까요?

A : _____

|해설| B가 다음 주 직원회의에 준비해야 할 것에 대해 질문하였으므로 이에 대한 대답으로 사전에(in advance) 예산을 검토하는 것을 추천한다는 내용이 들어가는 것이 적절하다.

|오답풀이|

① 저는 회의에 사용할 유인물을 준비할 겁니다.

② 아직 받지 못했습니다.

③ 직원회의에서 그녀를 소개할 거라고 들었습니다.

⑤ 회의 시작 직전입니다.

74

|정답| ①

|해석| M : 안녕하세요. AIP 보험의 James입니다. 인터넷 사이트로 다음 주 연회장 사용을 예약했는데, 예약 내용을 조정하려고 합니다.

W : 네. 어떤 부분을 생각하고 계신가요?

M : 테이블과 의자들을 한 줄로 길게 설치하지 말고 작은 그룹 단위로 설치해주세요.

|해설| 문제에서 남성은 예약한 연회장에서의 가구 배열을 변경하기 위해 전화를 걸었다.

|오답풀이|

② 보험 계약을 해지하기 위해

③ 금액 지불일을 확정하기 위해

④ 예약 장소와 시간을 조정하기 위해

⑤ 연회장을 예약하기 위해

75

|정답| ④

|해석| M : 연간평가까지 얼마 안 남으셔서 이에 대해 일대일로 이야기할 시간을 잡고 싶습니다. 혹시 오후에 시간되시나요?

W : 네, 새 축제에 대한 1면 기사를 작성해야 하는데, 제출 기한이 내일까지네요. 혹시 준비해갈 게 있을까요?

M : 당신이 자랑스러워하는 기사 몇 개를 파일로 정리해주시면, 도움이 될 거 같네요. 그리고 긴장 안 하셔도 돼요. 다들 당신의 작업을 좋아하고 있어요.

|해설| 남성은 여성에게 그녀가 작성한 기사를 정리한 모음집을 가져올 것을 요청했다.

76

| 정답 | ②

| 해석 | TV쇼 '일 대 백'은 소위 "군중"이라는 역할을 하는 100명의 평범한 사람들로 구성된 쭉 이어지는 좌석이 특징이다. 매주 그들은 특별한 초대 손님과 지식을 겨룬다. 상금은 백만 달러. 초대 손님은 백 명의 적수보다 더 많은 질문에 정확하게 대답할 수 있을 만큼 똑똑해야 하며, 그런 기준으로 봤을 때 Christoper Langan만큼 훌륭한 자격을 갖춘 사람은 거의 없었다. "오늘 밤, 군중들은 여태껏 가장 치열한 경쟁을 하고," 해설 소리가 시작되었다. "많은 사람들이 미국에서 가장 똑똑한 사람이라고 부르는 Chris Langan을 만나 보세요." 카메라는 50대의 탄탄하고 근육질인 남성을 옆으로 천천히 움직이며 촬영했다. "사람의 평균 IQ는 100인데," 목소리는 계속해서 나왔다. "아인슈타인은 150이었습니다. Chris는 195의 IQ를 가지고 있습니다. 하지만 그의 명석한 두뇌는 군중을 이기고 백만 달러를 얻기에 충분할까요? 지금 당장 일 대 백에서 답을 찾으세요." 열광적인 박수갈채를 받으며 Langan은 무대 밖으로 걸어 나갔다.

| 해설 | (A) by that standard : 그런 기준으로 보면 / (B) take down : 거만한 콧대를 꺾다(make less conceited), 끌어내리다

| 오답풀이 |

③ over and above that : ~외에, ~은 말할 것도 없이 / give in to : ~에 굴복하다

⑤ take aback : (주로 수동태로) ~를 깜짝 놀라게 하다

| 어휘 | feature : 특징을 이루다, ~을 특징으로 하다 / serve as : ~의 역할을 하다 / what is called : 소위 / mob : 군중, 폭도, 한패, 동아리 / at stake : (돈·목숨·운명이) 걸리어, 문제가 되어, 위태로워져서 / adversary : 적, 상대 / superbly : 훌륭하게, 멋지게 / qualified : 자격이 있는, 적임인 / take on : ~에 도전하다 / fierce : 사나운, 모진(raging), 맹렬한, 격심한 / pan : 팬(화면에 파노라마적인 효과를 내기 위해 카메라를 상하좌우로 움직이며 하는 촬영) / stocky : 땅딸막한, 단단한 / muscular : 근육이 늠름한

77

| 정답 | ⑤

| 해석 | 한국의 제주도에는 실제로 인어가 있다. 사실 그들은 전설 속의 예쁘고 젊은 인어들과는 전혀 닮지 않았다. 하지만 그들은 강인한 존재감과 놀라운 잠수 기술로 보는 이들을 매혹시킨다. 이들은 한국의 해녀, 문자 그대로 제주도의 "바다의 여성들"이다. 모든 현대식 다이빙 장비를 이용하는 것이 요즘은 어려운 일이 아니지만, 해녀들은 어떠한 호흡 장비도 사용하지 않는다. 왕눈, 물안경을 착용한 수십 년 경력의 해녀들은 빠른 잠수를 돕는, 납으로 만든 무게추를 둘러매고 10미터 아래로 잠수할 수 있다. 그녀들이 입는 검은 고무 잠수복은 비교적 최근의 발명품이다. 1970년대에 이르러서야 그녀들은 물소중이라는 면으로 만든 전통적인 흰색 상의와 반바지 대신 고무 잠수복을 입기 시작하였다. 해녀들은 까꾸리라는 L자형 도구를 사용해 해수면에 서식하는 조개, 전복, 고둥, 해초들을 수확한다. 잠수 후 1~2분 뒤 그들은 위로 올라와 테왁에 매달린 그물에 잡아온 것을 넣어둔다. 테왁은 수면에 잠수부의 위치를 표시하는, 주로 주황색인 둥근 부표이다. 테왁에 매달려 잠시 숨을 고른 뒤, 그들은 더욱 많은 보물들을 수확하기 위해 다시 잠수한다.

| 해설 | 테왁은 잠수부의 위치를 표시하면서 동시에 해녀들이 잠시 쉴 수 있도록 하는 주황색 부표로, 해녀들은 잡은 해산물들을 테왁에 걸어 놓은 그물에 보관한다고 설명하고 있다.

78

| 정답 | ④

| 해석 | 수많은 영재들을 모아 그들의 삶 전반을 따라가 보면, 그들보다 덜 조숙한 또래들보다 그리 뛰어나지 않았음을 알 수 있다. 종종 어린 영재들은 재능과 야망을 모두 충분히 가지고 있으나, 독창적인 것을 배우지 않는다는 것은 세상이 그들을 앞으로 나아가는 것을 막는다. ① 그들이 카네기 홀에서 공연을 하고, 과학 올림픽에서 우승을 하고, 체스 챔피언이 되더라도, 연습이 완벽을 만들지만 새로운 것은 만들지 않는다는 것은 비극을 일으킨다. ② 재능 있는 사람들은 모차르트의 웅장한 멜로디와 베토벤의 아름다운 교향곡을 연주하는 법은 배우지만, 작곡을 하지는 않는다.

③ 그들은 새로운 관점을 만드는 것이 아닌, 현존하는 과학적 지식을 소비하는데 에너지를 집중한다. ④ 그들은 그들 자신의 규칙이나 게임에 순응하지 않고, 정립된 게임의 정해진 룰을 초월한다. ⑤ 그들은 부모들의 인정과 선생님의 칭찬을 얻는 것에만 고군분투한다. 성취의 역설은 여기에 있습니다. 우리가 영재로 칭송하는 사람들은 실제로는 사회의 구조에 완전히 새로운 실을 짜기보다는 기존의 우수한 축을 따라 더 나은 성과를 창출한다는 점에서 혁신가가 아니다.

|해설| 제시된 글은 재능과 야망을 가진 영재들이 새로운 것을 만드는 법을 배우지 않고, 기존의 규칙을 따르고 기존의 지식을 얻는 것에 에너지를 소비한다는 내용이다. 따라서 영재들은 정립된 규칙을 초월한다는 내용인 ④는 글의 전반적인 흐름에 어울리지 않는다.

79

|정답| ⑤

|해석| 어떠한 문제에 대한 해결책도 용어로 공식화될 수 있음은 의심의 여지가 없다. 그러나 명시된 문제가 어째서인지 진정한 문제에 대한 오해라고 선언하는 것은 적절하지 않다. 형식화는 해결책을 단순화하거나 명확화하지 못하며, 그저 형식화를 요구하는 사람들의 요구 사항을 충족시키는 것에만 도움을 준다. 수학적 사실은 대단히 _____인 개념이다. 이는 수학적 진리가 존재하지 않는다는 것을 의미하는 것이 아닌, 명백하게 논리적인 증거를 가지고 있어도 이를 찾았다고 절대적으로 확신할 수 없다는 의미이다. 수학적 진술의 사실에 대한 우리의 지식은 적절한 증거에 따른 판단에 달려있다. 이러한 증거는 교과서에 제시된 유형의 증거를 포함하여 이미 해결된 특수 사례, 기하학적 그림, 해당 분야에 대한 직관과의 일치, 다른 분야와의 유사성, 검증은 가능하나 예상하지 못한 결과 등이 포함된다. 수학자들은 그들의 지식을 늘리기 위해 노력하지만, 여기서의 지식은 논리보다는 확인의 독립적 원천에 더욱 기반하고 있다.

|해설| 빈칸의 문장 앞에는 수학적 문제를 해결하기 위한 형식화는 문제의 해결에 도움을 주지 못하며, 빈칸의 문장 다음의 내용으로 수학적 사실은 존재하지 않는다는 것을 의미하는 것이 아닌, 절대적으로 확신할 수 없는 것을 의미한다고 설명하고 있다. 따라서 빈칸에 들어가는 내용은 '미끄러운, 파악하기 어려운'이라는 뜻의 slippery가 들어가는 것이 적절하다.

80

|정답| ⑤

|해석|

> 이러한 전략은 여행 혹은 회의단체가 주로 방문하는 휴양지와 이와 유사한 성격의 시설에서 잘 작용한다.

(①) 단일 가격 정책은 동일한 품질의 제품을 구매하려는 고객들을 대상으로 동일한 가격을 부과한다. (②) 가격은 구매 수량, 구매 시기 등에 의해 달라질 수 있으나, 모든 고객들에게 동일한 제품을 동일한 가격에 구매하는 기회를 제공한다. (③) 단일 가격 정책은 소비자의 신뢰를 쌓고, 관리가 용이하고, 흥정을 없애고, 셀프서비스와 카탈로그 판매를 허용한다. (④) 한편 유동 가격 정책은 마케터가 소비자의 협상 능력이나 구매력에 따라 가격을 조정하는 것을 허용한다. 구매자와 판매자는 함께 모여 가격을 낮추거나 올려서 바꿀 수 있다. (⑤)

|해설| 단일 가격 정책은 동일한 품질의 제품을 모든 소비자들에게 동일한 가격으로 제공하여 소비자의 신뢰를 쌓아가는 소비자와의 장기적 관계를 유지하는 것을 목적으로 하는 가격 정책으로, 해당 지역을 일시적으로 방문하는 소비자들이 주축인 휴양지에서 소비자의 장기적 관계를 유지하는 것은 어울리지 않으므로, 단일 가격 정책보다는 유동 가격 정책에 대한 내용임을 알 수 있다. 따라서 주어진 문장은 유동 가격 정책에 대한 정의 다음으로 이를 구체적으로 설명하는 자리인 ⑤에 들어가는 것이 적절하다.

3회 직업능력

문제 134쪽

01	①	02	③	03	④	04	④	05	①
06	①	07	②	08	②	09	⑤	10	④
11	③	12	③	13	②	14	②	15	⑤
16	②	17	①	18	⑤	19	⑤	20	④
21	③	22	④	23	②	24	③	25	④
26	⑤	27	①	28	③	29	②	30	①
31	②	32	②	33	④	34	③	35	③
36	⑤	37	④	38	③	39	③	40	⑤

01 인적자원관리능력 인력 배치하기

| 정답 | ①

| 해설 | 서류 점수와 면접 점수를 합산한 점수를 기준으로 평과 결과표를 다시 정렬하면 다음과 같다.

지원자	서류 점수	면접 점수	합산 점수	희망 부서 1지망	희망 부서 2지망	배치 부서
F	90	7	97	예산부	인재개발부	예산부
E	85	9	94	NCS기획부	인재개발부	NCS기획부
I	85	5	90	자산운영부	NCS기획부	자산운영부
B	80	9	89	NCS기획부	예산부	NCS기획부
D	80	8	88	자산운영부	NCS기획부	자산운영부
G	80	6	86	예산부	노무법무부	예산부
C	75	10	85	예산부	노무법무부	노무법무부
J	75	9	84	인재개발부	자산운영부	인재개발부
A	75	8	83	인재개발부	자산운영부	인재개발부
H	70	7	77	노무법무부	예산부	노무법무부

따라서 B는 1지망인 NCS기획부로 배치된다.

02 인적자원관리능력 인력 배치하기

| 정답 | ③

| 해설 | 적합 부서를 01에서 구한 배치 부서와 비교하면 다음과 같다.

지원자	적합 부서	배치 부서
A	자산운영부	인재개발부
B	인재개발부	NCS기획부
C	노무법무부	노무법무부
D	NCS기획부	자산운영부
E	예산부	NCS기획부
F	인재개발부	예산부
G	노무법무부	예산부
H	노무법무부	노무법무부
I	NCS기획부	자산운영부
J	자산운영부	인재개발부

따라서 적합 부서와 배치 부서가 일치하는 지원자는 노무법무부에 배치된 C와 H이다.

03 시간관리능력 시간관리 매트릭스 적용하기

| 정답 | ④

| 해설 | 제시된 민원에 대한 중요도와 긴급도를 설정하면 다음과 같다.

민원	중요도	긴급도	단계
A	낮음	높음	(나)
B	낮음	낮음	(라)
C	높음	높음	(가)
D	낮음	낮음	(라)
E	높음	낮음	(다)

따라서 민원 D는 (다)가 아닌 (라)에 해당한다.

04 시간관리능력 시간관리 매트릭스 적용하기

| 정답 | ④

| 해설 | 오전 9시부터 1시간 단위로 처리하는 민원을 정리하면 다음과 같다.

시간	처리 중인 민원	대기 중인 민원
09시	D	
10시	D	A
11시	C	A, D
12시	C (종료)	A, D
13시	D (종료)	A
14시	A	
15시	B	A
16시	B (종료)	A
17시	A (종료)	

따라서 민원은 C-D-B-A 순으로 종료된다.

05 물적자원관리능력 구매 물품 선택하기

| 정답 | ①

| 해설 | 제시된 기준에 따라 매긴 순위를 점수로 환산하면 다음과 같다.

(단위 : 점)

모델명	가격	CPU 성능	화면 크기	메모리 용량	무게	합계
GL20A73	3	3	5	4	5	20
TU21F33	3	5	3	4	3	18
SE-7G21	1	4	5	5	4	19
DU04821	5	2	3	2	2	14
AS-US27	4	2	3	2	1	12

따라서 총점이 가장 높은 GL20A73을 선택해야 한다.

06 물적자원관리능력 구매 물품 선택하기

| 정답 | ①

| 해설 | 바뀐 비교기준에 따라 매긴 순위를 점수로 환산하면 다음과 같다.

(단위 : 점)

모델명	가격	CPU 성능	할인율	메모리 용량	무게	합계
GL20A73	3	3	2	4	5	17
TU21F33	3	5	1	4	3	16
SE-7G21	1	4	4	5	4	18
DU04821	5	2	4	2	2	15
AS-US27	4	2	5	2	1	14

한편 제시된 할인율을 적용하여 노트북 5개를 구매했을 때의 금액은 다음과 같다.

모델명	GL20A73	TU21F33	SE-7G21	DU04821	AS-US27
할인율	5%	할인 불가	10%	10%	30%
총 금액	783.75만 원	825만 원	810만 원	531만 원	462만 원

따라서 총 예산 800만 원을 초과한 TU21F33과 SE-7G21은 구매 대상에서 제외되므로, 남은 모델 중 점수 합계가 가장 높은 GL20A73을 선택한다.

07 시간관리능력 최단시간 계산하기

| 정답 | ②

| 해설 | 울산지사에서 ㉯, ㉰를 거쳐 울산지사로 돌아오는 최단경로와 소요시간은 다음과 같다.

- 울산지사 → ㉯ : 15분
- ㉯ → ㉮ → ㉰ → : 5+5+10=20(분)
- ㉰ → ㉱ → 울산지사 : 20+20=40(분)
- ㉯, ㉰에서 물품을 수거하고 울산지사에서 하차하는 시간 : 10+10+10=30(분)

따라서 총 소요시간은 15+20+40+30=105(분), 즉 1시간 45분이다(반대의 경우도 동일).

08 문제처리능력 자료를 바탕으로 비용 지급하기

| 정답 | ②

| 해설 | 〈유급휴가훈련 비용 지원 현황〉에서 갑 사업주에게 B 직원의 유급휴가훈련으로 500천 원을 지급한 사실이 있음을 확인할 수 있다.

| 오답풀이 |

① 〈급여명세서〉에 따르면 통상임금은 A 직원이 2,400천 원, B 직원이 3,000천 원으로 B 직원이 더 많다.

③ 유급휴가훈련을 통해 위탁기관 훈련과정을 수료하는 대상은 지원대상기업의 사업주에게 고용된 근로자 및 상시사용근로자로 해당 기업의 사업주 본인은 여기에 해당하지 않는다.

④ 공단이 지원하는 유급휴가기간은 상시사용근로자에게 연속 5일 이상의 훈련기간을 명령한 경우로, 8월 25일부터 28일까지 4일간의 유급휴가 명령을 받은 B 직원은 여기에 해당하지 않는다.

⑤ A 직원의 위탁기간 훈련시간은 100시간이므로 그 지원비용은 $8,720 \times 100 = 872,000$(원)이나, 갑 사업주가 이전에 지원 한도금액 1,000천 원 중 500천 원을 이미 지급받은 사실이 있어 A 직원의 유급휴가훈련에 따라 갑 사업주가 추가로 지급받을 수 있는 지원금의 상한은 500천 원(50만 원)이므로 갑 사업주에게 지급할 비용은 500,000원이다.

09 업무이해능력 부서의 업무 파악하기

| 정답 | ⑤

| 해설 | 전문자격시험 원서접수 계획 수립은 공단 전문자격국 전문자격운영부의 업무에 해당하며, 농산물품질관리사는 A 대리가 담당하는 농림축산식품부 소관 국가전문자격시험에 해당한다.

| 오답풀이 |

① 청소년상담사 자격연수기관 선정 등 자격 연수에 관한 사항은 소관부처인 여성가족부의 자체 업무에 해당한다.

② 세무사 시험은 기획재정부 소관 국가전문자격시험이므로 A 대리의 담당이 아니며, 서울지역 시험 집행에 관한 시행결과의 보고는 공단 서울지역 자격시험부의 업무에 해당한다.

③ 전문자격시험의 연간 일정수립에 관한 사항은 공단 전문자격국 전문자격운영부의 업무에 해당하나, 물류관리사 시험은 국토교통부 소관이므로 A 대리의 담당업무에 해당하지 않는다.

④ 시험의 출제 기본계획의 수립은 공단 전문자격국 전문자격출제부의 업무에 해당한다.

10 조직이해능력 조직의 구조 이해하기

| 정답 | ④

| 해설 | 전문자격의 합격자 발표에 관한 사항은 소관부처가 아닌 공단 전문자격국 전문자격운영부가 담당한다.

| 오답풀이 |

① 자격증의 발급과 그 관리에 관한 사항은 소관부처 및 자격증 발급기관이 담당한다.

② 자격에 관한 법률의 제·개정은 17개 소관부처가 담당하며, 그중 세무사 시험은 기획재정부 소관 국가전문자격시험이다.

③ 경영지도사 시험은 공단시행 전문자격시험 중 하나로, 이를 위한 전문 출제위원의 관리는 공단 전문자격국 전문자격출제부의 기능에 속한다.

⑤ 자격시험의 제도개선 발굴 및 개정 요청에 관한 사항은 공단 전문자격국 전문자격운영부의 기능에 속한다.

11 문제처리능력 자료 분석하기

| 정답 | ③

| 해설 | 국가기술자격시험 원서접수 취소는 Q-net 마이페이지의 원서접수내역 페이지에서 할 수 있으며, 취소결과도 함께 확인할 수 있다.

| 오답풀이 |

① 공단 고객센터 문의전화는 유료통화이다.

② 환불결과는 별도로 통보되지 않는다.

④ 자격검정시험의 환불기준일은 해당 회별 시험기간의 시작일이므로 환불기준일은 실기시험 기간의 시작일인 7월 1일이다.

⑤ 10월 3일에 시행된 자격검정시험은 회별시험시작일의 4일 전인 9월 29일부터 취소 및 환불을 할 수 없다.

12 문서이해능력 내용을 바탕으로 추론하기

| 정답 | ③

| 해설 | 긴급고용대책으로 계획된 국민취업지원제도는 청년층의 구직활동을 촉진하기 위한 목적의 제도이며, 중장년층의 일자리 확대에 관한 계획은 포함되어 있지 않다.

1회 기출예상 2회 기출예상 3회 기출예상 4회 기출예상 5회 기출예상

| 오답풀이 |

① 특수형태근로자란 계약상으로는 프리랜서로서 계약관계를 가지고 임금 지급이 아닌 계약보수금을 지급받는 관계에 있으나 실제로는 그 계약 내용상으로 회사에 종속되어 있는 특수고용관계에 있는 비정규직 근로종사자로 주로 택배기사나 건설자재운송기사, 보험설계사 등이 여기에 해당한다. 문제의 긴급고용대책에는 이러한 특수형태근로자에 대한 긴급고용안정지원금 지급계획이 포함되어 있다.

② 고용유지에 어려움을 겪는 원인인 코로나19에 대한 언급은 없으나, 자금여력 부족으로 무급휴직을 선택한 기업에 대해 해당 기업의 근로자들의 무급휴직지원금을 확대하여 기업의 고용유지를 지원하는 계획을 포함하고 있다.

④ 저소득층을 대상으로 훈련수당 지급 확대를 통해 훈련 기간 중의 저소득층의 생계안전을 지원하는 방식으로 직업훈련제도를 지원하는 계획을 포함하고 있다.

⑤ 청년층의 구직활동을 촉진하기 위한 구직촉진수당 및 맞춤형 취업지원서비스를 제공하는 계획을 포함하고 있다.

---

13 문제처리능력 신청기한 파악하기

| 정답 | ②

| 해설 | 자체훈련은 훈련 시작 5일 전까지 신청을 해야 하는데, 기간 계산에서 훈련개시일을 기산일로 하므로 11월 30일을 포함하여 5일을 역산한다. 이때 26일 토요일과 27일 일요일 이틀을 제외하면, 11월 30일에 자체훈련을 개시하기 위한 신청기한의 말일은 11월 24일이 된다. 즉, 11월 24일 0시에 도달하기 전에 자체훈련을 신청해야 하므로, 자체훈련 신청이 가능한 마지막 날은 11월 23일이다.

일	월	화	수	목	금	토
	21 (8일)	22 (7일)	23 (6일)	24 (5일)	25 (4일)	26
27	28 (3일)	29 (2일)	30 (1일)			

---

14 문제처리능력 자료 분석하기

| 정답 | ②

| 해설 | 9일 이하의 훈련의 경우 확정자신고의 신고기한은 훈련개시일까지이다.

| 오답풀이 |

① 자체훈련을 포함하여 시간표는 1단계 훈련과정 인정신청 단계의 등록서류에 해당한다.

③ 유급휴가 명령서는 2단계 훈련과정 실시신고 및 확정자신고 단계의 등록서류에 해당한다.

④ 원격훈련의 경우 3단계에서 훈련종료일로부터 30일 이내에 수료자보고 및 확정을 진행해야 한다.

⑤ 사업주훈련 프로세스는 1단계 훈련과정 인정신청부터 4단계 훈련비용신청까지 총 4단계로 구성되어 있다.

---

15 문제처리능력 자료 분석하기

| 정답 | ⑤

| 해설 | K 씨가 취직한 국가인 포르투갈은 선진국 분류 25개국에 속하므로 선진국 분류국가의 지원 금액인 최대 400만 원까지를 지원받을 수 있다.

| 오답풀이 |

① 해외취업에 성공한 사람 중 만 34세 이하, 합산소득 6분위 이하면서 월드잡플러스 사전 구직 후 1년 이상의 근로계약서를 작성해야 하는 요건을 충족해야 지원금을 받을 수 있다.

② 해외취업정착지원금은 그 지원인원을 3,960명으로 제한하고 있으며, 지원인원 달성 시 마감된다.

③ 지원대상이 되는 소득기준은 본인과 부모, 배우자의 합산소득을 기준으로 한다.

④ 취업인정 기준이 되는 연령은 만 34세 이하로 만 35세의 신청자는 지원대상에서 제외된다.

---

16 자료이해능력 자료 읽고 추론하기

| 정답 | ②

| 해설 | 네덜란드는 선진국 분류국가에 해당하므로 2차 지원금은 100만 원이다. 다만 2차 지원금을 지급받기 위해서

1회 기출예상

2회 기출예상

3회 기출예상

4회 기출예상

5회 기출예상

는 반드시 동일 업체로부터 근로 개시 후 6개월 이후부터 2개월간 신청이 가능하므로, 기간 중 이직을 하였다면 지원 대상에서 제외될 수 있다.

|오답풀이|

① 베트남은 지원금 우대국가인 동남아 국가에 해당하므로 1차 지원금은 300만 원이며, 1차 지원금을 지급받기 위한 서류 중에는 본인 기준의 가족관계증명서가 포함되어 있으므로 적절하다.

③ 이스라엘은 선진국 분류국가에 해당하므로 취업 후 6개월 뒤에 지급되는 2차 지원금은 100만 원이며, 2차 지원금을 지급받기 위한 서류 중에는 근속 6개월부터 발급되는 재직증명서가 포함되어 있으므로 적절하다.

④ 몽골은 지원금 우대국가인 유라시아 국가에 해당하므로 3차 지원금은 200만 원이며, 3차 지원금을 받기 위한 서류에는 이직 여부를 불문하고 취업비자가 포함되어 있으므로 적절하다.

⑤ 3차 지원금을 지급받기 위해 제출해야 하는 개인정보이용에 관한 동의서는 본인의 개인정보이용에 관한 동의서이므로 부모 및 배우자의 개인정보이용의 관한 동의서는 필요하지 않다.

17 문제처리능력 환불 대상자 선정하기

|정답| ①

|해설| 폭우로 인한 침수는 기후상황에 의해 시험에 응시하지 못한 경우에 해당하며, 환불 신청일과 관련 제출서류, 제출방법 모두 환불요건을 충족한다.

|오답풀이|

② 접수취소기간 이외의 환불신청은 환불신청서 및 서류를 공단 지부(사)에 방문하거나 팩스로 신청해야 한다.

③ 본인의 질병으로 시험에 응시하지 못한 경우에는 입원 사실을 증빙하는 서류를 제출할 것을 요구한다.

④ 수험자 사망으로 시험에 응시하지 못한 경우의 접수취소기간 외의 환불신청은 사망일이 시험일로부터 7일 전인 8월 6일의 경우부터 적용된다.

⑤ 국가가 인정하는 격리가 필요한 전염병에 의해 시험에 응시하지 못한 경우에 해당하나, 환불신청일인 9월 13일은 시험일인 8월 13일 이후 30일을 초과하여 환불 대상자가 아니다.

18 문서이해능력 내용을 바탕으로 추론하기

|정답| ⑤

|해설| 세 번째 사례에서 미용업체들이 NCS를 기반으로 자체적인 교육훈련 프로그램을 제작하여, 비싼 로열티를 지급하고 해외브랜드의 교육과정을 이용하는 관행을 깨고자 하였다는 내용을 통해 NCS를 기반으로 개발된 국내 교육과정은 로열티를 지급하지 않고 개설할 수 있다는 것을 유추해 낼 수 있다.

|오답풀이|

① 첫 번째 사례에서 NCS 기반의 채용을 실시한 점과 세 번째 사례에서 NCS를 기반으로 교육훈련 프로그램을 제작하였다는 점을 통해 NCS는 채용절차나 교육훈련 프로그램에 활용할 수 있음을 유추해낼 수 있다.

② 첫 번째와 두 번째 사례에서 NCS를 활용한 구조개선을 통해 이직률을 감소시키는 효과를 얻을 수 있음을 알 수 있다.

③ 세 번째 사례에서 NCS를 기반으로 현장을 반영한 자격을 설계하고, 이를 바탕으로 미용업체들이 자체적인 교육훈련 프로그램을 제작하였음을 알 수 있다.

④ 두 번째 사례에서 NCS를 바탕으로 한 교육훈련 프로그램을 통해 업무숙련도를 향상시킬 수 있음을 알 수 있다.

19 문제처리능력 자료 분석하기

|정답| ⑤

|해설| 빅데이터/인공지능을 복합적으로 훈련하는 3개의 훈련과정을 제외하고도 빅데이터의 훈련과정은 총 6개로 가장 많고, 그 뒤로 인공지능은 5개, 디지털은 4개, 블록체인은 1개의 훈련과정이 운영되고 있다.

|오답풀이|

① 디지털 기초역량 훈련은 청년, 여성 구직자를 대상으로 하는 훈련과정이다.

② 훈련기관 대표번호의 지역번호 02(서울), 031(경기), 042(대전), 052(울산)를 통해 훈련기관들이 최소 4개 지역에 분포되어 있음을 알 수 있다.

③ 디지털 기초역량은 인공지능, 빅데이터, 디지털, 블록체인 등의 4개 분야로 구성되어 있다.

④ Fivestar는 1개의 디지털 분야 훈련과정을 운영하는 DigiGuru보다 더 많은 2개의 훈련과정을 운영하고 있다.

20 문제처리능력 훈련 과정 편성하기

| 정답 | ④

| 해설 | 교육·훈련과정 편성에서 직업기초능력의 경우 영역별로 최소 10시간, 총합 최소 15시간 이상을 구성하도록 하고 있는데, 직업기초능력 시간 또한 150%까지 설정이 가능하므로 직업기초능력 영역 중 하나만 15시간으로 설정해도 편성기준에 부합할 수 있다. 모든 선택지가 직업기초능력 한 과목 이상, 그리고 필수능력단위인 회로개발을 포함하고 있으므로, 선택지의 편성이 각각 기준시간인 50시간 이상 70시간 이하에 부합하도록 구성될 수 있는지 여부를 검토한다.

① 최소 20+10+10=40(시간),
　최대 30+15+15=60(시간)

② 최소 20+10+10=40(시간),
　최대 30+15+15=60(시간)

③ 최소 20+10+20+10=60(시간),
　최대 30+15+30+15=90(시간)

④ 최소 20+20+40+10=90(시간),
　최대 30+30+60+15=135(시간)

⑤ 최소 20+10+20+10+10=70(시간),
　최대 30+15+30+15+15=105(시간)

따라서 ④의 최소시간이 기준시간의 최대인 70시간을 초과하므로 편성기준에 부합하지 않는다.

21 업무이해능력 여비규정 이해하기

| 정답 | ③

| 해설 | 고 이사장은 〈여비 지급 등급표〉상 1호에 해당하므로 선박운임에서 1등급 기준의 여비를 실비로 지급받는다. 그러나 탑승한 선박이 페리호가 아닌 일반선박이므로 페리호에 관한 제2항의 규정은 적용되지 않는다.

| 오답풀이 |

① 차 실장은 〈여비 지급 등급표〉상 4호에 해당하므로 철도운임에서 특실이 아닌 일반실 기준의 여비를 실비로 지급받는다.

② 도 이사는 〈여비 지급 등급표〉상 3호에 해당하므로 철도운임에서 특실 기준의 여비를 지급받을 수 있으나, 해당 기준은 실비를 기준으로 하는 상한을 규정한 것이

므로 만일 실제로는 그 이하의 비용을 지출한 경우에는 실비 지급이 우선한다. 따라서 D 이사는 일반실 비용인 22,500원을 지급받는다.

④ 숙박비의 실비는 제3항에 따라 신용카드를 사용하여 지급한 금액을 기준으로 하므로, 현금으로 결제한 숙박비용에 대해서는 실비를 지급하지 않는다.

⑤ 정 과장은 〈여비 지급 등급표〉상 5호에 해당하여 숙박비 지급은 광역시의 경우 60,000원 상한이 적용된다.

22 업무이해능력 여비규정 이해하기

| 정답 | ④

| 해설 | 수행출장의 경우 제5항에 의해 여비등급의 조정이 발생하는데, 다음의 예시에서 이사장과 직원이 동행할 경우 이사장이 아닌 직원의 여비등급이 조정된다는 내용을 통해 수행출장에 따른 여비등급의 조정은 낮은 여비 등급의 직원이 높은 여비 등급의 직원과 같은 수준으로 조정됨을 알 수 있다.

| 오답풀이 |

① 〈여비 지급 등급표〉상 부장 직급은 4호, 대리 직급은 5호에 속한다. 그러나 국내 여비 지급표에서는 4호와 5호의 구분을 두고 있지 않으므로, 같은 기간 출장 시 지급받는 일비 금액은 동일하다.

② 제2항에서 수로여행시 페리호를 이용할 경우 1호 내지 2호에 해당하는 자는 특등운임을 지급한다. 한편 이사는 〈여비 지급 등급표〉상 3호에 속하므로 여기에 해당하지 않는다.

③ 제4항에서 운임은 할인이 가능한 경우에는 할인요금으로 지급한다고 규정하고 있다.

⑤ 〈여비 지급 등급표〉상 이사장은 1호, EPS센터장은 4호에 해당하므로 〈국내 여비 지급표〉상 다른 여비 지급기준이 적용되나, 자동차운임의 경우는 모두 동일하게 실비로 규정되어 있다. 그러나 제1항에서 버스운임의 경우 만일 등급구분이 있다면 높은 등급으로 할 수 있다는 내용을 통해 버스운임의 경우 등급구분에 따라 이사장과 EPS센터장이 탑승하는 버스 등급의 차이가 발생할 수 있다.

23 업무이해능력 여비 계산하기

| 정답 | ②

| 해설 | 배 국장은 〈여비 지급 등급표〉상 4호에 해당하므로 이를 기준으로 여비를 계산한다.

우선 9박 10일의 일정이므로 일비와 식비는 각각 1일당 20,000원으로 총 400,000원이다.

운임의 경우, 출발 일자에 공항 리무진버스를 이용한 5,800 원은 실비로 그대로 계산되며, 항공편 가격 140,000원 중 공적 항공마일리지 70,000 마일리지를 사용하여 여비를 절약하였으므로, 항공마일리지를 제외한 항공편 가격 70,000 원과 별도로 일비의 50%를 절약된 항공운임의 절반인 35,000원 한도로 추가로 지급받게 된다.

숙박의 경우 상한액 이상의 숙박시설에서 숙박하였으므로 지급될 숙박비는 1박당 상한액인 50,000원씩 총 450,000 원이 지급된다.

내역		금액(원)	비고
일비		200,000	10일
식비		200,000	10일
운임	공항 리무진버스	5,800	실비지급
	항공편	70,000	마일리지로 70,000원 절약
	숙박비	450,000	9박, 상한액 50,000원
추가지급 일비		35,000	일비의 50% : 100,000원 추가한도 70,000×0.5
합계		960,800	

따라서 배 국장에게 지급해야 할 여비는 총 960,800원이다.

24 도표분석능력 자료의 수치 계산하기

| 정답 | ③

| 해설 | 20X9년 하반기 전기 사용량은 2,014,000kWh로 전년의 2,073,000kWh보다 감소하였다.

| 오답풀이 |

① 20X9년 2월 전기 사용량은 297,000kWh로 30만 kWh 미만을 기록하였다.

② 20X8년에 전기를 가장 많이 사용한 달은 398,000kWh 를 기록한 8월이며, 도시가스를 가장 많이 사용한 달도 8,400m³를 기록한 8월이다.

④ 20X9년 도시가스 최대 사용월은 8,200m³를 기록한 8 월, 최소 사용월은 1,600m³를 기록한 5월과 11월이다. 따라서 20X9년 도시가스 최대 사용월의 사용량은 최소 사용월의 사용량의 6배인 1,600×6=9,600(m³)을 넘 지 못한다.

⑤ 20X9년 중 도시가스 사용량이 전년 동월 대비 증가한 달은 9월과 10월이다.

25 문제처리능력 자료를 바탕으로 일정 파악하기

| 정답 | ④

| 해설 | 8월 17일은 대체휴일과 연휴일정으로 시험을 실시 하지 않는 8월 3째주에 해당하는 날이므로 야간대기를 하 지 않는다. 만일 직급이 높은 순으로 대기자 명단을 편성한 다면 A 대리는 8월 9일, 8월 24일, 9월 1일에 야간대기를 하게 된다.

| 오답풀이 |

① 파키스탄의 현지 시각은 한국보다 4시간이 느리므로 3 부가 종료되는 현지시각 15:30분의 한국 시각은 19:30 분이다. 국내 업무시간은 18:00까지이므로 외국선발인 력부 직원들은 19:30분까지 최소 1시간 30분 동안 야간 대기를 하게 된다.

② 파키스탄의 시험 장소는 1일 최대 300명, 총 5,500명 이 시행하므로 총 19일간 진행된다. 따라서 8월 셋째 주 전체와 주말을 제외하고 8월 2일부터 19일간 시험을 시행했을 때의 시험 일정은 다음과 같다.

일	월	화	수	목	금	토
1	2	3	4	5	6	7
8	9	10	11	12	13	14
15	16	17	18	19	20	21
22	23	24	25	26	27	28
29	30	31	9/1	9/2		

따라서 파키스탄에서의 한국어능력시험은 9월 2일까지 진행된다.

③ 만일 8월 2일부터 부장을 제외하고 직급이 높은 순서대 로(차장→과장→대리) 야간대기를 한다면 그 일정은 다음과 같다.

월		화		수		목		금	
2	차장 1	3	차장 2	4	과장 1	5	과장 2	6	과장 3
9	A 대리	10	차장 1	11	차장 2	12	과장 1	13	과장 2
23	과장 3	24	A 대리	25	차장 1	26	차장 2	27	과장 1
30	과장 2	31	과장 3	9/1	A 대리	9/2	차장 1		

따라서 외국선발인력부 직원들은 8월 동안 최소 2번에서 최대 3번까지 야간대기를 하게 된다.

⑤ 정보화지원국 한국어능력시험 시스템 담당자도 외국인력선발부와 함께 야간대기를 실시하므로, 어느 직원이 함께 야간대기를 하는지에 대한 내용을 회신받는 것이 적절하다.

26 업무이해능력 업무 규정 이해하기

| 정답 | ⑤

| 해설 | 제6조 제2항에 따라 한국어능력시험은 읽기영역과 듣기영역 각각 20문항, 25분씩으로 구성되어 있으며 이는 외국인력정책에 따라 변동될 수 있다.

| 오답풀이 |

① 제20조에 따라 접수 완료 후 부적격자로 확인 혹은 결정된 자에게는 응시수수료의 전액을 환불할 수 있다.

② 제5조에 따라 외국인고용허가제 한국어능력시험의 응시자격으로 범죄경력(제2호), 대한민국에서의 과거 체류자격(제5호 ~ 제7호), 나이(제1호) 등이 포함되어 있다.

③ 제6조 제3항에 따라 한국어능력시험은 시행방법에 따라 지필기반시험(PBT)과 컴퓨터기반시험(CBT)로 구분되므로, 상황에 따라 시행방법을 선택적으로 운영할 수 있다.

④ 비전문취업(E-9) 체류기록이 있는 경우 선원취업 체류자격기간과 합산한 기간이 5년 미만인 경우라면 다른 요건을 모두 충족하고 체류만료기간 내에 자진 귀국했다면 제5조 제2항에 의해 특별한국어능력시험의 응시자격이 주어진다.

27 업무이해능력 업무규정 이해하기

| 정답 | ①

| 해설 | 일학습병행 운영의 대상이 되는 사업장은 동일한 사업주 내에 2개 이상의 사업장의 보유를 인정하고 있다. 따라서 본사와 지사가 있는 사업장 역시 일학습병행 사업의 대상이 될 수 있다.

| 오답풀이 |

② 일학습병행 사업은 일학습병행 기업을 발굴하고 지원하는 일학습전문지원센터와 관계부처전담기관 등의 일학습병행 지원기관들을 통해 일학습병행 사업이 이들과의 협업으로 이루어진다는 것을 유추할 수 있다.

③ 모니터링 업무에는 훈련현장을 직접 방문하여 사업의 부정·부실 운영 등의 문제점을 파악하는 내용이 포함되어 있다.

④ 모니터링은 직접방문 이외에도 전화를 통해서도 진행할 수 있으며 그 외에도 훈련과정의 절차를 관리하는 전산시스템도 구축되어 있음을 알 수 있다.

⑤ 일학습병행 사업의 훈련과정을 개발하는 절차를 관리하는 전산시스템을 통해 훈련과정 개발을 위한 시스템이 있음을 유추할 수 있다.

28 업무이해능력 청탁금지법 이해하기

| 정답 | ③

| 해설 | 박 주임 : 제25조 제1항에 의해 직무 관련 여부에 관계없이 매 회계연도 기준으로 300만 원을 초과하는 금품을 받을 수 없다.

임 사원 : 제25조 제3항 제4호에 의해 임직원의 친족이 제공하는 금품은 수수금지 대상에 포함되지 않으며, 친족 여부와 관계없이 제3호에 의해 사적 거래로 인한 채무이행으로 제공받은 금품은 수수금지 대상에 포함되지 않는다.

| 오답풀이 |

최 과장 : 제25조 제3항 제6호에 의해 임직원의 직무와 관련된 공식 행사에서 주최자가 참석자에게 통상적인 범위 내에서 일률적으로 제공하는 교통, 숙박, 음식물 등은 수수금지 대상에 포함되지 않는다.

이 대리 : 제25조 제3항 제7호에 의해 불특정 다수인에게 배포되는 기념품이나 홍보용품, 경연이나 추첨을

통해 받은 상품은 수수금지 대상에 포함되지 않는다.

29 기초연산능력 연차휴일 계산하기

| 정답 | ②

| 해설 | 최 주임의 경우와 같이 전일제근로자와 시간제근로자가 혼합된 경우 연차휴일을 각각 산정하여 합산한다고 하였으므로 각각의 경우의 연차휴일을 구한다.

• 전일제 근로에 의한 연차휴가 : $\dfrac{125}{365} \times 15 ≒ 5.1$(일)

• 시간제 근로에 의한 연차휴가 : $\dfrac{60}{365} \times 15 \times \dfrac{4}{8} ≒ 1.2$(일)

따라서 최 주임이 받는 연차휴일 일수는 $5.1+1.2=6.3$(일)이다.

30 문제처리능력 자료 분석하기

| 정답 | ①

| 해설 | 국가기술자격은 국가기술자격법 시행규칙에 규정된 총 542개 종목을 한국산업인력공단, 대한상공회의소, 한국원자력안전기술원 등 8개 검정기관에서 집행한다.

| 오답풀이 |

② 2014년까지 과정평가형 자격 취득자가 0명이라는 점을 통해 과정평가형 자격이 2015년부터 시행되었음을 유추할 수 있다. 또한 과정평가형 자격 취득자는 2015년부터 2019년까지 매년 증가하고 있다.

③ 과정평가형 자격을 취득한 여성의 수는 2016년은 전년 대비 207배, 2017년은 약 3.7배, 2018년은 약 2.11배 증가하였다.

④ 2020년에 한국산업인력공단에서의 국가기술자격 취득자 수는 대한상공회의소보다 3,232,000명 더 많다.

⑤ 2015년부터 검정형 자격을 취득한 남성의 수를 구하면 다음과 같다.

연도	2015년	2016년	2017년	2018년	2019년
남성 (명)	395,000	421,000	434,000	437,000	485,000
증가폭 (명)		+26,000	+13,000	+3,000	+48,000

따라서 2015년부터 2018년까지는 검정형 자격을 취득한 남성의 수는 매년 증가하고 있으나, 그 증가폭은 점차 둔화되고 있음을 알 수 있다.

31 도표분석능력 자료의 수치 분석하기

| 정답 | ②

| 해설 | 전년대비 기금증식 증가액과 능력개발사업은 모두 20X7년까지는 증가하다가 20X8년부터 감소하는 추세를 보이고 있다.

| 오답풀이 |

① 고용보험기금의 운용현황의 기타 항목은 매년 음수를 기록하고 있으므로 기타 항목의 수치가 증가하는 것은 곧 감소 추세임을 의미한다. 20X7년 고용보험기금 총액은 전년도에 비해 상승하였으나 기타 항목은 반대로 감소하였다.

③ 20X8년 지불준비금은 7,880억 원으로 전년도의 7,010억 원보다 증가하였다.

④ 20X6년 대비 20X8년 고용보험기금 총액의 증가액은 3,198억 원으로 20X6년 능력개발사업 금액의 2,506억 원보다 많다.

⑤ 20X6년 고용보험기금 증가액은 2,300억 원, 같은 해의 지불준비금은 6,750억 원이므로 고용보험기금 증가액은 지불준비금의 $\dfrac{1}{4}$ 이상이다.

32 도표분석능력 자료의 수치 계산하기

| 정답 | ②

| 해설 | (가) 20X8년도 기금 운용 총액은 10,951,000백만 원, 20X9년도 기금 운용 총액은 10,838,000백만 원이므로 $\dfrac{10,838,000-11,951,000}{11,951,000} \times 100 ≒ -0.9$(%)

(나) 20X8년도 지불준비금은 788,000백만 원, 2020년도 지불준비금은 1,043,000백만 원이므로 $\dfrac{1,043,000-788,000}{788,000} \times 100 ≒ 30$(%)

따라서 (가)에는 0.9, (나)에는 30이 들어간다.

33 업무이해능력 업무 규정 이해하기

| 정답 | ④

| 해설 | 제4조의2 제1항 제2호에 따라 물품의 용역계약에 관한 계약사무 위임은 추정가격 100만 원 미만인 계약의 경우에만 가능하다. B의 부서 소요예산에서 디자인비를 뺀 차액은 1,800만 원이므로 용역계약은 계약담당 부서가 직접 처리해야 하며 다른 사무부서에 이를 위임할 수 없다.

| 오답풀이 |

①, ②, ③ 계약담당이 접수하여 검토해야 하는 구매요구서의 내용에는 소요예산, 납품기한, 규격과 수량에 관한 사항에 관한 내용이 대화에 드러나 있다.

⑤ 계약담당은 구매요구서를 접수받았을 때 구매 대상 물품이 정부권장정책상 우선구매대상품목으로 대체구매할 수 있는지를 검토해야 한다.

34 업무이해능력 업무규정 이해하기

| 정답 | ③

| 해설 | 사업행사를 위해 부상품으로 지급하는 상품과 도서의 구입은 계약부서를 거치지 않고 각 사무부서에 계약사무를 위임하므로 해당 도서는 인재개발부에서 직접 구입하게 된다.

| 오답풀이 |

① 추정가격 100만 원 미만인 물품의 구입계약은 해당 사무부서에 계약사무를 위임한다.

② 문제 출제를 위한 보안업체 선정은 해당 사무부서에 계약사무를 위임한다.

④ 위탁사업의 사업자 선정은 해당 사무부서에 계약사무를 위임한다.

⑤ 홍보 목적의 부상품으로 지급하기 위해 구입하는 상품권은 그 금액의 제한 없이 해당 사무부서에 계약사무를 위임한다.

35 예산관리능력 예산 절감액 파악하기

| 정답 | ③

| 해설 | 사내강사는 수당을 지급하지 않으므로 외부강사 대신 사내강사를 위촉할 경우 외부강사 섭외금액만큼의 예산이 절감된다.

- 1, 2교시(교육업체 대표, 2시간) : 400,000×2
  =800,000(원)
- 6, 7교시(HR분야 전문가, 2시간) : 300,000×2
  =600,000(원)

따라서 총 800,000+600,000=1,400,000(원)의 예산이 절감된다.

36 업무이해능력 부서의 업무 파악하기

| 정답 | ⑤

| 해설 | 국가기술자격 검정시험의 시행은 기술자격운영부(정기검정)와 안전자격관리부(상시검정)의 업무에 해당하며, 시행계획의 수립에 관한 전결권자는 능력평가이사이다. 다만 전결권은 최종결재권자의 권한을 위임받은 사람을 의미하는 것이므로, 전결권자인 능력평가이사의 최종결재를 받기 위한 중간 과정으로 기술자격운영부장과 능력평가국장의 결재를 거치게 된다.

| 오답풀이 |

① NCS 기반 자격에 관한 연구는 자격분석설계부의 업무에 해당한다.

② 국가기술자격의 응시자격 및 심사기준에 관하여는 기술자격운영부의 업무에 해당한다.

③ 국가전문자격 정기검정 합격자 발표는 능력평가국 기술자격운영부의 업무에 해당한다.

④ 자격검정 관련 제도의 세부시행 변경에 관하여는 능력평가국장이 전결권을 가진다.

37 도표분석능력 자료의 수치 계산하기

| 정답 | ④

| 해설 | 41+4+32+(가)=109이므로 (가)에 들어갈 값은 109-41-4-32=32이다.

38 도표분석능력 자료의 수치 분석하기

| 정답 | ③

| 해설 | 20X8년 2~4분기 중소기업 제품 구매액 중 공사 구매실적의 증가폭이 가장 낮은 4분기의 증가폭은

$\dfrac{3,805-2,121}{2,121}\times100 ≒ 79.4(\%)$이므로 매 분기마다 직

전 분기 대비 50% 이상 증가하였다.

20X8년	1분기	2분기	3분기	4분기
공사(천 원)	261	1,033	2,121	3,805
증가율		295.8%	105.3%	79.4%

| 오답풀이 |

① 20X8년 2분기 구매실적은 18,781천 원, 4분기 구매실적은 26,839천 원으로 2분기보다 4분기에 더 많은 구매실적을 기록하였다.

② 20X8년 기업별 물품·공사·용역 9개 항목 중 매 분기마다 구매액이 증가한 항목은 중소기업의 공사 항목, 여성기업의 공사와 용역 항목 그리고 장애인기업의 용역 항목으로 총 4개이다.

④ 제품 구매실적의 각 항목 중 중소기업제품 구매액에서 가장 높은 항목은 용역이지만, 여성기업제품 구매액에서는 물품이 가장 높다.

⑤ 20X9년 장애인기업 제품 구매액 중 물품 구매의 상반기 실적은 115+146=261(천 원)이므로 20X9년 전체 실적인 675+109=784(천 원)의 50% 미만이다.

39 예산관리능력 훈련장려금 지급하기

| 정답 | ③

| 해설 | 우선 24개월에 걸쳐 총 800시간의 훈련시간이 편성되어 있으므로 연간 평균 도제식 교육훈련 편성시간은 $800\times\dfrac{12}{24}=400$(시간)이다. 따라서 해당 훈련에 따른 1인당 일학습병행 훈련장려금은 월 30만 원이다. 이를 학습근로자 A와 B의 경우를 나누어 판단한다.

• 학습근로자 A : 6월 1일부터 30일까지 계획된 모든 훈련에 참여하였으므로 훈련장려금은 30만 원 전액 지급된다.

• 학습근로자 B : 6월 1일부터 9일까지 총 7일간 참여한 후 중도탈락하였으며, 훈련 중 중도탈락월의 일학습병행 훈련장려금은 훈련일수에 비례하여 일할계산되므로 훈련장려금은 $30\times\dfrac{7}{30}=7$(만 원)이다.

따라서 △△기업이 학습근로자에게 지급할 6월 일학습병행 훈련장려금은 총 37만 원이다.

40 예산관리능력 임금 지급하기

| 정답 | ⑤

| 해설 | 〈○○기업 5월 훈련개요 및 시간표〉에 따르면 연간 총 훈련시간은 400시간, 5월 실제 훈련시간은 4주 동안 주 4회에 걸쳐 9시부터 12시까지 3시간 동안 진행하였으므로 총 48시간이다. 이를 〈별표 6〉의 HRD담당자 수당 지급기준 계산식에 대입하면 HRD담당자 수당은 $300\times\dfrac{48}{400}=36$(만 원)이다.

| 3회 | **한국사** | 문제 **177**쪽 |

41	③	42	①	43	②	44	②	45	②
46	②	47	④	48	⑤	49	⑤	50	③
51	⑤	52	①	53	④	54	③	55	①
56	②	57	④	58	①	59	②	60	④

41

| 정답 | ③

| 해설 | 공주 석장리 유적은 구석기 시대의 집터와 뗀석기 등이 발굴된 남한 최초의 구석기 유적지이다.

| 오답풀이 |

① 전곡리 유적지는 경기도 연천군에 위치한 구석기 시대의 유적지이다.

② 오산리 유적지는 강원도 양양군에 위치한 신석기 시대의 유적지이다.

④ 송국리 유적지는 충남 부여군에 위치한 청동기 시대의 유적지이다.

⑤ 다호리 유적지는 경남 창원시에 위치한 철기 시대의 유적지이다.

42

|정답| ①

|해설| (가)는 687년 신문왕에 의해 실시된 관료전 지급과 녹읍 폐지, (나)는 그로부터 70년 뒤인 757년 경덕왕 대의 녹읍 부활에 대한 내용이다. 한편 국가가 백성들에게 나누어 준 토지인 정전(丁田)은 722년 성덕왕 대에 지급되었다는 기록이 남아있다.

|오답풀이|

② 김흠돌의 난은 681년 신문왕의 장인인 김흠돌이 반란을 모의하다 발각되어 처형된 사건으로, 신문왕은 이를 계기로 진골 귀족세력을 숙청하고 전제왕권을 강화하는 수단으로 관료전 지급과 녹읍 폐지를 추진하였다.

③ 수도의 시장을 관리하는 관서인 동시전은 509년 지증왕에 의해 설치되었다.

④ 통일 신라의 독서삼품과는 788년에 처음으로 실시되었다.

⑤ 성덕대왕신종은 신라 경덕왕이 아버지인 성덕왕의 공덕을 알리기 위해 제작을 시작하여 771년 혜공왕 대에 완성된 범종이다.

43

|정답| ②

|해설| 제시된 자료는 신라 법흥왕에 관련된 것이다. 신라 법흥왕 시기에 가야는 점차 신라의 속국이 되어갔고, 법흥왕 9년(522년) 3월에 가야국 왕이 사신을 보내 혼인을 청했다. 법흥왕 15년(528년)에는 이차돈의 순교를 계기로 불교가 공인되면서 불법이 유행하기 시작하였으며 18년에 상대등이라는 관직을 만들어 당시 이찬이던 철부를 상대등에 임명하였다.

|오답풀이|

① 중시(中侍)는 진덕여왕 대에 설치되어 이후 시중(侍中)으로 명칭이 변경된 통일신라의 재상직으로, 상대등과 화백 회의로 대표되는 통일 신라의 귀족 세력을 견제하고 왕권을 강화하기 위해 설치되었다.

③ 상좌평(上佐平)은 백제의 재상직을 의미한다.

④ 대대로(大對盧)는 고구려의 재상직으로 장수왕 대에 처음으로 설치되었다.

⑤ 대내상(大內相)은 발해의 국정을 총괄한 정당성의 재상직을 의미한다.

44

|정답| ②

|해설| 발해의 중앙통치기구는 당의 제도를 수용하여 정당성·중대성·선조성의 3성과 인부·의부·예부·지부·신부·충부의 6부로 구성되었다.

|오답풀이|

① 화백회의는 신라의 국사를 결정하는 귀족들의 회의이다.

③ 영고는 부여의 제천 행사이다.

④ 안시성 전투는 645년 당의 침략을 당시 안시성의 성주이던 고구려의 장군 양만춘이 방어한 전투이다.

⑤ 신랑이 신부를 데리고 간 후 성장한 후에 예물을 치르고 혼인을 하는 민며느리제는 옥저의 혼인 제도이다.

45

|정답| ②

|해설| 고려 시대의 승려인 지눌에 대한 설명이다. 지눌은 불교의 선종과 교종의 조화를 내용으로 하는 돈오점수와 정혜쌍수를 주장하고 순천 송광사(길상사)를 중심으로 설법을 전하여 조계종을 확산시켰다.

|오답풀이|

① 백련결사는 고려 후기 천태종의 요세에 의해 개창된 실천주의적 불교관이다.

④ 〈속장경〉은 고려 초기 의천에 의해 제작된 불교 서적이다.

⑤ 〈대승기신론소〉는 통일 신라 시대에 원효가 저술한 불교 서적이다.

46

|정답| ②

|해설| 고려 성종은 지방행정을 담당하는 12목을 설치하고 지방관을 파견하여 지방행정을 정비하였다.

|오답풀이|

① 전민변정도감은 고려 공민왕 대 신돈이 추진한 개혁기관으로 주로 고려 말 친원세력인 권문세족에 의해 빼앗긴 토지를 반환하고 노비를 해방시켰다.

1회 기출예상

2회 기출예상

3회 기출예상

4회 기출예상

5회 기출예상

③ 진대법은 고구려 고국천왕 대에 처음으로 실시된 빈민
　구휼제도이다.

④ 과거제는 고려 광종 대에 처음으로 실시되었다.

⑤ 화랑도는 신라 진흥왕 대에 정비되어 국가조직으로 체
　계화되었다.

47

| 정답 | ④

| 해설 | 고려 무신집권기의 최우에 대한 설명이다. 최우는
1225년 관직의 인사권을 담당하는 기관인 정방을 자택에
설치하여 실권을 장악하였고, 1232년 몽골의 침입에 대비
하기 위해 수도를 강화도로 천도하였다. 그 외에 서예에 능
하여 신라의 김생, 고려의 유신과 탄연과 더불어 신품 4현
으로 알려졌다.

| 오답풀이 |

① 망이 · 망소이의 난(공주 명학소의 난)은 1176년 고려
　명종 대에 일어난 농민봉기로, 고려 무신정변 초기 정
　중부 집권기에 일어났다.

② 고려 공민왕은 1356년 쌍성총관부를 탈환하고 요동을
　공격하였다.

③ 귀주대첩은 1019년 고려를 침입한 거란군을 강감찬이
　이끌어 대파한 전투이다.

⑤ 별무반은 여진 정벌을 위해 1104년 고려 숙종 대에 설
　치된 기병 중심의 군사조직으로, 이후 1107년 윤관은
　별무반을 지휘하여 여진을 토벌하고 동북 9성을 설치하
　였다.

48

| 정답 | ⑤

| 해설 | 제시되어 있는 현량과(賢良科)는 조선 중종 때 조광
조의 건의로 시행된 제도로, 과거와 별도로 인재를 천거할
수 있도록 하는 인재 선발 제도이다.

한편 중종 5년(1510년) 왜구가 습격한 삼포왜란으로 인해
변방의 수비를 담당하는 임시 시구인 비변사가 처음으로
설치되었다. 이후 1555년 명종 대에 일어난 을묘왜변 이후
에는 상설기구로 자리잡은 이후, 임진왜란 이후로는 국내
의 모든 행정을 총괄하는 최고기구가 되었다.

| 오답풀이 |

① 혼일강리역대국도지도는 조선 태종 2년에 제작된 세계
　지도이다.

② 진관 체제는 지방관이 각 지역의 군대를 통솔하는 구조
　의 지역방위체제로 조선 세조 이후에 실시되었다.

③ 훈민정음은 조선 세종 대에 창시된 한글 문자 체계이다.

49

| 정답 | ⑤

| 해설 | 제시된 내용은 이이에 대한 설명이다.

- 성학집요는 국왕의 통치법에 관한 제왕학에 대한 서적으
　로 1575년 선조를 위해 이이가 바친 책이다.

- 동호문답은 왕도정치에 대한 경륜을 내용으로 문답의 형
　식으로 저술한 서적으로 공납을 지역의 특산물이 아닌 쌀
　로 내게 하는 수미법의 주장이 포함되어 있다.

- 이이는 임진왜란 전 일본의 침략에 대비하기 위해 장병을
　양성해야 한다는 십만양병설을 주장하였다.

- 성리학의 이론체계인 이기론(理氣論)에 대해 이황이 이
　(理)와 기(氣)의 차별성을 강조하는 주리론(主理論)을 주
　장하자 이이는 이와 반대로 이와 기는 통일성을 갖는다는
　주기론(主氣論)을 주장하였다.

50

| 정답 | ③

| 해설 | 사간원은 왕의 언행과 정치의 잘못을 바로잡기 위한
간쟁과 논박을 담당하던 조선의 언론기관으로, 고려시대
문하부에 소속된 낭사의 기능을 이어받은 기관이다. 태종
1년(1401년) 의정부를 설치할 때 문하부는 의정부와 합쳐
졌으나 낭사만은 독립되어 사헌부, 홍문관과 함께 조선의
언론을 담당하는 삼사라고 불렸다.

| 오답풀이 |

① 춘추관은 고려와 조선 시대에 걸쳐 국가의 기록과 실록
　편찬의 자료가 되는 사초(史草)의 작성을 담당한 기관
　이다.

② 중정대는 발해의 형법과 감찰을 담당한 중앙기관이다.

④ 어사대는 고려 시대 관리의 비리를 적발하는 중앙감찰
　기관이다.

⑤ 성균관은 고려 말에 설치되어 조선의 고위 문관의 유교 교육과 문묘 제사를 담당한 조선 최고의 유교 교육기관이다.

51

|정답| ⑤

|해설| 1894년 갑오개혁 이후 천민 신분으로 분류되어 관리되던 백정의 법적 신분은 폐지되었으나, 사회 내부의 신분차별은 이후 일제 강점기까지 계속 이어졌다.

|오답풀이|

①, ② 고려 시대의 백정은 일반 농민을 지칭하는 용어로, 농업과 잡역에 종사하며 군역의 의무를 지지 않는 평민들로, 과거시험 중에서 명경과와 잡과에 응시할 자격이 주어졌다.

④ 1923년 백정 출신 자산가들을 중심으로 조직된 사회단체인 형평사를 중심으로 백정 용어의 폐지 등을 주장하는 형평 운동이 일어났다.

52

|정답| ①

|해설| 조선 후기에 실시된 대동법에 대한 설명이다. 대동법은 토산물을 납부하는 기존의 공납제도를 폐지하고 모든 공납을 1결당 쌀 12말씩으로 통일하여 납부하게 하는 방식으로, 광해군은 1608년 경기도에 한하여 실행할 것을 명하고 대동법에 따라 납부된 쌀을 관리하는 기관인 선혜청을 설치하였다. 이를 통해 지역에서 생산하는 토산물들을 공납을 위한 대동미(大同米)로 교환·구매하는 과정에서 상업이 활성화되고 이는 조선 후기 상업의 발달에 큰 영향을 주었다.

한편 해동통보와 삼한통보는 모두 고려 시대에 유통된 화폐로 대동법의 시행 시기의 설명에 해당하지 않는다. 조선 시대에는 1678년부터 상평통보가 화폐로 사용되었다.

|오답풀이|

② 조선 후기 대동법 실시 이후 교환 경제가 발달하고 그 이후 공납 징수를 화폐로 전환하는 금납화가 이루어지면서 고부가가치를 지닌 담배, 채소, 고추 등의 상품 작물을 재배하고 이를 교환하는 농업이 성행하였다.

③ 공명첩(空名帖)은 관직을 부여하거나 역을 면하게 하는 인정서로, 인정서 형식을 우선 만든 후 나중에 이름을 기재하는 방식으로 제작되었다. 공명첩은 임진왜란 중 국가에 공을 세운 사람에게 그 대가로 지급되기 시작한 이후 국가가 재정보충을 위해 공명첩을 매매하거나 기근을 당한 농민들을 구제하기 위한 수단 등 각종 수단으로 남발되면서 신분제의 혼란을 가속시켰다.

④ 덕대는 1651년 국가가 소유하고 있던 광산채굴권을 민간에 넘기고 세금을 받는 방식으로 변하면서 발달한 민영광업과 함께 등장하기 시작한 직종으로, 광산 주인과 계약을 맺고 광산 노동자들을 고용하여 이들을 관리하는 업무를 수행하는 전문 경영인을 의미한다.

⑤ 만상은 조선 후기 중국과의 무역을 주로 수행하던 의주 지방의 상인, 내상은 일본과의 무역을 주로 수행하던 동래 지방의 상인을 의미한다.

53

|정답| ④

|해설| 제시된 자료들은 숙종 대에 일어난 사건이다. 무고의 옥은 숙종 27년(1701년) 인현왕후가 복위되자 희빈 장씨가 궁 내에 신당을 몰래 설치하여 왕후를 저주하고 자신의 복위를 기도한 사실이 발각되어 희빈 장씨와 그 지지세력인 소론 대신들이 대거 숙청된 사건이며, 백두산정계비는 숙종 38년(1712년) 청나라와의 백두산 인근 국경을 획정하기 위해 세운 비석이다.

한편 5군영은 수도 방어를 위해 설치한 군영으로, 이들 중 가장 마지막으로 설치된 금위영은 숙종 8년(1682년)에 설치되었다.

|오답풀이|

① 청계천은 서울의 홍수 방지를 위해 조선 태종 대에 처음으로 공사를 실시한 인공 하천으로 이후 조선 영조 대에 본격적으로 청계천 준설 사업을 실시하였으며, 명칭을 청계천으로 정해진 것 역시 조선 영조 대의 일이다.

② 나선 정벌은 조선 효종의 북벌 정책의 일환으로 청의 요청으로 군사를 파견하여 흑룡강 인근의 러시아군을 공격한 사건이다.

③ 영정법은 조선 인조 대에 시행된 전세 징수법으로, 풍흉에 상관없이 농지의 비옥도에 따라 세액을 결정하도록 한 조세법이다.

⑤ 통공 정책은 시전 상인들의 특권 남용의 폐단을 막기 위해 육의전을 제외한 시전의 특권을 폐지한 상업정책으로 조선 정조 대에 시행되었다.

54

| 정답 | ③

| 해설 | 제시된 내용은 1899년 7월 대한제국이 공포한 대한국국제(大韓國國制)의 일부이다. 한편 우리나라 최초의 철도인 경인선은 1899년 9월 18일에 처음으로 노량진 ~ 인천 일부 개통을 시작으로 운행되었다.

| 오답풀이 |

① 광혜원은 우리나라 최초의 서양식 국립병원으로 1885년에 개원했다.

② 황국중앙총상회는 1898년에 결성된 시전상인 중심의 민간단체로 독립협회와 함께 상권수호운동을 전개하던 중 그해 12월 정부의 탄압으로 해체되었다.

③ 〈대한매일신보〉는 영국인 베델을 발행인 겸 편집인으로 1904년에 창간한 신문으로 외국인의 치외법권을 이용한 구한말의 민족지로 활동하였다.

⑤ 덕수궁 석조전은 1909년에 준공한 3층 높이의 서양식 건축물로 고종 황제의 집무실 및 접견실로 사용하기 위해 건립되었다.

55

| 정답 | ①

| 해설 | 자료 속 활동의 주체는 〈독립신문〉이다. 〈독립신문〉은 1896년에 창간된 우리나라 최초의 민간 신문으로, 최초의 근대적 시민단체인 독립협회가 주최한 독립문과 독립관의 건립 지원과 1898년 만민 공동회와 관민 공동회 개최를 지원했다. 그 외에 같은 해 2월 러시아의 절영도 조차 요구를 저지하고, 프랑스와 독일의 광산 채굴권 요구를 저지하는 등 해외 열강의 이권 유출을 저지하는 독립협회의 활동을 선전하고 지원하는 언론지의 역할을 하였다.

56

| 정답 | ②

| 해설 | 김옥균은 근대화 정책의 추진을 위해 일본의 차관을 끌어들이는 시도를 하는 등의 근대화 정책을 시도하였으나,

임오군란 직후 강화된 청의 방해로 실패하자 1884년 박영효, 서광범, 서재필 등과 함께 갑신정변을 일으켜 개화당 정부 수립을 시도하였다. 그러나 갑신정변은 그 직후 청의 무력개입으로 실패하였고 그 직후 일본으로 망명하였다.

| 오답풀이 |

① 최익현은 구한말 위정척사파의 중심으로 개항 반대와 위정척사운동을 전개하고, 1905년 을사늑약에 반대하는 의병운동의 의병장으로 활동하였다.

③ 김홍집은 1880년 일본의 수신사로 활동한 개화당의 인물로 황쭌센의 〈조선책략〉을 소개하고 갑신정변을 일으킨 이후 1894년부터 갑오개혁을 주도하는 내각을 구성하여 근대화 개혁을 진행했다.

④ 전봉준은 고부 군수 조병갑의 횡포에 저항하여 1894년 동학농민군을 결성하여 고부 농민 봉기와과 동학농민운동을 주도하였다.

⑤ 박규수는 박지원의 사상을 이은 실학자로 청의 동도서기론과 서양 기술의 선택적 도입을 주장하고 개화파 학자들을 양성하였다.

57

| 정답 | ④

| 해설 | 우선 '이 지역'은 연해주(블라디보스토크)이다. 연해주 신한촌은 1870년대부터 본격적으로 형성되기 시작했고 1891년에는 시 당국에서 한인들이 집단으로 거주하는 구역을 설정하였다가 1911년 강제로 철거된 이후 인근에 새로 개척한 거주지역으로, 이후 연해주 내 항일운동의 거점지역이 되었다.

성명회는 1910년 연해주에서 이상설 등이 주도하여 조직된 독립운동단체로, 합병 무효를 선언하는 선언서를 발표하고 독립 운동을 전개하였다.

한편 신한촌 건설과 함께 조직된 권업회는 1911년 5월에 조직하고 이후 1914년에는 성명회를 조직한 이상설과 이동휘를 중심으로 대한 광복군 정부를 조직하여 독립 운동을 전개하였다.

| 오답풀이 |

① 대한민국 임시정부는 1919년 중국 상하이에서 수립되었다.

② 조선청년독립당은 1918년 일본 도쿄에서 조직된 독립운동단체이다.

③ 대한인국민회는 스티븐스 저격 사건을 계기로 1910년 미국에서 조직된 독립운동단체이다.

⑤ 신한혁명당은 1915년 중국 상하이에서 조직된 독립운동단체이다.

58

| 정답 | ①

| 해설 | 청산리 전투는 1920년 김좌진 등이 지휘하는 북로군정서군과 홍범도가 지휘하는 대한독립군, 국민회군 등으로 구성된 만주 독립군 연합 부대가 훈춘 사건으로 만주에 투입된 일본군을 청산리에서 공격한 전투이다. 일본군은 청산리 전투에서의 패배 이후 같은 해 만주에 있는 독립군을 토벌한다는 명목으로 만주에 거주 중인 한국인들을 학살한 간도 참변을 일으켰다.

59

| 정답 | ②

| 해설 | 제시된 자료는 1938년에 시행된 국가총동원법의 일부이다. 1937년 중일 전쟁을 일으킨 일본이 한국의 자원을 수탈하기 위해 제정되었으며, 식량 및 물자 공출, 강제 징용 및 징병 등을 그 내용으로 하고 있다.

| 오답풀이 |

① 동양척식주식회사는 1908년 한국의 식민지화를 목적으로 서울에 설립되어 토지약탈과 농민 수탈을 목적으로 하는 토지사업을 중심으로 활동하였다.

③ 토지조사사업은 일제 강점기 초인 1910년부터 1918년까지 식민지적 토지제도를 구축하기 위해 시행한 대규모 조사 사업이다.

④ 1919년부터 시작된 문화 통치기에 추진된 일본 상품에 대한 관세 폐지는 주로 일본 기업의 한국 진출을 용이하게 하는 장치로 기능하였다.

⑤ 경성제국대학은 1922년에 전개된 민립대학설립운동을 저지하기 위해 1924년에 일제에 의해 설립되었다.

60

| 정답 | ④

| 해설 | (라) 브라운 각서는 1966년 미국과 체결한 각서로 베트남 전쟁 파병을 조건으로 한국의 국가 안보 보장과 경제 지원을 협상한 각서이다.

(가) 새마을 운동은 1970년부터 정부의 주도하에 진행된 지역사회 개발운동이다.

(다) 7·4 남북 공동 성명은 1972년 7월 4일 남한과 북한이 분단 이후 최초로 통일에 관한 합의에 따라 발표한 공동성명이다.

(나) 유신 헌법은 1972년 12월 27일에 진행된 제7차 개헌으로 개정된 헌법으로, 대통령에게 긴급조치권과 국회해산 등의 강력한 권한을 부여하도록 개정되었다.

3회 영어
문제 185쪽

61	①	62	⑤	63	①	64	④	65	⑤
66	②	67	①	68	①	69	④	70	③
71	②	72	②	73	①	74	②	75	①
76	①	77	④	78	⑤	79	③	80	③

61

| 정답 | ①

| 해석 | 당신의 보고서는 우리 회사의 사업전략에 시기적절한 변화를 시사했습니다.

| 해설 | 명사인 사업전략(company's business strategy)의 변화(change)를 수식할 수 있는 형용사 timely가 적절하다.

| 오답풀이 |

②, ③ a ~ change가 명사이므로 더 이상의 명사는 올 수 없다.

⑤ 부사는 명사를 수식하지 않으므로 적절하지 않다.

| 어휘 | indicate 지적하다, ~에 주의를 돌리게 하다, (간접적으로)시사하다 / timely 시기적절한, 때맞춘 / turmoil 혼란, 소란 / torrent 급류, 마구 쏟아짐, 빗발침 / torrid 작열하는, 건조한 / tentatively 임시로

1회 기출예상

2회 기출예상

3회 기출예상

4회 기출예상

5회 기출예상

62

| 정답 | ⑤

| 해석 | 혹독한 날씨 때문에 소포 배달이 늦어졌다.

| 해설 | inclement : (날씨가)춥고 사나운, (기후가)혹독한

| 오답풀이 |

① beautiful : 아름다운

② primary : 주요한, 기본적인

③ healthy : 건강한

④ query : 의문, 질문

| 어휘 | due to ~ 때문에

63

| 정답 | ①

| 해석 | 이 직무에는 능숙한 수준의 컴퓨터 기술과 외국어, 특히 영어 실력이 필수이다.

| 해설 | 문장의 'good command of~'는 '~를 잘 다루는'이란 뜻을 지니고 그 앞에 등위접속사 and가 있으므로 '유능한'이란 뜻의 Competent가 적절하다.

| 오답풀이 |

② common : 공통의

③ commutual : 상호간의

④ considerate : 배려하는

⑤ conservative : 보수적인

64

| 정답 | ④

| 해석 | 제작부서는 주문을 금요일 오전부터 받았음에도 불구하고 그 주문을 완료해 호평을 받았다.

| 해설 | place an/the/one's order : 주문하다

| 오답풀이 |

⑤ be동사 was가 왔으므로 수동태임을 알 수 있다. 따라서 현재시제가 아니라 과거분사인 started라고 쓰여야 한다.

| 어휘 | praise for ~을 칭찬하다

65

| 정답 | ⑤

| 해석 | 연구소 기술자들은 보안정책에 반드시 주의를 기울여야 한다.

| 해설 | pay attention to : ~에 주의를 기울이다

66

| 정답 | ②

| 해석 | 새로운 제어장치들이 아주 잘 설계되었다.

| 해설 | device는 언제나 단수로 쓰이는 명사이다. 그러나 문장의 동사는 복수로 쓰였으므로 이 문장의 주어는 device가 아니고 빈칸에 들어오는 단어가 주어이며, 이는 곧 명사가 와야 한다. 그리고 뒤에 are ~ designed를 통해 수동태가 가능해야함을 알 수 있다. 그런데 선택지 중 복수 명사인 controllers, technicians, engineers 중 technicians와 engineers는 기술자를 뜻하는 말로 사람은 무언가에 의해 설계되어지는 존재가 아니다. 따라서 모든 조건에 충족하는 단어는 controllers가 유일하다.

| 어휘 | device 장치, 기기 / controller (기계의)조종[제어]장치

67

| 정답 | ①

| 해석 | 그 CEO는 허리에 문제가 있어 인체 공학적인 의자를 사용해보기로 결심했다.

| 해설 | 허리가 아픈 탓에 의자를 사용하려는 것이므로 '인체 공학적인'의 뜻을 가진 ergonomic이 가장 적절하다.

| 오답풀이 |

⑤ 명사를 앞에서 수식하는 위치이기 때문에 형용사만 올 수 있으므로 부사는 적합하지 않다.

| 어휘 | back 허리 / ergonomic 인체 공학적인 / anatomically 해부학적으로

68

| 정답 | ①

| 해석 | 기술직 부문 지원자들은 이력서를 제출할 때면 항상 포트폴리오를 만들어야만 한다.

|해설| always for : ~을 위해 항상

|오답풀이|

② 앞에 be동사가 와서 수동태형식을 갖추거나 appropriate to가 되어야 한다.

③ against : ~에 반대하여

④ aloof : 냉담한

⑤ along with : ~와 함께

69

|정답| ④

|해석| 귀하의 피드백은 시설의 질을 지속적으로 향상시키는데 도움이 될 것입니다.

|해설| help는 뒤에 동사원형이 오는 준사역동사로 improve가 적절하다.

70

|정답| ③

|해석| 그는 정말로 사무실에 가서 일을 할 것이다.

|해설| be going to~ 는 뒤에 동사원형이 오는 미래형 동사이다. 곧 있을 계획을 실행할 의지를 강하게 나타낼 때, 혹은 '~일 것이다'라는 어떤 일이 발생할 가능성을 나타낼 때 쓰인다. 따라서 work가 적절하다.

71

|정답| ②

|해석| 중국인들은 기술력이 훨씬 뛰어나다.

|해설| more는 비교급이므로 형용사 good의 비교급 형태인 better와 같이 쓰일 수 없다.

|오답풀이|

① 중국인을 뜻하는 Chinese는 복수로 쓰였을 때와 단수로 쓰였을 때의 형태가 같다. 그런데 뒤에 오는 be동사가 복수동사이므로 이 문장에서는 복수로 쓰였음을 알 수 있다.

72

|정답| ②

|해석| 그는 힘든 상황 속에서도 희망을 잃지 않았다.

|해설| hope는 불가산명사이므로 가산명사 앞에 붙이는 관사인 a를 쓸 수 없다.

[73 ~ 76]

> 수신인 : James Sanderson
> 발신인 : Noah Baker
> 보낸 날짜 : 202X년 7월 19일
> 제목 : 임대 및 유지 관리 문제
>
> 　친애하는 Sanderson 씨께,
> 　Locust Lane의 건물 유지 보수에 대한 당사의 임대 조건에 대해 설명을 듣고자 이메일을 보냅니다. 건물에 몇 가지 문제가 발생했습니다. 당사도 일부 책임이 있다는 것을 알고 있지만 임대차계약서를 읽은 결과, 다른 문제는 당사 부동산 임대차계약 조건에 해당한다고 판단됩니다.
> 　저희가 처음 이사를 왔을 때, HVAC 시스템이 작동 중이었으나 수리를 해야 했습니다. 오셔서 점검해주시면 수리의 책임자를 상의할 수 있을 것 같습니다.
> 　이제 여름 중 가장 더운 때가 다가오고 있기 때문에 다소 급합니다. 당신이 평소 함께 일하시던 계약자 분과 최대한 빨리 와주셨으면 합니다. 내일 아침 괜찮으실까요?
> 　저희에게 알려주세요. 우리는 이 상황이 때맞춰 해결되기를 몹시 바라고 있습니다.
>
> 　그럼 이만,
> 　Noah Baker

73

|정답| ①

|해석| HVAC 시스템을 점검하기 위한 시간을 예약하기 위해서

|해설| 망가진 HVAC 시스템을 고칠 시간을 정하기 위해 연락했음을 본문에서 확인할 수 있다.

|오답풀이|

② 임대계약을 확정짓기 위해

③ Locust Lane의 건물을 임대하기 위해

④ 약속날짜를 변경하기 위해

⑤ HVAC 시스템의 여러 가지를 수리하는데 도움을 요청 하기 위해

③ 적절한 때에 수리가 완료될 것이라 써져 있는 임대 계약서

④ 이전에는 제대로 작동되었던 HVAC 시스템

⑤ 제시간에 완료될 수 있는 수리

74

| 정답 | ②

| 해설 | reading은 '읽을 자료'를 뜻하는 말로 reading of lease는 문맥상 임대차계약서로 봐야한다. writing 또한 글자로 쓰인 것을 통칭하는 말이다.

| 오답풀이 |

① diary : 일기

③ story : 이야기, 소설

④ letter : 편지

⑤ memory : 기억, 유산

75

| 정답 | ①

| 해석 | 유지 보수에 관한 임대 조건 확인

| 해설 | 이메일의 첫 문단에서 건물 유지 보수에 대한 임대 조건에 대한 설명을 듣고자 이메일을 보냈다고 하였다.

| 오답풀이 |

② HVAC 시스템 수리에 가장 큰 책임이 있는 사람

③ 위 항목 모두

④ 위 항목 모두 아님.

⑤ 구체적으로 어떤 문제가 언급되었는지 불분명함.

76

| 정답 | ①

| 해석 | 곧 있으면 더워질 날씨

| 해설 | 두 번째 문단의 첫 번째 줄에서 더워지는 계절이 다 가오고 있다며 날씨를 걱정하고 있으므로 적절하다.

| 오답풀이 |

② 정확하지 않은 임대 계약서

[77 ~ 80]

New Horizons 렌터카
소중한 고객님께

차량을 빌리는 방법이 더욱 쉬워졌습니다. 저희는 차량 대수를 증대시킴으로써 선택에 제한이 없어졌습니다. 뿐만 아니라, IOS와 안드로이드 기기에서 모두 사용 가능한 모바일 애플리케이션도 출시했습니다.

이 모바일 애플리케이션은 웹사이트와 모든 게 똑같지만 보다 친숙한 사용자 인터페이스를 통해 당사의 차량 목록을 쉽게 찾아볼 수 있습니다. 귀하께서는 귀하의 선호에 꼭 맞는 차량을 선택하실 수 있습니다. 또한 원하시는 날짜에 스마트폰으로 바로 예약이 가능합니다.

검색 기능을 사용하면 크기, 가격, 기능별로 원하는 차량을 추릴 수 있으며 적용 범위 옵션을 선택할 수 있습니다.

물론 질문이나 의견이 있으시면 Service@NCHR.biz으로 이메일을 보내주시거나 수신자 부담 전화(990-645-3821)로 연락 주십시오.

77

| 정답 | ④

| 해석 | 모바일 애플리케이션을 소개하기 위해

| 해설 | 자동차 렌탈숍에서 모바일 애플리케이션을 출시했음을 소개하며 애플리케이션의 특징을 설명하고 있다.

| 오답풀이 |

① 온라인 인지도를 높이기 위해

② 모바일 애플리케이션을 어디서 다운로드 해야 하는지 알려주기 위해

③ 고객들이 보험옵션을 위해 모바일 애플리케이션을 사용하는 것을 허가하기 위해

⑤ 모바일 애플리케이션을 업데이트하기 위해

78

|정답| ⑤

|해석| 우리는 귀하께서 이 새 모바일 애플리케이션의 편리함과 유용함을 느끼실 수 있을 것이라 확신합니다.

|해설| this new mobile application의 편리함과 유용함에 대해 구체적인 설명이 있는 문단이 근처에 있어야하므로 (E)가 적절하다.

|오답풀이|

③ (C) 뒤에 mobile application이 언급되고 있지만 지시대명사 this는 앞에 이미 나온 명사를 다시 언급할 때 쓰이므로 적절하지 않다.

79

|정답| ③

|해석| 예약을 쉽게 취소할 수 있습니다.

|해설| 제시문에서는 모바일 애플리케이션을 통해 예약기능을 쉽게 이용할 수 있다고 언급하였다.

|오답풀이|

① 검색할 수 있는 것은 가격, 크기, 기능이다.

② 업로드가 아니라 다운로드를 할 수 있다고 밝혔다.

④ 공항에 관련된 말은 언급되지 않았다.

⑤ 보험 옵션에 대한 말은 언급되지 않았다.

80

|정답| ③

|해석| 만약 질문이나 의견이 있다면

|해설| 마지막 문단에서 질문이나 의견이 있는 고객들은 이메일이나 고객센터로 연락하기를 부탁하였다.

|오답풀이|

① Service@NCHR.biz로 메일을 보낼 수 있다면

② 수신자 부담으로 전화할 수 있다면

④ 위 항목 모두

⑤ 위 항목 모두 아님.

4회 직업능력

문제 192쪽

01	④	02	②	03	③	04	①	05	③
06	②	07	④	08	③	09	④	10	⑤
11	⑤	12	②	13	⑤	14	②	15	④
16	③	17	③	18	⑤	19	④	20	⑤
21	①	22	③	23	③	24	④	25	③
26	④	27	①	28	③	29	④	30	②
31	③	32	③	33	④	34	②	35	③
36	②	37	②	38	⑤	39	③	40	②

01 사고력 MECE 기법 이해하기

|정답| ④

|해설| MECE 기법은 몇 개의 핵심요소들을 중복과 누락이 없이 모두 분해하고, 분해된 요소들의 합이 전체를 이루도록 하는 사고기법을 말한다. 이러한 기법에 따르면 '능력개발사업 고객', '국제인력사업 고객', '능력평가사업 고객' 각각의 세 항목은 서로 중복되지 않으면서 이들이 모두 모였을 때 ○○공단의 전체 고객이 된다. 따라서 '능력개발사업 고객∩능력평가사업 고객＝∅'이어야 한다.

02 인적자원관리능력 가중치를 적용하여 순위 매기기

|정답| ②

|해설| 가중치를 적용한 각 환산점수는 다음과 같다.

구분	직무능력 평가	컴퓨터 활용능력	영어 회화	면접	계
전지현	83×1.45 $=120.35$	75×1.25 $=93.75$	79×1.2 $=94.8$	87×1.1 $=95.7$	404.6
김종인	81×1.45 $=117.45$	77×1.25 $=96.25$	86×1.2 $=103.2$	81×1.1 $=89.1$	406
박종필	85×1.45 $=123.25$	71×1.25 $=88.75$	82×1.2 $=98.4$	85×1.1 $=93.5$	403.9
조해영	79×1.45 $=114.55$	87×1.25 $=108.75$	92×1.2 $=110.4$	90×1.1 $=99$	432.7

따라서 1위인 조해영은 영업팀, 2위인 김종인은 관리팀에 배치된다.

03 기초연산능력 면접 참여 인원 구하기

|정답| ③

|해설| 기능 실기시험은 1회 진행할 때 6명씩 36분이 소요되고, 한국어 면접시험은 1회 진행할 때 4명씩 27분이 소요된다. 먼저 12회의 기능 실기시험에 소요되는 시간을 구하면 $36 \times 12 = 432$(분)이다. 432분 동안 면접시험은 $432 \div 27 = 16$(회) 진행되며, 이때 참여하는 인원은 $16 \times 4 = 64$(명)이다.

04 문제처리능력 문제해결 절차 이해하기

|정답| ①

|해설| ⅰ)은 외국인력 선발률이 가장 저조한 ㉮국과 외국인력 선발률이 가장 높은 ㉯국 간의 외국인력 선발에 영향을 미치는 요인의 비교를 통해 문제의 원인을 도출하고자 하므로 2단계에 해당한다.

ⅱ)는 발견한 원인요인을 해결하기 위해 방안을 마련하고 있으므로 3단계에 해당한다.

|오답풀이|

② ⅰ)은 ㉮국의 외국인력 선발 요소에 대한 토론을 통해 의견을 나누며 문제의 구조를 파악하고자 하므로 1단계에 해당한다.

ⅱ)는 구체적인 실행 계획을 마련하고 있으므로 4단계에 해당한다.

③ ⅰ)은 ㉯국과의 비교를 통해 그 원인을 알고자 하므로 2단계에 해당한다.

ⅱ)는 담당자 지정을 통해 구체적인 실행안을 수립하고자 하므로 4단계에 해당한다.

④ ⅰ)은 ㉮국의 외국인력 선발 요소를 ㉯국 수준으로 조정하는 시뮬레이션을 통해 선발률이 저조한 원인을 찾고자 하므로 2단계에 해당한다.

ⅱ)는 실행 초기의 문제점을 해결하는 과정을 통해 실행의 완성도를 높이고 있으므로 5단계에 해당한다.

⑤ ⅰ)은 문제해결에 대한 과제를 부여하고 있으므로 3단계에 해당한다.

ⅱ)는 마련한 해결방안을 적용하고 있으므로 5단계에 해당한다.

05 문서이해능력 자료 이해하기

|정답| ③

|해설| '응시자 동향'에서 응시자의 연령대를 보면 10대의 비중이 32%로 가장 높다. 또, 취업·창업·이직 목적이 52%이므로 취업준비생의 비중이 가장 높다고 단정지을 수 없다.

|오답풀이|

① '자격취득자 수'를 보면 2018년부터 2022년까지 인원이 매년 꾸준히 증가하고 있다.

② '자격취득자 워크넷 구인 현황'을 보면 중소기업의 구인 건수는 85%, 대기업의 구인건수는 15%로 대기업이 중소기업보다 구인건수가 더 적다.

④ '관련 직업 전망'을 보면 전기장비제조업 중장기 인력수급 전망이 2028년까지 증가할 것으로 예상되고 있으므로 전기기능사 자격의 수요 또한 증가할 것이다.

⑤ '자격증 취득방법'을 보면 필기시험과 실기시험에서 각 60점 이상을 받아야 자격을 취득할 수 있다.

06 문서이해능력 법에 따라 인사규정 정비하기

|정답| ②

|해설| 주 40시간의 근로시간을 준수하도록 규정하는 것은 남녀고용평등법에 따른 인사규정과는 관련 없는 내용이다.

07 문서이해능력 글을 읽고 사례 파악하기

|정답| ④

|해설| 여성과학인 우대는 「여성과학기술인육성에 관한 법률」에 근거한 적극적 우대조치(평등을 촉진하기 위하여 잠정적으로 특정 성을 우대하는 조치)로서 주요 선진국 대부분에서 채택되고 있고, 국가인권위원회법 제2조 제3항에서 '현존하는 차별을 없애기 위하여 특정한 사람을 잠정적으로 우대하는 행위와 이를 내용으로 하는 법령의 제정·개정 및 정책의 수립·집행은 평등권 침해의 차별행위로 보지 아니한다'고 규정하고 있다. 따라서 해당 사례는 성차별에 해당하지 않는다.

08 체제이해능력 조직도 이해하기

| 정답 | ③

| 해설 | 기획운영이사가 8개로 가장 많은 실·국 내 부서를 운영하고 있다. 국제인력본부는 실·국 내 6개의 부서와 2개의 센터를 운영하고 있다.

| 오답풀이 |

④ 감사실, 총무국, 과정평가국, 기술자격출제실에는 기획과 관련된 부서가 구성되어 있지 않다.

09 업무이해능력 부서별 업무 내용 파악하기

| 정답 | ④

| 해설 | 일학습병행 운영 총괄 및 교육 수료자들에게 장학금을 지원하는 등의 업무를 수행하는 부서는 '일학습기획부'이며, 자격 연계 협력체계를 구축하고 이를 운영하는 등의 업무를 수행하는 부서는 '자격분석설계부'가 적절하다.

10 시간관리능력 간담회 날짜 파악하기

| 정답 | ⑤

| 해설 | 각 부장들이 참석할 수 있는 날짜는 다음과 같다.

구분	10일	11일	12일	13일	14일	15일
능력개발 기획부장		○		○	○	○
자격분석 설계부장	○			○		○
과정평가 출제부장			○	○	○	○
응용공학 출제부장	○	○	○			○
정보산업 출제부장	○	○	○	○		○

따라서 모두 참석할 수 있는 날은 15일이다.

11 업무이해능력 위임전결규정 이해하기

| 정답 | ⑤

| 해설 | 계약 계획 시 추정금액이 1억 원 이상인 경우 이사

전결사항이나 계약 체결 시 계약금액이 1억 원 미만인 경우 위임전결규정에 따라 국장 전결로 계약이 가능하다.

| 오답풀이 |

① 금액과 상관없이 용역 입찰 참가신청 및 등록은 부장 전결사항이다.

② 재공고 입찰 등록은 부장 전결사항이다.

③ 계약 계획, 계약 체결, 입찰 등의 업무는 모두 이사 이하 직급에서 전결이 가능한 사항이므로 이사장 없이도 진행이 가능하다.

④ 대리 전결사항으로 입찰자료 공고게시 및 정보공개 열람 등의 업무를 수행할 수 있지만 입찰 집행은 부장 전결사항이다.

12 업무이해능력 세부 업무내용 이해하기

| 정답 | ②

| 해설 | 홍보담당자에게 연락하거나 비서실을 통해 인터뷰 일정 조율이 가능하다.

| 오답풀이 |

① 세부 업무내용은 언론대응과 관련된 내용이다.

③ 홍보실의 주요 업무분장에서 '4. 국·영문 보고서 제작 및 홍보물 관리'를 통해 영문 홍보자료도 다루고 있음을 알 수 있다.

④ 인터뷰는 서면 인터뷰, TV·라디오 인터뷰, 방문 취재로 구분된다.

⑤ 기관장 인터뷰 자료 준비를 위해 기존 신문 스크랩도 참고할 수 있으며, 이때 변경된 사항을 반드시 확인해야 한다고 나와 있다.

13 문제처리능력 지원사업 결격 사유 이해하기

| 정답 | ⑤

| 해설 | 사업의 효율적 수행을 위하여 지원기업은 기업부담금(10%)과 사후지원금(40%) 및 부가세를 사전지원금 신청 이전에 전용통장에 입금하여야 한다. 따라서 무 기업이 전용통장에 입금하여야 하는 금액은 $\{(2,000 \times 0.1) + (2,000 \times 0.5 \times 0.4)\} \times 1.1 = 660$(만 원)이다.

14 예산관리능력 이자 금액 계산하기

| 정답 | ②

| 해설 | • '부처 → 공단'의 이자 발생액 : 1억×0.08×0.02
=160,000(원)

• 1차 교부의 이자 발생액 : 7천만×0.4×0.02=560,000
(원)

• 사업자의 반납 금액에 대한 이자 발생액 : 1천만×0.06
×0.02=12,000(원)

따라서 총 이자 금액은 732,000원이다.

15 문제처리능력 분류표 이해하기

| 정답 | ④

| 해설 | '1701020310_18V3'에서 대분류가 '17'이므로 이는
화학·바이오에 속한다.

| 오답풀이 |

① 기계분야의 국가직무능력표준(NCS)이 현재 1,564개로
가장 많이 개발되어 있다.

② 국가직무능력표준(NCS)은 총 12,675개의 능력단위가
개발되어 있다.

③ 1개 소분류에 포함된 평균 세분류 수가 가장 적은 분야
는 4÷2=2(개)로 경비·청소 분야이다.

⑤ 분류코드 '0301020305_19V1'은 19년에 개발되어 1번
개정되었다.

16 문제처리능력 문제해결을 위한 대화하기

| 정답 | ③

| 해설 | 관리자들이 원격지에 있는 부하 직원과 팀을 이끌
준비가 안 되어 있다는 의견에 대응하려면 "관리자들이 원
격지에 있는 부하 직원과 팀을 이끌기 위해 어떻게 준비하
는 것이 가장 좋을까요?" 등의 대화를 시도하는 것이 적절
하다.

| 오답풀이 |

반대의견에 대응하는 알맞은 대화 예시는 다음과 같다.

ㄱ. 우리는 함께 모여서 협력해야만 해요.

ⓐ 직원들이 각각의 원격지에서 협력적으로 할 수 있
는 일은 전혀 없나요?

ⓓ 기존에 구성원이 외근이나 출장 등으로 떨어져 있
을 때는 어떤 식으로 협력해 왔습니까?

ㄴ. 우리 조직의 직무 형태가 재택근무에는 부적합해요.

ⓒ 재택으로 작업하기에 충분한 독립성을 가질 수 있
도록, 업무분담이나 매뉴얼을 어떻게 재설계할 수
있을까요?

ㄹ. 해당 장소에 사람이 없으면 일이 전혀 진행되지 않습니다.

ⓔ 재택근무에는 다양한 종류와 정도가 있습니다. 제
한된 장소에서 벗어나 시도해 볼 만한 수준의 재택
근무가 있을까요?

ㅁ. 우리 조직에서 성장하려면, 상사(혹은 고객)와 대면 시
간을 갖는 게 중요해요.

ⓑ 대면 시간을 통하지 않고 직원의 성과와 성장 정도
를 측정할 방법으로는 어떤 것들이 있을까요?

17 예산관리능력 사업 현황 이해하기

| 정답 | ③

| 해설 | 20X7년 사업실적(인원 수)을 구하면 다음과 같다.

사업	20X7년 사업실적(인원 수)
(가)	15,369+911,195+3,469,548=4,396,112(명)
(나)	603,398+4,280=607,678(명)
(다)	51,365+31,107+310,359=392,831(명)
(라)	14,858+2,636+4,180=21,674(명)
(마)	8,588+1,507+7,954+2,872=20,921(명)

20X8년 예산규모에서 (라) 사업의 예산이 (다) 사업의 예
산보다 큰 것으로 보아 사업실적에 비례하지 않음을 알 수
있다.

| 오답풀이 |

① 사업 예산에서 평생능력개발사업이 차지하는 비중이
863,751백만 원으로 가장 높다.

② (나) 사업의 목적을 통해 알 수 있는 내용이다.

④ (마) 사업의 20X7년 주요 사업실적을 통해 알 수 있는
내용이다.

⑤ 20X7년 외국인 입국인원은 51,365명으로 5만 명이 넘고, 한국어능력시험 시행인원은 20X7년 국가기술자격 취득자 수 603,398명의 50%인 301,699명을 넘는 310,359명이다.

18 업무이해능력 사업 우선순위 정하기

|정답| ⑤

|해설| 가중치에 따라 사업별 점수를 구하면 다음과 같다.

구분	(가)	(나)	(다)	(라)	(마)
시급성	8×0.1 $=0.8$	9×0.1 $=0.9$	6×0.1 $=0.6$	7×0.1 $=0.7$	6×0.1 $=0.6$
중요도	7×0.2 $=1.4$	5×0.2 $=1$	7×0.2 $=1.4$	8×0.2 $=1.6$	8×0.2 $=1.6$
지속 가능성	4×0.4 $=1.6$	3×0.4 $=1.2$	4×0.4 $=1.6$	6×0.4 $=2.4$	7×0.4 $=2.8$
예산반영	6×0.3 $=1.8$	7×0.3 $=2.1$	6×0.3 $=1.8$	5×0.3 $=1.5$	6×0.3 $=1.8$
총점(점)	5.6	5.2	5.4	6.2	6.8

따라서 최상위사업은 6.8점인 숙련기술장려사업이며, 최하위사업은 5.2점인 자격검정사업이다. 하지만 (나) 사업이 (다) 사업보다 반드시 먼저 고려되어야 하므로, 최하위사업은 외국인고용관리사업이 된다.

19 문서이해능력 연구결과 평가서 이해하기

|정답| ④

|해설| 제시된 연구결과 평가서를 통해서 '연구 활용 결과의 우수성'에 대한 사항은 알 수 없다.

|오답풀이|

①, ⑤ '연구결과' 항목을 통해 알 수 있다.

② '평가결과-둘' 항목을 통해 알 수 있다.

③ '평가결과-셋' 항목을 통해 알 수 있다.

20 도표분석능력 자료의 수치 분석하기

|정답| ⑤

|해설| a. 각 분야의 지역에 따른 지원자 대비 합격자 비율은 다음과 같다.

구분	비수도권	수도권
가 분야	$\frac{503}{817} \times 100$ $\fallingdotseq 61.57(\%)$	$\frac{81}{100} \times 100 = 81(\%)$
나 분야	$\frac{325}{571} \times 100$ $\fallingdotseq 56.92(\%)$	$\frac{19}{26} \times 100$ $\fallingdotseq 73.08(\%)$
다 분야	$\frac{141}{407} \times 100$ $\fallingdotseq 34.64(\%)$	$\frac{128}{383} \times 100$ $\fallingdotseq 33.42(\%)$
라 분야	$\frac{22}{373} \times 100$ $\fallingdotseq 5.90(\%)$	$\frac{24}{393} \times 100$ $\fallingdotseq 6.11(\%)$

따라서 '가' 분야의 수도권 지역이 81%로 가장 높다.

c. 각 분야의 지원자 중 비수도권의 비율은 다음과 같다.

구분	비수도권 비율
가 분야	$\frac{817}{917} \times 100 \fallingdotseq 89.1(\%)$
나 분야	$\frac{571}{597} \times 100 \fallingdotseq 95.64(\%)$
다 분야	$\frac{407}{790} \times 100 \fallingdotseq 51.52(\%)$
라 분야	$\frac{373}{766} \times 100 \fallingdotseq 48.69(\%)$

따라서 지원자 중 비수도권의 비율이 가장 높은 분야는 '나' 분야이다.

e. 각 분야의 수도권 합격자 대비 지원자 경쟁률은 다음과 같다.

구분	수도권 경쟁률
가 분야	$1 : \frac{100}{81} \fallingdotseq 1 : 1.23$
나 분야	$1 : \frac{26}{19} \fallingdotseq 1 : 1.37$
다 분야	$1 : \frac{383}{128} \fallingdotseq 1 : 2.99$
라 분야	$1 : \frac{393}{24} \fallingdotseq 1 : 16.38$

따라서 '라' 분야의 경쟁률이 가장 높다.

| 오답풀이 |

b. 각 분야의 경쟁률은 다음과 같다.

구분	경쟁률
가 분야	$1 : \dfrac{917}{584} ≒ 1 : 1.57$
나 분야	$1 : \dfrac{597}{344} ≒ 1 : 1.74$
다 분야	$1 : \dfrac{790}{269} ≒ 1 : 2.94$
라 분야	$1 : \dfrac{766}{46} ≒ 1 : 16.65$

따라서 '라' 분야의 경쟁률이 가장 높다.

d. 각 분야의 합격자 중 수도권의 비율은 다음과 같다.

구분	수도권 비율
가 분야	$\dfrac{81}{584} \times 100 ≒ 13.87(\%)$
나 분야	$\dfrac{19}{344} \times 100 ≒ 5.52(\%)$
다 분야	$\dfrac{128}{269} \times 100 ≒ 47.58(\%)$
라 분야	$\dfrac{24}{46} \times 100 ≒ 52.17(\%)$

따라서 합격자 중 수도권의 비율이 가장 높은 분야는 '라' 분야이다.

21 경영이해능력 사회 변화에 맞는 근무제도 파악하기

| 정답 | ①

| 해설 | 제시된 글에서는 '가족친화 직장문화 조성'을 위한 정책을 설명하고 있는데, 이는 일과 가정의 양립을 위한 노력으로 최근 직장의 생활뿐만 아니라 가정의 생활도 중요하게 여겨야 한다는 사회적 현상을 반영한 것이다. 임금피크제는 근로자가 일정 연령에 도달한 시점부터 임금을 삭감하는 대신 근로자의 고용을 보장하는 제도로 '일-가정 양립'을 촉진하기 위한 목적의 근무 형태로는 볼 수 없다.

22 업무이해능력 자격제도 이해하기

| 정답 | ③

| 해설 | 빈칸에 들어갈 알맞은 말은 다음과 같다.

㉠ 검정형, ㉡ 검정형+과정 평가형, ㉢ 내부 평가 및 외부 평가, ㉣ 없음, ㉤ 있음

제시된 표를 도식화하면 다음과 같다.

23 문서이해능력 정보공개의 원칙 적용하기

| 정답 | ③

| 해설 | 외부에 공개될 경우 업무에 지장을 초래할 정보는 공개해서는 안 된다. 비공개 대상이 되는 정보로는 다음과 같은 것들이 있다.

- 다른 규정에 의하여 비밀로 유지되거나 비공개 사항으로 규정된 정보
- 국가안전보장 · 국방 · 통일 · 외교관계 등에 관한 사항으로, 공개될 경우 국가의 중대한 이익을 현저히 해칠 우려가 있다고 인정되는 정보
- 공개될 경우 국민의 생명 · 신체 및 재산의 보호에 현저한 지장을 초래할 우려가 있다고 인정되는 정보
- 진행 중인 재판에 관련된 정보와 범죄의 예방, 수사, 공소의 제기 및 유지, 형의 집행, 교정(矯正) 보안처분에 관한 사항으로서 직무수행을 현저히 곤란하게 하거나 형사 피고인의 공정한 재판을 받을 권리를 침해한다고 인정할 만한 상당한 이유가 있는 정보
- 감사 · 감독 · 검사 · 시험 · 입찰계약 · 기술개발 · 인사관리에 관한 사항이나 의사결정 과정 또는 내부검토 과정에 있는 사항으로서 공개될 경우 업무의 공정한 수행이나 연구 · 개발에 현저한 지장을 초래한다고 인정할 만한 상당한 이유가 있는 정보

- 해당 정보에 포함되어 있는 성명·주민등록번호 등 개인에 관한 사항으로서 공개될 경우 사생활의 비밀 또는 자유를 침해할 우려가 있다고 인정되는 정보
- 공단의 업무상 비밀에 관한 사항으로서 공개될 경우 공단의 정당한 이익을 현저히 해할 우려가 있다고 인정되는 정보
- 부동산 투기, 매점매석 등으로 특정인에게 이익 또는 불이익을 줄 우려가 있다고 인정되는 정보

정치개입 금지에 관한 조항이다. 제시된 「공급업체 윤리행동강령」 준수사항의 내용은 공급업체를 대상으로 하므로 ③은 세부 규정에 포함될 내용으로 적절하지 않다.

| 오답풀이 |

①, ②, ④, ⑤ 공급업체에 요구하는 사회적 기준으로 공급업체 윤리행동강령 준수사항을 근거로 한 세부 규정에 해당된다.

24 문서이해능력 세부 내용 이해하기

| 정답 | ④

| 해설 | 민원사무의 접수 및 처리 등을 위하여 특정 장소에서 업무를 수행해야 하는 경우에는 스마트워크형 근무가 부적합하다고 하였는데, D 대리의 업무는 일반인들의 인가·허가·승인을 받는 민원사무에 해당하므로 스마트워크형 근무로 적합하지 않다.

| 오답풀이 |

⑤ 해당 업무의 보안대책이 미흡하여 스마트워크 근무 수행 시 심각한 보안 위험이 예상되는 경우는 스마트워크형 근무가 부적합한 경우이다.

27 문제처리능력 직업능력개발훈련 분류하기

| 정답 | ①

| 해설 | 제시된 직업능력개발훈련은 다음과 같이 구분될 수 있다.

- 훈련주체별 분류 : 자체훈련, 위탁훈련
- 훈련대상(내용)별 분류 : 양성훈련, 향상훈련, 전직훈련
- 훈련방법별 분류 : 현장훈련, 인터넷원격훈련 / 스마트훈련, 우편원격훈련

25 문제처리능력 직원 일정 파악하기

| 정답 | ③

| 해설 | 주말과 공휴일이 포함된 주를 제외하고 2박 3일의 일정은 둘째, 넷째, 다섯째 주에 가능하다. 주간회의가 있는 매주 월요일을 제외하고 나면 출장보고서 기한을 감안할 때, 마지막 주에는 27일과 28일만 가능하게 되어 마지막 주도 출장을 갈 수 없으므로 둘째 주 또는 넷째 주에 출장을 가야 한다. 그러나 대사관 업무가 둘째 주 수요일이어서 2박 3일의 일정을 확보할 수 없으므로 넷째 주 20 ~ 23일만 출장 가능한 기간이 된다. 따라서 이 기간에 속한 22일이 정답이 된다.

28 문제처리능력 만원업무처리 규정 파악하기

| 정답 | ③

| 해설 | 공단에서는 고지의 의무를 다하였으나 고객의 부재, 착오 및 과실에 기인한 경우이므로 업무처리 사전고지의 사례에 해당한다고 보기 어렵다.

| 오답풀이 |

① HRD 서비스 신뢰성 문제에 해당된다.
② 업무처리 정확도 보증 문제에 해당된다.
④ 업무처리 절차준수 문제에 해당된다.
⑤ 친절 서비스 문제에 해당된다.

26 근로윤리 윤리행동강령 이해하기

| 정답 | ③

| 해설 | ③은 공단의 임직원에게 적용되어야 하는 부당한

29 문서작성능력 프로그램 개발 방안 작성하기

| 정답 | ④

| 해설 | 주어진 현상들 중 인구 이동 확대와 다문화주의 관련 내용을 찾아볼 수 없다.

|오답풀이|

① (가), (나)에 따른 프로그램 개발 방안이다.

② (다), (라)에 따른 프로그램 개발 방안이다.

③ (마), (바)에 따른 프로그램 개발 방안이다.

⑤ (사), (아)에 따른 프로그램 개발 방안이다.

(다) '일학습병행 자격'은 일학습병행에 따라 인정받은 기술, 기능 및 서비스 분야 등의 자격을 말한다. 일학습병행 자격을 취득하려면 먼저 NCS에 기반한 훈련과정을 수료해야 하는데, NCS기반 자격 종목 615개 중 387개 종목이 활용되고 있다.

---

30 기초연산능력 방정식 활용하기

|정답| ②

|해설| 물품 A의 가격을 x원, B의 가격을 y원이라 하면 다음 식이 성립한다.

$$450x = 540y$$

$$y = \frac{5}{6}x$$

주어진 예산으로 B를 180개 구매할 경우, A는 360y(= 540y – 180y)원의 예산만큼 구매할 수 있다. 360y = 360 $\times \frac{5}{6}x$ = 300x이므로 A를 300개 구매할 수 있다.

---

31 업무이해능력 자격제도의 유형 알기

|정답| ③

|해설| (가) 'NCS기반 자격'이란 국가직무능력표준을 기반으로 산업현장에서 요구되는 수행능력에 필요한 지식과 기술, 태도 등을 일정한 기준과 절차에 따라 평가 또는 인정하는 직업자격을 말하며, '일–교육훈련–자격'을 서로 연계하는 산업현장 직무 중심 자격이다. NCS기반 자격의 수준은 산업현장에서 필요한 직무수준을 반영하여 L2~L5로 구성되어 있으며, 각 레벨별 최소 교육훈련시간은 L2~L3는 600시간 이상, L4~L5은 800시간 이상으로 설정되어 있다. 2016년 NCS기반 자격의 수정·보완을 통해 총 615개 자격 종목이 개발되었다.

(나) '과정평가형 자격'은 국가직무능력표준(NCS)에 기반한 교육훈련과정을 충실히 이수한 교육훈련생을 대상으로 내·외부 평가를 통해 국가기술자격을 부여하는 새로운 개념의 국가기술자격으로, 기존의 검정형 국가기술자격과 효력은 동일하지만 응시 자격, 평가 방법, 합격 기준, 자격증 내 기재 내용 등에서 차이가 있다.

---

32 문제처리능력 적절한 행동 전략 세우기

|정답| ③

|해설| '방식'을 보면 평가단은 직급, 직렬 구분 없이 단일 평가단으로 구성되며 상사, 동료, 부하, 본인, 고객 등 다양한 평가주체가 참여하는 다면평가방식을 도입한다고 하였다. 따라서 평가는 관리자로부터만 받기 때문에 관리자의 의견 및 요청에 충실히 따른다는 전략은 적절하지 않다.

|오답풀이|

① '평가항목'을 보면 개인목표가 60%의 비중을 갖고 있고, 부서의 기여도도 20%의 비중을 가지고 있으므로 기업의 성과목표에 기여할 수 있는 개인의 목표를 설정한다는 전략은 적절하다.

② '방식'에서 부하와 면담 / 코칭 절차가 의무적으로 시행됨을 알 수 있으므로 자신의 멘토와 정기적인 면담 시간을 확보한다는 전략은 적절하다.

④ '횟수'를 보면 연말 1회 평가를 알 수 있으므로 1년 단위의 실행 계획을 세워야 한다.

⑤ '평가항목'에서 업무수행과정 등도 평가에 반영됨을 알 수 있으므로 개인의 목표달성도뿐만 아니라 업무수행과정 등의 성과도 중요시해야 한다.

---

33 문제처리능력 심사 기준 파악하기

|정답| ④

|해설| 30억 원 이상인 입찰의 경우 신인도에 –1.2 ~ +1.2 점을 부여하고 있으나 추정가격이 높은 입찰일수록 신인도에 따른 추가점수를 부여한다고는 볼 수 없다. 대신 가점과 감점이 함께 부여된 점으로 보아 신인도 자체에 일정 기준을 부여하여 가점과 감점의 대상으로 평가하겠다는 의미로 볼 수 있다.

|오답풀이|

① 주어진 자료에서 추정가격에 따라 배점이 차등 부여된 것을 확인할 수 있다.

② 30 ~ 50억 원 규모의 입찰에서 수행능력에 다소 낮은 배점이 부여되었으나 대체적으로 추정가격이 높은 입찰일수록 수행능력을 중요하게 평가하는 기준을 적용하고 있다고 볼 수 있다.

③ 추정가격이 낮은 입찰일수록 입찰가격에 배점을 많이 할당하므로 입찰가격에 의해 낙찰자가 결정될 가능성이 높다.

⑤ 추정가격이 10억 원 이상인 입찰부터는 접근성과 특별신인도에 대한 기준이 없으므로 접근성과 특별신인도를 고려하지 않는다고 볼 수 있다.

34 문제처리능력 경영상태 점수 환산하기

|정답| ②

|해설| A ~ C사의 총계를 환산점수로 바꾸어 계산하면 다음과 같다.

• A사 : $\frac{7+6+1}{21} \times 15 = 10.0$(점)

• B사 : $\frac{5+5+0}{15} \times 10 ≒ 6.7$(점)

• C사 : $\frac{4+3}{10} \times 5 = 3.5$(점)

35 문서이해능력 휴직제도 이해하기

|정답| ③

|해설| 〈육아휴직〉에 따르면 '부부의 경우, 자녀 1인에 대해 각각 휴직을 사용할 수 있음'이라고 제시되어 있으므로 C 씨도 배우자와 함께 육아휴직을 사용할 수 있다.

|오답풀이|

① 질병휴직 시 증빙서류와 함께 공무상요양비를 신청할 수 있다.

② 동일 질병 재발의 경우이므로 1년 이내에서 반복(연장) 사용이 가능하다.

④ 재혼의 경우 배우자에게 양육권이 있는 자녀가 있는 경우에만 육아휴직이 가능하다.

⑤ 가족관계등록부에 등재되어 있다면 재혼한 노모를 위한 간병휴직 신청이 가능하다.

36 예산관리능력 여비규칙 이해하기

|정답| ②

|해설| B 주임이 대중교통을 이용하여 출장 업무를 수행한 경우 출장시간이 4시간 이상이므로 2만 원을 지급받을 수 있다.

|오답풀이|

① A 대리가 공용차량을 이용하여 업무를 수행한 경우 출장시간이 4시간 미만이므로 출장비를 지급받지 못한다.

③ 근무지 내 출장비를 받기 위해서는 같은 시 안에서 출장 업무를 수행해야 하는데 이때 특별시 및 광역시도 포함하므로 C 과장은 출장비를 지급받을 수 있다.

④ 근무지 내 국내 출장은 시, 군, 섬을 달리하여도 총 거리가 12km 미만인 출장만을 말하기 때문에 지급 조건을 충족하지 못한다.

⑤ E 차장은 기능경기 집행 업무를 하였으므로 4만 원을 지급받을 수 있다.

37 인적자원관리능력 블라인드 채용 파악하기

|정답| ②

|해설| 관계 법령에 의한 정보 취득의 경우를 제외하면 블라인드 채용을 준수하지 않은 기관은 '라 기관'인데 이 기관만 '준수 여부'에 '0'으로 표시되어 있고 나머지는 모두 '1'로 표기되어 있으므로 블라인드 채용 준수는 '1'로 표기하고 있음을 알 수 있다.

|오답풀이|

① 모니터링 항목은 성별, 나이, 학벌, 가족관계, 출신지역이며 총 5가지 항목에 대해 모니터링 하고 있다.

③ 전체 9개 기관에서 8개 기관이 준수하고 있으므로 준수율은 약 89%이다.

④ 가 기관의 채용에서 양성평등법에 근거하여 성별 정보를 취합하고 있다.

⑤ 10월 18일 모니터링에서 개인 정보를 취합한 기관은 4개 기관이므로 전체의 약 44%이다.

인조반정(나)은 1623년 서인 일파가 정변을 일으켜 광해군을 폐위시키고 인조를 왕위에 앉힌 사건이다. 임진왜란(다)은 조선 선조 25년(1592년)에 우리나라를 침입한 일본과의 싸움이며, 정묘호란(라)은 1627년에 일어난 조선과 후금 사이의 싸움이다. 정유재란(마)은 임진왜란 직후 1597년에 일본이 우리나라에 재침입한 전쟁이며, 경신환국(바)은 1680년에 남인(南人)이 대거 실각하여 정권에서 물러난 사건이다. 따라서 발생한 순서는 다-마-나-라-가-바이다.

47

| 정답 | ⑤

| 해설 | 고려는 당의 제도를 모방해 중서문하성과 상서성을 설치했는데, 이 중 중서문하성은 문하시중(門下侍中)이 장관으로서 수상의 위치에 있었다.

48

| 정답 | ④

| 해설 | 〈보기〉에 제시된 업적을 세운 왕은 고려 성종이다. 성종은 12목을 설치하고 지방관을 파견함으로써 지방제도를 정비하고 불교 행사를 억제하고, 국자감을 설치함으로써 유교 정치 이념을 구축하였다.

49

| 정답 | ⑤

| 해설 | 무신정변에 대한 설명이다. 1170년(의종 24) 무신 정중부(鄭仲夫) 등에 의해 일어난 정변으로 이자겸의 난, 묘청의 난으로 동요되고 있었던 고려 문벌귀족사회를 붕괴시키는 결과를 가져왔다. 의종은 보현원 행차 도중에 무신으로 하여금 오병수박(五兵手搏) 놀이를 하도록 시켰는데, 대장군 이소응이 이기지 못하고 달아나자 문신 한뢰가 그의 뺨을 때렸다. 이것이 도화선이 되어 보현원에 도착한 무신들이 문관과 대소신하·환관들을 살해하였으며 이후 무신들은 개경으로 돌아와 많은 문신들을 살해하고 의종을 폐해 거제도로 유배를 보내고 명종을 옹립하였다.

50

| 정답 | ③

| 해설 | 고려시대의 특수 행정 구역인 향·소·부곡은 지방관이 파견되지 않고 주·현을 통하여 간접적으로 중앙 정부의 통제를 받았다.

51

| 정답 | ③

| 해설 | 강감찬의 귀주대첩에 대한 설명으로, 1019년 고려 현종 때 10만 대군을 이끌고 제3차 침략을 감행한 거란 장수 소배압을 흥화진에서 무찔렀으며 회군하는 적을 귀주에서 크게 격파하였다.

52

| 정답 | ③

| 해설 | 조선 영조는 2필씩 징수하던 군포가 여러 폐단을 일으키고 농민 경제를 크게 위협하자 군포를 2필에서 1필로 줄이는 균역법을 제정하여 세제의 부담을 줄였다.

53

| 정답 | ①

| 해설 | 혼천의는 천체의 운행과 그 위치를 측정하여 천문시계의 구실을 하던 기구로 선기옥형, 혼의, 혼이기라고도 하였다. 세종 15년(1433)에 제작된 천문기구이다.

54

| 정답 | ②

| 해설 | 다산 정약용은 18세기 실학사상을 집대성한 실학자이며, 정조를 도와 거중기를 제작해 수원 화성을 지었다. 오랜 시간 귀양살이를 겪었지만 그 기간 동안 많은 학문적 업적을 이루어냈으며 「경세유표」, 「목민심서」, 「여유당전서」 등 500여 권의 저서를 남겼다.

55

|정답| ⑤

|해설| 『왕세자입학도첩』은 효명세자의 성균관 입학례를 그린 6폭의 그림으로 (가) 교육기관은 성균관이다. 성균관은 생원시나 진사시에 합격해야 입학할 수 있었으며, 성균관 유생들은 학문과 정치 현실에 민감하여 여러 사안에 대해 집단 상소를 올리기도 하였다.

|오답풀이|

① 조선 중기 이후 사림에 의해 설립된 서원에 대한 설명이다.

② 조선시대 지방교육기관인 향교에 대한 설명이다.

③, ④ 고려시대 국립교육기관인 국자감에 대한 설명이다.

56

|정답| ⑤

|해설| 백성들의 억울한 일을 해결해 주는 목적으로 대궐 밖에 설치되었던 신문고는 태종 1년에 처음 설치되었다.

|오답풀이|

④ 규장각은 선왕들의 문헌을 체계적으로 보관하는 왕실 도서관의 역할을 하였지만 정조는 규장각의 역할을 확대해 초계문신제도를 시행하여 정약용과 유득공 등의 인재를 발탁하여 자신을 뒷받침할 수 있게 하였다.

57

|정답| ⑤

|해설| 흥선대원군은 왕권 강화를 위해 임진왜란 때 불탔던 경복궁을 중건하였다. 이 과정에서 원납전 징수 등 무리하게 돈을 마련하면서 국가 재정이 악화되자 백성들의 분노를 유발하였다.

58

|정답| ①

|해설| 서재필은 자유주의와 민주주의적 개혁 사상으로 민중을 계발하고자 1896년 우리나라 최초의 근대적인 사회 정치단체인 독립협회를 창립하였다. 독립협회는 자주국권, 자유민권, 자강개혁이라는 3대 사상을 가지고 1898년 만민공동회에서 국권수호운동 등을 결의하기도 하였다.

59

|정답| ②

|해설| 1937년 중일전쟁을 일으킨 일제는 조선인의 민족의식과 저항을 잠재우고 전쟁에 협력하게 하고자 이른바 황국신민화 정책을 펼쳤다. 학교에서 조선어 교육을 모두 폐지하고, 일본어가 상용되게 하며 창씨개명을 강요하는 등 민족말살정책을 자행했다. 제시된 내용은 이름을 일본어로 바꾸는 창씨개명 정책에 해당한다.

60

|정답| ②

|해설| 3·15 부정선거를 규탄하는 시위에 참여했다가 행방불명된 마산상고 학생 김주열의 시체가 눈에 최루탄이 박힌 채 바다에서 발견되자, 이에 분노한 시민들에 의해 1960년 4월 19일 시위가 전국으로 확산되었다.

|오답풀이|

① 1980년 5월 18일부터 27일까지 광주 시민들과 전라도민들이 중심이 되어 계엄령 철퇴와 전두환 퇴진 등을 요구하며 일어난 운동이다.

③ 2000년 6월 13일부터 15일까지 2박 3일간 평양에서 열린 김대중 전 대통령과 김정일 위원장 간 정상회담으로, 6·15 남북정상회담으로도 불린다.

④ 1987년 6월 10일부터 29일까지 전국에서 일어난 반독재·민주화 시위를 말한다. 6월 9일 이한열 군이 시위 과정에서 부상을 입고 사경을 헤매게 되면서 산발적이던 민주화 투쟁이 전국적으로 확산되었다.

⑤ '금융실명거래 및 비밀보장에 관한 긴급명령'에 의거하여 1993년 8월에 도입된 제도로, 금융기관과 거래를 할 때 가명이나 차명이 아닌 본인의 실명으로 거래해야 한다는 제도이다.

4회 영어

문제 235쪽

61	③	62	④	63	②	64	③	65	①
66	①	67	①	68	⑤	69	②	70	⑤
71	②	72	③	73	②	74	②	75	③
76	②	77	⑤	78	②	79	①	80	④

61

|정답| ③

|해석| 친구는 여행을 계획할 때 가장 중요한 요소 중 하나로 간주되는데, 함께 여행하는 상대에 따라 여행이 멋진 일이 되거나 고달픈 일이 될 수도 있기 때문이다.

|해설| 'travel with'은 '~와 여행하다'는 뜻이므로 사람을 지칭하는 대명사 'who'가 들어가야 한다.

|어휘| companion : 동반자, (마음 맞는) 친구 / either A or B : A이거나 B / depending on : ~에 따라

62

|정답| ④

|해석| 그는 아침 6시부터 공부를 하고 있었기 때문에 머리가 아팠다.

|해설| because를 기준으로 앞 문장은 결과, 뒷 문장은 원인에 해당한다. 즉, 앞 문장의 시점보다 뒷문장의 시점이 더 과거여야 한다. because의 앞 문장에 과거형 동사 'had'가 사용되었으므로 뒷 문장에는 이보다 더 과거시제인 과거완료형 'had been'이 들어간다.

63

|정답| ②

|해석| 이건 우리가 꼭 깊이 생각해야 할 문제다.

|해설| 앞의 수식 대상이 something(사물)이므로 전치사 다음에 which가 오고, meditate on의 전치사 on이 앞으로 이동한다.

|어휘| meditate on : ~에 관하여 명상하다, 기도(계획)하다, 깊이 생각하다

64

|정답| ③

|해석| 샤를마뉴 황제는 800년에 즉위했다.

|해설| '~을 왕위에 앉히다'라는 의미의 'crown'은 타동사에 해당하므로 뒤에 목적어가 와야 하는데, 해당 문장에는 목적어가 제시되지 않았으므로 수동태인 'was crowned'가 들어간다.

|어휘| be crowned : ~에 등극하다

65

|정답| ①

|해석| 날짜는 필요하다고 여겨지면 언제든지 변경될 수 있습니다.

|해설| deem(ed)은 5형식 동사로서 목적어와 목적격 보어를 받을 수 있다. whenever절은 수동태 형식이고 목적격 보어인 necessary가 있으므로 빈칸은 5형식 동사인 deemed이 들어간다.

66

|정답| ①

|해석| 지불할 수 있는 사람이 더 많이 지불할수록, 많아진 자금으로 소식지를 계속 받아보실 수 있습니다.

|해설| the 비교급, the 비교급은 '~하면 할수록, 더욱 더 ~하다.'는 관용적 표현으로 비교급이 빈칸에 들어가야 한다. more는 가산명사를, much는 불가산명사를 수식할 수 있다. 지불할 수 있는 사람과 자산은 모두 가산명사에 해당하므로, 빈칸에는 모두 가산명사를 수식하는 more가 들어간다.

67

|정답| ①

|해석| 최근 일부 연구들은 코로나-19가 감염증상을 보이지 않은 사람들에 의해서 전파될 지도 모른다는 결과를 내놓았습니다.

|해설| suggest(ed)는 어떠한 사실이나 정보를 언급할 때 that절을 목적어로 받을 수 있다.

|오답풀이|

② administer : 관리하다

③ apply : 지원하다

④ arrange : 마련하다, 처리하다

⑤ impact : 충격을 주다

68

|정답| ⑤

|해석| 원주민 작가들이 공상과학과 판타지 이야기를 쓰는 것은 단순히 인기있는 장르에서 인지도 따위를 얻기 위함이 아니다. 그것은 수 세기동안 쌓인 문화적 오해를 극복하기 위한 노력의 일부이다.

|해설| 문맥적으로 overcome(극복하다)가 들어가야 한다.

[69 ~ 70]

이메일, (SMS)메시지, 다른 소셜미디어(WhatsApp, 트위터, 텀블러, 온라인 채팅룸과 같은)로 전달된 개인 메시지는 편지글보다 훨씬 더 비격식적인 모습을 띤다. 'X에게'라는 말 대신에, 예를 들어 'X, 안녕', '안녕 X', '안녕하세요 X', '좋은 아침 X', 또는 아예 인사말 없이 시작할지 모른다. 문장 구조도 아마 줄어들었을 것이다. 즉 예를 들어 '일 때문에 못 가'로, 서명(또는 다음 메시지 안에서) 이후에 추가로 쓰는 생각들은 라틴어 추신(나중에 쓰여진)의 축약형인 PS(미국영어로는 P.S.)로 종종 쓰여진다. 첨부물을 추가할 것을 잊은 사람들은 종종 '이렌'으로 시작하는 메시지와 함께 그것을 보낸다.

|어휘| salutation : 인사, 인사말 / abbreviation : (~의) 축약형

69

|정답| ②

|해설| 이메일, SMS 등의 메시지 소통 방식이 편지보다 더 형식에 얽매이지 않고 간단하게 소통한다는 정보를 전달하고 있다.

70

|정답| ⑤

|해설| it은 앞서 나온 명사를 대신하는 대명사이므로 the attachment를 가리킨다.

[71 ~ 72]

매년 9월, 한국산업인력공단은 직업 역량의 달 행사를 개최하여 직업 역량이 경쟁력을 결정한다는 인식을 전파하고 있다. 다양한 사회 구성원의 관심을 끌기 위해, 행사는 네 가지 구성 요소인 (ㄱ), (ㄴ), (ㄷ) 그리고 (ㄹ)로 구성되었다.

(ㄱ) 요소에는 직업 역량 개발의 중요성에 대한 대중의 인식을 높이기 위한 직업 역량의 달 행사와 최고의 한국산업인력공단 기관 인증 행사가 포함된다. (ㄴ) 요소는 한국산업인력공단 컨퍼런스와 NCS 세미나로 구성되어 최신 글로벌 산업인력공단의 동향을 공유하고 새로운 비전을 탐구한다. (ㄷ) 요소는 중소기업 교육의 모범 사례를 식별하고 전파하기 위한 행사로 가득 차 있다. 행사에는 최고의 일-학습 병행 사례, NCS 기반 VET의 최우수 경쟁, 최우수 자격 시험 프로젝트 경쟁, 'best of CHAMP Day' 행사 개최, 국가 기술 경쟁 등이 포함된다. (ㄹ) 요소는 직업에 대한 어린이와 학생들의 긍정적인 태도를 키우고 우수한 기술 개발 사례를 전파하는 데 있다. 행사에는 나의 미래 그리기 대화와 브이로그 대회가 있다.

|어휘| competitiveness : 경쟁력 / garner : (정보, 지지 등을) 얻다, 모으다 / accreditation : 인증 / Work-learning dual : 일-학습 병행

71

|정답| ②

|해설| 'garner'는 '정보, 지지 등을 모으다'는 뜻을 가지고 있으므로 '정보를 수집하다'는 뜻을 가진 'gather'와 유의어임을 알 수 있다.

|오답풀이|

① boast : 뽐내다, 자랑하다

③ adorn : 꾸미다, 장식하다

④ afford : (~를 살ㆍ할 금전적ㆍ시간적) 여유가 되다

⑤ change : 변화하다, 변하다

72

| 정답 | ③

| 해설 | 먼저 (ㄱ) 구성 요소에는 직업 역량 개발의 중요성에 대한 대중의 인식을 높이기 위한 기관의 인증 행사가 포함된다고 하였으므로 '명예'를 뜻하는 'Honor'가 들어가야 한다. 이어 (ㄴ) 구성 요소에는 동향을 공유한다고 하였으므로 '나눔'을 뜻하는 'Sharing'이 들어가야 한다. (ㄷ)에는 최우수 자격 시험 프로젝트 경쟁, NCS 기반 VET의 최우수 경쟁 등이 포함된다 하였으므로 '경쟁'을 뜻하는 'Competition'이 들어가야 한다. 마지막으로 학생과 어린이의 그리기 대화, 브이로그 대회 등으로 구성된 (ㄹ)에는 '경험'을 뜻하는 'Experience'가 들어가는 것이 가장 적절하다.

[73 ~ 75]

> 하버드 비즈니스 리뷰는 최근 삼성, 에어버스, 베이징의 마이크로소프트 등의 다국적 기업들이 영어를 사용하도록 직원들에게 장려하거나 의무화하고 있다고 보고하였다. 프랑스의 르노와 일본의 라쿠텐과 같이 외국에 본사를 둔 기업도 직원들에게 영어 의사소통을 의무화하여 영어를 비즈니스 언어로 사용하고 있다. 2010년, 라쿠텐(일본 최대 온라인 소매 업체)은 영어 전용 회사가 되어 직원들이 이메일, 메모 그리고 대화 등의 모든 업무를 영어로 수행하도록 장려하였다.
>
> 1997년, 국제 민간 항공기구(모든 국제 항공 여행을 규제하는)는 통신 시 영어의 중요성을 기내 언어로서 재확인하였다. 통신 문제를 줄이기 위해 국제적으로 비행하는 모든 조종사는 영어를 능숙하게 구사해야만 한다. 따라서 비행기가 파리에서 마드리드로 비행할 때에도 조종사는 영어로 말해야 한다. 비행 중의 의사소통은 안전의 문제이고 관제탑에서는 효율성의 문제이기도 하다.
>
> 그러나 다른 영역에서는 의사소통의 표준 언어가 영어로부터 멀어지기도 했다. 작년에도 논의되었던 바와 같이, 우주의 공식 언어는 이제 러시아어이다.
>
> 이 모든 것들이 질문을 던진다. 만약 사람들이 모국어로 의사소통을 더 잘 할 수 있다면, 굳이 영어를 사용하도록 강요하여 그들이 소통하기 어렵도록 만들고 있는 것일까? 직원이 모국어로 말하거나 글을 쓸 수 없다면, 창의력이 떨어지거나 혁신적이지 않게 될까?

| 어휘 | multinational : 다국적의 / mandate : 명령하다, 지시하다 / native tongue : 모국어 / disservice : ~에게 피해를 주다

73

| 정답 | ②

| 해설 | 'do a disservice'는 '~에게 피해를 주다'라는 뜻을 가지고 있으므로 '~를 손상하다'라는 의미를 가진 'harm'과 유의어 관계임을 알 수 있다.

| 오답풀이 |

① discussion : 논의, 상의

③ discernment : 안목

④ disclosure : 폭로

⑤ holding : 보유 자산

74

| 정답 | ②

| 해설 | 제시된 글에 의하면 많은 다국적 회사들이 지역과는 상관없이 비즈니스 언어로 영어를 사용하도록 의무화하고 있음을 알 수 있다.

75

| 정답 | ③

| 해설 | 제시된 내용은 다국적 기업 등에서 비즈니스 언어로 영어를 사용하도록 장려하고 있으며, 과연 모국어를 사용하지 못하게 된 경우에 생길 수 있는 부작용은 어떤 것들이 있을까에 대해 논점을 제시하고 마무리되었다. 따라서 '비즈니스가 반드시 영어로만 진행되어야 한다고 생각하는가?'의 의문을 제기하는 것이 가장 적절하다.

| 오답풀이 |

① 어떤 언어가 가장 효율적인가?

② 다국적 기업은 직원들을 잘 대우하고 있는가?

④ 외국어를 배우는 것이 비즈니스에 있어서 이익을 주는가?

⑤ 왜 의사소통이 중요한지에 대해 이해하고 있는가?

[76 ~ 77]

> Philip : 그래서 얼마나 많은 지원서가 왔나요, Marcia?
>
> Marcia : 글쎄요, 전체적으로 200개 이상 받았네요!
>
> Philip : 그렇게 많이요?
>
> Marcia : 네, 하지만 대부분 정확한 경력, 자격, 그런 것들을 쓰지 않아서 바로 거를 수 있어요.
>
> Philip : 물론이죠.
>
> Marcia : 그리고 나서 10장 분량의 이력서 또는 만화책 서체 또는 녹색 글자로 쓴 이력서들, 그런 것들 알죠? 자기가 디스코 춤을 추는 사진을 첨부해서 제출한 사람들도 있어요. 그래서 저는 심각한 지원자들을 줄여서 12명의 최종 후보자 명단에 올려놨어요.
>
> Philip : 그리고 우리는 그들 모두와 면접을 보면 되나요?
>
> Marcia : 그래야 할 것 같은데요, 제가 먼저 보겠어요.
>
> Philip : 좋아요. 그러면 누가 있나요?
>
> Marcia : 글쎄요, 제 생각에 꽤 강력한 후보들을 찾은 것 같아요, 특히 두 명이요.
>
> Philip : 그들은 정확한 프로필이 있나요?
>
> Marcia : 확실해요. 우수한 교육 배경, 다국적 영업에 대한 경험, 언어 능력들….
>
> Philip : 좋네요. 면접이 기대돼요.
>
> Marcia : 그래서 기본적인 형식으로 면접을 봐야 할 것 같아요.
>
> Philip : 그래요.
>
> Marcia : 일반적인 질문들 몇 개, 그리고 세부적인 사항들이요.
>
> Philip : 네, 좋아요. 저는 그들이 문제를 해결할 때에 대해 구체적으로 듣고 싶어요.
>
> Marcia : 네, 그리고 나서 당신이 말했던 것처럼 '비전'에 관한 것도요.
>
> Philip : 네.. 간략한 발표에 대해선 어떻게 생각해요?
>
> Marcia : 좋은 생각이에요. 그들이 보는 우리 회사의 방향성과 그 방향으로 갈 스스로의 모습들에 대해 어떻게 생각하는지에 대한 짧은 발표를 요청할 수 있어요.

|어휘| shortlist : 최종 후보자 명단 / C.V.(Curriculum Vitae) : 이력서

76

|정답| ②

|해설| Marcia와 Philip은 지원자 면접에 대해 대화하고 있다.

|오답풀이|

① Dismissal : 해고

77

|정답| ⑤

|해설| '그들이 우리 회사가 어디로 가고 있다고 보는지'라는 의미이므로 '어디'에 해당하는 의문사 where이 들어가야 한다.

[78 ~ 80]

> OPEC 연합국들이 만났던 지난 달, 세계 유가시장을 안정화시키겠다던 사우디아라비아 에너지 장관의 결의로 석유 투기꾼들을 시험에 들게 했습니다.
>
> 되살아난 전염병이 원유 수급량을 또 다시 위협하는 지금, 그 결단의 순간이 점점 가까워지고 있습니다.
>
> 원유 생산국 연합은 월요일에 시장 상태를 평가하기 위해 월요일에 회담을 가졌습니다. 12월 1일까지는 공급에 대한 어떠한 결정도 예상되지 않지만 주요 회원국인 사우디아라비아와 러시아는 이미 외교를 강화하고 있습니다. 러시아의 블라디미르 푸틴 대통령과 사우디아라비아의 모하메드 빈 살만 왕세자는 일주일 새 두 차례 전화통화를 했는데, 국가 지도자들이 유가 위기에 대해 심도 있게 이야기를 나눈 것은 지난 4월, 양국이 원유 공급량을 줄이고 가격 경쟁을 종식시키기로 협상한 이후 처음입니다.
>
> 석유가 배럴당 40달러를 호가하고 있는 와중에 리비아로부터 더 많은 양의 원유가 공급되면서 OPEC 연합은 원유 생산량 감축 계획을 완화하라는 압력을 받게 됐습니다. 원유 생산량은 이미 하루당 약 200만 배럴의 원유공급을 늘려 시장을 안정화시켰으며, 1월 안에는 하루당 190만 배럴을 추가로 공급할 예정입니다.
>
> 현재 회원국들은 이 계획을 고수하고 있는 가운데, 목요일에 모하메드 바르킨도 OPEC 사무총장은 원유수요량이 "미미함"을 인정했으며 연합은 위기 "재발"을 막기 위해 행동할 것이라 밝혔습니다. 내부 자체 보고서에는 새로 발생한 잉여원유량의 위험성에 대해 지적했습니다. 그리고 사석에서, 대표단들은 6주 후 공식적인 결정이 내려지면 인상시기를 늦출 용의가 있음을 밝혔습니다.

|어휘| reckoning : 셈, 판단 / be due to : ~할 예정이다 / hash out : ~을 계속 논의하여 결론을 내다 / anemic : 미미한, 저조한, 활기 없는 / surplus : 잉여의 / cartel : 연합

78

| 정답 | ②

| 해설 | 팬데믹 이후에 원유 생산에 대해 OPEC 회원국, 사우디아라비아와 러시아 정상들의 대응을 중립적으로 설명하는 기사문이다.

79

| 정답 | ①

| 해설 | 'anemic'은 '무기력한', '활기가 없는'이라는 뜻이다. 하지만 'feasible'은 '실현 가능한', '있음직한', '가능성 있는'이라는 뜻으로 anemic의 뜻과 거리가 멀다.

| 오답풀이 |

② feeble : 아주 약한

③ frail : 노쇠한

④ sickly : 병약한

⑤ infirm : 병약한

80

| 정답 | ④

| 해설 | OPEC 연합은 세 번째 문단에서 리비아의 원유 공급으로 인해 감축된 공급량을 완화하라는 압박을 받았다고 본문에서 제시하고 있다. 이를 통해 그 전까지 원유 생산을 의도적으로 줄이고 있었음을 알 수 있다.

01	②	02	④	03	①	04	②	05	②
06	③	07	①	08	②	09	①	10	②
11	⑤	12	④	13	③	14	③	15	①
16	④	17	④	18	④	19	④	20	⑤
21	⑤	22	⑤	23	⑤	24	③	25	③
26	②	27	③	28	②	29	③	30	②
31	①	32	③	33	③	34	④	35	④
36	③	37	①	38	①	39	④	40	④

01 문제처리능력 도표 분석하기

| 정답 | ②

| 해설 | 평균적으로 NCS 기반 채용컨설팅은 정보수집 1주, 직무인터뷰 1주, 직무분석 2주, 평가도구 개발 2주가 소요되어 직무분석과 평가도구 개발에 가장 많은 시간이 소요된다.

| 오답풀이 |

③ 평균 컨설팅 기간은 6주가 소요되고, ○○기업을 대상으로 한 컨설팅 기간은 12주가 소요되었다.

④ ○○기업을 대상으로 한 컨설팅 기간은 12주가 소요되므로 12주 후에 도입할 수 있다.

⑤ 평균 컨설팅 기간의 정보수집 단계는 1주, ○○기업 컨설팅 기간의 정보수집 단계는 2주이며, 평균 컨설팅 기간의 직무인터뷰 단계는 1주, ○○기업 컨설팅 기간의 직무인터뷰 단계는 4주이다.

02 문서이해능력 문의 답변하기

| 정답 | ④

| 해설 | 원칙적으로 신청 공고기간이 경과된 후에는 공정성의 문제가 따를 수 있으므로 신청이 불가하다. 따라서 ④의 답변은 적절하지 않다.

03 업무이해능력 조직역량 인지도 조사 결과 이해하기

| 정답 | ①

| 해설 | 조직관리부문의 '의사결정체계'를 보면 평균 점수가 62.7점으로 인지도가 높은 편에 속하므로, Down-top과 같은 효율적인 의사결정체계를 가지고 있다고 추론할 수 있다.

| 오답풀이 |

② 평균 인지도가 제일 낮은 항목은 '인사평가제도'로, 이를 개선하기 위해 인사관리 규정을 정리하고 구성원들이 이를 정확히 인지하도록 하는 것이 필요하다.

③ 경영기획부문 중 인지도가 제일 낮은 항목은 '전략수행 인프라'로, 이를 보강하는 작업이 우선되어야 한다.

④ 평균 인지도가 제일 높은 항목은 '비전·전략 인지'로, ○○공단 구성원들은 조직이 나아가야 할 방향과 목표 달성을 위한 전략을 가장 잘 인지하고 있다.

⑤ 의사소통부문 중 인지도가 더 낮은 항목은 '커뮤니케이션'으로, '리더십'보다는 이에 대한 관리가 우선되어야 한다.

04 업무이해능력 조직역량 인지도 조사 결과 이해하기

| 정답 | ②

| 해설 | 가. 리더십 항목에서 점수가 가장 높은 부서는 73.3점의 C 부서이고, 점수가 가장 낮은 부서는 59점의 D 부서이다. C 부서의 점수는 D 부서의 점수 대비 20%($59 \times 1.2 = 70.8$) 이상에 해당한다.

다. F 부서는 모든 항목에서 평균 이상의 인식 수준을 나타내고 있으며, D 부서는 모든 항목에서 평균 이하의 인식 수준을 나타내고 있다.

라. 부문별 평균값을 계산하면 다음과 같다.
- 경영기획부문 : $(68.1 + 63.3 + 62.0 + 56.2) \div 4 = 62.4$(점)
- 조직관리부문 : $(56.2 + 61.4 + 62.7) \div 3 = 60.1$(점)
- 인사관리부문 : $(49.8 + 56.0) \div 2 = 52.9$(점)
- 의사소통부문 : $(55.9 + 63.7) \div 2 = 59.8$(점)

따라서 경영기획부문, 조직관리부문, 의사소통부문, 인사관리부문 순서대로 평균값이 높다.

| 오답풀이 |

나. C 부서는 의사소통부문 모든 항목에서 평균 이상의 수준으로 인식하고 있으며, G 부서는 조직관리부문에서 조직효율성을 제외한 2개의 항목에서 평균 이상의 수준으로 인식하고 있다.

마. B 부서는 7개의 항목에서 평균 이하의 수준으로 인식하고 있으며, 인사평가제도 항목에서 F 부서보다 $55.6 - 46.4 = 9.2$(점)이 낮다.

05 기초연산능력 출제 가능한 문항 수 구하기

| 정답 | ②

| 해설 | 각 조건을 식으로 나타내면 다음과 같다.
㉮ 단답형 상 = 단답형 하
서술형 상 < 서술형 하
㉯ 서술형 상 × 2 ≤ 단답형 상
㉰ 서술형 하 = 단답형 하
∴ 서술형 상 × 2 ≤ 단답형 상 = 단답형 하 = 서술형 하

서술형 상의 문항 수를 x개라 하면, 나머지 세 유형의 문항 수는 각각 최소 $2x$개가 된다. 이들 문항의 합이 42개가 되어야 하므로

$$x + 2x + 2x + 2x \leq 42 \qquad x \leq 6$$

선택지 중 서술형 상의 문항 수가 될 수 있는 것은 5개와 6개이다. 이때 서술형 상의 문항 수가 5개일 경우 나머지 세 유형의 문항 수는 37개가 되어야 하는데, 세 유형의 문항 수는 같다고 했으므로 서술형 상의 문항 수는 5개가 될 수 없다.

따라서 서술형 상의 문항 수는 6개이고, 나머지 세 유형의 문항 수는 12개씩이다.

06 사고력 출장대상 선정하기

| 정답 | ③

| 해설 | 일단 첫 번째 조건에 따라 가 부장은 반드시 출장을 가야 한다. 또한 여섯 번째 조건에 따라 바 대리도 반드시 출장을 가야 하며, 두 번째 조건과 다섯 번째 조건에 따라 마 대리는 출장을 가지 못한다. 만약 나 차장이 출장을 간다면 세 번째 조건에 따라 다 과장 역시 출장을 가야 하고, 네 번째 조건에 따라 라 과장은 출장을 가지 못한다. 만약

나 차장이 출장을 가지 않는다면 세 번째 조건에 따라 다 과장 역시 출장을 가지 못하는데, 이 경우 출장을 가는 총 인원이 4명이라는 조건에 부합하지 않으므로 출장을 가는 사람은 가 부장, 나 차장, 다 과장, 바 대리임을 알 수 있다.

07 근로윤리 인권선언문 실천하기

| 정답 | ①

| 해설 | 외국인근로자 관련 사업 역량 강화를 위해 끊임없이 한국어를 학습하고 활용하도록 하는 것은 인간의 존엄성을 존중하고 보호하여 지속가능한 발전을 이루어 나가기 위한 행동과는 관련이 없다.

08 문서이해능력 구독자 의견 이해하기

| 정답 | ②

| 해설 | 구독자가 보낸 의견은 다음 호에 게재된다고 나와 있다. 이보라의 의견이 9월호에 담겨 있으므로, 잡지 8월호에 이보라가 흥미롭게 읽은 한 청년구직자의 수질환경기사 자격증 취득과정이 소개되었을 것임을 유추할 수 있다.

| 오답풀이 |

① 박노랑이 잡지에서 좋은 사람과 좋은 기업을 연결해 주는 역할도 했으면 좋겠다는 의견을 남긴 것을 볼 때, 현재 잡지에서 구직자와 기업 간 일자리 매칭을 지원하고 있지 않음을 알 수 있다.

③ 구독자 의견은 스마트폰 애플리케이션의 QR코드를 활용하거나 이메일을 통해 남길 수 있다.

④ 오주황의 의견을 참고할 때, 공단과 K사의 업무협약은 블라인드 채용 취업지원을 위한 것이 아니라 더욱 더 손쉽게 국가자격시험 정보를 접할 수 있게 하기 위함이다.

⑤ QR코드를 활용하거나 이메일을 통해 의견을 남기면 추첨을 통해 모바일 문화상품권 3만 원을 제공한다.

09 문서이해능력 인터뷰 내용 파악하기

| 정답 | ①

| 해설 | '그리고 블라인드 채용을 통해 직무능력에 적합하게 채용된 직원들은'을 통해 블라인드 채용을 통해서 직무에 필요한 직무능력을 평가함을 알 수 있다.

| 오답풀이 |

② '묻지마 지원 형식이 아니라 입사지원자가 직접 직무기술서를 확인하고 입사지원을 하는 형식이 되면서 허수 지원자가 크게 감소했습니다'를 통해 허수 지원자가 감소했음을 알 수 있다.

③ '공공기관이 아닌 일반 기업에도 취업 지원한 경험이 많이 있습니다. 그때마다 기본적으로 입사지원서에 생년월일, 최종 졸업 학교명, 부모님 직업 등을 작성하도록 되어 있었는데'를 통해 민간기업에서는 아직 블라인드 채용을 도입하고 있지 않음을 알 수 있다.

④ '과거에는 개개인의 능력적인 요소보다는 학벌, 외모, 친인척 관계 등 실제 업무와는 관계가 없는 요소들이 합격 당락에 지대한 영향을 주었다고'를 통해 영향이 미미하지 않았음을 알 수 있다.

⑤ '블라인드 채용을 도입하고 나서부터 여성의 채용 비율이 증가했습니다'를 통해 채용 비율이 증가했음을 알 수 있다.

10 체제이해능력 규정 문서 이해하기

| 정답 | ②

| 해설 | 민수 씨는 월요일부터 목요일까지 하루에 7시간씩 업무를 진행할 수 있다. 따라서 주 40시간보다 짧은 시간을 근무하며 1일 최소 3시간 이상 근무해야 하는 시간선택제를 선택하는 것이 가장 적절하다.

| 오답풀이 |

① 시차출퇴근형을 선택할 경우, 1일 8시간 근무체제를 유지해야 한다. 월요일부터 목요일까지는 오후 8시를 넘겨야 하므로 적절하지 않다.

③ 집약근무형은 시행하고 있지 않아 선택할 수 없다.

④ 근무시간선택형을 선택할 경우, 1일 8시간에 구애받지 않고 근무시간을 자율 조정할 수 있는데 월요일부터 목요일까지 하루에 7시간씩 근무하더라도 금요일에 12시간을 근무해야 하는데, 근무시간이 오전 9시부터 오후 8시까지이므로 적절하지 않다.

⑤ 스마트워크 근무형을 선택할 경우, 월요일부터 목요일까지는 세 시간 동안 수업을 들어야 하므로 8시간 근무를 충족할 수 없다.

11 체제이해능력 유연근무제 형태 이해하기

| 정답 | ⑤

| 해설 | 부부가 함께 육아를 분담하는 가정의 형태를 장려함에 따라 단순 사무직의 재택근무형 유연근무제가 활성화될 것으로 추정할 수 있다.

| 오답풀이 |

① 시간선택제 전환근무에서 주 20시간 근무형태를 선택했다 하더라도 의무 근로시간인 오전(09:00 ~ 14:00)의 근로시간을 지켜야 하므로 오후 1시에 퇴근하는 것은 적절하지 않다.

② 시차출퇴근형을 선택하면 출퇴근시간을 자율적으로 조정할 수 있지만, 근무시간을 단축할 수는 없다.

③ 시간선택제는 주 5일 근무해야 한다.

④ 전 직원의 근무시간은 09:00 ~ 20:00로 한정되어 있으므로, 오전 6시에 출근하는 것은 적절하지 않다.

12 도표분석능력 자료의 수치 분석하기

| 정답 | ④

| 해설 | 제시된 자료를 통해서는 기사자격의 종목 수를 확인할 수 없다.

| 오답풀이 |

① 검정형 자격 취득자 수는 3개년 동안 항상 남성이 여성보다 많았다.

② 국가기술자격 취득자 수는 검정형 자격과 과정평가형 자격을 모두 통틀어 조사기간 동안 지속적으로 증가추세를 보이고 있다.

③ 20X0년 대비 20X2년 검정형 자격의 자격 취득 증가율은 $\frac{581,486-525,681}{525,681} \times 100 ≒ 10.6(\%)$이고, 과정평가형 자격의 자격 취득 증가율은 $\frac{3,948-1,614}{1,614} \times 100$ ≒ 144.6(%)이다. 따라서 과정평가형 자격의 증가율이 더 높다.

⑤ 검정형 자극 취득 인원의 연도별 증가폭은 다음과 같다.
  - 20X0 ~ 20X1년 남성 : 370,426-364,799=5,627(명)
  - 20X0 ~ 20X1년 여성 : 162,634-160,882=1,752(명)
  - 20X1 ~ 20X2년 남성 : 405,975-370,426=35,549(명)
  - 20X1 ~ 20X2년 여성 : 175,511-162,634=12,877(명)
  따라서 매년 남성의 증가폭이 더 크다.

13 도표분석능력 자료의 수치 분석하기

| 정답 | ③

| 해설 | 기능사의 20X0년 대비 20X2년 여성 자격 취득자 수의 증가는 1,398-667=731(명)이고, 남성 자격 취득자 수의 증가는 742-468=274(명)이다. 따라서 여성 자격 취득자 수의 증가가 더 많다.

| 오답풀이 |

① 과정평가형 자격 중 기능사의 경우는 남성 자격 취득자보다 여성 자격 취득자가 더 많다.

② 과정평가형 자격 중 기사, 산업기사의 경우는 20X0년 대비 20X2년에 전체 자격 취득자가 두 배 이상 증가했지만, 기능사의 경우는 두 배 이상 증가하지 않았다.

④ 20X0년 대비 20X2년 산업기사의 여성 취득 증가율은 $\frac{332-72}{72} \times 100$ ≒ 361.1(%)로 400% 미만이다.

⑤ 20X0년과 20X1년 산업기사 남성 취득자의 수는 406+897=1,303(명), 기능사 남성 취득자의 수는 468+625=1,093(명)으로 산업기사의 취득자 수의 합이 더 크다.

14 물적자원관리능력 재물조사 결과 파악하기

| 정답 | ③

| 해설 | 분실된 재물의 금액은 다음과 같다.
- 노트북컴퓨터 : 1,500,000×4=6,000,000(원)
- 다기능복사기 : 1,000,000원
- 디지털카메라 : 150,000×3=450,000(원)
- 레이저프린터 : 200,000×2=400,000(원)
- 보조책상 : 150,000×5=750,000(원)
따라서 총 금액은 8,600,000원이다.

| 오답풀이 |

① 분실된 품목은 노트북컴퓨터 4개, 다기능복사기 1개, 디지털카메라 3개, 레이저프린터 2개, 보조책상 5개로 총 15개이다.

② 최근 3년간 울산지사에서 보유 중인 재물 품목의 종류가 증가했는지는 알 수 없다.

④ 가장 많은 구입 비용이 든 품목은 노트북컴퓨터로, 총 15,000,000원이 들었다.

⑤ 장부에 기입되어 관리하는 품목은 총 15개이다.

15 문서이해능력 후기 내용 파악하기

|정답| ①

|해설| 청년구직자가 이력서를 등록하는 온라인 사이트는 '월드잡플러스'와 '링크드인'이며 반드시 두 곳에 이력서를 동시에 등록해야 한다는 규정은 정해져 있지 않다.

16 문제처리능력 업무분장표 이해하기

|정답| ④

|해설| 제시된 업무는 '민간자격 NCS 활용 방안에 대한 컨설팅 제공'에 해당하므로 장 대리의 내선번호인 8715로 연락하는 것이 가장 적절하다.

17 문제처리능력 처분기준표 적용하기

|정답| ④

|해설| 장 대리는 비위행위자로서 능동적인 행위로 100만 원 이상 ~ 200만 원 미만에 해당하는 금액의 금품 및 향응 수수를 2회 하였으므로, '면직 · 파면'의 징계를 받아야 한다.

18 예산관리능력 구매비용 산정하기

|정답| ④

|해설| 100개 주문 시 업체별 구매비용은 다음과 같다.

구분	구매비용
가 업체	$(8,500+200+300) \times 100 = 900,000$(원)
나 업체	$(7,500+300+500) \times 100 = 830,000$(원)
다 업체	$(7,600+300+400) \times 100 = 830,000$(원)

따라서 100개 주문 시 구매비용이 가장 낮은 곳은 나 업체와 다 업체이다.

|오답풀이|

① 200개 주문 시 가 업체의 구매단가가 6,800원으로 가장 높다.

② 500개 대량 주문 시 업체별 구매비용은 다음과 같다.

구분	구매비용
가 업체	$(6,800+300) \times 500 = 3,550,000$(원)
나 업체	$(6,700+500) \times 500 = 3,600,000$(원)
다 업체	$(6,700+200+400) \times 500 = 3,650,000$(원)

따라서 구매비용이 가장 낮은 곳은 가 업체이다.

③ 100개 주문 시와 200개 주문 시 업체별 구매비용 차이는 다음과 같다.

구분	100개 주문 시	200개 주문 시	구매비용 차이
가 업체	$(8,500+200 +300) \times 100 =900,000$(원)	$(6,800+300) \times 200 =1,420,000$(원)	520,000원
나 업체	$(7,500+300 +500) \times 100 =830,000$(원)	$(6,700+500) \times 200 =1,440,000$(원)	610,000원
다 업체	$(7,600+300 +400) \times 100 =830,000$(원)	$(6,700+200 +400) \times 200 =1,460,000$(원)	630,000원

따라서 100개 주문 시와 200개 주문 시 전체 구매비용 차이가 가장 적은 곳은 가 업체이다.

⑤ 100개 주문 시 소매가와 구매단가의 차이가 가장 적은 곳은 $10,000-8,500=1,500$(원)의 차이가 나는 가 업체이다.

19 인적자원관리능력 채용 최대 인원 산출하기

|정답| ④

|해설| 채용시기의 정원은 $1,900+12=1,912$(명)이다. 채용시기의 현원은 $1,889-12-15-3=1,859$(명)이다. 따라서 채용시기의 결원은 $1,912-1,859=53$(명)이므로 2023년 7월 채용할 수 있는 최대 인원은 53명이다.

1회 기출예상 2회 기출예상 3회 기출예상 4회 기출예상 5회 기출예상

20 문제처리능력 사업수행 검토사항 알기

| 정답 | ⑤

| 해설 | '고용노동부는 반드시 우리 기관에서 이 사업을 수행해 줄 것을 희망하고' 있으므로 협업 가능한 유관기관이 있는지 검토하기보다는 기관 내에서 전적으로 업무를 주관하여 수행하는 것이 보다 바람직하다.

21 조직이해능력 조직도 파악하기

| 정답 | ⑤

| 해설 | 조직도를 보면 감사팀이 어느 부서에 속해 있는지 제시되어있지 않으므로 감사팀이 모든 본부 산하 조직을 객관적이고 공정하게 감사할 수 있는지 알 수 없다.

| 오답풀이 |

① 이사장 아래 '실'은 '비서실, 경영기획실, 홍보실, 기술자격출제실'이 있으며 '국'은 '총무국, 정보화지원국, 직업능력국, 일학습지원국, 지역·산업별 지원국, 능력평가국, 과정평가국, 전문자격국, 외국인력국, 해외취업국'이 있다.

② A 본부에 속해있는 '팀'을 보면 조직의 행정 및 업무 진행을 지원하는 성격이 강함을 알 수 있다.

③ 조직도를 보면 상임감사위원은 이사장으로부터 독립되어 있음을 알 수 있다.

22 문서이해능력 규정문 이해하기

| 정답 | ⑤

| 해설 | 제11조 제2항을 보면 재외공관을 통하여 접수된 구인요청에 대하여는 구인업체 확인 절차를 생략할 수 있다고 규정되어 있다.

| 오답풀이 |

③ 제9조 제1항에서 구직자가 직접 해외취업사이트에 등록하거나, 담당자가 서류를 제출받아 해당 사항을 해외취업사이트에 입력하여 관리하도록 규정하고 있다.

23 문제처리능력 조건에 맞는 결과 찾기

| 정답 | ⑤

| 해설 | 수업 시작 시간이 저녁 7시 반 이후인 강의는 벨리댄스, 탁구, K-POP 댄스, 태극권, 댄스스포츠가 있다. 이 중 주 2회인 수업은 벨리댄스, K-POP 댄스, 댄스스포츠인데, N 전무가 원하는 가격대는 사비에 보조금까지 합하여 총액 3만 원 이하이므로 벨리댄스와 K-POP 댄스만 가능하게 된다. 그런데 월요일 저녁 8~10시에는 중국어 회화 강의만 있으므로 벨리댄스는 수강할 수 없다. 따라서 비서가 추천해줄 수 있는 강의는 K-POP 댄스이다.

24 업무이해능력 위임전결규칙 이해하기

| 정답 | ③

| 해설 | 전결권자가 부재중일 경우 차상위자가 전결권을 가지므로 이사장의 차상위자인 이사가 전결권자가 된다.

| 오답풀이 |

① 차상위자가 전결권을 갖게 되므로 국장 대신 팀장이 전결권자가 되며, 국장이 업무 복귀 시 반드시 사후 결재를 득하여야 한다.

25 문서이해능력 세부 내용 이해하기

| 정답 | ③

| 해설 | 기록보존이 중요한 문서는 반드시 결재권자가 자필로 서명해야 한다는 내용은 언급되어 있지 않다. 또한 제7조 제1항에서 결재권자가 해당 문서에 전자이미지 서명, 전자문서 서명을 포함한 서명을 한 경우 문서로 성립된다고 했으므로 자필서명만을 강조한 정 대리의 설명은 적절하지 않다.

| 오답풀이 |

④ 지난주 월요일에 공고하였으므로 최소 7일이 경과한 것을 짐작할 수 있다. 문서의 효력발생 시기를 구체적으로 밝히고 있지 않으면 그 고시 또는 공고 등이 있는 날로부터 5일이 경과한 때에 효력이 발생하므로 적절하다.

1회 기출예상

2회 기출예상

3회 기출예상

4회 기출예상

5회 기출예상

26 문서작성능력 소제목 작성하기

| 정답 | ②

| 해설 | 제시된 자료는 훈련교육을 담당하는 교원 및 담당자에 대한 교육과 노사관계 선진화 교육훈련 등의 시행에 관한 내용이다. 따라서 (가)에 들어갈 소제목으로는 ②가 적절하다.

27 문제처리능력 이익을 내는 제품 찾기

| 정답 | ③

| 해설 | 1회당 각 제품의 수익은 다음과 같다.
- A 제품 : 3,500−2,000＝1,500(만 원)
- B 제품 : 5,800−4,000＝1,800(만 원)
- C 제품 : 3,800−2,500＝1,300(만 원)
- D 제품 : 8,500−6,500＝2,000(만 원)

발주 수에 따른 수익은 다음과 같다.
- A 제품 : 5일 간격이므로 총 9번 발주한다.
  (3,500−2,000)×9＝13,500(만 원)
- B 제품 : 6일 간격이므로 총 7번 발주한다.
  (5,800−4,000)×7＝12,600(만 원)
- C 제품 : 4일 간격이므로 총 11번 발주한다.
  (3,800−2,500)×11＝14,300(만 원)
- D 제품 : 7일 간격이므로 총 6번 발주한다.
  (8,500−6,500)×6＝12,000(만 원)

따라서 8 ~ 9월 동안 가장 많은 이익을 낼 수 있는 제품은 14,300만 원의 이익을 낼 수 있는 C 제품이다.

28 문제처리능력 이익 비용 계산하기

| 정답 | ②

| 해설 | A 제품은 8일 간격이므로 총 3번 발주하여 1,500×3＝4,500(만 원)의 이익이 발생하고 D 제품은 6일 간격이므로 총 4번 발주하여 2,000×4＝8,000(만 원)의 이익이 발생한다.

따라서 두 제품의 이익은 총 4,500＋8,000＝12,500(만 원), 즉 1억 2천5백만 원이다.

29 문서이해능력 세부 내용 이해하기

| 정답 | ⑤

| 해설 | 다. 3)을 보면 우선지원대상기업 해당 여부는 근로복지공단에서 매년 상시근로자수, 자산규모 등을 토대로 결정하므로 우선지원대상기업에 해당될 수 있는 기회는 매년 주어진다.

| 오답풀이 |
① 사업주는 훈련을 실시하는 주체이자 비용을 부담하고 지원금을 지원받는 대상이므로 사업주는 훈련을 받는 대상이 아니다.
② 훈련에서 발생하는 비용은 사업주가 부담하는 경우에만 지원가능하기 때문에 근로자 개인이 비용을 부담하는 경우에는 지원되지 않는다.
③ 2017년 변경 사유 발생이므로 2018년부터 2022년까지 5년간 우선지원대상기업으로 간주된다.
④ 「중소기업기본법」에 의한 중소기업은 상시근로자 수가 규모를 넘더라도 우선지원대상기업으로 간주된다.

30 문제처리능력 가족수당 지급 규정 파악하기

| 정답 | ②

| 해설 | 실제 함께 거주하지 않고 주민등록상 주소지가 다르나, '주소 또는 생계를 같이 하는 직계존속은 부양가족에 포함한다.'는 규정에 따라 가족수당 지급에 해당된다.

| 오답풀이 |
① 주민등록상 주소지가 달라 가족수당이 지급되지 않는다.
③ 20세 이상 직장인이므로 부양가족의 범위를 벗어난다.
④ 주소지가 다르며 배우자가 아니므로 불가하다.
⑤ 배우자의 직계존속이나 주민등록상 주소지가 다르므로 불가하다.

31 문제처리능력 매뉴얼 내용 이해하기

| 정답 | ①

| 해설 | 훈련의 목적을 달성하기 위하여 인정받은 경우에는 1일 8시간을 초과하는 것이 가능하며 이 경우 시간 외 훈련동의서를 작성하고 자체 보관해야 한다.

| 오답풀이 |

② 훈련시간을 위반한 경우

③ 훈련기간을 위반한 경우

④ 훈련방법을 위반한 경우

⑤ 훈련내용을 위반한 경우

32 도표분석능력 자료의 수치 분석하기

| 정답 | ③

| 해설 | 20X9년 지출액의 전년 대비 증가율은 다음과 같다.

구분	전년 대비 증가율
일반기계출제부	$\frac{567-372}{372} \times 100 ≒ 52.4(\%)$
응용공학출제부	$\frac{783-736}{736} \times 100 ≒ 6.4(\%)$
건설환경출제부	$\frac{1,294-985}{985} \times 100 ≒ 31.4(\%)$

20X9년 지출액의 전년 대비 증가율이 가장 높은 부는 일반기계출제부이다.

| 오답풀이 |

①, ②, ④ 부별 지출액의 전년 대비 증가액은 다음과 같다.

- 일반기계출제부

  20X7년 : 280−212=68(백만 원)

  20X8년 : 372−280=92(백만 원)

  20X9년 : 567−372=195(백만 원)

- 응용공학출제부

  20X7년 : 683−634=49(백만 원)

  20X8년 : 736−683=53(백만 원)

  20X9년 : 783−736=47(백만 원)

- 건설환경출제부

  20X7년 : 725−532=193(백만 원)

  20X8년 : 985−725=260(백만 원)

  20X9년 : 1,294−985=309(백만 원)

⑤ 건설환경출제부의 전년 대비 20X9년 증가율은

  $\frac{1,294-985}{985} \times 100 ≒ 31.4(\%)$이다.

33 체제이해능력 지역본부의 특성 이해하기

| 정답 | ③

| 해설 | 공공기관의 지역본부는 대체적으로 본사의 설립목적 및 미션과 비전을 공유하며 본사의 지침을 따를 의무가 있다.

34 문제처리능력 자료 읽고 날짜 추론하기

| 정답 | ④

| 해설 | A 기업은 사업주 직업능력개발훈련을 자체훈련으로 11월 1일에 시작하려 한다. 자체훈련은 5일 전까지 신청을 해야 하고, 토요일과 일요일은 산입하지 않으므로 10월 25일 금요일까지는 신청해야 한다.

35 문제처리능력 외국인 고용지원 사업의 내용 이해하기

| 정답 | ④

| 해설 | '주요 내용'을 보면 외국인력 도입 허용 업종은 제조업, 건설업, 어업, 농축산업으로 한정되어 있으며 관광통역직은 이에 해당되지 않는다.

| 오답풀이 |

금속가공직, 섬유제작직은 제조업, 일륜차운전직은 어업 또는 농축산업, 연근해어업직은 어업에 해당한다.

36 문서이해능력 차량관리규칙 이해하기

| 정답 | ③

| 해설 | 제8조에서 '차량의 정기점검·수리는 각 차량소속기관별로 자동차종합정비사업장 또는 소형자동차정비사업장에서 수리를 해야 하며 계약을 할 수 없을 때와 경미한 수리는 관리부서장이 지정하는 자동차부분정비사업장에서 수리를 할 수 있다.'고 규정하고 있다.

| 오답풀이 |

① 제12조 제2항에 따르면 차량배차 요청이 있을 경우, 즉시 배차 승인을 하는 것이 아니라 사용신청 순위, 업무 경중과 완급 등 제반 사항을 검토한 후에 알맞게 승인하여야 한다.

② 제11조에서 '타 기관 및 공단 관련 협회 등에 차량을 지원하는 경우에는 유류를 지급하지 아니한다.'고 명시되어 있다.

④ 제12조 제1항에 따르면 사용 내역과 관련된 사항은 차량 배차신청 시에 명시하여 승인을 요청하여야 한다.

⑤ 제9조 제2호에서 공휴일 및 일과 시간 후의 차량 사용의 경우, '허가를 득하지 않고 사용 시 발생하는 제반사고 및 경비에 대하여는 사용자가 책임을 져야 한다.'고 규정하고 있다.

37 문서이해능력 옳지 않은 답변 찾기

| 정답 | ①

| 해설 | 제12조 제1항을 보면 사용 내역과 관련된 사항에는 사용차량, 일시, 용무, 행선지, 운전자, 탑승인원까지 모두 명시하도록 규정되어 있다.

| 오답풀이 |

② 제15조를 보면 타 기관 차량 지원 시에는 7일 이전 배차신청을 해야 하고, 차량관리규칙도 준수하여야 한다.

③ 제14조 제1항을 보면 근무시간 이후 차량 반납 시에는 당직실에 열쇠를 반납한다.

④ 제12조 제4항을 보면 '배차신청 및 차량 운행일지를 본 규칙에서 정한 양식에 준하여 변경하여 기록할 수 있다.'고 규정되어 있다.

⑤ 제10조를 보면 '업무수행상 부득이한 경우, 기관장이 별도로 지정하는 주차장에 주차할 수 있다.'고 규정되어 있다.

38 예산관리능력 출장비 계산하기

| 정답 | ①

| 해설 | • 지난달 출장비 : 최 상무와 박 대리는 미국(을지)으로 3박 4일 간 출장을 다녀왔으므로 출장비는 $(16 \times 3) + (10 \times 4) + (13 \times 3) + (6 \times 4) = 48 + 40 + 39 + 24 = 151$ (만 원)이다.

• 이번 달 출장비 : 남 차장과 홍 사원은 아프리카(병지)로 5박 6일 간 출장을 다녀올 예정이므로 출장비는 $(13 \times 5) + (6 \times 6) + (12 \times 5) + (5 \times 6) = 65 + 36 + 60 + 30 = 191$(만 원)이다.

따라서 두 출장 건의 출장비 지급 총액은 151+191=342(만 원)이 된다.

39 조직이해능력 산하 조직 연결하기

| 정답 | ④

| 해설 | 열거된 업무의 가장 중점적인 내용은 NCS의 여러 자격제도에 대한 것으로 자격분석설계부에 해당하는 업무로 볼 수 있다. 또한 업무 내용 중 능력평가이사 소관 업무가 포함되어 있음을 확인할 수 있다.

40 경영이해능력 경영 전략 세우기

| 정답 | ④

| 해설 | '3. 현장중심 HRD 인프라 구축' 항목에서의 자격의 효용성을 강화하기 위해서는 채용 시 자격증 보유를 우대해야 한다. 따라서 채용 시 자격증 보유자와 비보유자 간 차등을 해소하는 것은 ㉢을 위한 실행계획으로 적절하지 않다.

5회 한국사 문제 282쪽

41	③	42	①	43	①	44	③	45	④
46	③	47	②	48	①	49	④	50	①
51	②	52	④	53	⑤	54	①	55	①
56	⑤	57	④	58	④	59	④	60	③

41

| 정답 | ③

| 해설 | ③은 6세기 무령왕의 업적이다.

| 오답풀이 |

백제의 근초고왕은 고구려의 고국원왕이 군사를 이끌고 침공해오자 승리를 거두었고 고구려의 평양성을 공격하여

고국원왕을 전사시켰다. 이후 한강에 접한 한산으로 도읍을 옮긴 근초고왕은 중국의 동진에 사신을 보내 외교관계를 수립하는 한편, 일본의 야마토 왕조와 국교를 수립하고 칠지도와 칠자경을 보냈으며 아직기와 왕인 두 학자를 파견하여 일본의 왕이 이들을 태자의 스승으로 삼기도 하였다. 또한 왕권을 강화하기 위해 고흥에게 명하여 백제의 사적을 정리하여 국사인 「서기」를 편찬하게 했다.

42

| 정답 | ①

| 해설 | 기자실기는 1580년에 율곡 이이(李珥)가 편찬한 기자에 관한 책이다. 기자는 중국 상나라의 왕족이자 기자조선의 시조로 알려져 있는 전설 속 인물로 주나라에게 상나라가 멸망당하자 조선으로 망명하여 동이족을 교화하고 고조선을 건국하였다고 전해진다. 이는 단군의 존재를 부정하는 이야기로 한국 역사학계에서는 조작된 것이라는 의견이 지배적이다. 이처럼 기자실기는 중화사상을 저변으로 하고 있는데 이는 조선 인조 때의 중국 명나라에 사대를 다하고 만주에 있는 금나라는 무시하는 '친명배금(親明排金) 정책'과 가장 관련이 깊다.

| 오답풀이 |

②, ③ 의리명분론은 임진왜란 당시 조선을 도와준 명에 대한 의리와 명분을 중시해야 한다는 성리학의 이론이며 척화론은 이러한 명분과 의리를 지키기 위해 청나라와의 전쟁을 감수해야 한다는 주장이다. 인조는 의리명분론을 내세워 반청정책을 추진했고 그 결과 병자호란을 초래하였다.

43

| 정답 | ①

| 해설 | 정조는 왕권을 뒷받침할 수 있는 인적 기반과 자신의 정책을 뒷받침하기 위해 왕실의 도서관이자 학문 연구 기관인 규장각을 설치하였고 국왕 호위를 전담하는 부대인 장용영을 설치하였다. 또한, 자신의 아버지인 사도 세자의 묘를 수원으로 옮기고 화성을 건설하여 자신의 정치적 이상을 실현할 새로운 정치 공간으로 육성하고자 하였다.

44

| 정답 | ③

| 해설 | 동국지도는 두 가지가 있는데 한 가지는 1463년(세조 9)에 정척과 양성지가 만들어 조정에 바친 지도로 각 도의 수령에게 위치와 산맥의 방향·도로의 길이 등을 자세히 조사하여 그렸다. 다른 한 가지는 정상기가 18세기 후반 조선 영조 때 만든 지도로 우리나라 최초의 축척이 표시된 지도이며 도별로 채색을 달리하고 산과 하천과 도로·경계·봉화 등도 색을 달리하여 나타낸 것이 특징이다.

보충 플러스+

정약용의 대표적 저서	
「목민심서」, 「경세유표」, 「원목」,	「흠흠신서」 등

45

| 정답 | ④

| 해설 | 무신집권기는 고려시대였던 1170년 무신정변부터 1270년까지 무신이 집권한 시기로, 몽골은 1231년(고종 19년)부터 1259년(고종 46년)에 이르기까지 9차례에 걸쳐 고려를 침략하였다.

46

| 정답 | ③

| 해설 | ㉠ 유향소는 조선 후기 때 향청으로 명칭이 변경되었다. 경재소는 조선 전기 때 중앙의 고위 품관이 자신의 출신지역 유향소를 통제하고 중앙과 지방 사이의 일을 연락하던 기구이다.

㉣ 유향소는 지방의 수령을 보좌하는 자문기관이자 지역의 풍기를 단속하고 향리의 악폐를 막는 등의 일을 맡았던 자치기구이다.

47

| 정답 | ②

| 해설 | 1910년 8월 22일, 대한제국의 통치권을 일본에 양여함을 규정한 한일병합조약이 일제에 의해 강제로 체결

되었고 같은 해 8월 29일 공포되면서 대한제국은 국권을 상실하게 되었다.

| 오답풀이 |

① 사법권 박탈(1909. 7. 기유각서), 경찰권 박탈(1910. 6.)

③ 3. 1 운동(1919)

④ 대한민국 임시정부 수립 : 연해주(1919), 상하이(1919. 4. 13.), 국내 한성정부(1919. 4. 23.)

⑤ 1차 조선교육령(1911)

48

| 정답 | ①

| 해설 | 제시된 내용의 항일 단체는 신민회로, 대한매일신보는 신민회의 기관지 역할을 하였다. 대한매일신보는 영국인 기자 베델이 민족진영의 지원을 받아 1904년 창립한 일간 신문으로 안창호가 당시 대한매일신보의 주필 양기탁에게 신민회 창립을 제의하였고 이에 논설위원과 사원들이 대부분 신민회의 회원으로 가입하여 활동하였다.

| 오답풀이 |

② 독립신문 : 한국 최초의 민간 신문으로 미국에서 귀국한 서재필이 정부로부터 자금을 지원받아 1896년 4월 7일에 창간하였다. 창간 이듬해부터 국문판과 영문판으로 두 가지 신문을 발행하였다. 독립신문과 관련이 깊은 단체는 독립협회(1896. 7.)이다.

③ 한성순보 : 1883년에 박문국에서 발간한 한국 최초의 근대 신문으로 관보의 성격을 가지고 있으며 순한문으로 발행하였다.

④ 황성신문 : 1898년 남궁억, 나수연 등이 보수적 유림을 대상으로 국한문 혼용체로 발행하였다. 장지연이 을사조약(1905)의 부당성을 비판하는 '시일야방성대곡'을 게재하기도 하였다.

⑤ 제국신문 : 1898년에 창간된 일간신문으로 순 한글로 편집하여 서민과 여성층에게 큰 호응을 얻었다.

49

| 정답 | ④

| 해설 | 시전 상인들은 국가에 필요한 관수품을 조달하는 대가로 독점 판매권을 부여받았다. 이에 난전을 금할 수 있는

권리인 금난전권을 행사할 수 있었는데 시전 상인들은 자료의 내용처럼 이를 이용하여 난전을 괴롭히는 경우가 많았다. 정조는 노론과 결탁하여 비리를 저지르는 시전 상인을 제어하기 위해 금난전권을 폐지하였다(신해통공, 1791).

보충 플러스+

조선 후기의 경제

농업	광작, 상품 작물 재배
수공업	민영 수공업 발달, 선대제 수공업 성행
광업	민영 광산의 확대, 잠채 성행
상업	사상의 성장(일부는 도고로), 장시 발달, 객주, 여각

50

| 정답 | ①

| 해설 | 제시된 글은 1923년 신채호가 발표한 조선 혁명 선언이다. 신채호는 이 선언에서 자치론, 외교 독립 노선, 실력 양성 운동을 비판하고 의열단의 독립 운동 방향을 지지하였다. 신채호는 민중 직접 혁명만이 독립을 쟁취할 수 있는 유일한 길이라고 보았다.

| 오답풀이 |

ⓒ 민족 말살 통치는 1937년 이후에 본격화되었다.

ⓔ 대한민국 임시정부의 건국 강령은 조소앙의 삼균주의를 바탕으로 하였다.

51

| 정답 | ②

| 해설 | 제시된 자료를 통해 신라가 삼국 통일 이후 백제인과 고구려의 옛 지배층에게 각자의 지위에 걸맞은 관등을 부여하고 적극적으로 끌어들여 민족의 통합을 이루려고 했다는 것을 알 수 있다. 그 밖에 일반 백성도 한 국가의 백성으로 통합하기 위해 신라, 고구려, 백제의 옛 땅에 각각 3주씩 설치하였고 중앙군인 9서당에 신라인뿐만 아니라 고구려인, 백제인, 말갈족 등을 포함시켰다.

| 오답풀이 |

① 통일 신라는 9서당 10정으로 군사 제도를 개편하였다.

③ 지방 세력을 통제하기 위해 지방 향리 또는 지방 향리의

자제를 일정 기간 왕경에 와서 거주하게 하는 상수리 제도를 실시하였다.

④ 신문왕은 왕권을 강화하고 진골 귀족 세력을 약화시키려 하였다.

⑤ 법흥왕 때 이차돈의 순교로 삼국 중 가장 늦게 불교를 받아들인 신라는 석가의 힘을 빌려 왕권을 강화하고자 했다.

52

| 정답 | ④

| 해설 | 어사대에 대한 설명으로 여기에 속한 관원은 관리 감찰과 풍기 단속 등을 실시하였고 중서문하성의 낭사와 함께 대간으로 불렸다. 이들은 직위가 낮았지만 왕과 관리의 잘못을 지적(간쟁)하거나 관리 임명에 동의권(서경)을 행사할 수 있었다. 또한 왕이 잘못된 정책을 실시할 경우 거부권(봉박)을 행사할 권한이 있었다. 이들은 정치 운영에서 견제와 균형을 맞추는 역할을 맡았다. 어사대의 기능은 조선 시대에 이르러 사헌부로 이어졌다.

| 오답풀이 |

① 도병마사 : 중서문하성의 재신과 중추원의 추밀이 모여 국가의 중대사를 결정하였다. 주로 국방과 군사문제를 의논하였다.

② 중서문하성 : 국가 정책을 계획하여 결정하였고 재신과 낭사로 구성되었다.

③ 중추원 : 왕명 전달과 군사 기밀, 궁궐의 숙위를 맡았고 추밀과 승선으로 구성되었다.

⑤ 삼사 : 고려시대의 심사는 화폐와 곡식의 출납과 회계를 관장하던 기구였다. 반면 조선시대에는 언론을 담당한 사헌부 · 사간원 · 홍문관을 가리키는 말이었다.

53

| 정답 | ⑤

| 해설 | 진흥왕 순수비 중 북한산비에 대한 내용이다. 진흥왕은 고구려의 지배 아래에 있던 한강 유역을 빼앗고 함경도 지역까지 진출하였으며, 남쪽으로는 고령의 대가야를 정복(562)하여 낙동강 서쪽을 장악하였다.

| 오답풀이 |

① 신라 내물 마립간에 대한 내용으로 왕의 칭호를 대군장을 뜻하는 마립간으로 바꾸었다. 이것은 왕권이 안정되고 다른 집단들에 대한 중앙 정부의 통제력이 강화되었음을 의미한다.

② 신라 지증왕에 대한 내용으로 정치 제도가 정비되어 국호를 사로국에서 신라로 바꾸었고 수도와 지방의 행정 구역을 정리하였다. 대외적으로는 우산국(울릉도)을 복속시키기도 하였다.

③ 신라 법흥왕에 대한 내용으로 율령의 반포, 병부의 설치, 공복의 제정 등을 통하여 통치 질서를 확립하였다.

④ 신라 법흥왕에 대한 내용으로 화랑을 우두머리로 한 청소년 수련단체인 화랑도를 만들어 내세웠다. 화랑도는 진흥왕 대에 이르러 국가조직으로 개편되었다.

54

| 정답 | ①

| 해설 | 5월과 10월에 계절제를 지내는 국가는 삼한이다. 삼한은 한반도 중남부에서 성장한 국가로서 일찍부터 벼농사가 발달하였다. 삼한은 정치적 지배자인 군장과 제사장인 천군이 별도로 존재한 제정분리 사회였고 종교적 신성 지역인 소도가 있었다. 또한 삼한 중 변한은 자신들의 우수한 철을 중국 군현과 왜에 수출하기도 하였다.

| 오답풀이 |

② 청동기 시대에 대한 설명이다.

③ 옥저와 동예에 대한 설명이다.

④ 형사취수제와 관련된 내용으로 부여와 고구려에 대한 설명이다.

⑤ 민며느리제와 관련된 내용으로 옥저에 대한 설명이다.

55

| 정답 | ①

| 해설 | 밑줄 친 '이 문서'는 신라의 민정문서이다. 통일 후 신라는 늘어난 생산 자원과 노동력을 더욱 철저하게 파악하여 세금을 잘 거두려는 목적으로 민정문서를 작성하였다. 촌주가 민정문서의 작성을 담당하였고 민정문서를 토대로 마을의 조세, 공물, 역 등을 거두어 국가에 바쳤다.

|오답풀이|

② 풍수지리설에 대한 내용으로 우리나라에 삼국시대 때 도입되어 신라 말 승려 도선에 의해 발전하였다.

③ 관료전, 전시과, 과전에 대한 내용이다.

④ 외규장각 문서에 대한 내용으로 병인양요(1866) 때 프랑스군에 의해 약탈당한 뒤, 2011년에 임대 형식으로 반환되었다.

⑤ 북한산 신라 진흥왕 순수비에 대한 내용이다.

56

|정답| ⑤

|해설| 여러 호족들을 끌어들이기 위해 왕씨 성을 하사하고 김부를 사심관으로 삼아 경주 지역을 통치하게끔 한 국왕은 바로 태조 왕건이다. 태조 왕건은 민생 안정을 위하여 백성들의 조세 부담을 줄여주고 흑창을 설치하였다. 또한 호족 포용 정책을 실시하여 호족의 딸과 정략 결혼을 하면서도 호족을 견제하기 위하여 사심관, 기인 제도를 실시하였다. 또한 고구려의 옛 땅을 회복하기 위해 북진 정책을 실시하였고 평양을 서경으로 승격시켜 전진기지로 삼았다.

|오답풀이|

① 고려 성종은 지방 세력을 견제하기 위해 향리 제도를 마련하였다.

② 고려 현종은 거란의 침입을 불력으로 물리치고자 초조대장경을 만들었는데, 이는 목판인쇄술의 발전에 기여하였다.

③ 공민왕은 고려 후기 권세가에게 점탈된 토지나 농민을 되찾아 바로잡기 위해 전민변정도감을 설치하였다.

④ 현종은 지방 행정 조직을 5도 양계로 정비하였다

57

|정답| ④

|해설| 공민왕은 신돈을 등용한 후 전민변정도감을 설치하여 권문세족(친원세력)을 약화시키고자 하였다. 전민변정도감은 권문세족이 불법적으로 빼앗은 토지를 본래 주인에게

돌려주고 강제로 노비가 된 사람들을 해방하였다. 그 밖에도 공민왕은 기철로 대표되는 권문세족을 제거하고 원의 내정 간섭 기구인 정동행성 이문소를 폐지하였다. 또한 몽골풍을 금지하고 쌍성총관부를 공격하여 철령 이북의 땅을 다시 되찾았다.

58

|정답| ④

|해설| (가)에 들어갈 인물은 김영삼이다. 김영삼 정부는 지방 자치제를 전면적으로 실시하고 탈세와 부정부패를 차단하기 위해 금융 실명제를 실시하였고 신군부의 뿌리인 하나회를 해체하고 '역사 바로 세우기'를 내세워 전두환·노태우를 반란 및 내란죄로 수감하였다. 경제 부문에서는 경제협력개발기구(OECD)에 가입하는 등 시장 개방 정책을 추진하였고 임기 말에는 외환 위기를 맞아 국제통화기금(IMF)의 지원을 받았다(1997).

|오답풀이|

①, ② 전두환 정부 때의 일이다.

③ 박정희 정부 때의 일이다.

⑤ 노태우 정부 때의 일이다.

59

|정답| ④

|해설| 제시된 글은 1932년 윤봉길의 폭탄 의거에 관한 내용이다. 윤봉길 의거 이후 일제의 탄압으로 대한민국 임시정부가 상하이를 떠나 이동하게 되었으며 중국 국민당이 임시정부를 적극적으로 지원하는 계기가 되었다.

|오답풀이|

① 의열단은 1919년에 결성되었다.

② 청산리 전투는 1920년에 발생하였다.

③ 한중 연합 작전은 1930년대 초에 전개되었는데, 윤봉길의 의거와는 관련이 없다.

⑤ 장지연이 쓴 「시일야방성대곡」은 1905년에 을사늑약의 부당성을 비판하며 『황성신문』에 게재되었다.

60

|정답| ③

|해설| 박은식이 주장한 내용이다. 박은식은 유학의 종교화를 주장하면서 대동교를 창립하고 유교 개혁을 위해 『유교구신론』을 저술하였다.

|오답풀이|

① 신채호에 대한 설명으로 1908년 『독사신론』을 저술하여 민족주의 역사학의 연구 방향을 제시하였다.

② 정인보에 대한 설명으로 정인보는 한국인의 얼을 강조하여 『5천년간 조선의 얼』이라는 글을 통해 민족정신에서 역사의 본질을 찾으려 하였다. 이외에도 『조선사연구』 등을 저술하였다.

④ 백남운에 대한 설명으로 유물사관에 바탕을 두고 한국사가 세계사의 보편 법칙에 따라 발전하였다는 점을 강조하였다.

⑤ 러일전쟁을 취재하기 위해 한국에 왔다가 약소국 대한제국의 독립을 위해 힘쓴 베델에 대한 설명으로, 1904년 그가 발행한 『대한매일신보』는 각지에서 일어나는 항일 의병들의 활동을 보도하여 이들을 고무·격려하였다.

5회 영어
문제 290쪽

61	④	62	④	63	③	64	①	65	②
66	③	67	②	68	④	69	③	70	④
71	②	72	③	73	③	74	⑤	75	⑤
76	②	77	⑤	78	②	79	③	80	②

61

|정답| ④

|해석| 나는 내가 자연사할 것이라고 믿는다. 그것으로 자책하지 마라.

|어휘| accuse A of B : A를 B라는 이유로 비난(고소)하다 / accuse oneself : 자책하다 / die of : ~로 죽다

62

|정답| ④

|해석| 그들의 이야기는 온라인, 전통적인 매체 그리고 목요일에 우크라이나 상공에서 격추된 보잉 777에 탑승한 승객들의 친구들과 사랑하는 가족 사이에서 공유되고 있다.

|해설| aboard : (비행기 등에) 탑승한

|오답풀이|

① abroad : 해외에서, 해외로

③ amid : 가운데, ~으로 에워싸인

|어휘| loved one : 가장 사랑하는 사람 [pl.]가족 ; 사망한 가족 / passenger : 승객 / shoot down : ~을 격추하다

63

|정답| ③

|해석| 세계적인 경제난 속에서, 많은 사람들이 직업을 잃어 실업률이 높아지고 있다.

|해설| 빈칸의 앞뒤가 주어+(   )+목적어로 구성되어 있으므로 빈칸에는 동사가 들어가야 하는데, many people이 복수이므로 lose가 와야 한다.

|어휘| in the middle of ~ : ~의 도중에, 중앙에 / hardship : 어려움, 고난

64

|정답| ①

|해석| 당신은 그 계약 조건을 준수해야 한다.

|해설| comply with : 순응하다, 지키다, 준수하다 / obey : 준수하다

|오답풀이|

② conclude : 결론을 내리다, 끝나다 ; 끝내다, (협정·조약을) 맺다

③ acclaim : 칭송하다, 환호를 보내다, (특히 예술적 업적에 대한) 찬사

④ confuse : (사람을) 혼란시키다, A와 B를 혼동하다, (주제를) 혼란스럽게 만들다

⑤ compliment : 칭찬하다, 찬사

|어휘| terms : 계약조건 / covenant : 약속, 계약

65

| 정답 | ②

| 해석 | 우리는 그의 작품에 크게 감탄했다.

| 해설 | admiration : 감탄, 존경 / wonder : 존경

| 오답풀이 |

① belief : 신념, 확신

③ criticism : 비판, 비난

④ disorder : 엉망, 어수선함

⑤ question : 질문, 의심

66

| 정답 | ③

| 해석 | 양파가 투명해지면 남은 재료를 넣어라.

| 해설 | transparent : 투명한 / clear : 투명한, 맑은

| 오답풀이 |

① momentous : 중대한

② consistent : 한결같은, 일관된

④ entire : 전체의

⑤ indistinct : 희미한, 뚜렷하지 않은, 불명료한

67

| 정답 | ②

| 해석 | 지난 8년 동안 중국의 검열법에 저촉되는 주제를 다루는 홍콩영화들은 점점 줄어들었다. 중국 본토가 참여하여 논란이 될 만한 주제를 피하는 공동제작 건수의 증가가 문제를 악화시키고 있다. 따라서 불쾌한 현실을 그대로 보여주는 범죄드라마와 액션이 가득한 폭력장면들로 유명한 독특한 홍콩영화들이 줄어들고 있다.

| 해설 | 두 번째 문장은 the rise가 주어이고 서술부가 is exacerbating the problems인데, 보어(Exacerbating the problems)가 문두에 와서 주어와 동사가 도치된 구문이다. 따라서 주어 the rise에 맞게 ②는 are이 아닌 is가 들어가야 한다.

| 어휘 | censorship : 검열 / regulations : 규칙, 법령, 기본통달 / exacerbate : 악화시키다 / controversial : 논란이 많은 / gritty : 불쾌한 현실을 그대로 보여주는

68

| 정답 | ④

| 해석 | 민주주의 사회의 경쟁적인 성격은 사회적 명성에 대한 욕망을 낳는데, 이 욕망은 남들보다 뛰어나려는 욕망이다. 그러나 사회적으로 계층이동이 가능한 사회에서 성공한 사람들이 종종 낮은 계급에서 출세하였다는 사실을 고려하면 그들은 여전히 평범한 사람들처럼 보인다.

| 해설 | 동사 have는 '먹다'는 뜻의 일반동사, 5형식에 쓰이는 사역동사, 그리고 완료형을 만들어주는 조동사로 쓰인다. 두 번째 문장의 '낮은 계급에서 출세하였다'는 문맥상 사실을 나타내어야 하므로, have를 조동사로 파악해 ④는 rising이 아닌 risen이 들어가야 한다.

| 어휘 | yearning : 갈망, 동경 / mobile : 이동하는, 이동식의

69

| 정답 | ③

| 해석 | 공학과 컴퓨터정보학 학사학위의 약 85%가 남성에게 수여되는 반면, 도서관학 학사학위의 94%는 여성에게 수여된다는 것에 주목해 보자. 여성이 장악하고 있는 또 다른 전공에는 교육학, 보건계통, 행정학, 사회복지과가 있다. 이런 분야에서 수여되는 모든 학사학위 중 대략 80%가 여성에게 돌아간다.

| 해설 | 마지막 문장의 '이런 분야'는 ⓐ를 포함한 문장의 Other majors를 가리키는데, '수여되는 모든 학사학위의 대략 80%가 여성에게 돌아간다'고 했으므로 이 전공은 여성들이 '장악하고' 있는 것으로 볼 수 있다. 따라서 ⓐ에는 dominated(장악된)가 들어가야 한다.

| 오답풀이 |

① avoided : 회피되는

② ignored : 무시받는

④ discriminated : 차별받는

⑤ released : 발표된, 공개된

| 어휘 | bachelor's degree : 학사 학위 / library science : 도서관학 / health professions : 보건의료전문직

70

| 정답 | ④

| 해석 | 우리가 앞으로 공부할 책에 대해 말하자면, 홀로코스트 소설은 (우리를) 난처하게 만드는 장르이다. 내가 거론하는 것은 홀로코스트 소설의 주제가 아니라, 다른 어떤 것보다도 아마도 더 강력하게 진실을 요구할지도 모르는 문학 주제임에도 불구하고, 네가 마주하게 되는 (실제 홀로코스트에 대한) 증언과 문학작품 간의 흐릿한 경계이다. 글로 표현된 작품에서 홀로코스트를 왜곡하는 것은 (홀로코스트에 대한) 예의에 극도로 어긋나는 행위이다. 그러나 당신은 작가들이 장면들을 조작하거나, 아우슈비츠 강제수용소에서의 비젤과 레위의 경우에서처럼, 보다 폭넓은 독자층의 흥미를 끌려고 이야기를 수정하여 홀로코스트를 자주 왜곡해왔다는 것을 발견할 것이다.

| 해설 | ⓐ의 앞부분은 '홀로코스트에 대한 왜곡은 하지 말아야 할 행위이다.'는 내용이고, 뒷부분은 '여러 글에서 홀로코스트가 자주 왜곡되고 있다.'는 내용이다. 전후 내용이 대조를 이루므로 ⓐ에는 역접의 접속사인 Yet(그러나)이 적절하다.

| 오답풀이 |

① Similarly : 유사하게

② As a result : 그 결과

③ For instance : 예를 들면

⑤ Therefore : 그러므로, 따라서

| 어휘 | hazy : 흐릿한 / borderline : 이쪽도 저쪽도 아닌, 경계선상의 / testimony : 증거, 증언 / disrespectful : 무례한, 실례되는, 경멸하는 / fabricate : (거짓 정보를) 날조하다, 조작하다, (상품·장비 등을) 제작하다

[71 ~ 72]

1학년 나이에 해당하는 전 세계 아이들 1억 명이 학교 교육을 받지 못하고 있는 가운데, '어린이 한 명당 한 개의 노트북(OLPC)'이라는 단체가 에티오피아 마을 두 곳에서 새로운 실험을 하고 있는데, 그것은 바로 소프트웨어가 미리 설치된 태블릿 PC를 갖다 준 다음 무슨 일이 일어나는지를 알아보는 것이다. 이 단체의 목표는 글을 모르는 아이들이 태블릿 PC와 미리 설치된 알파벳 연습게임, 전자책, 영화, 만화, 그림, 그리고 다른 응용 프로그램들을 시도

해봄으로써 스스로 글 읽는 법을 익힐 수 있는지를 알아보는 것이다.

이와 관련된 기기는 모토로라 줌(Motorola Xoom)이라는 태양에너지 충전방식의 태블릿 PC로, 에티오피아의 기술자들이 마을에 사는 성인들에게 사용법을 가르쳐놓은 PC였다. 태블릿 PC가 실제로 어떻게 사용되었는지를 연구원들이 연구할 수 있도록 일주일에 한 번씩, 기술자는 마을들을 방문해 메모리 카드를 교체했다. 몇 개월이 지난 뒤, 두 마을의 아이들은 태블릿 PC를 사용하고 재충전하느라 매우 바빴으며, 아이들이 "알파벳 노래"를 따라 부르고, 심지어 단어의 철자를 말하고 쓰는 모습도 목격되었다. 동물 그림이 나오는 읽기 쓰기 능력 게임에 노출된 한 남자아이는 페인트 프로그램을 열고 "Lion"이라는 단어를 적었다.

지난주 MIT Technology Review가 주최한 Em Tech 회의에서 강연 후의 한 인터뷰에서 OLPC의 창립자인 니콜라스 네그로폰테(Nicholas Negroponte)는 초기 연구결과가 전도유망하긴 하지만, 아이들이 이런 방식으로 혼자서 배울 수 있는지 여부에 관해 결론을 도출하는 데는 더 많은 시간이 필요할 것이라고 말했다. "만약 지금이 지원된다면, 과학계에서 받아들이는 결론에 도달하는 데 1년 반에서 2년 정도의 시간이 더 걸릴 것입니다."라고 네그로폰테는 말했다. "우리는 새로운 마을에서 새롭게 시작해야 할 것입니다."

71

| 정답 | ②

| 해설 | 제시된 글은 'OLPC'라는 단체가 에티오피아 마을 두 곳에 소프트웨어가 미리 설치된 태블릿 PC를 갖다 준 다음, 아이들이 스스로 학습할 수 있는지의 여부를 알아보고 있다'는 내용이다. 따라서 제목은 ② '과학기술을 통한 자기학습 가능성'이 가장 적절하다.

| 오답풀이 |

① 에티오피아를 현대시대로 인도하기

③ 한 번에 한 마을씩 문맹퇴치하기

④ OLPC의 봉사활동, 결실을 맺다

⑤ 모토로라 줌의 편리성

72

| 정답 | ③

| 해설 | 두 번째 문단에서 '연구원들이 연구할 수 있도록 일주일에 한 번씩, 기술자는 마을들을 방문해 메모리 카드를

교체했다.'라고 했다. 연구원들이 아니라 기술자가 마을을 방문하는 것이므로 ③ '일주일에 한 번, 연구원들은 마을을 방문해 태블릿 PC가 어떻게 사용되는지를 연구했다.'는 내용은 사실이 아니다.

| 오답풀이 |

① 실험이 두 마을에서 시행되었으므로 '복수의(multiple) 시골지역에서 실시되었다'고 한 ①은 옳은 진술이다.

| 어휘 | grade : 학년 / schooling : 학교교육 / drop off : 배달하다, 보내다 / preloaded : 미리 설치된 / illiterate : 문맹의, 읽고 쓸 줄 모르는 / charge : 충전하다 / engaged in : ~하느라 바쁜 / recharge : 재충전하다 / recite : 암송하다, 낭독하다 / spell : 철자를 말하다 / literacy : 읽고 쓰는 능력 / usher : 안내하다 / outreach program : 구제활동, 봉사활동 / bear fruit : 결실을 맺다

[73 ~ 76]

> 인공지능(AI)은 우리의 일상생활에 들어와 있습니다. 무엇이 우리를 이 기술로 끌어들였고, 인공지능은 우리에게 무엇을 해주고 있을까요? (A)
>
> 1940년대의 프로그래밍이 가능한 컴퓨터의 시작은 과학자들로 하여금 전자 두뇌 구축의 가능성에 대해 토론하도록 영감을 주었습니다. 이 과학자들과 후에 이 분야에 합류한 다른 사람들은 이것이 얼마나 어려울지를 발견했습니다. (B) 21세기가 되어서야 정교한 AI의 구현이 가능해졌습니다.
>
> 1997년 Deep Blue는 세계 체스 챔피언을 이기는 첫 번째 컴퓨터가 되었습니다. (C) 2005년 스탠포드 대학의 자동차가 사막 지형에서 131마일(210km)을 자율주행했으며 2007년에는 Carnegie Mellon University 자동차가 일반 도로에서 55마일(88km)을 자율주행했습니다. 2016년에 AlphaGo는 바둑 대결에서 한국 바둑 마스터인 이세돌을 4 대 1로 이겼습니다.
>
> 비록 우리는 볼 수는 없지만, AI는 평범한 사람들의 일상생활에 있습니다. (D) 많은 사람들은 온라인에 접속할 때 그것을 봅니다. 인터넷 검색을 할 때마다 AI는 백그라운드에서 우리가 보고 싶은 것을 찾도록 도와줍니다. 온라인으로 물건을 주문할 때, 사이트는 우리가 다음에 구매할 때 관심 있어 할 만한 것에 대한 추천을 제공합니다.
>
> 인공지능 세계의 다음 목표는 무엇일까요? 두고 보면 알게 될 것입니다. (E)

| 어휘 | reachable : 도달할 수 있는 / wait and see : 두고 보다, 기다려 보다

73

| 정답 | ③

| 해설 | 제시된 글은 인공지능 기술이 발달하기 시작한 계기와 현재의 모습을 담고 있다. 따라서 이 글의 주제는 ③ 'AI의 시작과 현재'가 가장 적절하다.

| 오답풀이 |
① 전자 두뇌는 어떻게 만들어지는가
② 인공지능을 개발하는 데 얼마나 걸렸는가
④ AI가 게임을 하는 방법
⑤ 인공지능이 어떻게 자율주행차를 만들 수 있는가

74

| 정답 | ⑤

| 해설 | 주어진 문장은 '상당한 진전을 이루려면 수십 년이 걸릴 것이다.'라는 뜻으로 미래를 예측하는 문장이다. 따라서 들어가기 가장 적절한 곳은 (E)이다.

75

| 정답 | ⑤

| 해설 | 두 번째 문단에서 과학자들이 AI에 대해서 생각하기 시작한 이유는 1940년대 '프로그래밍이 가능한 컴퓨터의 개발'에서부터 시작되었음을 제시하고 있다.

| 오답풀이 |
① 컴퓨터를 만드는 과학자들의 영감
② 인간의 두뇌를 만드는 것에 대한 논의
③ 전자두뇌 제작의 어려움
④ 인간만이 할 수 있는 일을 해낸 최초의 컴퓨터

76

|정답| ②

|해설| 일반 사람들이 어떤 분야나 영역에서 인공지능과 접촉하는지를 묻고 있으므로 ② '온라인 제품 추천을 볼 때'가 가장 적절하다.

|오답풀이|

① 오프라인에서 검색할 때

③ 친구들과 보드게임을 하면서

④ 위 항목 모두

⑤ 위 항목 모두 아님.

[77 ~ 80]

> 한국 사람들은 카메라 앞에서 웃으면 치즈 대신 김치라고 한다. (A) 김치는 사람들을 행복하게 하는가?
> 김치는 마늘, 소금, 고추, 그리고 다른 양념들을 섞어 발효한 배추 요리다. (B)
> 김치는 섬유질이 풍부하고 비타민 A, B, C가 풍부하다. 더 중요한 것은, 김치는 유산균이라고 불리는 "건강한 박테리아"를 포함하고 있다는 것이다.
> (C) 이것은 요구르트나 다른 발효식품에서 발견되는 것과 같은 종류이고 소화를 돕는다. 또한 효모균 감염을 막는 데 도움을 줄 수 있다. (D) 최근 연구는 발효된 양배추가 암의 성장을 예방할 수도 있다는 것을 보여주었다. (E)
> 김치는 사람들을 행복하게 하는가? 김치는 여러분을 행복하게 하지 않을 수도 있지만 김치를 먹는 것은 여러분을 더 건강하게 해줄 수 있다. 그러면 더 행복해지지 않을까? (E)

|어휘| ferment : 발효되다, 발효시키다 / fiber : 섬유(질) / be packed with : ~가 풍부하다 / digestion : 소화 / infection : 감염, 전염병

77

|정답| ⑤

|해설| 두 번째부터 네 번째 문단을 통해 제시된 글의 주제는 ⑤ '김치의 건강상 이점'이 가장 적절한 것을 알 수 있다.

|오답풀이|

① 왜 한국인들은 카메라를 향해 웃을 때 "치즈" 대신 "김치"라고 하는가

② 김치는 한 끼 식사에 얼마나 자주 제공되는가

③ 요거트와 김치 비교하기

④ 김치는 어째서 소화에 도움이 되는가

78

|정답| ②

|해설| 주어진 문장은 '그것(김치)은 거의 모든 한국 식사에서 제공되는 반찬이다.'라는 뜻으로, 김치가 한국에서 어떻게 제공되는지를 설명해주는 문장이다. 따라서 김치가 어떻게 만들어지는지를 설명하고 있는 문장 다음인 (B)에 들어가는 것이 적절하다.

79

|정답| ③

|해설| 세 번째 문단의 '김치는 "건강한 박테리아"라고 불리는 유산균을 포함하고 있으며 이것이 소화를 돕는다'는 내용에서 김치가 소화에 어떻게 도움이 되는지를 확인할 수 있다.

|오답풀이|

① 먹은 음식을 발효시킨다.

② 이것은 요구르트의 한 종류이다.

④ 위 항목 모두

⑤ 위 항목 모두 아님.

80

|정답| ②

|해설| 세 번째 문단의 '김치는 섬유질이 풍부하고 비타민 A, B, C가 풍부하다'는 내용에서 김치의 건강상 이점을 확인할 수 있다.

|오답풀이|

① 암의 성장을 촉진한다.

③ 효모를 소화시킨다.

④ 위 항목 모두

⑤ 위 항목 모두 아님.

고시넷 공기업

공기업 통합전공

핵심이론 + 문제풀이
사무직 필기시험 대비

- 경영학 / 경제학 / 행정학 / 법학
- 주요 공기업 기출문제
- 테마별 이론 + 대표기출유형 학습
- 비전공자를 위한 상세한 해설

한국산업인력공단 6급
NCS + 한국사 + 영어
기출예상모의고사

공기업_NCS